Borchard · Robert Schumann und Clara Wieck

Ergebnisse der Frauenforschung
Band 4

Herausgegeben im Auftrag des Präsidenten der Freien Universität Berlin von
Prof. Anke Bennholdt-Thomsen, Germanistik
Prof. Ingeborg Falck, Medizin
Prof. Jutta Limbach, Jura
Prof. Renate Rott, Soziologie
Dr. Hanna Beate Schöpp-Schilling, Aspen Institut Berlin
Ulla Bock (Zentraleinrichtung zur Förderung von Frauenstudien und Frauenforschung)
Prof. Hans Oswald (Mitglied der Ständigen Kommission für Forschung und wissenschaftlichen Nachwuchs)
Koordination: Birgit Georgia Tornow

Beatrix Borchard

Robert Schumann und Clara Wieck

Bedingungen künstlerischer Arbeit
in der ersten Hälfte des 19. Jahrhunderts

Beltz Verlag · Weinheim und Basel 1985

Beatrix Borchard, Dr. phil., Jahrgang 1950. Sie studierte u. a. Musikwissenschaften, Germanistik, Geschichte und promovierte mit der vorliegenden Arbeit in Bremen. Sie lebt in Berlin als freiberufliche Kulturarbeiterin.

CIP-Kurztitelaufnahme der Deutschen Bibliothek

Borchard, Beatrix:
Robert Schumann und Clara Wieck : Bedingungen künstler. Arbeit in d. 1. Hälfte d. 19. Jh. / Beatrix Borchard. – Weinheim ; Basel : Beltz, 1985.
   (Ergebnisse der Frauenforschung ; Bd. 4)
   (Beltz-Forschungsberichte)
   ISBN 3-407-58263-3
NE: 1. GT

Alle Rechte, insbesondere das Recht der Vervielfältigung und Verbreitung sowie der Übersetzung, vorbehalten. Kein Teil des Werkes darf in irgendeiner Form (durch Photokopie, Mikrofilm oder ein anderes Verfahren) ohne schriftliche Genehmigung des Verlages reproduziert oder unter Verwendung elektronischer Systeme verarbeitet, vervielfältigt oder verbreitet werden.

© 1985 Beltz Verlag · Weinheim und Basel
Umschlaggestaltung: Atelier Warminski, 6470 Büdingen 8
Printed in Germany

ISBN 3 407 58263 3

Für Heide

Inhaltsverzeichnis

Vorwort 7

Teil I Bedingungen 17

Kapitel 1: Ausgangssituation 19
a) 1830 19
b) Politische Restauration und wirtschaftliche Revolution 20
c) Kunst und Kommerz 27

Kapitel 2: Persönliche Situation Schumanns 32
a) Finanzielle Lage 32
b) Schumanns Selbstverständnis als freier Künstler 35

Kapitel 3: 1834 38
a) Konflikt 1933/34 38
b) Lösungsmöglichkeiten 41
c) Lösungsstrategien 50

Teil II Ehe und Liebe um 1840 85

Kapitel 1: Anspruch 87
a) Literatur 87
b) Gebrauchsliteratur 100
c) Eherecht 107

Kapitel 2: Realität 109

Teil III Clara Wieck: Künstlerin und Weiblichkeit 113

Kapitel 1: Virtuosentum 115

Kapitel 2: Musikalische Frauenbildung 121
a) Diskussion in der ersten Jahrhunderthälfte 121
b) Praxis der musikalischen Frauenbildung 124
c) Bedingungen weiblichen Künstlertums 127
d) Soziale Herkunft von Musikerinnen 130

Kapitel 3: Wiecks Ausbildungsmethode 132
a) Werdegang 132
b) Anspruch 133
c) Die Tochter Clara als Produkt Wiecks 135

Kapitel 4: Clara Wieck als weiblicher Künstlertypus 140
Kapitel 5: Selbsteinschätzung Clara Wiecks 149
Kapitel 6: Partnerwahl 154

Teil IV 1837 - 1840 159

Kapitel 1: 'Äußere Probleme' 161
a) Wiecks Verweigerung der Heiratseinwilligung 161
b) Rechtslage 169
c) Finanzielle Lage 174

Kapitel 2: Konfrontation und Anpassung 181
a) Vorbemerkung 181
b) Der erste Konflikt (November 1837) 186
c) Wien-Plan (1838/39) 202
d) Zweite Paris-Reise Clara Wiecks (1839) 211
e) Prozeß der inneren Anpassung Clara Wiecks 223

Teil V Ehe 235

Kapitel 1: Ehekonzeption 237
a) Quellenlage 237
b) Ehevorstellungen 240

Kapitel 2: Ehe als Wirtschaftsgemeinschaft 244
a) Einkünfte 245
b) Ausgaben 249

Kapitel 3: Ehe als Liebesgemeinschaft 256
a) Aufgaben Clara Schumanns 256
b) Aufgaben Robert Schumanns 263
c) Wohnsituation 265
d) Konflikte 267

Kapitel 4: Ehe als Künstlergemeinschaft 273
a) Gemeinsame Studien 273
b) Clara Schumann als Interpretin Schumanns 274
c) Konzertreisen 281
d) Andere Formen der Zusammenarbeit 286
e) Produktionsbedingungen Clara Schumanns 290
f) Produktionsbedingungen Schumanns 293

Anmerkungen 306

Verzeichnis der erwähnten Literatur 342

Vorwort

Gegenstand. Vorgehensweise. Tagebücher und Briefe als 'geformte' Mitteilung. Material.

Die vorliegende Arbeit ist keine Doppelbiographie Clara und Robert Schumanns, auch wenn sie sich mit dem Leben dieser beiden Menschen beschäftigt. Sie ist vielmehr ein Versuch, Bedingungen und Zusammenhänge historisch zu klären, wie sie die Entwicklung Clara und Robert Schumanns geprägt haben.

In dem Verhältnis der beiden zueinander, in der Idee, die dieser Verbindung zugrunde lag, wurden verschiedene Momente wirksam: Beide verstanden sich als Künstler, damit als Menschen, die außerhalb des 'juste milieu', außerhalb bürgerlicher Normen standen. Aus diesem Selbstverständnis erwuchs eine Lebenskonzeption, die als Antwort auf objektive und subjektive Bedingungen zu verstehen ist, Bedingungen, unter denen ein Lebensentwurf als Künstler um 1840 realisierbar war. Neben gesellschaftlich-politischen und geistesgeschichtlichen Momenten, neben der jeweiligen familiären Herkunft, der finanziellen Situation usw. war besonders ein ideologiegeschichtliches Moment wirksam: die Zuschreibung bestimmter Geschlechtseigenschaften für Mann und Frau.

Lebensbedingungen sind nicht Lebensrealität, nur die Bedingungen sind historisch rekonstruierbar. Deswegen soll auch nicht der Versuch gemacht werden, den Lebensgang Schumanns bzw. seiner Frau in seiner Komplexität nachzuzeichnen; vielmehr werden Krisensituationen, Weichenstellungen, bewußte und unbewußte Entscheidungen im Leben beider herausgearbeitet. Die Geschichte von Clara und Robert Schumann ist eine Antwort auf subjektive und objektive Bedingungen und nicht deren Resultat; denn es gibt ein Wechselspiel zwischen dem, was vorgegeben und prägend ist, und Ideen und Wünschen, die der Einzelne entwickelt, um das, was er als begrenzend erlebt, zu überschreiten.

Für den Lebensgang von Clara und Robert Schumann sind vor allem zwei Ideen wirksam geworden: Die Idee einer autonomen Kunst und die Idee der Ehe als einer Liebesgemeinschaft.

Aus dem bewußten Entschluß, als Künstler zu leben, entwickelten beide eine Vorstellung von Künstlerehe, die im Gegensatz zum Leitbild der bürgerlichen Ehe keine reine Konsumtions- sondern zugleich eine Produktionsgemeinschaft sein sollte; ihre Ehe sollte allein aus persönlicher Zuneigung geschlossen werden und auf einem gemeinsamen künstlerischen Ziel basieren: der Produktion und Reproduktion autonomer Kunst, also von Kunstwerken, die, losgelöst von jeder funktionalen Einbettung in das gesellschaftliche Leben entstanden, nur der ästhetischen Erkenntnis und dem ästhetischen Vergnügen dienen sollen.

Die Idee von Ehe als einer Liebesgemeinschaft beinhaltet die Vorstellung von einer Gemeinschaft zweier Menschen, die nicht konkurrenzhaft angelegt ist, sondern als Gegenbild zu der auf dem Konkurrenzprinzip beruhenden Gesellschaft die allseitige Entwicklung zweier gleichberechtigter Individuen ermöglichen soll. Die Ehe soll der Ort sein, wo der Einzelne zu sich kommt.

Die Idee einer autonomen Kunst wie die Idee der Ehe als Liebesgemeinschaft sind beide als Gegenentwurf zur drohenden Reduktion des Menschen auf seine Verwendbarkeit im kapitalistischen Arbeitsprozeß literarisch entwickelt worden. Als Gegenbild zu den herrschenden Verhältnissen sind sie gleichzeitig deren Ausdruck, ohne dank ihres ideellen Gehaltes darin aufzugehen.
Die sozialen und wirtschaftlichen Verhältnisse um 1840, dem Heiratsjahr Clara und Robert Schumanns, basierten für das Bürgertum jedoch essentiell auf dem Gesetz der Konkurrenz und auf der Arbeitsteilung zwischen Frau und Mann. Diese Arbeitsteilung, die Zuweisung des Produktionsbereiches an den Mann und des Reproduktionsbereiches an die Frau, war nur äußerlich auf gleichwertige Ergänzung angelegt; in Wirklichkeit verband sich mit ihr unauslösbar eine Ungleichheit zwischen Mann und Frau.

Realität und Idee kollidieren also notwendig. Die Frage ist nun, inwieweit diese Momente auch die Lebensbedingungen von Clara und Robert Schumann geprägt haben.

Für Generationen von Biographen waren Liszts Worte über Clara und Robert Schumann prägend:

"Keine glücklichere, keine harmonischere Vereinigung war in der Kunstwelt denkbar, als die des erfindenden Mannes mit der ausführenden Gattin, des die Idee repräsentierenden Komponisten mit der ihre Verwirklichung vertretenden Virtuosin."[1]

Dieses Bild wird immer wieder zitiert bzw. ausdrücklich als adäquate und gültige Formulierung angeführt, die Vorstellung, die dahintersteht, nicht hinterfragt.

Liszt zeichnet ein Bild vollkommener Harmonie, das Bild einer idealen, auf Ergänzung angelegten Zusammenarbeit. Die Aufgabenzuweisung entspricht der Vorstellung einer Geschlechterpolarität. Das, was als gleichgewichtige Arbeitsteilung erscheint und auch als gleichwertig von Liszt in diesem Aufsatz, dem die oben zitierte Äußerung entnommen ist, behauptet wurde, impliziert jedoch eine Hierarchisierung: Die Idee macht den Mann zum Schöpfer, er prägt die Welt, während die Frau Organ ist, Vermittlerin zwischen Komponist und der zum Hören seines Werkes versammelten Gemeinde.

Bezeichnenderweise nennt Liszt in diesem Aufsatz Clara Schumann eine 'Kunstpriesterin'. Aus dieser Formulierung spricht die Parallelsetzung von Religion und Kunst; wenn der männliche Komponist zu dem göttlichen Schöpfer in Beziehung gesetzt wird, so entspricht die weibliche Virtuosin dem Priester als einem Berufenen. Dieser ist aus der Masse der Menschen dadurch herausgehoben, daß er für eine Aufgabe vorgesehen ist, nämlich den Willen des Schöpfers der Welt zu vermitteln. Da die Virtuosin nicht die 'Idee' repräsentiert, ist die Gemeinschaft mit dem Komponisten nicht konkurrenzhaft, sondern ergänzend angelegt. Das Motiv der Ergänzung von Fähigkeiten statt der Konkurrenz gegeneinander spielt in nahezu allen Darstellungen der Schumannschen Ehe eine wesentliche Rolle, und zwar immer in Zusammenhang mit der Frage, inwieweit Clara Schumann in der Ehe ihre eigene Karriere weitergeführt hat. Bereits der erste Schumann-Biograph Joseph von Wasiliewski rühmte ihren

"feinen Takt, ihren klaren Verstand und ihr richtiges Gefühl für die Bedeutung ihres Mannes"[2].

Kleefeld (1910) lobte ihre "spezifisch weiblichen Charaktervorzüge", denn

"sie bescheidet sich, als reproduzierende Künstlerin für die Ideale ihrer Welt einzutreten und als Braut und Gattin Robert Schumanns, als Freund (sic!) der Meister Brahms und Joachim weiterzutragen, was diese erstrebt."[3]

Die Bereitschaft zur Unterordnung ihrer eigenen Interessen machte sie in den Augen der Biographen zur

"Vertreterin echter, vornehmer Weiblichkeit"[4].

In fast allen Veröffentlichungen tauchen in diesem Zusammenhang Begriffe wie 'Unterordnung', 'Verzicht' oder 'Opfer' auf, ein Hinweis darauf, daß die Biographen zumindest von einem Interessengegensatz zwischen Robert und Clara Schumann ausgingen. Ohne Ausnahme wird die Unterordnung von Clara Schumann als einzig denkbare Lösungsmöglichkeit dargestellt, wobei sich geschlechtsspezifische Aspekte nicht davon trennen lassen, daß alle Schumann-Biographien vom Werk her argumentieren. Jedes Opfer erscheint angesichts der musikgeschichtlichen Bedeutung von Schumanns Kompositionen sub specie aeternitatis notwendig und legitim.

Was die Maßstäbe betrifft, mit denen das Verhältnis zwischen Clara und Robert Schumann beschrieben wird, so gibt es keinen Unterschied zwischen den Robert-Schumann- und den Clara-Schumann-Biographen. Beispielhaft sei aus der umfassenden Clara-Schumann-Biographie von Berthold Litzmann zitiert, die in ihren ersten beiden Bänden eigentlich eine Art Doppelbiographie ist. Litzmann beschreibt die Schumannsche Ehe als Inbegriff partnerschaftlicher Künstlerehe und Clara Schumann als Inkarnation einer Vereinigung von künstlerischer Kompetenz und 'hoher Weiblichkeit'. Er verschweigt dabei keineswegs die Rollenkonflikte, in die sie durch ihre Eheschließung geriet, aber er beschreibt ihren weitgehenden Verzicht auf die Weiterführung ihrer pianistischen Karriere als notwendige Voraussetzung für den Weg zur 'wahren' Kunst im Gegensatz zur niedrigen Kunst des Virtuosentums:

"Auch Clara war in diesem Zeitraum nicht müßig gewesen, trotzdem die Sorge um Robert und die wachsenden Pflichten als Hausfrau und Mutter - zwei Wochenbetten, im März 1845 und im Februar 1846! - ihr für die künstlerische Arbeit den Kreis immer enger und enger zogen und auch das Einleben in die neuen Verhältnisse Störung und Unruhe aller Art brachte. Aber diese Hemmungen wurden von ihr vielleicht jetzt weniger stark empfunden als in frühern Jahren, weil ihre künstlerischen Bestrebungen mehr denn je in diesem Zeitraum durch Roberts schöpferische Tätigkeit Richtung und Ziel erhielten und sie neben der fortschreitenden Vertiefung ihrer musikalischen Bildung vor allem in der Erschließung von Roberts Genius für die Außenwelt ihre Hauptaufgabe erblickte und den größten Teil ihrer künstlerischen Kraft und Arbeit bei der Wiedergabe seiner Werke einsetzen konnte. Damit verschwand ganz von selbst mehr und mehr jener Zwiespalt zwischen ihren Pflichten gegen sich selbst und ihren Mann, der ihr und ihm in den ersten Jahren so manche schwere Stunde bereitet hatte. Und dieses Dienen, dieses Einordnen und Unterordnen, das eine kleinere Natur hätte zerbrechen können, ward ihr zum Heile, es riß sie nach oben."[5]

Die Perspektive Clara Schumanns ist weder von ihren noch von Schumanns Biographen untersucht worden, denn sie war immer nur interessant in Relation zu ihrem Mann, und nicht als eine Künstlerin, die ihr Leben auf die pianistische Tätigkeit in einer Zeit gründete, in der parallel zur allmählichen Durchsetzung bestimmter Vorstellungen vom Geschlechtscharakter von Mann und Frau zunehmend Frauen aus dem Erwerbsleben verdrängt wurden.

Clara Schumanns künstlerischer Lebensgang wurde nur insoweit thematisiert, wie es um die Ausbildung durch den Vater und den Einfluß, den Schumann auf Repertoire und Interpretationshaltung geübt hat, geht. Der Tradition von Biographik gemäß wurde das Hauptaugenmerk auf die musikgeschichtliche Situation, in die Schumann hineingeboren wurde, gelenkt, daneben auf geistesgeschichtliche Zusammenhänge verwiesen[6]. Biographen wie Wörner (1949) und vor allem die DDR-Biographen Eismann (1956) und Laux (1972) gehen ebenfalls auf den wirtschafts- und sozialgeschichtlichen Hintergrund ein und setzen ihn sehr allgemein zum geistigen Klima der Zeit in Beziehung[7]. Auch die Bedeutung der ökonomischen Lage Schumanns z.B. für die Entscheidung,

mit seiner Frau zusammen auf Konzertreisen zu gehen oder die
Düsseldorfer Stelle anzunehmen, wird verschiedentlich erwähnt[8].
   Was aber fehlt, ist eine genaue Erläuterung der wirtschaftlichen Lage Schumanns und später seiner Familie. Einzig Boetticher hat im Anhang zu seiner Dissertation die Kompositionshonorare Schumanns und die Konzerteinnahmen Clara Schumann wiedergegeben[9]. Da er sie aber nicht zu den Einkünften anderer Komponisten bzw. anderer vergleichbarer bürgerlicher Haushalte in Relation setzt und auch nicht mit den Kosten des Schumannschen Haushaltes vergleicht, ist der Aussagewert dieser Aufstellung nur gering.

Die vorliegende Arbeit setzt nicht am Werk an, strebt keine ästhetische Bewertung der künstlerischen Entwicklung der beiden Ehepartner an, sondern will exemplarisch Bedingungen künstlerischer Arbeit in einer bestimmten Zeit, also in der ersten Hälfte des 19. Jahrhunderts, herausarbeiten. Ein zentrales Interesse gilt dabei zwei ideologiegeschichtlichen Momenten: der Vorstellung von einem weiblichen und einem männlichen Geschlechtscharakter und deren Auswirkung auf die persönliche und künstlerische Entwicklung von Clara und Robert Schumann, sowie der Vorstellung von autonomer Kunst als Norm für künstlerische Kreativität.
   Grundlegend für die gewählte Herangehensweise ist die These, daß die "Biographie eines jeden kreativen Menschen (...) nicht zum geringsten Teil von seiner Produktion diktiert" wird (Goldschmidt)[10]. So steht im Zentrum der Arbeit Schumanns Lebenskonzeption in ihrer Spannung zwischen dem Anspruch, als freier Künstler zu leben, und der Notwendigkeit, sich über seine künstlerische Tätigkeit zu reproduzieren, sowie Clara Wiecks Entwicklung zwischen dem Anspruch auf öffentliche Berufsausübung als Pianistin und dem herrschenden Frauenbild.
   Um herauszuarbeiten, welche subjektiven und objektiven Konflikte sich für beide aus ihrer jeweiligen Grundsituation entwickelten, welche Lösungsmöglichkeiten sie sich suchten, welche in der Restaurationszeit denkbar und möglich waren, soll in einem ersten Schritt die allgemeine gesellschaftliche Situation zwischen 1830 und 1848 vergegenwärtigt werden. Im Zentrum stehen dabei die prägenden Elemente für die geistigen und materiellen Produktionsbedingungen beider und für die Rezeptionsbedingungen der Schumannschen Kompositionen und des Klavierspiels Clara Wiecks. In einem nächsten Schritt wird die individuelle Ausgangsposition beider beschrieben, vor allem von ihren sozialen, familiären und geschlechtsspezifischen Voraussetzungen her.
   Auf diesem Hintergrund wird die Partnerwahl beider als ein Lösungsweg interpretiert, als Ausdruck ihrer Lebenskonzeption. Um zu klären, inwieweit die Vorstellungen, die beide mit der Ehe verbanden, individuell bedingt bzw. zeittypisch waren, ist ein Exkurs in die Ideologiegeschichte zum Thema 'Liebe und Ehe'

ebenso wichtig wie in sozialgeschichtliche Untersuchungen zur
Realität der Eheschließung in der ersten Hälfte des 19. Jahrhunderts. Die persönliche Auseinandersetzung zwischen Clara Wieck
und Robert Schumann, vor allem über die künftige Rollenverteilung, hat in dem zwischen 1837 (dem Jahr der offiziellen Werbung)
und 1840 geführten Briefwechsel ihren Niederschlag gefunden. Er
steht im Zentrum des vierten Teils der Arbeit.

Anhand des reichen biographischen Materials und der materiellen und ideologischen (wegen der gerichtlichen Auseinandersetzung mit Friedrich Wieck um die Heirats-Einwilligung speziell der
juristischen) Momente, die die Auseinandersetzung zwischen den
Wünschen und Erwartungen aneinander, aber auch jeweils an sich
selber geprägt haben, wird das Verhältnis zweier Künstler in seinen Möglichkeiten und in seinen Hinderungen dargestellt. Das
vorhandene Material wurde dafür um drei zentrale Phasen in der
Auseinandersetzung gruppiert, in denen die unterschiedlichen Interessen Clara und Robert Schumanns ebenso deutlich werden wie
die Strategien, die sie jeweils entwickelten, um ihre Interessen
durchzusetzen, und schließlich die Folgen, die aus diesen Auseinandersetzungen vor allem für die ehelichen Rollenerwartungen erwuchsen.

In einem letzten Schritt wird die Ehekonzeption als eine Liebes-,
Künstler- und Wirtschaftsgemeinschaft der 'Realität' der Schumannschen Ehe, soweit sie sich aus den überlieferten biographischen Materialien ablesen läßt, gegenübergestellt. Leitfrage ist
für diesen Abschnitt, ob der Anspruch, eine Gemeinschaft zwischen Gleichen zu bilden, eingelöst worden ist.

Diese Vorgehensweise und Art der Darstellung suggerieren eine
bestimmte Folgerichtigkeit der Entscheidungen, die den Lebensgang beider geprägt haben, Entscheidungen, die vielleicht nur
zufällige unter vielen möglichen gewesen sind. Einem solchen
Konstrukt liegt die Annahme zugrunde, daß, anders als heute, im
19. Jahrhundert zumindest jeder bürgerlich erzogene Mensch aufgrund seiner Sozialisation – ob bewußt oder unbewußt – eine Lebenskonzeption entwickelt hat, nach der sich alles, was er erlebt,
nach der Bedeutung, die es für ihn gewinnt, gleichsam organisiert. So sind sowohl Clara Wiecks als auch Robert Schumanns Tagebücher eine Mischung aus 'Diarium', dienen damit als Gedächtnisstütze und erziehen dazu, jede Minute zu nutzen – und der aus
dem Pietismus tradierten Form des Tagebuchs als eines 'Seelenspiegels'. Die besonders bei Schumann auffällig ausgeprägte
Selbstkontrolle, die ständige Überprüfung des Geleisteten, wie
sie sich in dem umfangreichen biographischen Material niederschlägt, sind nur auf dem Hintergrund eines Lebensplans verständlich. Dabei gilt es allerdings zu bedenken, was Sengle über
den Charakter von Tagebüchern in der Restaurationszeit schreibt:

"Das Tagebuch, auch das angeblich geheime, wird schon frühzeitig als Literatur, d.h. als ein unter Umständen zu veröffentlichendes Schriftstück verstanden. (...) Die strukturelle Offenheit des Tagebuchs schafft eine Affinität zu den Formen des Aphorismus, der Beschreibung und (damals) des Romans."[11]

Allein angesichts der Tatsache, daß in der Restaurationszeit kaum ein Jahr verging, in dem nicht eine Sammlung 'originaler' Briefe erschien, kann man davon ausgehen, daß Schumann zumindest damit gerechnet hat, daß seine Briefe und Tagebücher eines Tages veröffentlicht werden. Aber auch sonst gibt es einige Indizien dafür, daß sogar die persönlichen Briefe Schumanns an Clara Wieck immer auch 'geformte' Mitteilungen sind. So fordert er z.B. seine Braut auf, seine Briefe sorgfältig aufzubewahren als eigene Lektüre für die späteren Jahre und für die Kinder, d.h., er sieht sie als authentische Dokumente für einen bestimmten Lebensabschnitt.

Allein die Menge des autobiographischen Materials und die Sorgfalt, mit der Schumann es registriert und aufbewahrt, zeigen die Bedeutung, die Schumann seiner Selbstbeobachtung, aber auch der Mitteilung dieser Selbstbeobachtung an andere zumaß. So ist es bezeichnend, daß er 1846, als ihn schwere Depressionen über ein Jahr an der kompositorischen Arbeit hinderten, begann, seine Tagebücher durchzugehen, einiges wegzustreichen und Autobiographisches zu formulieren[12]. Gerade dadurch, daß dieses autobiographische Material geformtes Material ist ohne 'Kunst' zu sein, ist es authentisch für das Selbstverständnis und die Selbstdarstellung als wesentlicher Teil der Lebenswirklichkeit. Von dieser Überlegung aus erscheint die Auswertung der Briefe und Tagebücher im Zusammenhang mit der vorliegenden Fragestellung als legitim.

In ihren autobiographischen Teilen liegen der Arbeit Briefe und Tagebucheintragungen des Ehepaars Schumann zugrunde. Vollständig veröffentlicht sind bisher die Tagebücher Robert Schumanns aus den Jahren 1827 bis 1938[13] und der kürzlich nach Fertigstellung dieser Arbeit erschienene dritte Band der Tagebücher, der die Haushaltsbücher Robert Schumanns aus den Jahren 1837 bis 1856 umfaßt[14]. Die Angaben zur finanziellen Situation Schumanns in der vorliegenden Arbeit basieren auf den Übertragungen von Gerd Nauhaus, dem wissenschaftlichen Mitarbeiter des Robert-Schumann-Hauses Zwickau; die Stellennachweise wurden aufgrund der gedruckten Ausgaben aktualisiert. Unveröffentlicht bzw. nur teilweise innerhalb der Biographien von Eugenie Schumann, Litzmann und Boetticher veröffentlicht sind die Ehetagebücher (1840-1844), die Tagebücher Clara Wiecks[15], einige Reisenotizbücher und weitere Aufzeichnungen, die bis in das Jahr 1850 reichen[16]. Die Ehetagebücher und die Tagebücher Clara Wiecks wurden im Autograph eingesehen, die Übertragungen und Auslassungen der genannten Autoren überprüft und aus dem Autograph ergänzt, soweit dies für die Darstellung sinnvoll war.

Wolfgang Boetticher hat 1979 "Briefe und Gedichte aus dem Album Robert und Clara Schumanns" veröffentlicht[17], die sogenannte Familienkassette, in der Schumann Erinnerungsstücke, Briefe und Autographe befreundeter Künstler gesammelt hat. Leider ist die Veröffentlichung nicht vollständig, denn Boetticher hat alle Briefe an Clara Schumann aussortiert, sofern sie nicht in unmittelbarem Zusammenhang mit Schumann stehen.

Berthold Litzmanns dreibändige Biographie über Clara Schumann stellt nach wie vor eine der wichtigsten Quellen dar[18]. Litzmann lag nur eine Auswahl von Abschriften vor, die die älteste Tochter Schumanns, Marie Schumann, aus den Tagebüchern und den Briefwechseln zwischen Clara und Robert Schumann angefertigt hatte; er mußte damit von gezielt selektiertem Material ausgehen. Dies war allerdings nicht die erste Selektion. Denn Schumann selbst hat - wie erwähnt - Tagebucheintragungen später an verschiedenen Stellen unleserlich gemacht, und man kann davon ausgehen, daß auch Clara Schumann verschiedentlich in das Material verändernd eingegriffen hat, da auch in ihren Tagebüchern nachträglich Streichungen vorgenommen worden sind.

Die von Litzmann wiedergegebenen Dokumente sind von Boetticher in zwei Veröffentlichungen ergänzt worden[19]. Da es sich aber wiederum um Teilveröffentlichungen handelt und Umfang und Inhalt von Auslassungen nicht angegeben wurden, mußten diese Übertragungen anhand des autographen Briefwechsels zwischen Clara und Robert Schumann (Staatsbibliothek Preußischer Kulturbesitz in Berlin) überprüft werden. Soweit es notwendig erschien, wurden Auslassungen übertragen und Übertragungsfehler Litzmanns und Boettichers korrigiert. Nach Abschluß der Arbeit ist der erste Band einer Gesamtausgabe dieses Briefwechsels durch Eva Weissweiler erschienen[20].

Schumann führte ein Briefbuch, in dem er einlaufende und ausgehende Briefe genau registrierte und kurz den Inhalt notierte. Demnach hat er zwischen 1834 und 1854, also in einem Zeitraum von zwanzig Jahren 2830 Briefe geschrieben. Drei Viertel dieser Briefe galten schon vor dem Kriege als verloren[21]. Die von Clara Schumann, Hermann Erler und Gustav Jansen herausgegebenen Briefsammlungen[22] sind durch Boetticher in den beiden genannten Veröffentlichungen ebenfalls ergänzt worden. 1978 ist zusätzlich ein schmaler Band "Briefe und Notizen Robert und Clara Schumanns" von Siegfried Kross herausgegeben worden. Diese Ausgabe enthält unveröffentlichtes und teilweise bereits veröffentlichtes Material aus der Sammlung Wiede, soweit diese von der Universitätsbibliothek Bonn aufgekauft worden ist[23].

Trotz dieser Veröffentlichungen ist nach wie vor nur ein Bruchteil des erhaltenen Material gedruckt.

Die Wiedergabe von Tagebucheintragungen und Briefen aus den Autographen erfolgte mit größter Genauigkeit. Das bedeutet, daß auch Orthographie und Zeichensetzung Schumanns, Clara bzw. Friedrich Wiecks einschließlich der sogenannten Faulheitsstriche (n̄, m̄) beibehalten wurden. Eckige Klammern [ ] kennzeichnen Zusätze der Autorin; des weiteren werden Übertragungen von Auslassungen und Fehler in den Abdrucken Litzmanns, Boettichers und Eugenie Schumanns durch eckige Klammern gekennzeichnet; in der Wiedergabe aus den gedruckten Tagebüchern Schumanns bedeuten eckige Klammern Ergänzungen durch die Herausgeber (Eismann bzw. Nauhaus).

Ich möchte den Musikabteilungen der Staatsbibliothek Preußischer Kulturbesitz, der Deutschen Staatsbibliothek Berlin, dem Robert-Schumann-Haus, Sitz Zwickau, danken, vor allem aber Dr. Gerd Nauhaus (Zwickau) für seine umfangreiche Hilfe.
   Für Ermutigung und langwährende Geduld danke ich Herrn Prof. Dr. Werner Breckoff (Bremen) und Herrn Prof. Dr. Siegfried Kross (Bonn), meinen Eltern und den Menschen, die mich auf die vielfältigste Weise unterstützt haben und ohne die diese Arbeit nicht entstanden wäre.

Teil I
Bedingungen

Kapitel 1: Ausgangssituation

a) 1830

Robert Schumann. Clara Wieck. Lebensdaten

"Ich kann mich nicht mehr an den Gedanken gewöhnen, als Philister zu sterben, und mir ist's jetzt so, als wär' ich von jeher zur Musik bestimmt gewesen (...)."
(Schumann an seine Mutter, 15.12.1830, Eismann 72)[1]

Juli 1830 - die Entscheidung ist gefallen. Schumann teilt seiner Mutter brieflich mit, daß er sein Jurastudium aufgeben und sich bei Friedrich Wieck in Leipzig zum Pianisten ausbilden lassen wolle, außerdem habe er "Phantasie und vielleicht Anlage zum eigenen Schaffen"[2]. Schumann ist zwanzig Jahre alt. Die Familie hat ihn zum Jurastudium gedrängt, er hat diesem Drängen nachgegeben und in Leipzig (1828), dann in Heidelberg (1828/29) bereits die ersten Semester hinter sich gebracht.

Bis zu diesem Zeitpunkt war er offensichtlich unschlüssig, nicht nur wegen der Bedenken der Familie, weiß er doch, daß ihm, der er nicht von Kindesbeinen an auf einen Musikberuf vorbereitet worden ist, ein langer, harter Weg bevorsteht.

Zumindest zwei Momente haben seine Entscheidung ausgelöst: Ostern hat er in Frankfurt Paganini gehört[3], und er glaubt im Kompositionsrausch der ABEGG-Variationen, der ersten Komposition, die er veröffentlicht[4], eine eigene musikalische Sprache gefunden zu haben.

"'Da klatscht Ihr nun und ich weiß doch, daß ich sehr schlecht gespielt habe' (...)." (Litzmann I, 20)[5]

Auch für die neun Jahre jüngere Clara Wieck wird das Jahr 1830 entscheidend. Im Herbst zieht Robert Schumann als Klavierschüler in das Haus ihres Vaters, im November debütiert sie solistisch im Leipziger Gewandhaus[6]. Ihr Erfolg gibt dem Vater, der sie zur Virtuosin machen will, recht - die endgültige Entscheidung über ihren Lebensweg ist damit gefallen. In diesem Konzert spielt sie neben Stücken von Kalkbrenner, Herz und Czerny auch eine eigene Komposition: Variationen über ein Originalthema[7]. Ein Jahr später erscheint ihr op. 1 (vier Polonaisen für Klavier)[8], im selben Jahr wie Schumanns op. 1 (die ABEGG-Variationen).

Robert Schumann hat eine eigene Entscheidung getroffen, über Clara Wiecks Lebensweg ist entschieden worden.

Schumanns Lebensdaten decken sich weitgehend mit der Epoche der deutschen Restaurationszeit. Auch wenn er erst (bzw. schon) 1856 stirbt, so entsteht sein kompositorisches Werk doch im wesentlichen – damit ist keine Wertung verbunden – in den zwei Jahrzehnten zwischen den beiden Revolutionen von 1830 und 1848. Diese beiden Jahreszahlen markieren nicht nur politisch, sondern auch kulturgeschichtlich Wendepunkte.

Zur gleichen Generation wie Schumann gehören z.B. auch Chopin, Wagner, Liszt. Während – aus musikhistorischer Sicht – Schumann und Chopin die musikalische 'Avantgarde' der Jahrzehnte zwischen 1830 und 1848 sind, entstehen die musikgeschichtlich revolutionären Werke Liszts und Wagners erst nach 1848 (Dahlhaus)[9].

Clara Wiecks Lebensdaten hingegen umfassen nahezu das gesamte 19. Jahrhundert – sie stirbt 1896. In den dreißiger Jahren ist sie eine der Exponentinnen eines virtuosen Klavierstils, während der Ehe mit Schumann Vertreterin eines eher antivirtuosen, werkgetreuen Interpretationsideals. Später wirkt sie, in einer dritten Phase ihrer pianistischen Laufbahn, im Sinne dieses Ideals schulebildend, eine Schule, die in den siebziger Jahren spieltechnisch bereits als überholt gilt. Die ihr zugrundeliegenden ästhetischen Maßstäbe aber besitzen noch heute Gültigkeit.

b) Politische Restauration und wirtschaftliche Revolution

Sachsen. Leipzig. Soziale und wirtschaftliche Entwicklung. Landwirtschaft. Soziale Folgen. Lage der Frauen. Zollverein. Bürgerlich-demokratische Bewegung. Reaktion. Bürgerliche Frauenbewegung.

1830 hat sich nach Hauser in Frankreich die Gesellschaftsordnung entwickelt,

"(...), in der wir selber wurzeln, das Wirtschaftssystem, dessen Grundsätze und Widersprüche immer noch bestehen, und die Literatur, in deren Form wir uns im großen und ganzen auch heute noch ausdrücken." (Hauser)[10]

Gilt entsprechendes für Deutschland und speziell für das Land, die Stadt, wo Robert Schumann und Clara Wieck ihre prägenden Entwicklungsjahre verbringen?

Die Entwicklung sowohl Schumanns wie auch Clara Wiecks spielt sich im wesentlichen in Sachsen ab. Schuhmanns Geburtsstadt ist Zwickau, damals ein "armes Landstädtchen mit ungefähr 5000 Einwohnern. In Schumanns Geburtsjahr (1810) wird in

Zwickau eine chemische Fabrik gegründet, später kommen eine
Glashütte, eine Kammgarnspinnerei, ein Eisenvitriol- und Alaun-
werk hinzu[11].
    1837 entdeckt man in Zwickau Steinkohlelager, dadurch erhält
der Bergbau neuen Auftrieb. Zwar ist Schumann 1837 schon nicht
mehr in Zwickau, aber unter seinen Wertpapieren führt er auch
Steinkohleaktien auf. Bis zu seinem Abitur (1828) lebt er hier.
Zum Studium geht er nach Leipzig, der Geburtsstadt Clara Wiecks.
Hier bleibt er auch, abgesehen von dem kurzen Studienaufenthalt in Heidelberg, einer Italienreise und dem Wien-Aufenthalt
(1838/39) bis 1844.
    In dem vom Vater Schumanns, dem Buchhändler und Schrift-
steller August Schumann, herausgegebenen "Staats-, Post- und
Zeitungslexikon von Sachsen" heißt es 1814 über Leipzig:

"... Leipzig, eine alte, berühmte und schöne Stadt ... gehört
unter die ersten Handelsstädte Deutschlands und ist zugleich der
Sitz einer alten berühmten Universität. (...) Der Handel ist allerdings weit wichtiger als das Manufakturwesen der Stadt und bildet, mit Einschluß der Messen, die stärkste Nahrungsquelle. Obgleich Leipzig weder an einem schiffbaren Flusse liegt, noch einen
Hafen hat, so wurde es dem ungeachtet nach und nach für einen
großen Teil des europäischen, besonders des nordischen Handels
der Mittelpunkt. ... Der Buchhandel keiner Stadt Deutschlands
kommt an Wichtigkeit dem von Leipzig bei, und bloß der Buchhandel der Städte Paris und London können mit ihm in Parallele gesetzt werden ..."[12].

1830 hatte Leipzig 40.000 Einwohner, eine verhältnismäßig niedrige Einwohnerzahl. Der Nationalökonom Friedrich List führt sie auf
die erwähnt schlechten Verkehrsverbindungen und die daraus re-
sultierenden hohen Lebenshaltungskosten zurück. Um seine Zeitgenossen davon zu überzeugen, daß Leipzig dringend eine Eisenbahn braucht, macht er ihnen folgende Rechnung auf:

"Wohlfeile Lebensmittel und Brennmaterialien werden teils größeres
Wohlbefinden der arbeitenden Klasse, teils geringere Tagelöhne
und größere Bevölkerung und infolge derselben Ausdehnung der
Gewerbe bewirken. Wohlfeile Baumaterialien und Tagelöhne werden
Baulust erregen und die Mietzinßen in den neuangelegten und ent-
legenen Teilen der Stadt ermäßigen. Vermehrung der Bevölkerung
und der Gewerbe dagegen werden die Mietzinßen und folglich den
Wert der zur Handel und Gewerbe gut gelegenen Gebäude im Innern der Stadt erhöhen. Mit einem Wort: Bevölkerung, Gebäude-
zahl, Gewerbs-Industrie, Handel und Wert der Häuser und Grund-
stücke von Leipzig würden sich in kurzer Zeit verdoppeln, und
ich zweifle keinen Augenblick, daß diese Wertvermehrung in Leipzig allein das auf die Eisenbahnen verwendete Kapital in wenigen
Jahren weit übersteigen würde." (List)[13]

Tatsächlich wird in den Jahren 1834 bis 1839 von Leipzig bis Dresden die erste größere Eisenbahnstrecke gebaut, eine Errungenschaft, die auch für reisende Virtuosen von Vorteil wird.

Denn Konzertreisen sind aufgrund der schlechten Verkehrsbedingungen eine Qual. Die Briefe z.B., die Friedrich Wieck während der Konzertreisen mit seiner Tochter schreibt, zeichnen ein lebendiges Bild von den Nöten reisender Virtuosen. Das Thema Eisenbahn taucht kurz nach der Eröffnung der Strecke Leipzig - Dresden auch im Briefwechsel zwischen Clara Wieck und Robert Schumann auf[14]; Schumann empfiehlt seiner künftigen Frau, sich ja warm anzuziehen: die Waggons waren nämlich offen.

"Ich bitte Dich, beobachte dabei die größte Vorsicht, sieh nie aus dem Wagen heraus, hebe Dich nie in die Höhe, steige nicht eher aus, als bis der Wagen gänzlich stillsteht." (Robert Schumann an Clara Wieck 27.6.1839, Boetticher II, 259)

Von besonderer Bedeutung ist, daß weder Zwickau noch Leipzig Residenzstädte sind. Denn die Frage, welche Bevölkerungsgruppen die kulturtragende Schicht einer Stadt bilden, ist für einen Kulturproduzenten gleich welchen Fachs entscheidend. Während Dresden als sächsische Metropole vom Adel geprägt wird, ist Leipzig das Zentrum der deutschen bürgerlichen Intelligenz. In den Jahren (1844-1850), die das Ehepaar Schumann in Dresden verbringt, spürt es den Unterschied zwischen den beiden Städten stark.

In den dreißiger Jahren organisiert sich das Bürgertum vor allem in zahlreichen Vereinen. Untrennbar verbunden mit einem Interesse an kultureller Repräsentation ist der Wunsch, sich ein politisches Diskussionsforum zu schaffen[15]. Denn nach den dreißiger Aufständen sind die Bürger immer noch weitgehend vom Wahlrecht ausgeschlossen, haben nach wie vor kein politisches Mitbestimmungsrecht trotz ihrer stetig wachsenden ökonomischen Macht (Weber)[16]. Sachsen ist zwar im Gegensatz zu Preußen 1830 konstitutionelle Monarchie geworden, aber das aktive wie das passive Wahlrecht sind an ein bestimmtes Steueraufkommen gebunden. Außerdem sind die Kompetenzen der bürgerlichen Abgeordneten im sächsischen Landtag gering (Obermann)[17].

Durch den Druck der politischen Unruhen werden in den dreißiger Jahren einige Reformen durchgeführt, so für das Verwaltungs-, Justiz-, Schul- und Finanzwesen (Schmidt)[18]. 1832 beginnt auch die Bauernbefreiung, und zwar für die Bauern zu günstigeren Bedingungen als in Preußen. Entscheidend aber ist, daß der Adel alle politischen Machtpositionen und Privilegien behält.

Dennoch sind die ersten Jahre, die den Juliaufständen folgen, vergleichsweise liberal. In Sachsen entstehen eine ganze Reihe oppositioneller Blätter - der sächsische Liberalismus kann sich damit nicht nur auf die Bürger- und Handwerksvereine, sondern auch auf die Presse stützen. So ist denn auch dessen wichtigstes Ziel, neben dem allgemeinen Wahlrecht, die Pressefreiheit. Gerade die Pressefreiheit ist für Leipzig von besonderer Bedeutung, denn Meinungsfreiheit und Pressefreiheit bilden die Voraussetzung für die Entwicklung des Zeitschriftenmarkts und des Buchhandels. Diesen Zusammenhang sehen auch die Zeitgenossen; so schreibt z.B. der Publizist Otto von Corvin in seinen Erinnerungen:

"In keiner Stadt Deutschlands war man größeren Polizeiplackereien ausgesetzt als in Dresden, während die Polizei in Leipzig sich weniger unangenehm machte als in irgendeiner anderen deutschen Stadt. Die Regierung wußte sehr wohl, daß Leipzig in Bezug auf die Revenüen, welche es brachte, mehr wert sei als das ganze übrige Sachsen, und daß ein großer Teil dieser Einnahme von den zahllosen Fremden abhing, die man also anzuziehen anstatt abzuschrecken trachten mußte.

Die Messen machten Leipzig zum Mittelpunkt des deutschen Handels, (...).

Alles das mußte die Regierung aus Geldrücksichten in Betracht ziehen und durch die Finger sehen. Aehnliche Rücksichten walteten in Bezug auf Universität und Buchhandel, die beide einen gewissen Grad von Freiheit zu ihrer Existenz durchaus nötig hatten (...)." (Corvin)[19]

So kann ein Literat wie Robert Blum - später Symbolfigur der achtundvierziger Revolution - seinen Lebensunterhalt allein über seine publizistische Tätigkeit finanzieren, obwohl es keine Pressefreiheit gibt. Dennoch heißt es bei Corvin über die wirtschaftliche Situation Leipziger Literaten:

"In Leipzig gab es Schriftsteller von allen Sorten und Nuancen; reich war aber durch seine Schriftstellerei kein einziger, obwohl arm gar mancher. Es war dies nicht allein die Schuld solcher Verleger, welche den Druckbogen Original mit zwei, drei Talern und Uebersetzung mit einem Taler vier Groschen bezahlten, sondern mehr noch des armseligen, gesetzlosen, weil willkürlichen Zustandes, unter welchem die Presse seufzte, und der zahllosen Gewalttätigkeiten und Plackereien, welchen Schriftsteller und Verleger stets unterworfen waren. Selbst wenn sie sich auf das strengste an die Gesetze hielten und nichts druckten, als was die Zensur passierte, also von der Regierung als erlaubt gestempelt war, so waren sie doch noch keineswegs sicher, daß ihr Buch oder Journal nicht verboten oder konfisziert wurde, wodurch oft bedeutende Kapitalien verloren gingen.

Auch war der Absatz in der Tat nicht so groß, als man es bei der Menge der Einwohner Deutschlands unter ihrer Bildung hätte erwarten können, und von diesem Absatz hängt natürlich stets auch der Gewinn des Schriftstellers ab. (...)

Am besten standen sich diejenigen Schriftsteller, welche entweder eine Anstellung bei der Universität oder die Redaktion eines Journals hatten, welches ihnen wenigstens eine vor Mangel schützende feste Einnahme sicherte und endlich einige, die praktisch genug waren, sich von reichen Frauen heiraten zu lassen, wovon wir einige Beispiele hatten." (Corvin) [20]

Eine Untersuchung über das Zeitschriften- und Buchwesen im Vormärz bestätigt diese Beschreibung Corvins im wesentlichen [21].

Dies ist auch der Hintergrund für Schumanns Existenz- und Arbeitsbedingungen als Publizist und für seine Auseinandersetzungen mit Verlegern und Mitherausgebern um die "Neue Zeitschrift für Musik".

Die soziale und wirtschaftliche Entwicklung Sachsens in den dreißiger und vierziger Jahren ist im Vergleich vor allem zu der bekannteren preußischen Entwicklung durch einige wesentliche Besonderheiten geprägt worden [22]. Sachsen ist mit knapp zwei Millionen Einwohnern das Land Deutschlands, das am dichtesten besiedelt ist. Seit Jahrhunderten ist es Zentrum der gewerblichen Produktion.

Seine Wirtschaft wird entscheidend von der Textilindustrie bestimmt, die auf der hausindustriellen Leinen- und Baumwollweberei basiert. Deshalb liegt der Schwerpunkt der industriellen Entwicklung Sachsens nicht in den Städten, sondern in den Dörfern des Erzgebirges, des Vogtlandes und der Oberlausitz. Es gibt also faktisch keine Großindustrie wie etwa im Rheinland. Im ganzen Land arbeiten in den vierziger Jahren nur 149 Betriebe mit mehr als 50 Beschäftigten. Die Mittelschicht besteht somit in erster Linie aus kleinem bis mittlerem Bürgertum.

Eine weitere Besonderheit: Schon rein zahlenmäßig kommt den Handwerkern eine größere Bedeutung zu als in anderen deutschen Ländern. Sie bilden die Berufsgruppe, die mit am stärksten von wirtschaftlichen Umstrukturierungen betroffen ist.

So hat sich bereits zur Zeit der Kontinentalsperre in der sächsischen Baumwollspinnerei die Umstellung von Hand- auf Maschinenarbeit vollzogen (während dieser Zeit können keine Waren aus dem industriell entwickelten England in das aufgrund der territorialen Zersplitterung rückständige deutsche Reich dringen). Das bedeutet: Zu Beginn des uns hier interessierenden Zeitraums verfügt Sachsen in diesem Bereich bereits über modernste Produktionsmethoden [23].

Objektiv ist der Kapitalismus in Sachsen wie in ganz Deutschland weiterhin unterentwickelt. Denn um 1840 liegt die deutsche Produktion von Manufaktur- und Fabrikwaren um etwa 40% unter der französischen. Trotzdem vollzieht sich für die Zeitgenossen spürbar eine Revolution: Die Steigerungsraten in der Produktion betragen von 1800 bis 1820 gut 40% und von 1820 bis 1840 75% (Kuczynski) [24]. In Sachsen gibt es zwar auch nach 1830 noch keine Gewerbefreiheit (Preußen 1807), und die Masse der Handwerker lehnt sie auch ab, aber dennoch unterhöhlen die mit staatlichen Konzessionen arbeitenden Manufakturen (vor allem in der Textilindustrie) nach und nach die mittelalterliche Zunftverfassung. Durch die Technisierung geraten die Handwerker zunehmend in die Abhängigkeit von Verlegern und Kaufleuten.

Auch die Landwirtschaft entwickelt sich in diesen Jahren rasch[25]. Die bebaute Fläche nimmt erheblich zu, und die Getreideerträge steigen. Insgesamt steigen die Ernteerträge um ein Fünftel bis zu einem Drittel und mehr pro Hektar (Kuczynski). Noch größer sind die Erfolge in der Viehwirtschaft. Wie bereits erwähnt, wird die Bauernbefreiung offiziell 1832 eingeleitet, und zwar zu besseren Bedingungen als in Preußen (Gross). Dennoch verlieren viele Kleinbauern ihren Besitz, da sie sich durch die aufzubringenden Ablösegelder stark verschulden müssen. Sie drängen wie die Handwerker in die Industrie.

Da bereits mehr als die Hälfte der sächsischen Bevölkerung in Handwerk und Industrie tätig ist, Bauern und Handwerker aber kein Auskommen mehr finden, entsteht eine hohe Arbeitslosigkeit.

Das eigentliche Fabrikproletariat ist zahlenmäßig nämlich sehr gering - ca. 30.000 Arbeiter (Gross). Annähernd so groß wie Manufaktur- und Fabrikarbeiterzahl zusammen ist die Zahl der Landarbeiter und des Gesindes. Sie sind zum größten Teil in bäuerlichen Wirtschaften beschäftigt und nicht auf Rittergütern - auch dies eine Besonderheit im Vergleich zur preußischen Entwicklung.

Trotz der Produktionssteigerungen in der Landwirtschaft kommt es in den Jahren 1846/47 zu großen Hungersnöten - Resultat von Mißernten, strukturell bedingt durch steigende Lebensmittelpreise, sinkende Löhne und hohe Arbeitslosigkeit.

Die ersten Opfer der hohen Arbeitslosigkeit und des dadurch verschärften Konkurrenzkampfes auf dem Arbeitsmarkt sind die Frauen[26]. So gibt es in den vierziger Jahren weniger außer Haus beschäftigte Frauen als zu Beginn des 19. Jahrhunderts. 1861 waren in Preußen laut Statistik 29,75% der Frauen erwerbstätig. Da nur Angehörige der "handarbeitenden Classe" gezählt und so Heimarbeiterinnen, Bäuerinnen und mithelfende Familienangehörige statistisch nicht erfaßt wurden, ist diese Prozentzahl sehr hoch (Gerhard)[27].

"Die weit überwiegende Zahl der Frauen war in der Landwirtschaft, und zwar als Bäuerin bzw. als mithelfende Familienangehörige tätig." (Kuczynski)[28]

In den Krisenjahren 1846/47 geht der Anteil der Frauen auf 26,17% zurück[29].

"Insgesamt waren zu Ende der ersten Hälfte des 19. Jahrhunderts in den Spinnereien aller Textilbetriebe Sachsens rund 10.500 Frauen und 8.000 Männer beschäftigt." (Kuczynski)[30]

Im Prinzip ist die Bezahlung von Frauen erheblich schlechter als von Männern[31] – deswegen auch der hohe Frauenanteil, sie sind billigere Arbeitskräfte (Ausnahme ist die Heimarbeit unter einem Verleger, dort wird nach Stückzahl bezahlt).

Die Arbeitszeit – gleich für Männer wie Frauen – steigt von 12 Stunden am Beginn des Jahrhunderts auf bis zu 18 Stunden in der Mitte des Jahrhunderts (Kuczynski)[32].

In die Periode zwischen 1830 und 1848 fallen die Bewegung für die ökonomische Einigung Deutschlands und die beiden ersten Wellen der antifeudalen Bewegung. Vor allem das in einer Stadt wie Leipzig so bedeutsame Handelsbürgertum hat ein besonderes Interesse an der Überwindung der innerdeutschen Zollschranken. So kommt es auf private und später auch staatliche Initiative hin ab 1828 zu regionalen Zollvereinigungen. 1834 wird der deutsche Zollverein gegründet. Damit ist der erste Schritt zu einem einheitlichen Markt getan. Der Name, der sich mit dem Zollverein verbindet, ist der des bereits erwähnten Nationalökonomen Friedrich List. Er lebt in den dreißiger Jahren in Leipzig. Clara Wieck – sie ist mit seinen beiden Töchtern Emilie und Elise eng befreundet – und später auch Schumann verkehren in seinem Hause.

Überall nimmt im Gefolge der französischen Julirevolution und des polnischen Freiheitskampfes die bürgerlich-demokratische Bewegung einen großen Aufschwung. Dem Kampf, der bis zu lokalen Aufständen führt, schließen sich zunehmend Kleinbürger, Fabrikarbeiter, Bauern und auch das liberale Großbürgertum an. Die sozialen Beweggründe müssen in den sich verschlechternden Lebensbedingungen und erdrückenden Steuerlasten gesehen werden. So zerstören Weber (1842 in Seifhennersdorf) und Posamentierer (1846 in Annaberg) Maschinen. Von 1844 an führen Industriearbeiter aber auch schon regelrechte Streiks durch (Schmidt)[33].

Für die Entwicklung im gesamten deutschen Reich stellt das Hambacher Fest 1832 mit 30.000 Teilnehmern den Höhepunkt der liberalen Bewegung dar. Als Reaktion darauf werden über den Bundestag alle politischen Vereine und Versammlungen verboten, führende Leute verhaftet, die Zensur verschärft und die Rechte der Landtage wieder eingeschränkt[34]. In Sachsen verhärtet sich die Repressionspolitik vor allem ab 1843[35]. Daher werden statt politischer Vereine nun Bildungs- und Turnvereine gegründet. 1845 brechen in Leipzig aufgrund reaktionärer Regierungsmaßnahmen gegen die religiöse Opposition – in Sachen spielen politisch-religiöse Gegensätze eine besondere Rolle – blutige Unruhen aus. Die Folge: alle politischen Vereine werden verboten, mehrere Schriftsteller und Literaten ausgewiesen, Zeitungen die Konzession entzogen, darunter Blums Sächsischen Vaterlandblättern[36].

Der Sieg der Pariser Februarrevolution wirkt wie ein Fanal für die Forderungen nach nationaler Einigung, nach Pressefreiheit, allgemeinem Wahlrecht und Volksbewaffnung[37].

Auf die Barrikaden steigen auch Frauen, so z.B. in Dresden, Mai 1849, die berühmte Sängerin Wilhelmine Schroeder-Devrient. In der 1848 gegründeten und von Louise Otto herausgegebenen Frauen-Zeitung heißt es:

"An dem Kampf des sächsischen Volkes in Dresden vom 3. bis 9. Mai haben auch viele Frauen teilgenommen und zwar aus allen Ständen (...)."[38]

Erst 1838 ist in Sachsen die Geschlechtsvormundschaft von Männern über Frauen aufgehoben worden[39]. Desto größer ist der Schritt, an die Öffentlichkeit zu treten und aktiv Partei zu ergreifen.

Die Herausgeberin Louise Otto ist seit 1843 bis zu deren Verbot Mitarbeiterin an Blums Vaterlandsblättern gewesen. 1844 veröffentlicht sie den Artikel "Haben die Frauen ein Recht zur Teilnahme an den Interessen des Staates?". Diese Frage beantwortet sie mit dem Aufruf, daß dies nicht nur ein Recht, sondern auch eine Pflicht für jede Frau sei. Bekannt wird sie vor allem durch ihre "Adresse eines deutschen Mädchens", einer Eingabe an das sächsische Innenministerium 1848, in der sie sich zur Sprecherin nicht nur der bürgerlichen Frauen, sondern auch der Industriearbeiterinnen macht[40]. Die Lebensdaten von Louise Otto decken sich mit denen von Clara Schumann. Persönlich sind sie sich wohl nicht begegnet, aber in den fünziger Jahren wandte sich Schumann von Düsseldorf aus an sie wegen eines Librettoentwurfs für den Nibelungenstoff[41].

c) Kunst und Kommerz

Autonomieästhetik. Das öffentliche Konzert. Musikalischer Markt um 1830. Verleger. Geistiges Eigentum. Virtuosen. Komponisten.

Heinrich Laube, jungdeutscher Publizist und zu Beginn der dreißiger Jahre Redakteur der 'Zeitung für die elegante Welt', beschreibt in seinen 1833-37 erschienenen Reisenovellen das für Leipzig charakteristische Klima der damaligen Zeit:

"In Leipzig stört einen kein Adeliger, aber hier ist das Terrain, wo man studieren kann, was geschieht, wenn der Adel abgeschafft wird. Der Wert der Ahnen ist abgetan. Das Reich der Bildung sollte anheben. Dazwischen schiebt sich plötzlich aber jenes Etwas, das so wichtig und merkwürdig geworden ist: das Geld. Es ist die ewige Verwechslung zwischen Mittel und Zweck, Weg und Ziel, Kleidung und Mensch. Die Industrie ist nicht zu fördern, um an die Stelle des Lebens zu treten. Sie soll das Leben erleichtern, und das erleichterte Leben sollen wir dann erst verschönern lernen. Alles, was wir jetzt erstreben, ist erst das Werkzeug zum

Glück. Die Kaufleute aber machen das Werkzeug zum Zwecke. Sie betrügen uns um unsere Zivilisationsarbeit. Sie müssen viel heftiger bekämpft werden als der Adel. Aber sie sind schwerer zu bekämpfen, weil sie jünger und dümmer sind. Ihre Waffen, die gelben Louis d'ors, weiß jeder Feigling und Dummkopf zu führen, die des Adels, die Ambition und die Erinnerung, bedurften der Übung und des Blutes. (...) Der Kaufmann will nur reich sein. Zum Reichwerden braucht er keinen inneren Vorzug. Er ist der neue Philister, der bis jetzt Frankreich betrogen hat und uns alle auf lange Sicht betrügen wird, wenn wir ihn nicht in Schach halten. Für die Kontore haben wir den Adel und die Regierung des Herkommens besiegt. Freut euch das, ihr revolutionären Götter und Sünder?" (Laube) [42].

Der herrschende Erwerbsgeist bestimmt auch die Erwartungen des Bürgertums an das, was Kunst leisten soll. Diese Erwartungshaltung - zumindest eine Seite davon - hat E.Th.A. Hoffmann bereits 1812 in den "Gedanken über den hohen Wert der Musik" karikiert:

"(...) Der Zweck der Kunst überhaupt ist doch kein anderer, als dem Menschen eine angenehme Unterhaltung zu verschaffen und ihn so von den ernstern oder vielmehr den einzigen ihm anständigen Geschäften, nämlich solchen, die ihm Brot und Ehre im Staat erwerben, auf eine angenehme Art zu zerstreuen, so daß er nachher mit gedoppelter Aufmerksamkeit und Anstrengung zu dem eigentlichen Zweck seines Daseins zurückkehren, d.h. ein tüchtiges Kammrad in der Walkmühle des Staats sein und (ich bleibe in der Metapher haspeln und sich trillen lassen kann." (Kreisleriana, Nr. 3) [43]

Kunstgenuß als Konsum, als Regenerierungsmittel für die menschliche Arbeitsfähigkeit und -bereitschaft, Kunst als Kompensation und Anpassungsmittel an die bestehenden Verhältnisse - Hoffmanns 'Gedanken' setzen einiges voraus: z.B. daß es Menschen gibt, die von Kunst nichts anderes erwarten als Genuß, und daß es andere Menschen gibt, die meinen, Kunst könne einen anderen Zweck haben als den, Menschen zu entspannen und zu unterhalten. Dieser andere Zweck soll der eigentliche Zweck von Kunst sein, nämlich der, keinen zu haben, autonom zu sein.

Mit dieser Bestimmung ist eine Wertung verbunden: Die 'zwecklose' Kunst ist die hohe, die unterhaltende die niedrige. Carl Dahlhaus hat die Entwicklung der romantischen Musikästhetik und der zentralen Idee einer absoluten Musik in den Schriften von Wackenroder und Tieck, Jean Paul und E.Th.A. Hoffmann aufgezeigt; um 1830 ist diese Vorstellung, die ihren musikalischen Ausdruck vor allem in den Werken Beethovens gefunden hatte, zur ästhetischen Norm geworden (Dahlhaus) [44]. Damit beginnt die Spaltung der Musik in eine 'ernste' und in eine 'unterhaltende' - eine

Spaltung, die ursächlich mit der damaligen Gesellschaftsstruktur zusammenhängt (Schwab)[45]. Denn allein schon aufgrund unterschiedlicher Arbeitsbedingungen (sechzehnstündiger Arbeitstag), Einkommensverhältnisse (der Besuch eines Konzertes kostete immerhin so viel, daß nur das vermögende Bürgertum Zugang zu den öffentlichen Konzerten hat) und des unterschiedlichen Bildungsstandes sind die Bedürfnisse an Kulturprodukte unterschiedlich.

"(...) hier erwartete man von einem Konzertbesuch ein geistiges Erlebnis und eine seelische Erbauung, einen ungetrübten Kunstgenuß, dort zusehends mehr einen genüßlichen Zeitvertreib und die Ablenkung von bedrückenden Alltagssorgen. Indem sich Komponisten und Kapellmeister wie auch die Organisatoren von Konzertdarbietungen jeweils erfolgsuchend auf diese verschiedenen Hörergruppen einzustellen bemühten, verfestigten sie die bestehenden Zustände." (Schwab)[46]

So entstehen für die verschiedenen Hörergruppen auch verschiedene Veranstaltungstypen. Ort der 'seelischen Erbauung' wird das öffentliche Konzert. Hier versammelt sich das Bildungsbürgertum, um in der Haltung 'stiller Andacht' einer Musik zu lauschen, die von bürgerlichen Komponisten, die sich als freischaffende Künstler verstehen, für Bürger geschrieben ist. Schwab grenzt das öffentliche Konzert von allen anderen musikalischen Veranstaltungstypen ab:

"(...): eine der Öffentlichkeit zugängliche, unternehmerisch organisierte und auf ein Programm festgelegte Musikdarbietung häufig repräsentativen Charakters, die im Unterschied zu dem haus- und kammermusikalischen Musizieren die gesonderten Plazierungen von Ausführenden einerseits und Zuhörern andererseits vorsieht, und der sich an ein interessiertes und zahlungsfähiges, anonymes Publikum wendende Verkauf dieser Darbietung, die damit den Charakter einer Ware bekommt." (Schwab)[47]

Das Bildungsbürgertum, das im öffentlichen Konzert seine Repräsentanz findet, setzt sich aus Akademikern, Beamten, reichen Handelsleuten und dem niedrigen Adel zusammen. Über die Programmgestaltung der musikalischen Veranstaltungen, über den Kauf von Noten und Eintrittskarten u.ä. bestimmt diese Schicht den sich herausbildenden Markt.

Daß die 'Verbürgerlichung' der Musik deren schrittweise Kommerzialisierung nach sich gezogen hat, ist bekannt[48]. Die Frage ist nun, wie weit um 1830 diese Entwicklung fortgeschritten ist.

Repräsentativ sind um 1830 nicht Beethovens Werke, nicht Werke, in denen die Autonomieästhetik ihren musikgeschichtlichen Ausdruck gefunden hat. Die dreißiger Jahre - oder genauer gesagt, die Jahre zwischen 1830 und 1848 - sind eine Epoche des

Virtuosentums (Hanslick). Virtuosen hat es natürlich vorher auch gegeben, aber in Fragen der Quantität und des Persönlichkeitskults, den diese Virtuosen betreiben und den das Publikum fordert, kann diese Epoche als das Virtuosenzeitalter schlechthin gelten[49]. Entsprechend sieht der Musikalienmarkt aus: Er wird überschwemmt von musikalischen Produkten, die sich die Virtuosen selbst in die Hände schreiben. Ihrer Faktur und ihrem ästhetischen Anspruch nach sind diese Kompositionen Massenprodukte und zum raschen Verbrauch bestimmt.

Das liegt ganz im Interesse der Verleger. Seit Breitkopf 1755 den Notendruck mit beweglichen Typen erfunden hat, steht einem raschen Herstellungsverfahren nichts mehr im Wege (Preußner)[50]. Die Verleger drucken alle gewinnversprechenden Verlagsartikel - auch der Konkurrenz - nach und arbeiten sie nach eigenem Geschmack um[51].

Die Kaufkraft des Publikums ist nicht eben groß, aber der Gewinn durch den Verkauf kleiner und billiger Stücke für Unterricht und Hausmusik ist offensichtlich für die Verleger so befriedigend, daß ein Musikverlag nach dem anderen entsteht[52].

Entscheidend für das, was gedruckt und wie es musikalisch bearbeitet wird, ist die Verkäuflichkeit, also der Publikumsgeschmack. Autorenschutz gegen Nachdruck, Bearbeitung, unbefugte Aufführungen etc. gibt es noch nicht. Die daraus resultierende wirtschaftliche Lage der Schaffenden ist miserabel, aber das Bewußtsein in diesen Fragen ist im allgemeinen noch unterentwickelt.

Denn der Begriff des geistigen Eigentums - eine Kategorie, die nur im Zusammenhang mit der Herausbildung des bürgerlichen Eigentumsbegriffs zu verstehen ist - ist noch nicht ausgeprägt.

Für einen Virtuosen besteht das Eigentum nicht in der musikalischen Faktur seiner Komposition. Er beansprucht für sie keinen Werkcharakter im Sinne eines unveränderlichen Korpus. Sie sind Massenprodukte, musikalische Verbrauchsware. Ihr Nachdruck, ihre Bearbeitung durch Fremde kann nur seinen Namen in alle Welt tragen und den Boden für das bereiten, was er als sein Eigentum betrachtet: die Art der Aufführung, seine technischen Tricks, sein Auftreten etc. Nicht die Komposition ist seine Ware, sondern seine Arbeitsleistung im Augenblick des Spiels.

"Gekauft wird im Konzert nicht eine gegenständliche Ware (wie es, mit geistigem Gebrauchswert, etwa die Noten darstellen), nicht ein 'Ding', sondern eine Tätigkeit, 'Arbeit' als Betätigung einer Arbeitskraft - ein 'Dienst', der, indem er gegen Geld getauscht wird, Waren- bzw. Preisform annimmt." (Heister)[53]

Die Art der Ausführung schützt er selbst, indem er sie im Notenbild nicht preisgibt.

Entsprechend, aber auch anders ist die Situation der Musiker, die sich in erster Linie als Komponisten verstehen - auch dies Ausdruck einer Entwicklung, nämlich der Trennung zwischen Komposition und Interpretation, die ohne die Vorstellung einer autonomen Kunst nicht zu denken ist. Für einen Komponisten ist seine Komposition seine Ware [54]. Im Feudalismus ist er von Mäzenen und Feudalherren abhängig gewesen, eine Abhängigkeit, die ihn zugleich sozial gesichert hat. In dem sich herausbildenden Marktsystem dagegen wird seine soziale Lage von der Verkäuflichkeit seiner Werke abhängig, falls er nicht auf anderweitige Quellen zur Finanzierung seines Lebensunterhalts zurückgreifen kann [55]. Um 1830 ist dieser Prozeß weitgehend abgeschlossen. Der Beruf des freischaffenden Künstlers hat sich etabliert. Der einzelne Komponist komponiert für einen anonymen Markt, das bedeutet: er muß sich in Konkurrenz zu anderen Komponisten durchsetzen.

Zwei Wege stehen ihm offen: Entweder er produziert gut absetzbare Alltagsware, oder er muß durch besondere Originalität seine Kompositionen gegenüber denen anderer durchsetzungsfähig machen. Das bedeutet, daß die eigenen Produkte unverwechselbar sein müssen; mit ihrer individuellen Qualität steigt und fällt die ökonomische Situation des Komponisten. Hierin liegen die sozialgeschichtlichen Gründe dafür, daß die im späten achtzehnten Jahrhundert entstandene Originalitätsidee historisch so wirksam zu werden vermag, daß sie sich im neunzehnten zu einem ästhetischen Gemeinplatz verfestigt (Dahlhaus) [56].

Erst in diesem Zusammenhang wandelt sich das Verhältnis Komponist - Verleger: die Komposition von Werken im empathischen Sinne müssen ein Interesse daran haben, daß ihr Werk als ein Corpus, der unverletzt bleiben muß, als eine eigene Realität unabhängig vom Bewußtsein seines Autors, als ihr persönliches geistiges Eigentum gegen Nachdruck, Bearbeitungen und unbefugte Aufführungen geschützt wird. Ende der dreißiger Jahre wird mit einem Beschluß der Bundesversammlung eine zehnjährige Schutzfrist erlassen, die 1845 auf dreißig Jahre nach dem Tode verlängert wird [57].

Schumanns Anfänge fallen also in die Endphase dieser Entwicklung, für ihn ist schon selbstverständlich, was Preußner zusammenfassend schreibt:

"Der Begriff des geistigen Eigentums und die Zubilligung der Wertausnutzung für den Autor und seine Erben reihten den schaffenden Musiker wirtschaftlich endgültig in die bürgerliche Gesellschaft ein." (Preußner) [58]

Kapitel 2: Persönliche Situation Schumanns

a) Finanzielle Lage

Erbe. Lebensstandard. Vergleich: Mendelssohn. Schumanns Verhältnis zu Mendelssohn.

Mit dem Entschluß, die Musikerlaufbahn einzuschlagen, verbindet Schumann nichts weniger als die Vorstellung, sein künftiges Leben als 'verkanntes Genie' und in Armut zu verbringen. Er will langfristig von den Honoraren seiner Kompositionen leben können und einen - in seinen Augen - adäquaten Platz im öffentlichen Musikleben einnehmen.

Von Haus aus ist Schumanns finanzielle Basis eher schmal gewesen, beim Tode des Vaters hat er laut Testament 10.323 Taler geerbt[59]. Dieses Geld liegt größtenteils in der von den Brüdern Eduard und Julius weitergeführten väterlichen Buchhandlung fest, in späteren Jahren stellt Schumann auch seinem Bruder Carl in Schneeberg Kapital hypothekarisch zur Verfügung. Laut Testament sollen Schumann von seinem Vormund - der Vater ist bereits 1826 gestorben - von den Zinsen des Kapitals pro Jahr 200 Taler und für jede Prüfung 100 Taler zusätzlich ausgezahlt werden[60].

Das durchschnittliche Existenzminimum liegt zu dieser Zeit in Sachsen bei einem Wochenlohn von drei Talern, also bei 156 Talern im Jahr (Weber)[61]. Die Summe, die ihm der Vater zugedacht hat, liegt also nicht so weit über dem Minimum, wie man heute für jemanden, der in bürgerlichen und nicht in proletarischen Verhältnissen aufwächst, vermuten könnte. Aber die meisten Studenten der damaligen Zeit verfügen nur über ein "knappes und mäßiges Auskommen"[62]. Und auch sonst orientiert sich die bürgerliche Lebenshaltung an dem Modell des "bescheidenen, auf ein Geldeinkommen reduzierten mittelständischen Haushalts", in dem "Luxus verworfen" wird und Sparsamkeit als die "Kunst der richtigen Verwendung beschränkter Mittel" eine wirtschaftlich notwendige Tugend ist (Engelsing)[63].

Eben diese Kunst scheint Schumann nicht beherrscht zu haben, denn er verbraucht mehr als das Doppelte der vorgesehenen Summe. Im Oktober 1837 erst beginnt Schumann mit der Aufzeichnung seiner täglichen Ausgaben. Für die frühen dreißiger Jahre ist man in dieser Frage also auf Tagebücher und Briefe angewiesen.

"Du frägst, ob ich auskomme? Offengestanden - nein. Zinsen und Honorarverdienst betragen vorderhand nicht mehr als 400-500 Taler, und unter 600 habe ich leider nie gebraucht." (Robert Schumann an seine Mutter, 4.1.1834, Alfred Schumann 244)[64]

Die besonders hohen Lebenshaltungskosten in Leipzig spielen sicherlich mit eine Rolle, aber luxuriöse Bedürfnisse wie der Genuß von Champagner sind Schumann ebenfalls nicht fremd. In den Briefen an die Brüder und an die Mutter macht er immer wieder geschickte Rechnungen auf, um sie davon zu überzeugen, ihm über das vom Vormund zugeteilte Geld hinaus weitere Beträge zuzuschicken[65]. In diesem Zusammenhang sei ein Brief Schumanns an seine Familie aus dem Jahre 1831 zitiert. Die Erkenntnis, daß Armut von der "menschlichen Gesellschaft" ausschließe, wirkt wie ein Hohn auf die Verhältnisse des Großteils der Bevölkerung gerade in Sachsen, aber für denjenigen, der menschliche Gesellschaft mit dem Bürgertum gleichsetzt, stellt sie eine gesellschaftliche Erfahrung dar.

"(...) hätt' ich gleich am Anfang meiner Ankunft in L. Geld gehabt, so wär' ich jetzt ohne Schulden und in Ordnung (...) Es ist, bei Gott! keine Lüge, wenn ich Dir versichere, daß ich auch jetzt seit 14 Tagen kaum zweimal Braten oder Fleisch gegessen, sondern blanke Kartoffeln; (...) Vorgestern ging ich in der Verzweiflung zu Wieck und ließ mir einen Thaler geben; Himmel! wie ist's aber dem Kalbsbraten ergangen! *Armuth* mag wohl das schrecklichste sein, weil sie ganz von der menschlichen Gesellschaft ausschließt. Ich komme jetzt dahinter und bereue Vieles." (Robert Schumann an seine Mutter, 21.2.1831, Jugendbriefe 140/41)

Die Zinsen reichen zwar zur Finanzierung seines Studiums, aber nicht, um ihn auf Dauer von allen finanziellen Sorgen zu entlasten[66]. Dies ist der Grund, warum Mutter und Brüder auf den Abschluß eines juristischen Studiums drängen. Schumann soll eine solide Ausbildung erhalten, die anders als der Beruf eines Musikers einen sicheren Broterwerb garantiert.

So steht Schumann mit dem Entschluß, sich ganz der Musik zuzuwenden, unter einem doppelten Druck: Er muß gegenüber der Familie beweisen, daß sein Anspruch auf ein Leben jenseits bürgerlicher Vorstellungen von Sicherheit sich durch besondere Leistung und Erfolg als Musiker legitimiert, und gleichzeitig möglichst aus eigener Kraft Geld verdienen. De facto aber verschlechtert sich seine finanzielle Lage in den ersten Komponistenjahren.

So gibt er für das Jahr 1838 Ausgaben für den persönlichen Verbrauch in Höhe von 600-700 Talern an. Dem stehen verminderte Einnahmen in Höhe von ca. 400 Talern pro Jahr gegenüber[67]. Im Jahre 1838 ist Schumann 38 Jahre alt.

Zum Vergleich: Felix Mendelssohn-Bartholdy - nur um ein Jahr älter als Schumann - hat, bevor Schumann sich für die Musikerlaufbahn entschieden hat, bereits eine Pioniertat der Musikgeschichte vollbracht: die Aufführung der Matthäuspassion im Jahre 1829. Er hat die Musik zum Sommernachtstraum, die Hebridenouvertüre, die Schottische und die Italienische Symphonie komponiert und wird nach Reisen durch alle Musikzentren der europäischen Welt und Begegnungen mit führenden Musikern im Alter von vierundzwanzig in Düsseldorf städtischer Musikdirektor und Leiter des niederrheinischen Musikfestes (1833). Sein Wirkungsbereich umfaßt die Direktion der Kirchenmusik, die Veranstaltung von Orchesterkonzerten sowie Übungen und Proben des Instrumental- und Singvereins. Anfangs ist er zusätzlich Theaterkapellmeister. Er erhält ein Gehalt von 600 Talern jährlich, ist lediglich zu acht Aufführungen verpflichtet, und hat drei Monate Urlaub im Jahr (Großmann-Vendrey)[68]. Schumann kommt fast zwanzig Jahre später auf eben diese Position, sie ist seine erste und letzte feste Anstellung.

Während Schumann sich vierunddreißigjährig als Mann einer berühmten Pianistin fragen lassen muß, ob er etwa auch musikalisch sei, wird Mendelssohn bereits zu einer Düsseldorfer Zeit als der "als Künstler und Dirigent berühmte(n) und bewährte(n) Felix Mendelssohn-Bartholdy" gerühmt (Großmann-Vendrey)[69]. Auch einen Verleger hat er im Alter von 24 bereits gefunden, den renommierten Leipziger Verlag Breitkopf und Härtel.

Dieser Vergleich mag aufgrund Mendelssohns besonders günstiger Ausgangsposition als Sohn einer begüterten und gebildeten Berliner Elitefamilie als unstatthaft erscheinen. Aber es ist Schumann gewesen, der sich selbst an Mendelssohn gemessen hat. 1836 schreibt er an seine Schwägerin:

"Mendelssohn ist der, an den ich hinanblicke, wie zu einem hohen Gebirge. Ein wahrer Gott ist er und Du solltest ihn kennen." (Robert Schumann an Therese Schumann, 1.4.1836, Briefe N.F. 57)[70]

Mendelssohn weilt mehr als zehn Jahre in Leipzig und macht die Stadt zum musikalischen Zentrum Deutschlands. Durch systematische Arbeit bildet er das Gewandhausorchester zu einem der modernsten Klangkörper der Zeit, den u.a. auch Berlioz bewundert hat[71]. Während dieser Zeit ist Schumann fast täglich mit Mendelssohn konfrontiert. Wenn sie auch nicht eng befreundet sind, so ist doch Mendelssohn sein wichtigster musikalischer Gesprächspartner. Trotz der Gleichaltrigkeit besteht vor allem während der ersten Ehejahre, in denen sich Schumann hauptsächlich mit der Komposition von Orchester- und Kammermusikwerken auseinandersetzt, eher ein Lehrer-Schüler-Verhältnis zwischen den beiden. (Wie stark sich Schumann an Mendelssohn nicht nur als spiritus rector des deutschen Musiklebens, sondern auch als musikalisches Vorbild orientiert hat, das harrt noch einer Untersuchung).

Schumann ist sich übrigens zumindest später durchaus der unterschiedlichen Ausgangsbedingungen bewußt gewesen:
"Wie ich mich zu ihm als Musiker verhalte, weiß ich auf's Haar und könnte noch Jahre bei ihm lernen. Dann aber auch er Einiges von mir. In ähnlichen Verhältnissen wie er aufgewachsen, von Kindheit zur Musik bestimmt, würde ich Euch samt und sonders überflügeln – das fühle ich an der Energie meiner Erfindungen. Nun, jeder Lebensgang hat sein Besonderes, und auch über meinen will ich mich nicht beklagen." (Robert Schumann an Clara Wieck, 13.4. 1838, Jugendbriefe, 283/84) [72]

b) Schumanns Selbstverständnis als freier Künstler

Ausbildung. Kunstbegriff.

Vergleicht man Schumanns Ausgangsposition mit der Felix Mendelssohn-Bartholdys, muß sein Entschluß, als freier Komponist zu leben, nahezu tollkühn erscheinen. Anders als alle anderen Kollegen hat Schumann keine solide musikalische Ausbildung erhalten. Weder ist er systematisch zum Virtuosen irgendeines Instruments – in seinem Falle also des Klaviers – noch musiktheoretisch gründlich ausgebildet. So hat er zwar ab dem siebten Lebensjahr Klavierunterricht erhalten, und seine ersten Kompositionsversuche fallen auch in dieses Alter, aber eine systematische Klavierausbildung beginnt er erst zwanzigjährig bei Wieck[73]. Entsprechendes gilt für seine musiktheoretischen Studien.

Unter Freunden ist Schumann dennoch berühmt für sein freies Phantasieren auf dem Klavier[74], und in Heidelberg ist er sogar erfolgreich öffentlich mit den virtuosen Alexander-Variationen von Ignaz Moscheles aufgetreten – ein Beweis dafür, daß er alles andere als ein Klavier-'Dilettant' gewesen ist[75].

Schumanns Vorstellungen vom Beruf des Künstlers sind in erster Linie durch den enthusiastischen Kunstbegriff Jean Pauls geprägt worden; Jean Paul gehört zu den Schriftstellern, die mit dem, was sie geschrieben, die romantische Musikästhetik erst geschaffen haben[76]. So ist das, was Schumann den Mut zur Entscheidung gegeben hat, eine religiöse Auffassung von Kunst: Kunst ist nichts, was man wie ein Handwerk lernen kann, sondern man muß dazu von Gott berufen sein (Dahlhaus)[77]. Und wenn man sich berufen fühlt, hat man die Pflicht, seine ganze Existenz darauf zu konzentrieren, die schöpferischen Fähigkeiten zu entfalten.

Bereits in seinen ästhetischen Jugendschriften bestimmt Schumann das Reich der Kunst als Gegenentwurf zur Welt des Tauschverkehrs[78]. Demzufolge ist die Entscheidung 'Philister oder Künstler' gleichbedeutend mit der Entscheidung für ein Leben als freier Komponist, der seine Kunst nicht als Ware begreift, sondern als Stück göttlicher Offenbarung.

Gleichzeitig ist mit dieser Vorstellung ganz allgemein der Anspruch verbunden, nicht für sich allein zu komponieren, sondern für die bürgerliche Öffentlichkeit. Allein dem Maßstab 'künstlerischer Wahrheit' folgend (was damit gemeint ist, darauf wird noch später einzugehen sein) soll der Künstler die gesellschaftliche Rolle übernehmen, dem Bürgertum die Reduktion menschlicher Entfaltungsmöglichkeiten auf Aspekte der Verwendbarkeit im Produktionsprozeß deutlich zu machen.

Diese Aufgabe kann der Künstler, das Genie aus der Sicht der Dichter und Musiker, die sich an einem romantischen Kunstbegriff orientieren, nur deswegen übernehmen und erfüllen, weil er als Gegentypus zum Philister erscheint. Der Künstler als wahrer Bürger, als Inkarnation eines unabhängigen, selbstbestimmten, in all seinen Möglichkeiten entfalteten Menschen ist als literarischer Typus bezeichnenderweise in einer Zeit entwickelt worden, in der das Bürgertum es trotz seiner wachsenden ökonomischen Macht nicht vermocht hat, für sich eine politische Repräsentanz durchzusetzen. Wenn sich Schumann entscheidet, als Künstler zu leben, dann orientiert er sich an dieser literarisch geprägten Vorstellung.

Diese Entscheidung beinhaltet demzufolge eine entschiedene Abgrenzung gegen das herrschende Verwertungsdenken und damit gegen die Vorstellung, daß Musik eine Ware sei. Offenen Warencharakter hat - wie bereits erwähnt - die Virtuosenmusik. Und gegen sie, gegen die Musik des 'juste milieu', wie sie Schumann in Anknüpfung an die Terminologie der französischen Julirevolution nennt, grenzt er sich ab. Mit dem Kampf gegen das 'juste milieu', gegen die musikalischen Philister glaubt sich Schumann den Gesetzen, die mit kapitalistischer Produktions- und Verkaufsform verbunden sind, nicht unterworfen. Der Kampf gegen die Produktion und Reproduktion ästhetischer Gebrauchsgüter wird zum Prüfstein der eigenen künstlerischen Identität. Weder als Musikschriftsteller noch als Komponist bezieht Schumann Front gegen den bürgerlichen Musikbetrieb in seiner damaligen Ausprägung oder gar gegen das Bildungsbürgertum als kulturtragende Schicht. Seine Aufgabe sieht er in der Bekämpfung ihres vermeintlichen 'Auswuchses', des Philistertums, und dessen musikalischem Pendant, dem Virtuosentum.

Wenn in diesem Zusammenhang von Virtuosentum die Rede ist, dann ist die Massenproduktion der Zeit gemeint und nicht so herausragende Gestalten wie Paganini und Liszt. Schumann ist sich bei aller Fremdheit [79] immer bewußt gewesen, daß die technischen Leistungen dieser beiden als Erweiterungen musikalischer Ausdrucksfähigkeit kompositionsgeschichtlich bedeutsam sind.

Er selbst versucht wie Liszt, wie Moscheles und viele andere, das 'Ereignis Paganini' für sich kompositorisch fruchtbar zu machen. Und es ist nicht zuletzt das Erlebnis von Paganinis Auftritt in Frankfurt gewesen, das in ihm den Entschluß reifen ließ, sich ganz der Musik zu widmen. Im übrigen finden sich auch innerhalb seines veröffentlichten Frühschaffens Werke wie die ABEGG-Variationen op. 1 (1829/30), die Paganini-Studien op. 3(1832) und schließlich die hochvirtuose Toccata op. 7 (1829/30-33), die vorrangig technisch ambitioniert sind.

Kapitel 3: 1834

a) Konflikt 1833/34

Klavierstudium. Musiktheorie. Kompositionen. Handverletzung. Zusammenbruch.

Nachdem Schumann 1830 nach Leipzig zurückgekehrt ist, stürzt er sich regelrecht in die pianistische Ausbildung bei Wieck. Er spielt täglich sechs bis sieben Stunden Klavier[80] und beschäftigt sich, wie die Tagebucheintragungen aus dieser Zeit zeigen, intensiv mit spieltechnischen Problemen.

Das bedeutet aber nicht, daß ihm, wie es manchmal in der Biographik dargestellt wird[81], das Leben eines Virtuosen als Lebensziel vorschwebt. Vielmehr soll diese Ausbildung dazu dienen, künftig den notwendigen Lebensunterhalt durch Konzerte und Klavierunterricht verdienen zu können. Auf diesem Wege will er sich sozial absichern und vom raschen Verkauf seiner Kompositionen weitgehend unabhängig machen.

Hinzu kommt, daß zwischen Komponist und Interpret im heutigen Sinne nicht getrennt wird. Virtuosen bestreiten ihre Programme (keine Recitals, sondern gemischte Programme mit sängerischen Solonummern und Instrumentalstücken) in erster Linie mit eigenen Kompositionen und mit Stücken anerkannter Größen wie Thalberg und Moscheles. Deswegen muß Schumann seine Kompositionen in der Öffentlichkeit selbst aufführen. Wenn er sich auf eine pianistische Laufbahn vorbereitet, so, weil es für ihn keine andere Alternative gibt, um als freier Künstler zu überleben: Denn aufgrund seiner mangelnden handwerklichen Ausbildung fällt auch z.B. eine Anstellung als Theaterkapellmeister von vornherein als Möglichkeit aus, und ein anderes Instrument beherrscht er nicht.

Parallel zum Unterricht bei Wieck versucht er, sich bei Heinrich Dorn das musiktheoretische Rüstzeug für die kompositorische Tätigkeit zu verschaffen. Tagebucheintragungen dokumentieren, wie schwer Schumann die späte Schulung fällt, und wie sehr er immer wieder schwankt, ob sie ihm für das, was er will, Nutzen bringen kann.

Während dieser Studienzeit entstehen neben den bereits erwähnten Kompositionen eine Reihe weiterer Werke für Klavier. In seinem Projektbuch führt Schumann folgende Arbeiten auf:

"1831 [Leipzig] Papillons für Klavier - 1. Satz einer Sonate in
h-moll später u.d. Titel Allegro als op. 8 gedruckt - Variationen üb.e. Originalthema f. Kl. in G-Dur.
1832 [Leipzig] Etüden nach Paganinis Capricen 1. Heft - Intermezzi f. Kl. zwei Hefte [op. 4] - 1. Satz einer Sinfonie f. Orchester in g-moll. [Zwickau und Schneeberg] 2. und 3. Satz der Sinfonie - Kürzere Stücke f. Klavier - Viele kontrapunktische Studien.
1833 [Leipzig] Etüden nach Paganini. 2. Heft - Improm(p)tus über ein Thema von Clara Wieck für Kl. [op. 5] - Sonaten in g-moll und fis-moll angefangen - Toccata in C-Dur f. Pfte in neuer Umarbeitung fertig gemacht [op. 7] - Variationen über den Sehnsuchtswalzer von Schubert f. Kl. - Variationen über das Allegretto aus der A-Dur-Sinfonie von Beethoven f.Kl." (Projektenbuch) (Eismann, 82).

Vor allem die Papillons (op. 2) und die Intermezzi (op. 4) zeigen, wie Schumann versucht, einen eigenen kompositorischen Standort zu finden. Seine Existenz hängt davon ab, wie er seine Kompositionen aufgrund ihrer individuellen Qualität gegen die Massenproduktion der Zeit, aber auch gegen Werke, die unter dem gleichen ästhetischen Anspruch wie die seinigen entstanden sind, durchsetzen kann. Das bedeutet: Jede seiner Kompositionen entsteht - ob bewußt oder unbewußt - unter dem Druck, unverwechselbar zu sein. Sie muß originell sein, gleichzeitig sich aber auf ästhetische Konventionen beziehen, um überhaupt verständlich zu sein.
Wichtige Züge des kompositorischen Verfahrens, das Schumann in dieser Situation entwickelt, beschreibt Dieter Schnebel in seinem Aufsatz "Rückungen - Ver-rückungen":

"Die Binnenstimmen werden zu inneren Stimmen, die gleichsam aus dem musikalischen Unbewußten hervordrängen und die ichhafte Einheit des Satzes gefährden. Ihre Bändigung führt zu fließenden Übergängen von kontrapunktischer Polyphonie und harmonischem Satz.
Die Verselbständigung der Einzelstimmen hat abermals Konsequenzen, nämlich im rhythmischen Bereich. Indem sie auch ein zeitliches Eigenleben gewinnen, wird der Zeitverlauf sowohl vertikal als auch horizontal zersetzt. (...) Da freilich auch hier immer wieder die Rückkehr zur Norm erfolgt, entsteht ein Vagieren zwischen dem Üblichen und Gesetzten einerseits und dem Abnormen und Widersetzlichen andererseits, wobei die Zwischenwerte im Bereich spontaner Erfindung das eigentliche Medium der Musik bilden - im Wortsinn: Intermezzi und Impromptus." (Schnebel)[82]

Langfristig vertraut Schumann offensichtlich auf die Durchsetzungskraft seiner Kompositionen aufgrund ihrer Originalität. Mittelfristig will er sich über die pianistische Tätigkeit von raschem Erfolgszwang unabhängig machen.

Dieser Weg wird mit einem Schlag durch die selbstverschuldete Lähmung des zweiten und dritten Fingers der rechten Hand versperrt[83]. Dieses Unglück zwingt Schumann, ausschließlich als freier Komponist seinen Erfolg zu suchen. Damit verschärft sich der seiner Kunstvorstellung innewohnende Konflikt.

Am 5.5.1832 hatte Schumann hoffnungsfroh an die Mutter geschrieben:

"An den 'reisenden Virtuosen' denk ich nicht – das ist ein saures, undankbares Leben. – Bin ich fleißig, so bin ich in zwei Jahren bis Opus 20. Dann wird mein Schicksal entschieden sein; und ich kann dann so bequem in Zwickau wie in Wien oder Paris leben." (Alfred Schumann 232/33)

Doch der erhoffte Erfolg blieb aus. Seine Suche nach Originalität führte zur Ablehnung durch Kritik und Verleger. Die Fingerlähmung, die mangelnde Anerkennung, der Verlust seines Bruders Julius und seiner Lieblingsschwägerin Rosalie stürzen Schumann Ende 1833 in schwere Depressionen[84].

Die Gründe für diesen psychischen Zusammenbruch, wie sie sich Schumann darstellen, teilt er Jahre später in einem für sein Selbstverständnis zentralen Brief an Clara Wieck mit:

"Schon damals um 1833 fing sich ein Trübsinn einzustellen an, von dem ich mich wohl hütete Rechenschaft abzulegen; es waren die Täuschungen, die jeder Künstler an sich erfährt, wenn nicht alles so schnell geht, wie er sich's träumte. Anerkennung fand ich nur wenig; dazu kam der Verlust meiner rechten Hand zum Spielen." (Robert Schumann an Clara Wieck, 11.2.1838, Litzmann I, 84).

Schumann ist sich durchaus über den Zusammenhang zwischen der Handverletzung und seiner familiären Herkunft im klaren gewesen. Wenn er an die Mutter schreibt:

"Wegen des Fingers mache Dir keine Unruhe! Componiren kann ich ohne ihn und als reisender Virtuose würde ich kaum glücklich sein – dazu war ich von Haus aus verdorben." (Robert Schumann an seine Mutter, 19.3.1834, Jugendbriefe 234),

so meint dies – ganz abgesehen davon, daß er die Mutter und sich selbst beruhigen will – ein doppeltes: Schumann ist ein öffentlichkeitsscheuer und allen Zeugnissen zufolge stark introvertierter Mensch gewesen. Die Vorstellung, sein Leben als Virtuose verbringen zu müssen, muß ihn schrecken. Aber er war nicht nur psychisch von Haus aus für ein solches Leben verdorben.

Bekanntlich hat sich Schumann die Handverletzung durch mechanische Experimente zugezogen, Experimente, die nicht notwendig gewesen wären, hätte Schumann wie Mendelssohn, wie Liszt, wie Chopin von Kind auf eine systematische Ausbildung erhalten. Ein weiteres Moment kommt hinzu:

Die Formulierung 'von Haus aus' spielt nicht nur auf die familiären Bedingungen an, sondern auch auf sein künstlerisches Selbstverständnis. Allein die Tatsache, daß Schumann überhaupt gegen den Willen Wiecks solche Experimente anstellt, ist charakteristisch für seine Einstellung gegenüber dem Klavierspiel. Es ist für ihn nicht Selbstzweck, sondern Mittel zum Zweck: Er will möglichst rasch mit möglichst geringem Aufwand klaviertechnisch perfekt werden. Seiner Meinung nach ist

"das ganze Klavierspiel reine Mechanik und Fertigkeit (...)" (Robert Schumann an seine Mutter, 30.7.1830, Eismann 61).

Aus solchen Aussagen spricht die Einschätzung, daß das Klavierspiel 'manuelle Arbeit', Handwerksarbeit ist, von jedem letztlich erlernbar, "bei aller verselbständigten Virtuosität doch gebunden an fremde Vorlagen", eine Vermittlung von Ideen, aber nicht eigenschöpferisch. Dagegen ist die Tätigkeit des Komponisten aus der Perspektive einer romantischen Musikästhetik eine "rein geistige", deswegen 'allein wahrhaft genial' (Heister)[85].
Diese Verletzung interpretiert Schumann selbst im nachhinein als 'Fingerzeig des Himmels', daß er zum Komponisten bestimmt sei; sie verhindert für Jahre nahezu alle Möglichkeiten, seine Klavierkompositionen bekannt zu machen. Schumann selbst sieht - zumindest später - den Zusammenhang mit seinen Schwierigkeiten, als Komponist Anerkennung zu finden[86].
Hinzu kommt, daß die Kritik weitgehend ablehnend auf diejenigen Kompositionen reagiert, die er veröffentlichen kann[87]. So wird außerhalb seines engen persönlichen Umkreises nahezu niemand auf ihn aufmerksam. Daß die Kritik ablehnend reagiert, hängt damit zusammen, daß sie programmatisch nicht marktgerecht sind. Schumann wird an dieser Reaktion sehr deutlich, daß sein Anspruch, allein dem Maßstab der 'künstlerischen Wahrheit' zu folgen, seiner faktischen Marktabhängigkeit objektiv zuwiderläuft.
1834 zunächst muß Schumann erkennen, daß er mit dem ersten Anlauf gegen das herrschende Musikverständnis gescheitert ist.
Welche Lösungsmöglichkeiten bieten sich in dieser Situation an? Welche gibt es objektiv, welcher ist sich Schumann bewußt?

b) Lösungsmöglichkeiten

Anpassung. Festanstellung. Privatmusikerzieher. Boheme. Bruch mit den Vätern. Rolle der Mutter. Männlichkeit.

Um aus einem derartigen Konflikt herauszukommen, bieten sich zu Beginn der dreißiger Jahre mindestens drei verschiedene Wege: Ein erster ist es, sich zeitweilige an den Publikumsgeschmack anzupassen, über raschen Erfolg sich eine wirtschaftliche Basis zu schaffen, um dann so zu komponieren, wie es den eigenen ästhetischen Ansprüchen entspricht.

Dieser Weg ist für Schumann keine Lösung, ist doch der Autonomiegedanke konstitutiv für Schumanns künstlerisches Selbstverständnis. Und selbst wenn er zur Anpassung bereit und fähig wäre, das Problem, daß er nicht selber seine Kompositionen in der Öffentlichkeit aufführen kann, bestände nach wie vor.

Nur von seinen Honoraren leben kann keiner seiner Zeitgenossen: Einen führenden Musiker, der nicht gleichzeitig Virtuose auf einem Instrument oder als Kapellmeister fest angestellt gewesen ist, hat es außer Schumann nicht gegeben. Diesen letzteren Weg schlägt Schumann bekanntlich in seiner letzten Lebensphase ein, eine Entscheidung, die Paul Bekker zu der Bemerkung veranlaßt hat:

"*Schumann* und *Mendelssohn* sind (...) in ihrer persönlichen Entwicklung die bemerkenswertesten Zeugen für jenes Künstlertum, das in Unabhängigkeits- und Freiheitsrausch begann, um, unvermögend, das soziale Problem des Musikertums zu lösen, im Beamtentum zu enden." (Bekker)[88]

Auf diese Einschätzung wird noch später zurückzukommen sein, hier stellt sich erst einmal die Frage, warum Schumann 1834 nicht den 'Beamtenweg' einschlägt. Die Antwort ist einfach, er steht ihm zu diesem Zeitpunkt gar nicht offen. Ein wichtiger Grund wurde bereits genannt: Schumann verfügt für einen solchen Beruf weder über die notwendige vielseitige Ausbildung noch über praktische Erfahrungen.

Ein weiterer kommt hinzu: Schumann orientiert sich an einer ausgesprochenen Instrumentalästhetik, Kapellmeisterstellungen stehen aber in erster Linie an den Theatern der Residenzstädte zur Verfügung, also an Theatern, deren Spielpläne die italienische Oper beherrscht. Und es ist gerade die italienische Opernästhetik, die Schumann besonders bekämpft.

Auch physisch und psychisch ist Schumann für eine solche Tätigkeit nicht gut geeignet: Aufgrund eines nach eigenen Aussagen nicht korrigierbaren Augenfehlers[89] ist er stark kurzsichtig, sodann allen Zeugnissen zufolge sehr wortkarg und ohne Durchsetzungsfähigkeit.

Eine dritte Existenzmöglichkeit wäre die Tätigkeit eines privaten Musikerziehers. Aber die soziale Lage der Musikerzieher ist sehr schlecht[90]. Um ausreichend Geld zu verdienen, müßte Schumann den ganzen Tag unterrichten, verfügt er doch über keinen großen Namen, der die Honorare für den Unterricht hochtreibt. Zeit und Energie für die eigentliche, die kompositorische Arbeit bliebe kaum übrig. Zudem zeigt sich später, als Mendelssohn Schumann an das neugegründete Leipziger Konvervatorium beruft, daß Schumann als Lehrer ungeeignet ist.

Im Frankreich der Julimonarchie entwickelt sich ein weiteres Modell, um aus einem derartigen Konflikt herauszukommen: das Leben der Boheme. Deren typische Einstellungen beschreibt Helmut Kreuzer folgendermaßen:

"(...) ein programmatischer Individualismus, der sich, mit dem
Willen zur Abweichung als solcher, ohne Scheu vor provokatorischer Wirkung (oft mit Lust an ihr) von Konventionen der Lebensführung und des ästhetischen, moralischen oder politischen Urteilens emanzipiert; zum anderen eine theoretische und praktische
Opposition gegen die Geldwirtschaft und gegen eine ökonomischmateriell und utilitaristisch orientierte Skala der Geltung, der
Macht und der Möglichkeiten im sozialen Leben." (Kreuzer) [91]

Aus dieser Bestimmung ließe sich ohne Not eine Parallele zu Schumanns Einstellungen ziehen. So bezeugen seine Freunde, aber
auch seine frühen Tagebücher und Schriften seinen 'programmatischen Individualismus'. Emil Flechsig, ein Jugendfreund, berichtet z.B.:

"Ich erinnere mich, wie ihn schon in früher Jugend eine wahnsinnige Vorliebe für geniale Menschen erfüllte, die in ihrem Schaffen
sich selbst zerstören. Lord Byron war frühe schon mit seinen Extravaganzen ihm ein hohes Ideal, und namentlich dessen wildes
sich selbst zerwühlendes Leben erschien ihm als etwas unendlich
Großes. Sonnenberg (des Donatoadichters) phantastisches Leben
und Selbsttötung in Jena imponierte ihm gewaltig, von Hölderlins
40jährigem geistigem Nachtleben wußte er schon in den 1820er Jahren und sprach davon mit scheuer Ehrfurcht. Beethovens struppiges Haar über dem verdüsterten Antlitz war ihm das echte Künstlergesicht, das er fast nachzuahmen liebte." (Flechsig) [92]

Offenbar hat Schumann in seiner Studentenzeit unter dem Eindruck des in Deutschland weit verbreiteten Byron-Kultus gestanden, wie mit ihm z.B. Heine, Immermann und Grillparzer. Das,
was eine ganze Generation an der Gestalt Lord Byrons fasziniert,
ist dessen 'aristokratisch-revolutionäre' Haltung, das Ausleben
seiner Emotionalität unbeschadet der Philisterwelt, sein Weltschmerz und seine 'unerschrockene Wahrheitsliebe', auch wenn sie
mit gesellschaftlicher Isolierung und 'bitterster Einsamkeit' verbunden gewesen ist (Sengle) [93]. Provokationslust zeigen die
nächtlichen, offenbar mit viel 'musikalischem Lärm' verbundenen
Trinkgelage auf seinem Zimmer. (Sie führen fast dazu, daß er von
seiner Zimmerwirtin auf die Straße gesetzt wird [94].) Die Verbindung von Genialität und 'Knillität', wie Schumann den angetrunkenen Zustand als besonders kreativen nennt, macht er sogar zum
Thema einer seiner Frühschriften: "Ueber Genial- Knill- Original-
und andere itäten". Opposition gegen die ästhetischen, moralischen und politischen Konventionen - dafür sprechen Schumanns
musikalische und schriftstellerische Kämpfe gegen die Philister.
Und was den herrschenden Utilarismus angeht, so muß man wiederum nur Schumanns Kritiken lesen, um zu sehen, wie genau
Schumann das herrschende Denken kennt und bloßlegt, um es zu
bekämpfen.

Soweit die verbindenden Elemente – ein wesentliches Bestimmungsmerkmal der Boheme ist jedoch eine antiautoritäre Haltung. Schumann aber ist zeit seines Lebens sehr autoritätsorientiert gewesen.

"Der Weg in die Boheme wird von den Bohemiens als 'Ausbruch' aus der Gesellschaft, als bewußte Abkehr vom Milieu der 'autoritären' Schule, der elterlichen Familie, des bürgerlichen Berufs oder der Akademie erlebt oder nachträglich interpretiert. (...) Oft ist nicht die Erkenntnis einer Begabung, sondern der Bruch mit den 'Vätern', der Abscheu vor der bürgelichen Existenz das primäre Motiv der Entscheidung zugleich für Künstlertum und Boheme-Existenz." (Kreuzer)[95]

Von Haus aus ist Schumann in der Tradition lutherisch-calvinistischer Arbeitsmoral erzogen worden. Die Briefe an die Mutter und später an Clara Wieck zeigen deutlich, daß Schumann keine kritische Distanz zu diesem Gedankengut gewinnt. Hinzu kommt seine starke emotionale Bindung an die Familie, die eine bewußte Abkehr von der moralischen Autorität der Eltern nicht zuläßt. Schumann hat die patriarchalische Familie als gesellschaftliche Institution niemals in Frage gestellt, das wird später in seiner eigenen Ehe sehr deutlich. Wenn also der Weg in die Boheme als bewußter Ausbruch aus der familiären Herkunft zumindest nachträglich interpretiert wird, so hat Schumann nicht die psychischen Voraussetzungen für eine derartige Abkehr entwickelt.

In keinem Falle ist "der Bruch mit den Vätern", die Abscheu vor einer bürgerlichen Existenz an sich das Motiv der Entscheidung für eine Künstlerexistenz gewesen, sondern die Erkenntnis und Gewißheit seiner Begabung. Trotz der Opposition der Mutter gegen die Entscheidung Schumanns, 'nicht als Philister zu leben', kann man im übrigen nicht davon sprechen, daß Schumanns Familie strikt gegen einen künstlerischen Beruf des jüngsten Sohnes eingestellt gewesen sei. Schumann zufolge hat der Vater seine künstlerische Begabung früh erkannt und wollte ihn bei Carl Maria von Weber bzw. – nach dessen Tod – bei Moscheles zum Pianisten ausbilden lassen[96]. Außerdem zog er den Sohn schon sehr früh zu seinen eigenen schriftstellerischen Arbeiten hinzu.

Wichtig in diesem Zusammenhang ist das Verhältnis zur Mutter. Da die Bedenken der Mutter gegen eine Musikerlaufbahn des Sohnes sich im nachhinein als unbegründet herausgestellt haben, finden sich in der Biographik Urteile über sie wie folgende:

"Johanna war eine wohlgestaltete Frau, geachtet von ihren Nachbarn, sehr umsichtig und praktisch, so wie sie sein sollte; sie verfocht entschieden das Konventionelle, aber widerstand ebenso entschieden dem Unkonventionellen, und war im hohen Maße herrschsüchtig (...)

Sie machte ihm immer noch Vorwürfe, daß er das Jurastudium aufgegeben habe. Ihre Haltung ist verständlich; sie mußte den Nachbarn Antwort stehen, die sich voller Neugier nach Roberts Fortschritten erkundigten." (Young 1968) [97]

Soweit es sich aus den erhaltenen Briefen ablesen läßt, vertritt die Mutter nichts anderes als damals allgemein gültige Maßstäbe. Und sie repräsentiert auch für Schumann das herrschende Bewußtsein. Dieses aus heutiger Sicht als Fehlhaltung einer bestimmten Person zu individualisieren, hieße unhistorisch zu argumentieren.

Schnebel sieht im Verhalten der Mutter sogar einen wesentlichen Faktor für die psychische Erkrankung Schumanns, er charakterisiert ihr Verhältnis zu dem Sohn als "schmerzlichen Mangel an gewährender Zuwendung und gleichzeitig (...) quälende Überschüttung mit beanspruchender Liebe"[98]. Da Schnebel sich nahezu ausschließlich auf die Biographie von Wasiliewski stützt und auch die veröffentlichten Briefe einen so weitgehenden Schluß nicht zulassen, bleibt seine Argumentation spekulativ. Auch eine individualpsychologische Betrachtungsweise des Schumann'schen Lebensweges müßte auf historischen Kategorien beruhen – eine historische Psychologie aber muß erst noch entwickelt werden.

Besonders deutlich wird die Rolle der Mutter im Briefwechsel vom Sommer 1830, in dem es um Schumanns weiteren Lebensweg geht. Am 30.7.1830 schreibt er ihr:

"Mein g a n z e s L e b e n war ein z w a n z i g j ä h r i g e r K a m p f zwischen Poesie und Prosa oder nenn' es M u s i k u n d J u s . Im praktischen Leben stand für mich ein eben so hohes Ideal da, wie in der Kunst. – das Ideal war eben das praktische Wirken und die Hoffnung, mit einem großen Wirkungskreise ringen zu müssen – aber was sind überhaupt für Aussichten da zumal in S a c h s e n , für einen Unadeligen, ohne große Protection und Vermögen, ohne eigentliche Liebe zu juristischen Betteleyen und Pfennigstreitigkeiten! In Leipzig hab ich unbekümmert um einen Lebensplan so hingelebt, geträumt und geschlendert und im Grunde nichts Rechtes zusammen gebracht; hier hab' ich mehr gearbeitet, aber dort und hier immer innig und inniger an der Kunst gehangen. Jetzt steh' ich am Kreuzwege und ich erschreck bei der Frage: wohin? – Folg' ich meinem Genius, so weißt er mich zur Kunst und ich glaube, zum rechten Weg. Aber eigentlich – nimm mir's nicht übel, und ich sage es Dir nur liebend und leise – war mir's immer, als vertretest Du mir den Weg dazu, wozu Du Deine guten mütterlichen Gründe hattest, die ich auch recht gut einsah und die Du und ich die 'schwankende Zukunft und unsicheres Brod' nannten. Aber was nun weiter? es kann für den Menschen keinen größeren Qualgedanken geben, als eine unglückliche, todte und seichte Zukunft, die er sich selbst vorbereitet hätte. Eine der früheren Erziehung und Bestimmung ganz entgegengesetzte Lebensrichtung zu wählen, ist auch nicht leicht und verlangt Geduld, Vertrauen und schnelle Ausbildung. Ich stehe noch mitten in der Jugend der Fantasie, die die Kunst noch pflegen und adeln kann; zu der Gewißheit bin ich auch gekommen, daß ich bey Fleiß und Geduld und unter gutem Lehrer binnen sechs Jahren mit jedem Klavierspieler wetteifern will, da das ganze Klavierspiel reine Mechanik und Fertigkeit ist: hier und da hab' ich auch Fantasie und vielleicht Anlage zum eigenen Schaffen - nun die Frage: Eine oder das Andere; denn nur E i n e s kann im Leben als Etwas Großes und Rechtes dastehen: - und ich kann mir nur die eine Antwort geben: nimm Dir nur einmal Rechtes und Ordentliches vor und es muß ja bey Ruhe und Festigkeit durchgehen und an's Ziel kommen. - In diesem Kampf bin ich jetzt fester, als je, meine guter Mutter, manchmal tollkühn und vertrauend auf meine Kraft u. meinen Willen, manchmal bange, wenn ich an den großen Weg denke, den ich schon zurückgelegt haben könnte und den ich noch zurücklegen muß." (Robert Schumann an seine Mutter, 30.7.1830, Musikmanuskripte) [99]

Das entscheidende Urteil möge die Mutter von Friedrich Wieck einholen, und zwar soll es sich sowohl auf seine musikalische Begabung als auch auf seine charakterliche Eignung für ein Musikerleben beziehen.

Die Mutter schreibt an Wieck. Dieser antwortet positiv, verlangt aber von Schumann strengste Selbstprüfung und Selbstdisziplin und vor allem Unterwerfung unter seine Autorität als Lehrer. Sie schickt dem Sohn Wiecks Schreiben und stellt ihm seine Entscheidung anheim:

"Lieber Robert! Dein letzter Brief hat mich so tief erschüttert, daß ich seit dem Empfang desselben in meinen ganz niedergedrückten Zustand zurückgekehrt bin; ich glaubte mich zu allem, was kommen könnte, stark und ergeben, aber ich sehe, wie mächtig alles auf Körper und Seele wirkt. Vorwürfe mache ich Dir nicht; denn sie würden zu nichts führen - aber b i l l i g e n kann ich Deine Ansichten, Deine Weise zu handeln gar nicht. Gehe seit dem Tode Deines guten Vaters Dein Leben durch, und Du mußt Dir sagen, daß Du nur D i r gelebt hast. Wie will und wird das enden? - Ich habe Deinen Brief an Wieck geschickt und lege Dir die Antwort bei; er hat, wie Du es wünschtest, u n u m w u n d e n geantwortet; prüfe Dich genau, ob Du dies a l l e s fähig bist zu halten und zu erfüllen, ob Du stundenlang mit Kindern Dich im Unterricht abgeben kannst, ob eine untergeordnete Stelle Dir Deine Tage angenehm machen wird?

Und wenn Du nun alles dieses tust, was Wieck fordert, ist immer noch keine g e s i c h e r t e Z u k u n f t erlangt. Denke an's Alter - Doch nimm dies nicht so, als wenn ich Dich abhalten wollte oder Dir, wie Du es nennst, im Wege stehen wollte; (...)." (Johanne Christiane Schumann an Robert Schumann, 12.8.1830, Eismann 65)

In den Augen der Mutter ist Schumanns Lebensweise egoistisch und verantwortungslos, weil unproduktiv. Ihr zentraler Vorwurf gilt Schumanns Ichbezogenheit:

"Gehe seit dem Tode Deines guten Vaters Dein Leben durch, und Du mußt Dir sagen, daß Du n u r Dir gelebt hast."

Was sie nach ihrem Wertsystem nicht akzeptieren kann, ist Schumanns Anspruch, seine Lebensentscheidung von seinen Bedürfnissen abhängig zu machen.

Ausschlaggebend für die Berufswahl muß die Aussicht auf wirtschaftliche Unabhängigkeit sein, um auf dieser Basis 'Verantwortlichkeit für Familie und Gemeinde' übernehmen zu können. Da künstlerische Arbeit weder materielle Sicherheit bietet nocht sozial nützlich erscheint, haftet ihr der Geruch des Asozialen, des Egoistischen an. Das entspricht dem Wertsystem, wie es sich in der bürgerlichen Gesellschaft unter ganz bestimmten sozialökonomischen Bedingungen herausgebildet hat.

"Das Bürgertum als Ganzes ist in dieser Zeit von dem Druck der absolutistisch-ständischen Gesellschafts-Verfassung befreit. Sowohl der bürgerliche Mann wie die bürgerliche Frau ist nun all der äußeren Zwänge, denen sie als zweitrangige Menschen in der ständischen Gesellschaft unterworfen waren, enthoben.
Aber die Handels- und Geldverflechtung, deren Fortschritt ihnen die gesellschaftliche Stärke zur Befreiung gegeben hatte, ist gewachsen. In dieser Hinsicht ist auch die gesellschaftliche Gebundenheit des Einzelnen stärker als zuvor.
Das Schema der Selbstzwänge, das den Menschen der bürgerlichen Gesellschaft im Zusammenhang mit ihrer Berufsarbeit auferlegt wird, ist in mancher Hinsicht von dem Schema, nach dem die höfischen Funktionen den Triebhaushalt modellieren, verschieden. Aber für viele Seiten des Affekthaushaltes ist jedenfalls der Selbstzwang, den die bürgerlichen Funktionen, den vor allem das Geschäftsleben verlangt und produziert, noch stärker als der, den die höfischen Funktionen erforderten." (Elias)[100]

Vom Einzelnen werden diese Selbstzwänge nicht als historisch bedingt angesehen, sondern in Kombination mit der christlichen Ethik als 'elementare Grundlage' von allgemein-menschlicher Gültigkeit. In dem Augenblick, in dem der bürgerliche Arbeitsbegriff als allgemein-menschlich deklariert wird, muß man der ethischen Respektabilität und der sozialen Nützlichkeit künstlerischer Produktivität kritisch gegenüberstehen.

Die Boheme hat darauf reagiert, indem sie künstlerisches Schaffen als 'Nichtarbeit' im Sinne des bürgerlichen Ethos positiv aufgefaßt hat[101]. Aus dieser Bestimmung leitet sie die Legitimation ab, für sich einen gesellschaftlichen Sonderstatus zu beanspruchen. Statt des Arbeitspostulats stellt sie ein Genußpostulat auf (Kreuzer).

Nicht so Schumann – in seiner Antwort greift er die Formulierungen der Mutter auf und dreht gleichsam den Spieß um:

"Gehe auch Du mein ganzes Leben, meine Kindheit, mein Knabenalter und den Jüngling durch und sage o f f e n : wohin trieb mich mein Genius immer und immer? Denk an den großen Geist unseres guten Vaters, der mich f r ü h durchschaute und mich zur Kunst oder zur Musik bestimmte." (Robert Schumann an seine Mutter, 22.8.1830, Alfred Schumann 205)

Er spielt ihr gegenüber die höhere Autorität aus, den Willen des verstorbenen Vaters, er verweist die Mutter auf ihren Platz, sie ist kein 'großer Geist', sie hat den Sohn nicht erkannt.

"Beuge der Natur und dem Genius nicht vor, sie könnten sonst zürnen und sich auf ewig wenden."

Auch das Argument, nur ein Jura-Studium garantiere ihm ein sicheres Auskommen, versucht er zu entkräften:

"Und nun gesetzt auch – ich will mich verleugnen – ich w i l l eine Wissenschaft ergreifen, die ich nicht lieben, kaum achten kann – Mutter, was hab ich nun für Aussichten? was hab ich für einen Wirkungskreis? – welches Leben hab ich zu erwarten? – mit was für Menschen hab ichs bis in den Tod zu tun? Ist Sachsen ein Land, wo b ü r g e r l i c h e Verdienste nach Verdienst gewürdigt werden? (...) Ist mein zukünftiger Wirkungskreis nicht ein ewiger, fataler Schlendrian von Raufereien und Viergroschenprozessen? Und hab ichs mit anderen Menschen zu tun, als mit Züchtlingen und anderem Gesindel? – Und was hab ich nun davon? – – – wenn ichs weit bringe – einen Oberaktuarius in einer Landstadt mit 3000 Einwohnern und 600 Taler Gehalt – Mutter, geh einmal tief in Dich und in mein Herz ein und frage Dich ernst: ob ich dieses tote Einerlei ein ganzes Leben aushalten kann?" (Alfred Schumann 205/6).

Schumann stellt nicht die Geltung des Arbeitspostulats grundsätzlich in Frage. Er entzieht sich nur seinem Geltungsbereich mit dem Hinweis darauf, daß er kein 'normaler Mensch' sei, sondern ein Berufener, in ihm also ein höherer Wille wirke, gegen den zu verstoßen Frevel sei. Dies kennzeichnet ebenfalls die Art und Weise, wie er über die Menschen spricht, mit denen er als Jurist in Berührung käme. Auch aus dem Hinweis auf die mangelnden Aufstiegschancen als Jurist spricht sein Wille, über das 'Mittelmaß' hinauszukommen, wobei er dies an der sozialen Position eines Menschen festmacht.

Daß Schumann nicht nur in diesem Brief, wo man diese Argumentation als rein taktische verstehen könnte, sondern in seinem ganzen Selbstverständnis von einem Arbeitspostulat geprägt war, zeigen deutlich seine Briefe und Tagebucheintragungen aus den dreißiger Jahre eigentlich seine gesamte Lebensentwicklung. Die Tagebücher zeugen von seinem ständigen Ringen um Selbstdisziplin, von seinem unbedingten Willen, ein bedeutender Komponist zu werden und auch als solcher Anerkennung zu finden. Als Grundlage für eine kontinuierliche Produktivität erscheint ihm ein geregelter Arbeitstag und die Konzentration aller Kräfte auf das eine Ziel unabdingbar.

"Wenn ich nur einmal Alles in Etwas bin, und nicht, wie ich's leider immer that, Etwas in Allem. Die Hauptsache ist aber doch zu meinem Bestehen ein reines, solides, nüchternes Leben. Halt ich dieses fest, so verläßt mich auch mein Genius nicht, der mich zuweilen in Augenblicken ordentlich wie inne hat." (Robert Schumann an seine Mutter, 15.5.1831, Jugendbriefe 144)

Wie wenig Schumann sich von den mütterlichen als den allgemeinen Maßstäben gelöst hat, zeigen die ständigen Versagensängste, wie sie sich in Tagebucheintragungen und in den Briefen an die Mutter dokumentieren:

"Wie oft denk ich an Dich, und wie oft erschienst Du mir im Traum, obgleich immer drohend und in einer entsetzlichen Gestalt." (Brief vom 3.5.1832, Alfred Schumann 230).

In einem Brief vom 19.3.1834 schreibt er:

"Es war einmal eine Zeit, da erschienst Du oft in meinen Träumen, aber stets wie warnend oder erzürnt über mich." (Alfred Schumann 246)

und in einem anderen Brief heißt es:

"Wärst Du nur so glücklich, einen so guten Sohn zu haben, als ich eine vortreffliche Mutter! (...) Ich muß besser geworden sein, weil ich öfter und freudiger an Dich denke, als sonst jemals. -" (Brief vom 9.4.1834, Alfred Schumann 248/9).

Bedeutet dies, daß Schumann sich die Arbeits- und Erfolgsbedingungen der bürgerlichen Gesellschaft zu eigen gemacht hat?

Für die Einsicht, daß er sich Selbstzwänge auferlegen müsse, um langfristig produktiv sein zu können, ist ein weiteres Moment wirksam, das in seiner Bedeutung nicht unterschätzt werden darf: die herrschende Vorstellung von Männlichkeit.

Zum tradierten Romantikbild gehört die Vorstellung, daß romantische Kunst im Gegensatz zur klassischen 'weibliche' Züge habe (Rieger)[102]. Diese Koppelung von Geschlechtsmerkmalen und Charakterisierungen musikalischer Produkte hat auf die Beschreibung der jeweiligen Komponisten abgefärbt. Beethoven ist der männliche Künstler par excellence, Schumann der weibliche.

Wie hat Schumann sicht selbst gesehen? In einem Brief an Clara Wieck schreibt er:

"Du wirst Dich in spätern Jahren manchmal um mich grämen, mir fehlt noch manches zum ganzen Mann; ich bin noch zu ruhelos, zu kindisch oft, zu weich; auch hänge ich viel dem nach, was gerade mir Vergnügen gewährt ohne Rücksicht auf andere; (...)." (Robert Schumann an Clara Wieck, 3.6.1839, Litzmann I, 337)

Hier taucht also die Kritik der Mutter, daß er zu sehr seinem Vergnügen folge, im Zusammenhang mit einem bestimmen Männlichkeitsbild wieder auf. Auch an anderen Bemerkungen wird deutlich, daß Schumann eine auf Effizienz und die Erstellung von Produkten ausgerichtete Arbeitshaltung als männlich erachtet. Dem steht gegenüber, daß Schumann stundenlang am Klavier frei phantasiert; Improvisation aber ist keine produktorientierte Ausdrucksweise, denn ihr eignet kein Arbeits-, sondern Spielcharakter. Schumann selbst spricht davon, daß er 'sein bisheriges Leben am Klavier verträumt' habe[103]; auch dies eine Formulierung, die auf Introspektion weist und nicht auf eine Form von Kreativität, die in Werken ihren Ausdruck findet.

c) Lösungsstrategien

Neue Zeitschrift für Musik. Frühromantik. Athenäum. Davidsbund. 'juste milieu'. Mitarbeiterkreis. Auseinandersetzungen. Kalkulation. AMZ. Zeitgenössische Publizistik. Auswirkungen.
Ästhetische Position. Chopin-Rezension. Berlioz-Kritik. Absolute Musik. Kompositionen. Zusammenfassung.
Partnerwahl. Ernestine von Fricken. Biographik. Clara Wieck. Ehekonzeption.

Welche Konsequenzen zieht Schumann nun tatsächlich aus seinem Zusammenbruch?
Er zwingt sich zur Arbeit:

"Von den vergangenen Wochen nichts. Ich war kaum mehr als eine Statue ohne Kälte, ohne Wärme; durch gewaltsames Arbeiten kam nach und nach das Leben wieder." (Robert Schumann an seine Mutter, 27.11.1833, Alfred Schumann 242).

Hier bereits deutet sich an, welche Funktion Arbeiten an sich, gleich welchen Inhalts, für ihn erfüllen muß: Arbeit heißt Leben, ein würdiges Mitglied der Gesellschaft sein, Müßiggang dagegen tiefste psychische Bedrohung, Raum für Selbstzerstörung[104].
 Aufgrund des Erlebnisses, daß einzig gewaltsames Arbeiten ihm Lebenswillen zurückgebracht hat, versucht er sein Leben so zu regeln, ihm einen so festen Rahmen zu geben, daß er kontinuierlich produktiv sein kann. So schafft er sich durch die Gründung der Neuen Zeitschrift für Musik eine geregelte Tätigkeit. Auch hofft er, sich mit der NZfM langfristig eine sichere finanzielle Basis aufbauen zu können.

Und noch ein weiterer Gesichtspunkt spricht für die Gründung einer Zeitschrift: die Möglichkeit, die eigene Isolation zu überwinden, nämlich im alltäglichen Leben mit Gleichgesinnten zusammen an diesem Projekt zu arbeiten, dann als Erweiterung dieses Kreises Kontakt mit Gleichgesinnten in anderen Städten Deutschlands aufzunehmen, schließlich journalistisch Komponisten und Künstler zu unterstützen, die dieselben künstlerischen Ziele wie er verfolgen.

Daß die Gründung der NZfM ein bewußter Lösungsschritt gewesen ist, zeigt sich deutlich in den Tagebuchaufzeichnungen. Schumann hat in den Jahren 1833/34 zwar kein Tagebuch geführt, aber 1838 die wichtigsten Stationen dieser Jahre nachgetragen:

"Nun hier großer Abschnitt in m.[einem] Leben.
Qualen der fürchterlichen Melancholie vom October bis December - Eine fixe Idee die wahnsinnig zu werden hat mich gepakt.
Nüchternheit. Schriftstellerische Arbeiten.
Idee der Davidsbündler mehr ausgearbeitet.
(...)
Die Intermezzi erschienen.
Dan[n] im Dezember L u d w i g   S c h u n k e wie ein Stern
J a h r   1 8 3 4 , das bedeutendste m.[eines] Lebens -
Idee zu e.[iner] n.[euen] Zeitschrift f. Musik, die schon im Sommer 1833 in Hofmeisters Garten gesprochen war -
Künstlerisches Leben mit Schunke, Wiek, Lyser, später Gustav Schlesier, Klara [Wieck] - Knorr, Bürk.
Im April 1834 d.n.Ztschr. angefangen
E r n e s t i n e [von Fricken] Mitte April (...)."
(Tagebücher 419/20).

Diese letzte Eintragung spielt auf Schumanns erste Verlobte, Ernestine von Fricken, eine Klavierschülerin Friedrich Wiecks an und damit auf einen weiteren Schritt, der für Schumann mit zu der Vorstellung eines geregelten Lebens gehört: die Suche nach einer Frau.

Zunächst aber soll es hier um die Aspekte gehen, die sich mit der NZfM verbinden.

"Da das Grundprinzip der neuen kapitalistisch-bürgerlichen Gesellschaft die volle und selbständige Entwicklung jedes Individuums zum Zwecke des rücksichtslosen freien Konkurrenzkampfes um den höchste Profit war und damit aus materiellen Gründen einem schrankenlosen Egoismus Tür und Tor geöffnet wurden, ergab sich auch auf idelogischem Gebiet eine maßlose Egozentrik. Die zum Standesausgleich erforderliche Menschlichkeit ging somit in reinste *Subjektivität* über." (Balet/Gerhard) [105]

Das Problem künstlerischer Isolation, so wie es aus der Ökonomisierung des Kunstwerks zur Ware erwächst, ist nicht neu gewesen. Besonders die Generation der Frühromantiker hat es thematisiert und auch erste Versuche gemacht, Lösungsmöglichkeiten zu finden.

Christa Wolf versucht in einem Essay über Karoline von Günderode die spezifisch deutschen Ausgangsbedingungen zu beschreiben und damit einen weiteren Aspekt der gesellschaftlichen Isolation von künstlerisch produktiven Menschen wieder ins Bewußtsein zu bringen:

"Die bürgerlichen Verhältnisse, die sich schließlich auch ohne Revolution diesseits des Rheins ausbreiten, etablieren zwar keine kräftig neuen ökonomischen und sozialen Zustände, dafür aber eine durchdringende, auf Niederhaltung alles Unbeugsamen, Originalen gegründete Kleinbürgermoral. Ungleicher Kampf: Eine kleine Gruppe von Intellektuellen - Avantgarde ohne Hinterland, wie so oft in der deutschen Geschichte nach den Bauernkriegen -, ausgerüstet mit einem ungültigen Ideal, differenzierter Sensibilität, einer unbändigen Lust, das neu entwickelte eigne Instrumentarium einzusetzen, trifft auf die Borniertheit einer unterentwickelten Klasse ohne Selbstgefühl, dafür voll Untertanenseligkeit, die sich vom bürgerlichen Katechismus nichts zu eigen gemacht hat als das Gebot: Bereichert euch! und den hemmungslosen Gewinntrieb in Einklang zu bringen sucht mit den lutherisch-kalvinistischen Tugenden Fleiß, Sparsamkeit, Disziplin; (...) Sie kommen sich einsam vor in der Geschichte. Die Hoffnung, andre - ihr Volk! - könnten sich auf sie beziehn, ist verbraucht. Von Selbstbetrug kann man nicht leben. Vereinzelt, ungekannt, abgeschnitten von Handlungsmöglichkeiten, verwiesen auf die Abenteuer der Seele, sind sie ihren Zweifeln, ihrer Verzweiflung, dem anwachsenden Gefühl zu scheitern schutzlos ausgeliefert."
(Wolf) [106]

Die Jenaer z.B. haben ein Lebens- und Arbeitsmodell entwickelt, um dem Konkurrenzzwang und dem Gefühl, daß ihre Fähigkeiten gesellschaftlich nicht gebraucht werden, zu entkommen: sie schaffen sich eine eigene private Öffentlichkeit, einen kleinen Kreis von Gleichgesinnten, Produzenten und Adressaten gleichzeitig. Ihr Medium nach Innen und Außen ist eine Zeitschrift, das Athenäum. Sie ist der Versuch, ein größeres Publikum für die eigenen Ideen und Werke zu gewinnen, gleichzeitig aber selbst Ausdruck romantischer Geselligkeit: Formen des Dialoges, des Gespräches, des Briefes herrschen vor, die Rezensionen und ästhetischen Überlegungen sind im Plauderton gehalten. Öffentliches und Privates wird bewußt gemischt und so indirekt die Spaltung in eine öffentliche Rationalität und private Emotionalität, zwischen Öffentlichkeit und Privatheit, zwischen Produktion und Rezeption kritisiert (Dischner) [107]. Das Athenäum ist bereits mit dem dritten Jahrgang (1800) aus finanziellen Gründen eingegangen, der Kreis der Mitarbeiter auf den engen Kreis der Frühromantiker beschränkt geblieben: Friedrich und August Wilhelm Schlegel, Caroline und

Dorothea Schlegel, Novalis, Schleiermacher, Hülsen und Sophie Bernhardi[108]. Konstitutiv ist es für diesen Kreis gewesen, daß Männer und Frauen zusammengelebt und zusammengearbeitet haben.

Schumann nun versucht zunächst an dieses Modell anzuknüpfen: er entwickelt die Idee des Davidsbundes (David gegen die Philister) als einer ideellen Gemeinschaft von Künstlern:

"An Heinrich Dorn   Leipzig, 14.9.1836

... Der Davidsbund ist nur ein geistig romantischer, wie Sie längst gemerkt haben. Mozart war ein ebenso großer Bündler, als es jetzt Berlioz ist, Sie es sind, ohne gerade durch Diplom dazu ernannt zu sein. Florestan und Euseb ist meine Doppelnatur, die ich wie Raro gern zum Mann verschmelzen möchte. Das andere darüber steht in der Zeitung. Die andern Verschleierten sind zum Teil Personen; auch vieles (ist) aus dem Leben der Davidsbündler, aus dem wirklichen (genommen)." (Eismann 87)

Zeitweise überlegt Schumann sogar, eine Art Interessenverband zu gründen[109]. Ob es sich dabei um eine Parallele zum 1840 gegründeten Leipziger Literaturverein handeln sollte als - wie Jansen vermutet - ein Interessenverband von Komponisten in Fragen des Autorenschutzes und der Gewinnbeteiligung an Aufführungen, läßt sich aus Schumanns Äußerungen nicht entnehmen[110].

1834 geht es in erster Linie um den ideellen Kampf gegen das herrschende Denken, gegen die 'Mittelmäßigkeit' in allen Bereichen, gegen das 'juste milieu'.

Es wurde bereits darauf hingewiesen, daß dieser Begriff des 'juste milieu' im Zusammenhang mit der französischen Julimonarchie entstanden ist[111].

"Das Juste-Milieu-Stereotyp zeigt strukturelle Konstanten (bei inhaltlichen Varianten, die sich aus wechselnden historisch-soziologischen Situationen erklären).
Konstant und zentral sind die Vorwürfe der Lau- und Halbheit, der Mediokrität, der Lüge und der doppelten Moral. (...) Sie prägen ein durchstilisiertes Gesellschafts'bild' mit ausschließlich negativen Charakteristiken: allgemeines Regime des 'banalzweckhaften Allerweltskompromisses', ausgerichtet auf die 'übermenschliche Oligarchie der Ahnungslosen und des Gottgnadentum der absoluten Mittelmäßigkeit', Vergötzung eines 'widerlichen materiellen Wohllebens' (Breton); Negation von Größe und Entschiedenheit, Inbrunst und Enthusiasmus (...), profitabler Opportunismus und Lippenbekenntnis zur Idee, Gifthauch 'einer alles durchdringenden gesellschaftlichen Heuchelei'; Langeweile und geistige Öde; Beharrung auf 'leeren' Konventionen und brüchigen Prinzipien.(...)." (Kreuzer 150)

Die Polarisierung Künstler und Bürger ist in den verschiedensten Erscheinungsformen literarisch wirksam geworden und hat die Künstlernovelle von Berglinger bis Doktor Faustus geprägt. Sie ist keine Erfingung des 19. Jahrhunderts, denn schon im vorangegangenen finden sich zahlreiche literarische Angriffe gegen bestimmte Züge bürgerlicher Existenz. In diesen Zusammenhang gehört z.B. alles das, was man seit der Goethezeit mit den Begriffen 'Spießer', 'Philister', 'Banause' assoziiert.

"Es ist die Bildfigur des 'braven' subalternen Bürgers, der sich in ein statisch hierarchisches System tragend und lastend einfügt - eine Personifikation von Untertanengeist, Autoritätshörigkeit, 'Orthodoxie', und eben darum auch von autoritärem und despotischem Wesen und Unwesen: (...)
Nicht personaler Autorität ist dieser imaginierte 'Bürger' verfallen, sondern dem Buchstaben des Gesetzes und Dogmas verpflichtet, an Herkommen, Sitte, Konventionen des Meinens und Handelns blind und ohne Enthusiasmus gebunden, ichverhaftet sekuritätsbedürftiger Exponent einer vorgegebenen unpersönlichen Ordnung. So unterdrückt er individuelle Gesichtspunkte und spontane Impulse zugunsten toter Paragraphen und fester Kunst- und Lebensregeln, ist schöpferischer Abweichung abhold, von engherziger Pedanterie, ängstlich und starrsinnig, phantasielos und verknöchert - bei jovialer Gemütlichkeit und sentimentaler Anbiederungsbereitschaft (...)." (Kreuzer 142/3)

In diesem Zusammenhang muß man eine Idee wie die des 'Davidsbundes' sehen. Gerichtet war sie gegen die Vermarktung von künstlerischen Produkten - Organ dieses Kampfes sollte eine Zeitschrift sein: die Neue Leipziger Zeitschrift für Musik - wie sie ursprünglich hieß - 'Neu' im Gegensatz zu der ebenfalls in Leipzig erscheinenden Allgemeinen musikalischen Zeitung (AMZ). Sie sollte als kritisches Organ einen Wandel im ästhetischen Denken der Zeit initiieren, gleichzeitig ein Organ der Selbstverständigung für diejenigen werden, die bisher künstlerisch isoliert gegen das musikalische 'juste milieu' gekämpft hatten.
    Das berühmte Motto, unter dem die Arbeit an dieser Zeitschrift stand, lautet:

"Versammelte Davidsbündler, d.i. Jünglinge und Männer, die ihr totschlagen solltet die Philister musikalische und sonstige."
(Eismann 87)

Es birgt beide genannten Elemente in sich: den Kampfcharakter gegen die herrschende Musikproduktion und den Versuch eines Zusammenschlusses.
    Im Tagebuch findet sich die erste Erwähnung des Zeitschriftenplanes im März 1833 unter der Rubrik "Pläne. Arbeiten. Musikalische Zeitschrift" (Tagebücher 417). Ende Juni desselben Jahres schreibt Schumann an seine Mutter:

"Eine Menge junger wohlgebildeter Leute, meistens Musikstudierender, hat einen Kreis um mich gezogen, den ich wieder um das Wieck'sche Haus ziehe. Am meisten erfaßt uns der Gedanke an eine neue, große musikalische Zeitung, die Hofmeister verlegt und von welcher Prospektus und Anzeige schon im künftigen Monat ausgegeben werden. Ton und Farbe des Ganzen sollen frischer und mannigfaltiger, als in den andern, vorzüglich dem alten Schlendrian ein Damm entgegengestellt werden, ob ich gleich wenig Aussicht habe, mit Wieck, der mir übrigens täglich befreundeter wird, je in meiner Kunstansicht zusammenzutreffen ... Die Direktion besteht aus Ortlepp, Wieck, mir und zwei anderen Musiklehrern, meistens ausübenden Künstlern [mich neunfingerigen ausgeschlossen], das schon der Sache einen Anstrich gibt, da die anderen musikalischen Zeitungen von Dilettanten redigiert werden. Unter den andern Mitarbeitern nenne ich Dir Lühe, Hofrat Wendt, den tauben Lyser, Reißigern und Krägen in Dresden, Franz Otto in London. - ...." (Brief vom 28.6.1833, Eismann 86)

Tatsächlich zieht es sich fast noch ein Jahr hin, bis die erste Nummer erscheinen kann.

Erwachsen ist der 'Davidsbund' aus dem Kreis Leipziger Musiker', der sich regelmäßig in der Wirtschaft Poppe trifft und über alle anliegenden Fragen diskutiert.

Gustav Jansen hat in seinem 'Davidsbündlerbuch' versucht, alles zusammenzutragen, was über diesen Kreis bekannt ist[112]. Wesentlich ist es, daß die Hauptbeteiligten ausübende Musiker sind, eine Tatsache, die Schumann selbst als fachlichen Vorteil gegenüber der AMZ in dem oben zitierten Briefausschnitt hervorhebt, die aber auch von vornherein zum Problem wird: Anders als Schriftsteller, die sich mit der Arbeit an einer Zeitschrift in ihrem eigenen Medium bewegen, war und ist der Schritt für einen ausübenden Musiker, eine regelmäßige Redaktionsarbeit zu übernehmen, ungleich schwieriger. So erweist sich denn auch das, was größere Praxisnähe garantieren sollte, bereits während der Arbeit am ersten Jahrgang als entscheidendes Handikap.

Die erste Nummer der 'Neuen Leipziger Zeitschrift für Musik' erscheint am 3.4.1834 im Verlag Hartmann. Als Herausgeber zeichnen Schumann, Friedrich Wieck, Ludwig Schunke und Julius Knorr.

Den gleichaltrigen Pianisten Ludwig Schunke hat Schumann im Dezember 1833 kennengelernt und eine enge Freundschaft mit ihm geschlossen. Zeitweise wohnten beide in einem Haus: einige Szenen zwischen Florestan und Eusebius erwachsen offensichtlich aus der Art und Weise, wie Schumann und Schunke miteinander musizieren, diskutieren und leben.

Julius Knorr ist ebenfalls Pianist und einer von Schumanns engeren Freunden. Er und nicht Schumann wird geschäftsführender Redakteur des ersten Jahrganges, und er ist es auch, der Chopins op. 2, (also das Werk, über das Schumann sein erstes schriftstellerisches Opus veröffentlichte) im Dezember 1831 im Gewandhaus zum erstenmal öffentlich aufführt[113].

Friedrich Wieck schließlich ist bekanntlich Klavierlehrer, außerdem Instrumentenhändler und erheblich älter als die drei Mitredakteure; er teilt nur begrenzt die Ziele der anderen.

Aus dem Kontrakt, der zwischen dem Verleger und den Herausgebern abgeschlossen worden ist, geht hervor, daß die Herausgeber in allen Fragen gleichberechtigt entscheiden sollen. Diese kollektive Leitung endet bereits Ende 1834. Für 350 Taler erwirbt Schumann die Zeitschrift vom Verleger, nachdem dieser versucht hat, sie mit gerichtlichen Mitteln ganz in seine Hände zu bekommen[114]. Er bringt sie als Alleinherausgeber unter dem Namen 'Neue Zeitschrift für Musik' im Kommissionsverlag des Buchhändlers Barth heraus, nicht ohne gerichtliche Auseinandersetzungen mit Julius Knorr, der Einspruch gegen die Erteilung der Konzession durch die Zensurbehörde an Schumann erhebt[115]. Was ist geschehen?

Schumann notiert nachträglich in seinem Tagebuch über die Ereignisse:

"Von Ostern 1834 mit Schunke zusammengewohnt - dabei oft wüst gelebt (...)
Streit mit Wieck u. den andern Redigenten (...)
September - Bund mit Ernestine [von Fricken] - Abschied von ihr am 6sten September in Zwickau - Besuch ihres Vaters vorher Schunkes drohende Krankheit - die Voigt - (...)
- Im Winter an d. Etudes Symphoniques angefangen (...)
Zerwürfniße mit der Zeitung - Schunkes Tod am 7ten December - m.[eine] Rückkehr nach Leipzig - Vollkommene Auflösung des ganzes Kreises (...)
Mein Kauf der Zeitung"
(Tagebücher 420).

Aus diesen Eintragungen läßt sich nicht entnehmen, wodurch es zum Streit kam. Im Vorwort zur Ausgabe seiner Gesammelten Schriften nennt Schumann als Gründe den Weggang einiger Mitarbeiter von Leipzig und den Tod seines Freundes Ludwig Schunke[116]. Schunke ist an Schwindsucht gestorben, Henriette Voigt, eine Leipziger Kaufmannsgattin, selbst eine ausgezeichnete Pianistin und Mittelpunkt eines Kreises von Musikern, hat ihn gepflegt[117]. Schumann selber kann es nicht ertragen, den täglich fortschreitenden Verfall seines Freundes mitanzusehen und flüchtet sich nach Zwickau. (Diese Abwesenheit Schumanns von Leipzig versucht dann der Verleger Hartmann für sich zu nutzen[118].)

Feststeht, daß Schumann von vornherein den größten Teil der mit der Zeitschrift verbundenen Arbeit gezwungenermaßen übernimmt. So schreibt er im Juli 1834:

"... Vor der Hand muß i c h d u r c h a u s d e r Z e i t u n g m e i n e g a n z e T ä t i g k e i t w i d m e n - und auf die andern ist nicht zu bauen. - Wieck ist fortwährend auf Reisen, Knorr krank, Schunke versteht nicht so recht mit der Feder umzugehen - wer bleibt übrig? - " (Robert Schumann an seine Mutter, 2.7.1834, Eismann 88).

Sicher ist er von Haus aus besonders gut für eine solche Arbeit geeignet gewesen und zwar nicht nur, was die schriftstellerische Arbeit betrifft, sondern auch die kaufmännische. Außerdem erhofft sich Schumann von der Gründung der Zeitschrift langfristig einen festen Nebenerwerb, gibt es doch gerade in Leipzig unter den Schriftstellern genügend Beispiele für das Gelingen eines solchen Vorhabens. Dieser Aspekt wird für die Entscheidung, die Zeitschrift auch gegen den Freund Knorr zu kaufen und allein herauszugeben, ausschlaggebend gewesen sein. Der publizistische Erfolg, der sich mit den ersten Heften einstellt, läßt Schumanns Plan realistisch erscheinen.

Im Schumann-Haus Zwickau fand sich ein winziger Zettel mit der originalen Kalkulation für den Jahrgang 1835:

"Veranschlagt Ausgabe f. Satz/Papier ... mit 1077 Th.
Einnahme An den alten Jahrgängen   10 --
           An Musikalien   10 --
           An Intelligenz   25 --
           350 Exemplare zu 2 Th.   700
1027
 755
272 Thaler Verlust am Jahrgang 1835

angenommen, die Ausgabe beträgt im Durchschnitt nie mehr als 1000.-
angenommen, ich bekomme für das Exemplar 2.12. Netto, so wäre die Ausgabe durch 400 Abonnenten gedeckt.
Bei 500 Abonnenten gewinne ich   250 Thaler
bei 600   500 Thaler
    700   750
bei 800   1000
bei 1000   1500
        oh!"   (Autograph)[119].

Wie sah nun die wirtschaftliche Entwicklung der Zeitschrift wirklich aus?

In einem Brief an die Mutter vom März 1834 schreibt Schumann:

"Es freut mich, mein Leben durch einen festen und reizenden Hintergrund geschlossen zu haben. Außer Ehre und Ruhm steht auch noch Verdienst zu erwarten, so daß Du wirklich ruhiger um mein Fortkommen für die Zukunft sein kannst" (Robert Schumann an seine Mutter, 19.3.1834, Alfred Schumann 247).

und im Juli heißt es in einem anderen Brief an sie:

"Doch hat die Zeitschrift so einen außerordentlichen Erfolg, daß ich auch mit Nutzen und Feuer fortarbeite. Bis jetzt sind gegen 300 Bestellungen eingegangen. - Kurz, Leben ist viel in unserem Leben ...". (Robert Schumann an seine Mutter 2.7.1834, Eismann 88)

Tatsächlich aber hat die Zeitschrift nach einem Jahr noch keine 300 Abonnenten[120] und auch im Jahre 1840 erst 443. Das bedeutet - gleichbleibende Kosten vorausgesetzt -, daß Einnahmen und Ausgaben sich die Waage gehalten haben: Einen größeren Gewinn kann Schumann mit der Zeitschrift nicht erwirtschaften, sich demnach darüber keinen größeren Nebenerwerb sichern[121], auch wenn er später vor Gericht angibt, ein festes Redaktionsgehalt von 624 Talern pro Jahr für die Zeitschrift zu erhalten. Diese Angabe läßt sich durch nichts stützen.

Zum Vergleich: die alteingesessene und renommierte Allgemeine musikalische Zeitung erscheint im Jahre 1835 in einer Auflage von 550 Exemplaren, von denen 496 verkauft werden. Fink, der Chefredakteur in den dreißiger Jahren, erhält ein Redaktionshonorar von 250 Talern, die Hälfte dessen, was sein Vorgänger Rochlitz erhalten hat (Schmitt-Thomas)[122].

Die AMZ ist also nach wie vor die verbreitetste deutsche Musikzeitschrift. Sie spiegelt das Bewußtsein der Träger des damaligen Musiklebens, während uns heute die NZfM als das wichtigere Organ erscheint, weil es den Diskussionsstand der damaligen musikalischen Avantgarde wiedergibt.

Man muß die NZfM im Kontext der zeitgenössischen Publizistik sehen, die sich überwiegend an die sehr schmale Schicht des gebildeten Bürgertums wendet. Zwar kann die angesehenste Organ der damaligen Zeit, die Augsburger Allgemeine Zeitung, vor 1848 knapp 10.000 Abonnenten verzeichnen (Sengle)[123], doch auch Zeitungen mit weniger als 1000 Abonnenten sind keine Seltenheit (Obenaus)[124]. Ein Grund liegt in den Preisen - ein Jahresabonnement kostet je nach Umfang der Zeitschrift zwischen 6 und 12 Talern (Obenaus) - ein anderer in der Geselligkeitskultur der Restaurationszeit: Zeitungen und Zeitschriften können in Kaffeehäusern und Lesestuben gelesen werden, oder sie werden im Familienkreise bzw. in Lesezirkeln vorgelesen. Die Zahl der tatsächlichen Leser einer Zeitschrift hat also erheblich höher gelegen, als es die Zahl der Abonnenten heute vermuten läßt. Die wirtschaftliche Lage der Blätter hängt natürlich von der Zahl der Abonnenten ab.

Weder wirtschaftlich noch als Kampfblatt gegen die Philister erreicht die NZfM rasch das selbstgesteckte Ziel. Aber als Organ der Selbstverständigung spielt sie sowohl für Schumann persönlich als auch für den Kreis der fortschrittlichen musikalischen Kräfte im auch kulturell zersplitterten Deutschland eine große Rolle. Wenn Schumann schon nicht als Komponist bekannt wird, als Redakteur macht er sich sehr rasch einen Namen.

Allerdings läßt ihm die enorme Arbeit, die mit der Redaktion verbunden ist, in den folgenden Jahren kaum Zeit für die Konzeption größerer Werke. Und ein weiterer negativer Nebeneffekt stellt sich bald heraus: Die NZfM bringt Schumann die entschiedene Feindschaft Finks, des Redakteurs der AMZ, ein. Dadurch werden Schumanns in den dreißiger Jahren entstandene Kompositionen kaum rezensiert. (In seinem eigenen Organ konnte Schumann ja schlecht für sich selbst offene Propaganda machen[125].

Mit der Übernahme der NZfM hat Schumann eine weitreichende Entscheidung getroffen, und zwar nicht nur im Sinne einer beruflichen Entscheidung: Sein ursprüngliches Ziel, die künstlerische Isolation durch die Gemeinschaft Gleichgesinnter zu überwinden, ist in dem Augenblick gescheitert, wo er die gleichberechtigte Zusammenarbeit mit anderen opfert, die Zeitschrift kauft und allein führt. Spätestens in der gerichtlichen Auseinandersetzung mit Knorr versucht er seine Interessen in konkurrenzhafter Selbstbehauptung durchzusetzen. Schumann will den Erfolg. Da er ihn als Komponist nicht so rasch erringen kann, muß er sich Einflußmöglichkeiten auf die Rezeptionsgewohnheiten und den Markt durch Förderung Gleichgesinnter und scharfe Kritik an Andersdenkenden sichern. Ein Bedarf besteht, das hat die Resonanz auf den ersten Jahrgang gezeigt. Nun gilt es, das Blatt nach unternehmerischen Gesichtspunkten zu führen. Damit verändert sich ein wesentliches Merkmal des 'Unternehmens' Neue Zeitschrift.

Die Gründung der NZfM war ein Experiment, war ein Versuch, durch ständigen Kontakt mit anderen, durch gegenseitige Kritik, im Sinne der romantischen Geselligkeit gemeinsam zu leben, zu denken, zu schreiben, ein Versuch, die eigene Subjektivität im Zusammenhang mit der Subjektivität anderer zu verwirklichen[126].

Dieser Versuch muß bereits Ende 1834 als gescheitert angesehen werden. Wie sehen nun Schumanns Kritiken aus, bekämpfen sie mit ihrer Form, mit den ästhetischen Kriterien, durch die sie geprägt sind, die in den Augen der Frühromantik falschen Polarisierungen?

Über die Arbeit an der Zeitschrift entwickelt Schumann seine ästhetische Position.

Mit der Idee, eine Ästhetik der Tonkunst zu schreiben, hat er sich schon lange getragen, allein seine zahlreichen ästhetischen

Frühschriften belegen dies (allerdings sind sie nicht mehr als Ansätze zu einer Theorie). So schreibt Schumann im Jahre 1829:

"Schon seit Jahren fing ich eine Ästhetik der Tonkunst an, die ziemlich weit gediehen war, fühlte aber nachher recht wohl, daß es mir an eigentlichem Urtheil und noch mehr an Objectivität fehlte, so daß ich hier und da fand, was Andre vermissten und umgekehrt." (Jansen, Davidsbündler 218, Anm. 18)

1831, im Juli, tauchen im Tagebuch zum erstenmal die Namen Florestan und Eusebius auf:

"Ganz neue Personen treten von heute in's Tagebuch - zwey meiner besten Freunde, die ich jedoch noch nie sah - das sind Florestan und Eusebius. (...)
Eusebius meinte: Chopin wäre ein Sprung. Beyde munterten mich sehr auf, meine Rezension drucken zu lassen. Ach! Hätte ich sie nur einmal gemacht." (Tagebücher 344)

Die Idee, verschiedene Haltungen gegenüber Kunst in zwei verschiedenen Gestalten zu verkörpern, entwickelt Schumann in unmittelbarem Zusammenhang mit dem Wunsch, Chopins op. 2, die Klaviervariationen über 'La ci darem la mano' zu rezensieren. Bereits im Mai 1831 notiert er im Tagebuch als erste Reaktion auf die Variationen:

"Chopin's Variationen zu recensiren" (Tagebücher 334).

Er will also von vornherein den Versuch machen, das, was er an der Chopinschen Komposition als 'Sprung', als neuen kompositorischen Weg erlebt, in einer Kritik zu verbalisieren.

"In Wahrheit halte ich Chopin's Variationen für eines nicht nur der größten Klavier - sondern vielleicht überhaupt - Werke." (Tagebücher 374).

Während er in den Sommermonaten fast täglich versucht, die Variationen so zu spielen, wie es seinen Vorstellungen entspricht, beschäftigt er sich mit den Serapionsbrüdern von E.Th.A. Hoffmann. Auch hier öffnet sich ihm eine neue Welt:

"Es gelingt mir jetzt besser, meine Empfindungen in Worte, als in Töne zu bringen." (Tagebücher 339)

Am selben Tag tauft er seine Freunde um: Wieck wird zu Meister Raro, Clara zu Cilia. Schumann entwickelt also die Idee der Gestalten Florestan und Eusebius im Zusammenhang mit der selbstgestellten Aufgabe, eine Rezension über Chopin zu schreiben. Die E.Th.A. Hoffmann-Lektüre weist ihm den Weg zu einer Form von Kritik

"(...), die durch sich selbst einen Eindruck hinterläßt, dem gleich, den das anregende Original hervorbringt." (Gesammelte Schriften I, 44).

Welche Bedeutung er seiner Rezension zumißt, zeigt sich in der Tagebucheintragung:

"Die Rezension von Chopin hab' ich während dessen fortgeschikt, so scheint mir auch der Schriftstellerhimmel aufzuflakkern" (13.10.1831, Tagebücher 371).

Wie die ABEGG-Variationen sein musikalisches op. 1 sind, so die Chopin-Rezension sein schriftstellerisches: Mit ihr glaubt er seinen eigenen Weg gefunden zu haben.

Zunächst ist es wie bei seinem musikalischen op. 1, es dauert, bis es gedruckt wird, und dann findet es keine ungeteilte Zustimmung. Schumann schickt die Rezension an die AMZ, also an die Zeitschrift, in der E.Th.A. Hoffmann unter Rochlitz seine musikalischen Schriften veröffentlicht hat. Hoffmanns erste in der AMZ abgedruckte Erzählung 'Don Juan' zeichnet eine Szene, in der Bühnenwirklichkeit und Realität unlösbar ineinander verwoben kalischen Schriften veröffentlich hat. Hoffmanns erste in der AMZ abgedruckte Erzählung "Don Juan" zeichnet eine Szene, in der Bühnenwirklichkeit und Realität unlösbar ineinander verwoben werden, der Erzähler ist nicht objektiver Betrachter, sondern als betroffener Hörer gleichzeitig Akteur[127].

Liest man Schumanns Chopin-Kritik, so wird deutlich, wie stark er sich an Hoffmanns Ansatz orientiert: Schumanns Kritik ist als Brief formuliert, ohne Anrede, aber mit Unterschrift; der Leser wird mit 'Du' angesprochen. Die Unterschrift lautet 'Julius', wahrscheinlich eine Anspielung auf Julius Knorr, der die Variationen am 27.10 öffentlich spielt. Schumann hat die Rezension bereits einen Monat vorher an die AMZ geschickt, sie ist also als Ankündigung eines Konzertereignisses gedacht. Abgedruckt worden ist sie dann allerdings erst am 7.12.1831[128].

Gleich mit den ersten Sätzen wird der Leser in einen Freundeskreis hineingezogen. Schumann entwirft ein Szenario mit vorgeblich dem Leser bekannten Personen: Eusebius, der "leise" eintritt, mit "ironische(m) Lächeln auf dem blassen Gesichte, mit dem er zu spannen sucht", Florestan, "wie Du weißt, einer von jenen seltenen Musikmenschen, die alles Zukünftige, Neue, Außerordentliche wie vorausahnen", schließlich Meister Raro, zu dem die beiden "erhitzt von Wein, Chopin, Hin- und Herreden" gehen, um ihm von ihrer Neuentdeckung zu berichten.

Die ganze Rezension ist im Plauderton gehalten, Privates wird bewußt einbezogen (wie z.B., daß Florestan zur Zeit kein Zimmer hat und Julius auf dessen Sofa liegend erwartet, oder die Anrede "Herzens-Florestan"). Schumann beschreibt die Reaktionen auf die Chopinsche Musik wie die individueller Personen. Miteinanderreden und einander auf dem Klavier vorspielen gehen als Mitteilungsformen nahtlos ineinander über. Voraussetzung für das Verständnis dessen, was man hört, ist es, eingeweiht zu sein.

Deswegen wird der Leser durch die Briefform in den Kreis von Gleichgesinnten hineingezogen, er wird zum Davidsbündler.

Das Klavierspiel Eusebius' wird folgendermaßen charakterisiert:

"Eusebius spielte wie begeistert und führte unzählige Gestalten des lebendigsten Lebens vorüber (...)." (Gesammelte Schriften I, 5)

Als szenische Umsetzung des musikalischen Geschehens beschreibt Schumann auch die Art und Weise, wie Florestan das hört, was Eusebius ihm vorspielt: vor den Augen tauchen die "Gestalten des lebendigsten Lebens", die Gestalten aus Mozarts Don Juan auf. Die Bühnengestalten werden wie bei Hoffmann als reale Menschen beschrieben, ihr Verhalten psychologisch motiviert.

Das Spielen von Musik wie das Hören von Musik wird also als aktive Tätigkeit, als untrennbar vom Kunstwerk selbst beschrieben. Erst das Subjekt, das die Noten in Töne umsetzt bzw. das Gespielte hört, und zwar nicht als leere, bedeutungslose Folge von Tönen, sondern als sinntragende, konstituiert das Komponierte.

Kriterium für den Kunstwert einer Komposition ist demnach nicht die 'formale und kompositionstechnische Vollkommenheit' oder 'Mangelhaftigkeit', sondern das Erlebnis, daß sich dem Hörer eine 'neue Welt' öffnet[129]. Auf die herkömmliche Art der Kunstbetrachtung spielt Schumann in der Schlußpassage der Rezension an, eine Passage, die sich bereits mit kleinen Abweichungen, als Ich-Aussage Schumanns formuliert, im Tagebuch findet[130]:

"'Herzens-Florestan', erwiderte ich, 'diese Privatgefühle sind vielleicht zu loben, obgleich sie etwas subjektiv sind; aber so wenig Absicht Chopin seinem Genius abzulauschen braucht, so beug' ich doch auch mein Haupt solchem Genius, solchem Streben, solcher Meisterschaft.'" (Gesammelte Schriften I, 7)

Schumann macht damit deutlich, daß die Rezeption untrennbar verbunden ist mit der Person, die hört, und weder auf einen anderen übertragbar ist noch etwas mit der Absicht des Autors zu tun hat. Die Formulierung "so wenig Absicht Chopin seinem Genius abzulauschen b r a u c h t " zeigt, daß Schumann nicht nur den Eindruck vermeiden will, daß diese Musik etwas Konkretes darstelle, sondern daß sich darin ihr hoher Rang dokumentiere, daß sie nichts darstelle, dennoch aber bedeutungstragend sei. Im Zusammenhang mit der Berlioz-Kritik wird auf diese ästhetischen Prämissen noch einzugehen sein. Hier ist festzuhalten, daß sich Schumann mit dieser Rezension bewußt in die Tradition romantischer Musikästhetik stellt, wie sie literarisch Jean Paul, Wackenroder, Tieck und E.Th.A. Hoffmann entwickelt haben.

Da Fink die Rezension nur mit Zögern und auch nur zusammen mit einer Gegenrezension (in der Tradition formalistischer Kunstkritik) abdruckt, und daraus nicht wie für Hoffmann zwanzig Jahre früher eine kontinuierliche Publikationsmöglichkeit erwächst, bleibt Schumanns erster schriftstellerischer Versuch zunächst isoliert. In seinem Kommentar zu den Gesammelten Schriften schreibt Martin Kreisig:

"Dieser Aufsatz sollte den Anfang einer Reihe von Kritiken bilden, allein weitere Zusendungen an Fink unterblieben oder wurden vielleicht auch nicht angenommen, denn die durchaus neue, von allem Hergebrachten abweichende Art Schumanns war jedenfalls bedeutend aufgefallen und hatte Fink wohl manche verwunderte Anfrage gebracht. Auch Castelli in Wien, Redakteur des 'Wiener All.Mus.Anzeigers' lehnte Schumanns Angebot 1/4 Jahr später ab, den Aufsatz noch einmal abzudrucken und die 'ungedruckt gebliebene Hälfte' dazuzunehmen." (Gesammelte Schriften II, 365, Anm. 1)

Der von Herloßsohn herausgegebene Komet veröffentlicht in den Jahren 1832 und 1833 einzelne musikalische Aufsätze von Schumann und das Leipziger Tageblatt von 1832 bis 1835 einzelne Konzertankündigungen und Berichte. Außerdem schreibt Schumann ab 1834 63 kurze Artikel für das ebenfalls von Herloßsohn herausgegebene Damen-Konversationslexikon (Gesammelte Schriften I, XVII).

Anläßlich der Auseinandersetzung mit der Symphonie fantastique von Hector Berlioz legt Schumann ausführlich seine ästhetischen Maßstäbe dar.
Meist ist die Rede von d e r Berlioz-Kritik, in Wirklichkeit hat Schumann die Symphonie zweimal rezensiert[131]: Im Juli 1835 nimmt er ein erstes Mal Stellung, und zwar gegen den Verriß der Symphonie durch Fétis in der 'gazette musicale', der in der NZfM im Juni 1835 abgedruckt worden war. Diese positive Stellungnahme ist mit dem Namen Florestan unterzeichnet, also mit dem Namen dessen, der die 'Beethovener' vertritt. Der Name Florestan steht für ein ästhetisches Programm: für die Idee der absoluten Musik. So spricht denn auch Florestan trotz seines Enthusiasmus für Berlioz der Symphonie den Kunstwerkcharakter im emphatischen Sinne ab:

"Wie ich den Komponisten kennengelernt habe, will ich ihn darstellen, in seinen Schwächen und Tugenden, in seiner Gemeinheit und Geisteshoheit, in seinem Zerstörungsingrimm und in seiner Liebe. Denn ich weiß, daß das, was er gegeben hat, kein Kunstwerk zu nennen ist, ebensowenig wie die große Natur ohne Veredlung durch Menschenhand, ebensowenig wie die Leidenschaft ohne den Zügel der höher'n moralischen Kraft." (Gesammelte Schriften II, 213)

Diese mangelnde 'Veredlung' führt Schumann auf den zu direkten Zusammenhang zwischen Leben und künstlerischer Produktion zurück:

"(...), so gehört Berlioz mehr zu den Beethovenschen Charakteren, deren Kunstbildung mit ihrer Lebensgeschichte genau zusammenhängt, wo mit jedem veränderten Moment in dieser ein anderer Augenblick in jener auf- und niedergeht. Wie eine Laokoonschlange haftet die Musik Berlioz an den Sohlen, er kann keinen Schritt ohne sie fortkommen; so wälzt er sich mit ihr im Staube, so trinkt sie mit ihm von der Sonne; selbst wenn er sie wegwürfe, würde er es noch musikalisch aussprechen müssen, und stirbt er, so löst sich vielleicht sein Geist in jene Musik auf, die wir so oft in der Pans- oder Mittagsstunde am fernen Horizonte herumschweifen hören.
(...) leset es in der Sinfonie selbst, wie er ihr entgegenstürzt und sie mit allen Seelenarmen umschlingen will (...) leset es nach, mit Blutstropfen steht dies alles im ersten Satze geschrieben."

Die Berliozsche Musik drückt demnach die erlebten Gefühle des Komponisten direkt aus. Damit verstößt sie gegen das ästhetische Gebot, 'absolut' zu sein, sie ist an den 'Gegenstand' Leben gebunden. Ihr Realismus macht sie 'unsittlich', denn Aufgabe des Künstlers ist es, 'den Sieg der Kunst über das Leben' zu verherrlichen:

"Genius der Kunst, da rettest Du deinen Liebling, und er versteht das zuckende Lächeln um deine Lippen gar wohl. Welche Musik im dritten Satz! Diese Innigkeit, diese Reue, diese Glut! (...) Und hier war die Stelle, wo einer, der sich den Namen eines 'Künstlers' verdienen wollte, abgeschlossen und den Sieg der Kunst über das Leben gefeiert hätte. (...) Aber in Berlioz wacht die alte Vernichtungswut doppelt auf, und er schlägt mit wahren Titanenfäusten um sich, und wie er sich den Besitz der Geliebten künstlich vorspiegelt und die Automatenfigur heiß umarmt, so klammert sich auch die Musik häßlich und gemein um seine Träume und den versuchten Selbstmord. Die Glocken läuten dazu, und die Gerippe spielen auf der Orgel zum Hochzeitstanz auf ... Hier wendet sich der Genius weinend von ihm." (Gesammelte Schriften II, 214)

Für den 'Beethovener' ist der "Sieg der Kunst über das Leben" eine Frage der künstlerischen Moral.

In der zweiten Kritik modifiziert Schumann die Ablehnung des vierten Satzes. Daß er überhaupt ein zweitesmal ausführlich auf die Symphonie eingeht, begründet er mit der Befürchtung, daß sein gänzlicher Verzicht auf musikalisch-technische Analyse die positive Stellungnahme durch Florestan unglaubwürdig machen könne. Diese zweite Kritik, die er dann auch in die Gesammelten Schriften aufnimmt und die dadurch allgemein bekannt geworden ist, unterzeichnet er mit seinem eigenen Namen, also mit der Autorität des leitenden Redakteurs der Zeitschrift und eines Komponisten, der, wenn er auch nicht bekannt ist, sich auf diesem

Wege auch als Komponist zu einer bestimmten ästhetischen Position bekennt.

In der ebenfalls nicht in den Gesammelten Schriften abgedruckten Einleitung zu diesem zweiten Berlioz-Aufsatz heißt es:

"Mit Aufmerksamkeit hab' ich die Worte Florestans über die Sinfonie und diese selbst durchgelesen, was sag' ich, bis auf die kleinste Noten untersucht. Doch dünkt mir, der ich übrigens jenem ersten Urteile ziemlich durchaus beipflichte, daß diese psychologische Art von kritischer Behandlung bei dem Werke eines nur dem Namen nach bekannten Komponisten, (...) nicht völlig ausreicht, und daß jenes für Berlioz günstig stimmende Urteil durch allerhand Zweifel, die das gänzliche Übergehen der eigentlichen musikalischen Komposition erregen möchte, leicht verdächtigt werden könnte." (Gesammelte Schriften II, 215)

Während die erste Kritik dem Typus der "psychologischen Art", wie Schumann ihn selber nannte, entspricht, analysiert er die Berliozsche Symphonie in der zweiten nach Maßgabe

"(...) der *Form* (des Ganzen, der einzelnen Teile, der Periode, der Phrase), je nach der *musikalischen Komposition* (Harmonie, Melodie, Satz, Arbeit, Stil), nach der *besonderen Idee,* die der Künstler darstellen wollte, und nach dem *Geiste*, der über Form, Stoff und Idee waltet." (Gesammelte Schriften I, 69)

Mit der gleichberechtigten Betrachtung dieser vier Ebenen ist allein von der Herangehensweise ein entscheidender Unterschied festzustellen. Florestan spricht aus einer subjektiven Perspektive, Schumann argumentiert auf zwei Ebenen: einmal auf der Ebene einer Musikkritik, deren Aufgabe es ist, dem Anspruch von 'Objektivität' zu genügen, indem sie verschiedene ästhetische Maßstäbe berücksichtigt und gegeneinanderhält, zum anderen als Vertreter einer romantischen Musikästhetik, die nach der poetischen Wahrheit fragt, welche sich nicht über Analyse erschließt, sondern über die Bereitschaft des Hörers, mitzuerleben, mit dem Komponisten mitzuempfinden. Schumann begründet im Verlauf der Besprechung, warum er die Symphonie musikalisch-technisch analysiert:

"Aber ich wollte dreierlei damit: erstens denen, welchen die Sinfonie gänzlich unbekannt ist, zeigen, wie wenig ihnen in der Musik durch eine zergliedernde Kritik überhaupt klargemacht werden kann, denen, die sie oberflächlich durchgesehen und weil sie nicht gleich wußten, wo aus und ein, sie vielleicht beiseite legten, ein paar Höhenpunkte andeuten, endlich denen, die sie kennen, ohne sie anerkennen zu wollen, nachweisen, wie trotz der scheinbaren Formlosigkeit diesem Körper, in größeren Verhältnissen gemessen, eine richtig symmetrische Ordnung inwohnt, des innern Zusammenhang gar nicht zu erwähnen." (Gesammelte Schriften I, 72/3)

Letztlich will er zeigen, daß die Symphonie fantastique dem Gattungsanspruch genügt. Denn über die Dignität einer Symphonie nach Beethoven entscheidet nicht allein der 'erhabene Gegenstand', sondern die "richtig symmetrische Ordnung", also die Satzstruktur.

"Die Hauptsache bleibt, ob die Musik ohne Text und Erläuterung an sich etwas ist, und vorzüglich, ob ihr Geist inwohnt." (Gesammelte Schriften I, 85)

Zentraler Begriff der romantischen Instrumentalästhetik ist der der 'poetischen Idee'. Damit ist nicht das Berliozsche Programm gemeint - Schumann referiert kurz Berlioz' Angaben und fährt fort:

"Soweit das Programm. Ganz Deutschland schenkt es ihm: solche Wegweiser haben immer etwas Unwürdiges und Charlatanmäßiges. Jedenfalls hätten die fünf Hauptüberschriften genügt; die genaueren Umstände, die allerdings der Person des Komponisten halber, der die Sinfonie selbst durchlebt, interessieren müssen, würden sich schon durch mündliche Tradition fortgepflanzt haben." (Gesammelte Schriften I, 83)

Diese Ablehnung eines Programms bestimmt sich durch die Forderung, daß "Form Geist sei und nicht bloße Hülle einer Affektdarstellung oder eines Gefühlsausdrucks" (Dahlhaus)[132]. Darüber hinaus gehört zum Gattungsanspruch der Symphonie wesentlich:

"(...) nicht eine einzelne Individualität offenbart ihr innerstes Leben, sondern der Tondichter hat das, was in ihm zur Anschauung gekommen, auf gleiche Weise, wie es der drammatische Dichter tut, zu objektivieren." (Hand)[133]

Im übrigen kritisiert er das abgedruckte Programm:

"Ist einmal das Auge auf einen Punkt geleitet, so urteilt das Ohr nicht mehr selbständig." (188)

Die Forderung - bezogen auf den letzten Satz der Berliozschen Symphonie -, daß die 'Kunst über das Leben siegen' müsse, modifiziert Schumann in der zweiten Kritik:

"Wollte man gegen die ganze Richtung des Zeitgeistes, der ein Dies irae als Burleske duldet, ankämpfen, so müßte man wiederholen, was seit langen Jahren gegen Byron, Heine, Victor Hugo, Grabbe und ähnliche geschrieben und geredet worden. Die Poesie hat sich auf einige Augenblicke in der Ewigkeit die Maske der Ironie vorgebunden, um ihr Schmerzensgesicht nicht sehen zu lassen; vielleicht, daß die freundliche Hand eines Genius sie einmal abbinden wird." (Gesammelte Schriften I, 84)

Florestan hat als 'Beethovener' gesprochen, die Kunst müsse über das Leben siegen - Schumann dagegen spricht als historisch denkender Mensch, Kunst sei Ausdruck der Zeit. Die 'Erlösung' erwartet er allerdings in idealistischer Tradition von der 'freundlichen Hand eines Genius", also von der Kunst selbst. In der Schlußpassage der Kritik macht Schumann noch einmal deutlich, daß diese Symphonie ihre 'Wahrheit' daraus beziehe, daß sie ein unwiederholbares 'Individuum' sei, originell sei, aber kein Kunstwerk:

"Sollten diese Zeilen etwas beitragen, einmal und vor allem Berlioz in der Art anzufeuern, daß er das Exzentrische seiner Richtung immer mehr mäßige, - sodann seine Sinfonie nicht als das Kunstwerk eines Meisters, sondern als eines, das sich durch seine Originalität von allem Daseienden unterscheidet, bekannt zu machen (...) so wäre der Zweck ihrer Veröffentlichung erfüllt.".

Bisher ist nur deutlich geworden, was nach Schumann ein Kunstwerk nicht sein darf. Das hat Gründe: Der zentrale Begriff des Poetischen bestimmt sich nur über seine Gegenbegriffe (Dahlhaus)[134], und das sind in Schumanns Kritiken folgende:

'gemachte Musik' (I, 354)
'mechanische Musik' (I, 304; II, 109)
'prosaische Musik' (I, 369)
'borniert handwerksmäßig' (I, 395)
'bürgerlich-philiströs' (I, 275)
'Gemisch von Sentiment und Klavierpassage' (II, 240)
'Steigerung äußerlicher Virtuosität' (I, 38)
'unsittliche Musik' (II, 382)[135]

Nur wenn sie dies alles nicht ist, ist sie autonom und absolut:

"Absolute Musik wurde in der romantischen Ästhetik (...) als Verwirklichung der Idee des 'rein Poetischen' verstanden. Und den Gegensatz zum Poetischen bildete, bei Tieck ebenso wie später bei Schumann, der sich an Jean Paul anlehnte, das Prosaische. Als prosaisch aber galt - und in der Negation des Prosaischen zeichnen sich die Umrisse einer wahrhaft 'absoluten' Musik ab - Musik immer dann, wenn sie sich außermusikalischen Zwecken unterwarf, die ihre metaphysische Würde gefährdeten, sich in leere - sei es kompositorische oder interpretatorische - Virtuosität verstieg, sich von Programmen abhängig machte, die zu kleinlicher Tonmalerei herausforderten, oder sich an Gefühle verschwendete, die man als alltäglich empfand. Mit anderen Worten: Das musikalisch ausgedrückte Sentiment geriet zusammen mit der Funktionalität und der Programmatik oder Charakteristik unter Trivialitätsverdacht." (Dahlhaus)[136]

Von diesem ästhetischen Postulat aus bestimmt sich die Haltung, die der Komponist zur Welt und zu seinen eigenen Gefühlen einnehmen soll. Zwar konzidiert Schumann in Ausnahmen, daß ein Künstler das Recht habe, 'auch die Schattenseiten seines Inneren sehen zu lassen'[137], aber im allgemeinen fordert er vom Komponisten eine rein kontemplative Haltung: denn nur Ruhe und Überlegenheit" ermöglichten ein "schönes Gemüt", wie er es als Haltung gegenüber der Welt in Mendelssohn inkarniert sieht:

"Musik aber ist der Ausfluß eines schönen Gemütes; unbekümmert ob es im Angesicht von Hunderten, ob es für sich im Stillen flutet; immer aber sei es das schöne Gemüt, das sich ausspreche. Daher wirken auch Mendelssohns Kompositionen so unwiderstehlich, wenn er sie selbst spielt; die Finger sind nur Träger, die ebenso gut verdeckt sein könnten; das Ohr soll allein aufnehmen und das Herz dann entscheiden." (Zu Mendelssohns Klavierkonzert op. 40, Gesammelte Schriften I, 388)

Ein 'schönes Gemüt' aber setzt Aussöhnung mit der Welt voraus. Damit sind nicht die realen Verhältnisse gemeint. Schumann geht davon aus, daß Kunst und Künstler nicht korrumpiert sind, daß sie eine Gegenwelt ermöglichen, in der allein der Maßstab künstlerischer Wahrheit waltet. Wahrheit aber heißt nicht Abbildung von Realität, sondern zielt auf eine Wahrheit, die hinter dem empirisch Erfahrbaren für den aufscheint, der daran glaubt, daß die Welt, so wie sie ist, auf einem göttlichen Plan beruht.

In diesem Zusammenhang hat für Schumann die Vorstellung von einer moralischen Verantwortung des Künstlers gegenüber der Gesellschaft eine große Rolle gespielt. Sie liegt darin, die Menschen aus den Widersprüchen der Realität herauszuführen, indem die Kunst durch die Gestaltung 'sittlich-idealer' Verhältnisse auf das eigentlich Wahre, Unveränderliche jenseits der Realität verweist.

Der Kampf für eine autonome Kunst hat zwei Seiten. Zum einen eignet ihm ein kritisch-utopisches Element. Denn er signalisiert den Kampf gegen Utilitarismus, gegen eine Welt, in der alles zur Ware wird und rational erfaßbar erscheint. Insofern sind Schumanns Überlegungen durchaus auf dem Hintergrund der Schillerschen Forderung nach einer ästhetischen als einer politischen Erziehung zu sehen[138].

Aber auf der anderen Seite ist diese Forderung nach Autonomie selbst Ausdruck einer auf den Kunstbereich übertragenen Arbeitsteilung. Denn wenn das handwerkliche Element, der Arbeitscharakter von Kunstproduktion, verleugnet und die Illusion eines schönen, zwecklosen Spiels verlangt wird, dann wird musikalische Produktion zum Anliegen einer winzigen Elite, deren Arbeitskraft für diese eine Aufgabe freigestellt wird.

Die Frage ist, ob und wie sich diese Kriterien auf Schumanns eigene Kompositionen niedergeschlagen haben. Von einem 'schönen Gemüt', von einer 'kontemplativen' Haltung ist in seinen Klavierzyklen nicht viel zu spüren. Vielmehr zeigen sie 'vielfach verschiedene Seelenzustände'[139].

Das Projektenbuch verzeichnet für die Jahre 1834-1839 folgende Kompositionen:

"1834 [Leipzig] Etudes Symphoniques [eigentlich Variationen üb.e. Thema des Herrn v. Fricken] f.Kl. [op. 13], desgl. Carnaval f.Pfte [op. 9] , u. Sonate in fis-moll f.Pfte [op. 11] angefangen u. beendigt im folgenden Jahr.

1835 [Leipzig] Beendigung der oben genannten Kompositionen, desgl. der Sonate in g-moll [op. 22] [Zu letzterer machte ich in Wien einen andern letzten Satz].

1836 [Leipzig] Phantasie für Klavier [op. 17] - 3. Sonate in f-moll [op. 14 unter dem Titel Concert Sans Orchestre] - Eine 4. Sonate in f-moll skizziert - Mehrere Scherzos u. kleine Sachen.

1837 [Leipzig] Phantasiestücke, zwei Hefte [op. 12] - Davidsbündlertänze f.Kl., zwei Hefte [op. 6].

1838 [Leipzig] Novelletten, vier Hefte [op. 21] - Kinderszenen f. Pfte [op. 15] - Kreisleriana, Phantasiebilder f.Pfte [op. 16] - [Wien] Letzter Satz der Sonate in g-moll. Mehreres Kleines - Scherzo, Gigue, Romanze [op. 32; die darin befindl. Fughette später].

1839 [Wien] Arabeske f.Kl. [op. 18] - Blumenstück f.Kl. [op. 19] - Humoreske f.Pfte [op. 20] - Angefangen einen Konzertsatz f.Kl.m.Orchester, ein Allegro in c-moll; verschiedene kleinere Stücke u. die ersten Sätze des Faschingschwankes aus Wien [op. 26] - fertig gemacht noch die Nachtstücke [op. 23].
[Leipzig] Fughette in g-moll - Letzter Satz des Faschingschwankes - 3 Romanzen f.Kl. [op. 28]."

(Eismann 124/5).

Das, was Schumann an Berlioz kritisiert, kritisiert er Jahre später an diesen eigenen Kompositionen: die zu enge Verbindung zwischen Kunst und Leben, die zu direkte Ich-Aussprache:

"Mit einiger Scheu lege ich Ihnen ein Paquet älterer Compositionen von mir bei. Sie werden, was unreif, unvollendet an ihnen ist, leicht entdecken. Es sind meistens Wiederspiegelungen meines wildbewegten früheren Lebens; Mensch und Musiker suchten sich immer gleichzeitig bei mir auszusprechen; es ist wohl auch noch jetzt so, wo ich mich freilich und auch meine Kunst mehr beherrschen gelernt habe. Wie viele Freuden und Leiden in diesem kleinen Häuflein Noten zusammen begraben liegen, Ihr mitfühlendes Herz wird das herausfinden. Von den Clavierkompositionen, die ich für meine besten halte, konnte ich leider kein Exemplar auftreiben; es sind das, wie ich glaube: die Kreisleriana, 6 [8] Phan-

tasiestücke, 4 Hefte Noveletten und ein Heft Romanzen. Gerade
diese vier sind die letzten Clavierkompositionen die ich geschrieben (im J. 1838). Doch auch die früheren werden Ihnen ein Bild
meines Charakters, meines Strebens geben; ja gerade in den Versuchen liegen oft die meisten Keime der Zukunft. (...)" (Robert
Schumann an Carl Koßmaly, 5.5.1843, Briefe N.F. 190)

Mit den Davidsbündlergestalten Florestan und Eusebius, die ab
op. 9, dem Carnaval (1835) eine Rolle spielen[140], versucht Schumann in bis zu den Kreisleriana op. 16 (1838) zunehmendem Maße
verschiedene Haltungen zur Welt, die Spannung zwischen Innen-
und Außenwelt musikalisch umzusetzen. Dabei verdrängt er seine
persönliche Situation nicht in die Idylle, distanziert sich auch
nicht nach Außen von sich selbst z.B. durch Ironie (gleich der
ironischen Maske vor Heines oder auch Berlioz 'Schmerzensgesicht'), sondern läßt sie als eine schmerzhafte und ungelöste Musik werden.

Bis 1835 veröffentlicht Schumann nur poetische 'Kleinformen'.
Im Unterschied zur Sonate ist das lyrische Klavierstück nicht thematisch, sondern motivisch gebaut. Entscheidend für gedankliche
Substanz des ganzen Stücks ist allein die Originalität des Anfangsmotivs:

"Im Verlauf des 19. Jahrhunderts wurde der - auch sozialgeschichtlich motivierte - Zwang zur Originalität der Themen oder
der Themenanfänge nahezu unausweichlich, da die Form in einseitige Abhängigkeit vom musikalischen Gedanken, vom Einfall
geriet. Als Schematische Form (wie sie im lyrischen Klavierstück
vorherrscht) zehrt sie ausschließlich von der Qualität des Einfalls, dessen individuelle Prägung die Konventionalität des Gesamtumrisses gleichgültig erscheinen läßt.
(Daß eine differenzierte Gedankenformulierung und -entwicklung
sich in Klavierstücken von Schumann oder Brahms in ein Formschema wie ABA fügt, wäre ein schwer erträglicher Widerspruch,
wenn sich die Bedeutung des formalen Umrisses nicht darin erschöpfte, den musikalischen 'Gedankeninhalt' zu präsentieren und
zu arrangieren)." (Dahlhaus)[141]

Zentrale Kategorie auch kompositionspraktisch ist die poetische
Idee. Diese poetische Idee darf nicht mit einem musikalischen Motiv verwechselt werden. Denn Schumann verknüpft die kleinen,
aus dem inspirierten Augenblick heraus geschaffenen Klavierstücke nicht musikalisch-motivisch, sondern durch eine abstrakte
Idee, die hinter den verschiedenen Stücken eines Zyklus steht.
Diese abstrakte Idee ist die poetische Idee, sie, als eine Anspielung auf ein Abstraktum, kann nur der Eingeweihte verstehen,
der Davidsbündler.

Damit ist die Allgemeinverständlichkeit dieser Musik in einem
weit höheren Maße eingeschränkt als dies bei einer 'gelehrten'

Bachschen Fuge der Fall ist. Der Nichteingeweihte ist auf die
'zerrissene' (so ein häufiger Vorwurf gegen Schumann) Außenseite angewiesen.

Schumann sucht sich kompositorisch einen Weg über extremen Individualismus, allerdings mit dem Bezug auf eine eigene private Öffentlichkeit, die Davidsbündler. Das lyrische Klavierstück ist eindeutig eine Ausweichgattung gegenüber dem ungeheuren Anspruch, der für Schumann - und nicht nur für ihn - mit dem Beethovenschen Erbe verbunden ist. Jedoch vom ästhetischen Anspruch her stellt er sich auch mit seinen Klavierstücken in die Reihe der 'Beethovener'.

Parallel zur Entstehung dieser Kompositionen setzt sich Schumann mit der Sonatenform auseinander, einer Gattung, von der er in einer Kritik sagt:

"(...) eine Musikart, die in Frankreich nur mitleidig belächelt, in Deutschland selbst kaum mehr als geduldet wird, (...)." (Gesammelte Schriften I, 452)

Er versucht, von vornherein einen Weg zu finden, um nicht bei radikalem Subjektivismus und Individualismus, nicht bei 'Kammermusik für Eingeweihte' stehen zu bleiben, sondern die überkommenen Formen weiterzuentwickeln, um sie

"seinem Streben nach subjektivem und doch allgemeingültigem, konventionsfreiem Ausdruck anzupassen." (Köhler)[142]

Ein Motiv ist der Anspruch auf Beethovens Nachfolge, ein weiteres, das, was er ästhetisch vertritt, nämlich den 'Sieg der Kunst über das Leben', auch kompositorisch einzulösen.

Aber der Versuch bzw. das Ziel, traditionelle Formen weiterzuentwickeln, um sie dem subjektiven Bedürfnis anzupassen, birgt einen Konflikt in sich, versucht er sich doch in einer 'Form' auszudrücken, die einer anderen historischen Situation als der seinigen entwachsen ist. Damit ist Schumann typisch für eine Tendenz, die nach 1830 deutlich wird:

"(...) die Tendenz zur Aushöhlung der sozialen und ästhetischen Voraussetzungen, aus denen musikalische Gattungen erwachsen konnten und von denen sie getragen wurden." (Dahlhaus)[143]

Die Lösungsstrategien, die er nach seinem Zusammenbruch entwickelt hat, muß er also modifizieren: sein wichtigstes Ziel, das er mit der Gründung der NZfM erreichen wollte, sich selbst eine finanzielle Unabhängigkeit von raschem Verkaufserfolg seiner Kompositionen zu verschaffen und gleichzeitig eine Bewußtseinsänderung im Publikum zu initiieren, ist fehlgeschlagen.

Seinen künstlerischen Anspruch hat er zwar aufrechterhalten und deutlich formuliert, aber seine Isolation nicht zu überwinden vermocht.

Übrig bleibt ein von Schumann mit sehr hohem persönlichen

Einsatz und unter durchaus kaufmännischen Gesichtspunkten betriebenes Kunstorgan, das zum Sprachrohr aller fortschrittlichen Kräfte des deutschen Musiklebens und eine allenthalben geschätzte kritische Instanz wird. Da die NZfM anders als die AMZ nicht an einen bestimmten Verlag gebunden ist, braucht sie keine Rücksichten auf Vertragsartikel nehmen. Schumann betrachtet sie als 'seine Zeitung', durch sie kann er für das Musikdenken der Zeit innovatorisch wirken und langfristig den Boden für seine Kompositionen bereiten.

Außerdem macht sie seinen Namen bekannt. (Es ist überraschend, wie viele Musiker Schumanns Bekanntschaft in den Ehejahren suchten. Diese Besuche galten in erster Linie dem Kritiker, nicht dem Komponisten Schumann)[144].

Auch in seinen kompositorischen Arbeiten hält Schumann seinen ursprünglichen Anspruch aufrecht, muß aber erleben, daß er nach wie vor ein Unbekannter ist. Die Verbreitung seiner Klavierkompositionen wird stark behindert, erstens dank des bereits erläuterten enigmatischen Charakters der Stücke, zweitens dadurch, daß Schumann sie nicht selbst in der Öffentlichkeit spielen kann, drittens aufgrund der damals üblichen Gestaltung der Konzertprogramme: Komplette Klavierzyklen - gleich, ob es sich um einen Sonatenzyklus oder um einen Zyklus von lyrischen Klavierstücken handelt - werden in der Regel nicht gespielt, sondern nur einzelne Sätze bzw. kurze Solostücke (für eine solche Aufführungsart ist ein Großteil der Schumannschen Kompositionen ungeeignet)[145]; viertens dank der 'Feindschaft Finks', des Chefredakteurs der AMZ.

Durch die hohe Arbeitsbelastung, die mit der Leitung der NZfM verbunden ist, bleibt Schumann weiter darauf angewiesen, aus dem inspirierten Augenblick heraus zu schaffen. Sein Anspruch aber zielt auf die großen Formen - ein Anspruch, den er übrigens auch anderen Komponisten gegenüber erhebt wie Chopin, Robert Franz u.a., deren kompositorische Tätigkeit sich im wesentlichen auf eine Gattung beschränkt.

Die Komposition umfangreicherer Werke aber scheint ihm ein eine gesicherte physische und psychische Existenz gebunden und - an eine Frau.

"Clara, der kennt keine Leiden, keine Krankheit, keine Verzweiflung, der einmal so vernichtet war - damals lief ich denn auch in einer ewigen fürchterlichen Aufregung zu einem Arzt - sagte ihm alles, daß mir die Sinne oft vergingen, daß ich nicht wüßte, wohin vor Angst, ja daß ich nicht dafür einstehen könnte, daß ich in so einem Zustand der äußersten Hülflosigkeit Hand an mein Leben lege. Entsetze Dich nicht, mein Engel Du vom Himmel; aber höre [nur*], der Arzt tröstete mich liebreich und sagte endlich

---

* bei Litzmann: nun

lächelnd, 'Medizin hülfe hier nichts; suchen Sie sich eine Frau, die curiert sie gleich.' Es wurde mir leichter; ich dachte, das ginge wohl; Du kümmertest Dich dazumal wenig um mich, warst auch auf dem Scheidewege vom Kind zum Mädchen - Da nun kam Ernestine - ein Mädchen, so gut, wie die Welt je eines getragen - Die, dachte ich, ist es; die wird dich retten. Ich wollte mich mit aller Gewalt an ein weibliches Wesen anklammern. (...)" (Robert Schumann an Clara Wieck, 6.2.1838, Litzmann I, 85)

Die Ehe also als Heilmittel gegen Depression und Suizidgefährdung, vom Arzt verschrieben, vom Patienten dankbar akzeptiert!
 Dieser Ausschnitt stammt aus dem bereits erwähnten Grundsatzbrief an seine spätere Frau vom Februar 1838. Daran, daß dieser Brief an Clara Wieck gerichtet ist, läßt sich sehen, wie selbstverständlich eine solche Funktionszuweisung gewesen ist. Worin Schumann den Zusammenhang zwischen seiner künstlerischen Tätigkeit und einer Eheschließung gesehen hat, geht aus einem weiteren Briefausschnitt hervor:

"Was soll ich Ihnen vorklagen von gescheiterten Plänen, von verschuldeten und unverschuldeten Schmerzen, von Jugendleiden, wie sie wohl Jeden treffen - hab' ich doch auch meine herrlichen Stunden, am Clavier, im Ideenaustausch mit trefflichen Menschen, im Bewußtsein eines ehrenvollen Wirkungskreises und in der Hoffnung, noch mehr und Größeres zu fördern. Eben diese erhöhte Geistesstimmung artet aber oft in Uebermuth aus, wo ich ordentlich gleich die ganze Welt mit Sturm nehmen möchte. Die Abspannung folgt auf dem Fuße nach und dann die künstlichen Mittel, sich wieder aufzuhelfen. Das rechte Mittel, solche gefährliche Extreme zu versöhnen, kenne ich wohl: eine liebende Frau könnte es. (...)" (Robert Schumann an J.Chr. Devrient, ohne Datum, mutmaßlich Februar 1836, Briefe N.F. 58/9).

Und in Schumanns Lebensbuch aus dem Jahre 1831 (!) findet sich unter dem Datum des 31.11. folgende Eintragung:

"(...) ich will mich ändern, ich schwöre dir's - nur e i n e n Menschen gieb mir, nur einen einzigen, an den ich das Herz legen kann - eine Geliebte, eine Geliebte, gieb mir ein weibliches Herz - ein weibliches Herz! Bin ich denn doch noch' versöhnt mit mir, mit Allen!" (Tagebücher 375)

In Schumanns Vorstellung haben Frauen offensichtlich die Kraft, den Mann mit sich selbst und der Welt zu versöhnen. Schumann geht es bei der Suche nach einer geeigneten Partnerin zunächst nicht um eine bestimmte Person, sondern um eine Frau, die die Funktion, ihn zu 'retten' erfüllen kann.
 Nun hat Schumann, wie es die Tagebücher zeigen, seit geraumer Zeit eine Geliebte mit dem Namen Christel (Davidsbündlername: Charitas)[146]. Vielleicht hat sie sogar ein Kind von ihm ge-

habt. Dafür sprechen zumindest Geldzuwendungen, wie sie in den Haushaltbüchern für das Jahr 1837 nachweisbar sind[147] und die Eintragung im Tagebuch:

"Charitas vorgesucht und Folgen davon im Januar 1837" (Tagebücher 422).

Als Ehefrau scheint sie ihm bezeichnenderweise nicht geeignet. Seine Wahl fällt stattdessen auf ein Mädchen "so gut wie die Welt je eines getragen" - Ernestine von Fricken, eine Schülerin Wiecks, die zeitweise in dessen Haushalt wohnt.

Gegenüber der Mutter, der er sie auch persönlich vorstellt, äußert sich Schumann im Juli 1834 etwas genauer über die Erwählte:

"Ernestine, Tochter eines reichen böhmischen Barons von Fricken, ihre Mutter eine Gräfin Zedtwitz, ein herrlich reines, kindliches Gemüt, zart und sinnig, mit der innigsten Liebe an mir und allem Künstlerischen hängend, außerordentlich musikalisch - kurz ganz so, wie ich mir etwa meine Frau wünsche - und ich sage Dir, meiner guten Mutter, in's Ohr: richtete die Zukunft an mich die Frage, wen würdest Du wählen - ich würde fest antworten: diese." (Robert Schumann an seine Mutter, 2.7.1834, Eismann 91).

Schumann beginnt seine Charakterisierung also mit dem Hinweis darauf, daß die Erwählte eine Adelige ist und daß der Vater Geld hat. Aufschlußreich sind die Epitheta, die er Ernestine beilegt: "ein herrlich reines, kindliches Gemüt" - ein reines Gemüt, das bedeutet, ein Gemüt, welches nicht durch die Auseinandersetzung mit der Realität 'beschmutzt' ist; 'kindlich', dieses Attribut löst die Assoziation von Naivität, ungebrochenem Ich-Verhältnis und damit ungebrochenem Verhältnis zur Umwelt aus. "Zart und sinnig" sind wiederum Adjektive, die sich mit 'Kind' verbinden.

Liest man Schumanns Briefe an Clara Wieck, seine Rezensionen über weibliche Interpretinnen und Komponistinnen, hört man den Liederzyklus op. 42 'Frauenliebe und -leben', so wird eines deutlich: Frauen sind für ihn quasi ein Stück Natur, Repräsentantinnen einer naiven, ungebrochenen - von ihm sehnsüchtig erstrebten - Existenz gewesen. Aus dieser zeittypischen Perspektive befinden sich Frauen in einer Art vorsubjektivem Zustand, als Noch-nicht-Ich, das ganz in seiner - ihm von der 'Natur' zugewiesenen - Funktion aufgeht. Männer dagegen sind Ich, sind Subjekt und leiden unter den Widersprüchen, wie sie aus dem Zwang zur Auseinandersetzung mit einer Welt, deren Geist sie ablehnen, erwachsen.

Wieso kommt es nicht zu dieser Verbindung, obwohl Ernestine eine Frau ist, 'ganz so, wie Schumann sie sich vorstellt'?
In dem zentralen Brief an Clara Wieck gibt Schumann selbst eine Erklärung:

"Als sie nun aber fort war, und ich zu sinnen anfing, wie das wohl enden könne, als ich ihre Armuth erfuhr, ich selbst, so fließig ich auch war, nur wenig [von*] mir brachte, so fing es mich an wie Fesseln zu drücken - ich sah kein Ziel, keine Hülfe - noch dazu hörte ich von unglücklichen Familienverwicklungen, in denen Ernestine stand [und was ich ihr allerdings übelnahm, daß sie mir es so lange verschwiegen hatte.] Dies alles zusammengenommen - verdammt mich - ich muß es gestehen - ich wurde kälter; meine Künstlerlaufbahn schien mir verrückt; das Bild, an das ich mich zu retten klammerte, verfolgte mich nun in meinen Träumen wie ein Gespenst; ich sollte für's tägliche Brot wie ein Handwerker nun arbeiten. Ernestine konnte sich nichts verdienen; ich sprach noch mit meiner Mutter darüber und wir kamen überein, daß dies nach vielen Sorgen nur wieder zu neuen führen würde." (Robert Schumann an Clara Wieck, 6.2.1838, Litzmann I, 85)

Schumann hat erfahren, daß Ernestine ein uneheliches Kind des 'reichen Barons' ist und damit nicht erbberechtigt. Das sind die im Brief erwähnten 'unglücklichen Familienverwicklungen'.

Die Frau, die er sich ausgesucht hat, oder, wie Schumann sich ausdrückt, das "Bild, an das er sich zu retten klammerte", hat also kein Geld. Sie müßte von ihm ernährt werden, das aber kann Schumann nicht. Denn wie wenig die NZfM künftig als Basis zur Ernährung einer Familie dienen kann, ist ihm rasch klar geworden. Einzige Alternative: Ernestine müßte selbst erwerbstätig werden; das aber ist offenbar nicht möglich, wobei ungeklärt bleibt, ob sie von ihrer Ausbildung her nicht dazu befähigt ist, oder ob eine Erwerbstätigkeit für sie aus Standesgründen nicht in Frage kommt.

Nach Schumanns eigener Aussage bedroht die Ehe mit einer Frau, 'die sich nichts verdienen konnte', seine künstlerische Existenz. Denn eine Frau bedeutet Kinder, und damit die Notwendigkeit eines geregelten Einkommens, das Schumann als Komponist aber nur garantieren kann, wenn er seine 'Kunst zum Handwerk' macht und für den Verkauf produziert. Familiengründung bedeutet demnach automatisch den Zwang zur Unterwerfung unter die herrschenden Marktgesetze und damit den Verlust seiner künstlerischen Identität.

"Das Bild, an das ich mich zu retten klammerte, verfolgte mich nun in meine Träume wie ein Gespenst, ich sollte für's tägliche Brot wie ein Handwerker arbeiten."

Eine Ehe mit der Rollenverteilung: der Mann als Ernährer und die Frau als Hausfrau und Mutter - ist also de facto mit Schumanns Lebenskonzeption unvereinbar, es sei denn, sie brächte ausrei-

* bei Litzmann: vor

chend Geld mit in die Ehe. Denn Kapital heißt Zinsen, von denen man den Lebensunterhalt bestreiten kann.

Schumanns Strategie ist es offenbar gewesen, sich durch die Eheschließung mit einer begüterten Frau einen finanziellen Hintergrund zu schaffen, der es ihm ermöglicht, in Ruhe zu komponieren - soweit die Gründe für Schumanns Partnerwahl auf der rational erfaßbaren Ebene.

Die Schumann-Literatur ist voller Spekulationen über die Trennungsgründe. Was allen Biographen gemeinsam ist: sie suchen die 'Schuld' in der Person Ernestines. Die folgenden Textausschnitte, die sich mühelos ergänzen ließen, sind exemplarisch für die Art und Weise, wie in der Biographik 'Frauenfragen' behandelt werden. Obwohl sich eindeutig belegen läßt, warum Schumann sich von Ernestine von Fricken trennt, werden Gründe konstruiert, die mehr über die Denkweise der Biographen aussagen als über die Schumanns. Sie zeigen, wie ein bestimmtes Bild immer wieder aufgegriffen und variiert wird, wobei die früheren Biographien zumindest die materiellen Erwägungen Schumanns erwähnen; ein Zeichen dafür, daß die Tabuisierung dieser Aspekte im Zusammenhang mit der Frage nach der Partnerwahl eines Menschen im Laufe der Jahrzehnte stärker geworden ist.

So spricht Köhler (1980) von der "gewissen affektierten Sentimentalität" und "mangelnden geistigen Brillanz" Ernestine von Frickens, die Schumanns Neigung habe "unerwartet schnell verlöschen lassen"[148]. Fischer-Dieskau (1981) stellt sie als ein "sinnlich anziehende(s) Mädchen" dar, das

"Schumann so sehr aus der Fassung brachte, daß er ihr falsches Deutsch und ihr Dahinplappern in den Briefen gar nicht bemerkte"[149].

Das Ehepaar Rehberg schreibt im Jahre 1954:

"Sein Verhältnis zu Ernestine war dem Anschein nach weniger auf tiefe, als auf naturhaft-einfache Empfindungen (...) aufgebaut (...). - Die üppige, jedoch der Selbstkontrolle entbehrende Phantasie des Mädchens richtete in der Folge schlimme Verwirrungen an, denn E s t r e l l a , wie ihr Davidsbündlername lautet, stellte in ihren Briefen an Robert eigene Wunschträume als Gegebenheiten hin und erweckte dadurch in ihm verkehrte Ansichten und Auffassungen von ihrer Vermögenslage und von der Einstellung ihrer Eltern zu ihrem Verhältnis. Hieraus war ihm überhaupt erst der Mut erwachsen, Ernestine als 'Braut' anzureden. Erstaunlich, daß er mit seinem sonst so klaren und kritischen Blick Ernestines Darlegungen nicht als Truggebilde erkannte! - zumal während seines Aufenthaltes von einer wohlwollenden Duldung näherer Beziehungen seitens ihrer Eltern nichts zu verspüren. - Die Tatsache, daß er, der kurz zuvor von Claras 'genialer Entwicklung

und geistreichen Briefen' stark beeindruckt gewesen, sich nicht
stieß an der fehlerhaften, plätschernd redseligen und inhaltsarmen Schreibweise Ernestines, stützt die Annahme, daß nichts anderes als deren vollerblühte Jugendfrische ihn betörend angezogen hatte. Bei einem Vierundzwanzigjährigen durchaus begreiflich! Es lag aber auf der Hand, daß einseitiger Sinnenreiz eine
Persönlichkeit von dem Geiste und der Bildung Schumanns nicht
lange zu fesseln vermochte, zumal auf Distanz. Seine bekenntnishaften Briefe an Henriette Voigt bekunden denn auch starke Zwiespältigkeit in seinen Empfindungen und häufigen Stimmungswechsel. So ist es nicht weiter verwunderlich, daß sich bereits in den
ersten Monaten des Jahres 1835 eine Lockerung der Verbindung
bemerkbar machte, der schließlich gegen Jahresende die Auflösung folgte. Als deren Anlaß bezeichnete Schumann späterhin den
ihn und seine Mutter verstimmenden Umstand, daß Ernestine ihn
über ihre Herkunft - sie war illegitim geboren und von Fricken
nur adoptiert - im unklaren gelassen habe. Ein recht fadenscheiniger und doch wohl nur den willkommenen äußeren Anstoß bietender Grund, während der eigentlich ausschlaggebende wohl
war, daß Schumann inzwischen eingesehen hatte, wie wenig Ernestine im Vergleich zu Clara geben und gelten konnte."[150]

An negativen Merkmalen der Person Ernestines werden stereotyp
genannt: kein Vergleich mit Clara Wieck, sexuelle Anziehung,
keine Persönlichkeit, mangelnde Bildung - an positiven: 'schlichte
Herzensgüte' und ihr Stand. Ihre Orthographie (für die es eine
geregelte Normierung im heutigen Sinne überhaupt noch nicht
gab) scheint die Autoren besonders beschäftigt zu haben, so
Sutermeister im Jahre 1949:

"Der bürgerliche Schumann freute sich auch an Ernestines vornehmer Herkunft, an ihrem Reichtum, an ihrem Titel. Sein künstlerischer Doppelgänger aber begann zu zweifeln. Waren nicht Ernestines Briefe zwar lieb, aber manchmal etwas primitiv? Orthographiefehler verzeiht man ja der Frau seines Herzens; aber eine
gewisse beharrliche Eintönigkeit in ihren Schilderungen und Liebeserklärungen ließen Robert bisweilen an einer gemeinsamen Zukunft zweifeln. Und doch - wen hätte er außer ihr gehabt?"[151].

Bei Wörner ebenfalls im Jahre 1949:

"Weil Schumann hinter der jungen Weiblichkeit, die ihm liebend
und anpassend entgegentritt, den Mangel an Tiefe nicht sieht,
wird das Erlebnis für ihn ein 'Sommerroman', der bis in den Winter hineingeht. Wohl erst Anfang des Jahres 1835 löst sich Schumann von dieser Bindung."[152]

Boetticher (1942) vermerkt nur kurz:

"Robert und Ernestine schlossen bald Freundschaft, so daß sich
sogar Herr von Fricken genötigt sah, Wieck zu befragen, wer

denn Schumann sei. (...) Schumann hatte Ernestine bei deren Abreise aus Leipzig den Ring geschenkt. Dennoch blieb die ganze Begegnung nur Episode (...)."[153]

Dahms (1914):

"Ernestine war nicht schön, auch kaum besonders geistreich zu nennen; aber ihre blühende, reizvolle Erscheinung entflammte den Erotiker Schumann schnell, so daß er mehr in ihr sah, als eigentlich vorhanden war. (...) Doch schon im nächsten Jahr verblaßte ihr Bild und rückte in immer weitere Ferne, je mehr ihm ein anderes, das seiner Clara, näherkam. Der Bruch war unvermeidlich und wurde von ihm schonungsvoll, aber entschieden durchgeführt."[154]

Wolff (1906):

"(...), denn die Schreiberin führt darin [in den Briefen] mit harmloser Redseligkeit einen hartnäckigen Kampf gegen Orthographie und Grammatik. So werden wir wohl annehmen dürfen, daß nur die frische Sinnlichkeit des vollerblühten, dabei seelensguten Mädchens im Herzen *Schumanns*, der alle Menschen mit Dichteraugen sah, zeitweilig eine tiefere Neigung zurückdrängen konnte, die, wenn auch noch unbewußt, doch schon fester darin Wurzeln gefaßt hatte. (...) Einen äußeren Anstoß zu dieser Trennung mag der verstimmende Umstand gegeben haben, daß *Ernestine* ihren Verlobten im Unklaren über ihre Herkunft gelassen hatte – sie war ein illegitimes Kind und von Herrn von Fricken nur adoptiert; – aber schwerer fiel ins Gewicht, daß *Schumann* allmählich einsah, wie wenig sie beide einander sein konnten, und wie unendlich viel ihm *Klara Wieck* geworden war."[155]

Abert (1903):

"Obwohl weder besonders schön, noch hervorragend geistig begabt, entfachte sie doch in dem jungen Künstler eine glühende Leidenschaft, die ihrerseits vollkommen erwidert wurde und in kurzem zu einer heimlichen Verlobung führte. (...) Die Erkenntnis, daß Ernestine ihm das nicht zu bieten vermochte, was er in der ersten Schwärmerei gehofft, war der Hauptgrund; sie wurde gestärkt durch eine mächtig aufkeimende andere Neigung die ihn als Menschen wie als Künstler aufs tiefste erfaßte."[156]

Litzmann (1902):

"Tatsächlich haben wohl schon in den ersten Monaten des Jahres 1835 seine Beziehungen zu Ernestine sich zu lockern begonnen, und zwar teils infolge der ihn und namentlich auch seine Mutter sehr verstimmenden Erfahrung, daß Ernestine ihm über ihre Familienverhältnisse, daß sie ein illegitimes Kind, Herr v. Fricken nur ihr Adoptivvater sei, falsche oder unklare Angaben gemacht; teils aber, und sicher in höherem Grade, auch infolge der Erkenntnis, der er sich nicht länger verschließen konnte, daß Ernestine nicht das Wesen sei, für das er sie in jugendlicher Schwärmerei gehalten. Man braucht nur ihre an Clara gerichtete Briefe zu lesen, um es nachzufühlen, wie wenig dies gutherzig-liebenswürdige, aber feinerer Geistes- und Herzensbildung entbehrende Geschöpf dazu fähig war, einen so reichen und vornehmen Geist wie Schumann auf die Dauer zu fesseln, ja wie gerade ihre schriftliche Aussprache, von stilistischen und grammatischen Fehlern wimmelnd, für Schumann zur Tortur werden mußte." (I, 77/78)

Batka (1891):

"Schon im August des nächsten Jahres wurde das Verlöbnis aus Gründen, die sich unserer Kenntnis noch entziehen in aller Freundschaft wieder gelöst."[157]

Und schließlich der erste Schumann-Biograph Wasielewski:

"Glaubwürdigen Schilderungen zufolge war Ernestine weder von besonderer Schönheit, noch hatte sie eine hervorragende geistige Begabung. Es scheint also, daß Schumann durch das jugendliche Blühende und sinnlich Fesselnde ihrer Erscheinung bestochen wurde, und daß nur die Poesie der Liebe ihr jene Eigenschaften andichtete, die man so gern bei dem Gegenstande seiner Neigung voraussetzt. Nur in dieser Deutung dürfte es zu verstehen sein, wenn Schumann Ernestinen in einer Zuschrift an seine Freundin Henriette Voigt einen 'Madonnenkopf' zuschreibt, und in visionärem Sinne hinzufügt, sie nahe ihm mit kindlicher Hingebung 'sanft und licht, wie ein Himmelsauge, das blau durch die Wolken dringt'. Eine wichtige weitere Aufklärung über die Anknüpfung des Verhältnisses jedoch liefert uns Schumann in einem Briefe an seine Braut Clara Wieck vom 11. Februar 1838, den er als einen Schlüssel zu allen seinen Handlungen, zu seinem ganzen sonderbaren Wesen bezeichnet. Nachdem er der schweren melancholischen Zustände gedacht, unter denen er im Jahre 1833 zu leiden hatte (...), erwähnt er den Ausspruch des damals aufgesuchten Arztes 'Medizin hülfe hier nichts; suchen Sie sich eine Frau, die kuriert Sie gleich' und fährt dann folgendermaßen fort: 'Es wurde mir leichter; ich dachte, das ginge wohl; Du kümmertest Dich dazumal wenig um mich, warst auch auf dem Scheidewege vom Kind zum Mädchen. - Da kam nun Ernestine - ein Mädchen, so gut, wie die Welt je eines getragen. - Die, dachte ich, ist es; die wird dich retten. Ich wollte mich mit aller Gewalt an ein weibliches Wesen anklammern'.
An der subjektiven Aufrichtigkeit dieses brieflichen Geständnisses ist nicht zu zweifeln, daß jedoch Schumann für Ernestinen, mochte die erste Veranlassung, ihr näher zu treten, auch mehr äußerlicher Art gewesen sein, doch eine Zeitlang wirkliche Liebe empfand, geht zur Genüge aus den uns erhaltenen brieflichen Mitteilungen hervor. (...)

Als Schumann im Juli des Jahres 1853 von Düsseldorf besuchsweise nach Bonn kam, erklärte er auf meine Frage, welche Bedeutung der Name Estrella in seinem Karneval habe, daß er dabei Ernestine v. Fricken im Sinne gehabt. Zugleich gedachte er seines intimen Verhältnisses zu ihr, sowie ihrer illegitimen Abkunft, die ihn zum Rücktritt bestimmt habe. Wäre Schumanns Neigung eine starke unerschütterliche gewesen, so würde er sich über jenen Umstand wohl hinweggesetzt haben. Es war aber für ihn kaum mehr als ein davidsbündlerische Liebe, welche sich schließlich ebenso verflüchtigte, wie es um einige Jahre später mit dem Davidsbunde geschah. Dazu kam noch, daß Schumann sich auch hinsichtlich der Vermögensverhältnisse Ernestinens getäuscht hatte. Als Tochter eines reichen Barons hatte er sie brieflich bei seiner Mutter eingeführt, nun war sie weder Frickens Tochter noch reich. In dem S. 139 zitierten Brief an Clara vom Februar 1838 schreibt Schumann ausdrücklich: 'Als ich ihre Armut erfuhr, ich selbst, so fleißig ich auch war, nur wenig vor mich brachte, so fing es mich an wie Fesseln zu drücken ... meine Künstlerlaufbahn schien mir verrückt ... ich sollte fürs tägliche Brot wie ein Handwerker nun arbeiten; Ernestine konnte sich nichts verdienen; ich sprach noch mit meiner Mutter darüber und wir kamen überein, daß dies nach vielen Sorgen nur wieder zu neuen führen würde'.

Schumanns schwärmerisches Verhältnis zu Ernestine verblaßte nach und nach im Laufe des Jahres 1835. Indessen blieb er mit ihr einstweilen noch im brieflichen Verkehr, welcher jedoch seinerseits allmählich immer temperierter wurde. Im Sommer des genannten Jahres schrieb er ihr von 'fehlgeschlagenen Hoffnungen' usw., worauf er einen sogenannten 'Schwesterbrief' folgen ließ. Die Schwester wurde zwar von ihm widerrufen, aber Ernestine konnte sich 'einer geheimen Angst nicht erwehren', so oft sie einen Brief von Schumann erhielt, weil sie fürchtete, ein jeder derselben könne der letzte sein. Endlich erhielt sie am Neujahrstage 1836 eine Zuschrift, durch welche die Beziehung definitiv gelöst wurde. Im Hinblick darauf berichtete Ernestine an Clara Wieck: 'Wann er sich trennte von mir, kann ich Dir nicht sagen, denn mir ist es ja selbst ganz unbewußt, er schrieb mir, ich solle mich retten, da ich noch könnte, er (verdürbe?) alles um ihn her, das ist das Ganze, sonst weiß ich ja keine Ursache, denn er schrieb mir keine, und mich erst in Fragen einzulassen, nein das tat ich nicht, ich gab ihn gleich frei, ganz frei. - "[158]

Insgesamt wird diese Trennung als ein alltäglicher Vorgang hingestellt, Schumann hatte sich eben geirrt und sich dann eine geeignetere Frau ausgesucht, die vom Schicksal für ihn bestimmt schien.

Damals aber ist eine solche Trennung nichts weniger als an der Tagesordnung gewesen, vor allem dann nicht, wenn es bereits zu einem Heiratsversprechen, symbolisiert im Ringtausch, gekommen war[159], und auch für Schumann ist sie nicht selbstverständlich - zeigen doch Erwähnungen Ernestines im Briefwechsel mit Clara Wieck Schuldgefühle und die Sorge, sie ins Unglück gestürzt zu haben. Rechtfertigen kann er die Trennung nur mit einem Künstlertum, das ihn den 'normalen' gesellschaftlichen Regeln enthebe.

Schumann löst die Verbindung zu Ernestine von Fricken erst in dem Augenblick, in dem sich ihm in Clara Wieck, der 15jährigen Tochter seines Klavierlehrers Friedrich Wieck, eine echte Alternative bietet.

Welche Erwartungen und Vorstellungen von Ehe haben sich an die Person Clara Wiecks geknüpft?

Clara Wieck bringt zwar auch kein großes Kapital mit, aber sie hat etwas gelernt, was mehr wert ist, nämlich Klavierspielen, und kann sich in jedem Falle selbst Geld verdienen. Eine Heirat mit ihr zwingt ihn also nicht automatisch, 'seine Kunst zum Handwerk' zu machen.

Darüber hinaus spielt sie nicht nur Klavier als Grundlage für eine Existenz als Klavierlehrerin, sondern ist auf dem Wege, zu einer der bedeutendsten europäischen Pianistinnen zu werden. Somit 'hing sie nicht nur innig an allem Künstlerischen', sie ist selbst Künstlerin und für ein öffentliches Wirken erzogen. Um wieviel mehr als von Ernestine von Fricken kann er von ihr Verständnis für das Besondere seines Lebens erwarten!

In der Zeit, während derer Schumann im Wieckschen Haushalt gewohnt hat und sie noch ein Kind gewesen ist, hat er mit ihr Klavier gespielt, ihr vorphantasiert und abends Gespenstergeschichten erzählt (Tagebücher 345); sie hat bereits seine Kompositionen gespielt. In den Tagebuchaufzeichnungen der frühen dreißiger Jahre wird deutlich, daß er sie lange, bevor sich zwischen beiden eine Liebesbeziehung entspinnt, unter dem Namen Chiara/Zilia zu den Davidsbündlern rechnet. In ihrer ihr selbst unbewußten Genialität ihres Klavierspiels vergleicht er sie sogar mit Mozart (Tagebücher 375). Das zeigt eindeutig, daß er sie trotz des Altersunterschiedes von neun Jahren als künstlerische Partnerin ernst nimmt.

Sie ist also beides: das Kind als Frau, wie Ernestine von Fricken, und Erwachsene in der Frage der Arbeit. Außerdem kann sie künftig seine 'rechte Hand' ersetzen, seine Interpretin werden: Welche Bedeutung in diesem Zusammenhang Clara Wieck für ihn hat, spricht er in einem späteren Brief selbst an:

"... Unglücklich fühle ich mich manchmal und hier gerade, daß ich eine leidende Hand habe. Und Dir will ich's sagen: es wird immer schlimmer. Oft hab' ich's dem Himmel geklagt und gefragt: Gott, warum hast Du *mir* gerade dieses angetan? Es wäre mir hier gerade von so großem Nutzen; es steht alle Musik so fertig und lebendig in mir, daß ich es hinhauchen müßte; und nun kann ich es nur zur Not herausbringen, stolpere mit einem Finger über den andern. Das ist gar erschrecklich und hat mir schon viele Schmerzen gemacht. Nun, ich habe ja meine rechte Hand an Dir, und Du schone Dich ja recht, daß Dir nichts widerfährt. Die glücklichen Stunden, die Du mir bereiten wirst durch Deine Kunst, ich denke oft daran. - ..." (Robert Schumann an Clara Wieck, 3.12.1838, Eismann 80)

In der Darlegung der Bedeutung seiner Beziehung zu Ernestine von Fricken argumentiert Schumann hingegen - ob bewußt oder unbewußt - ideologisch:

"Du bist meine älteste Liebe. Ernestine mußte kommen, damit wir vereint würden." (Litzmann I, 85)[160]

Schumann beginnt seinen Rechenschaftsbrief vom Februar 1838 mit folgender Passage:

"Mein holdes, geliebtes Mädchen, nun setze Dich zu mir, lege Deinen Kopf ein wenig auf die rechte Seite, wo Du so lieb aussiehst, und lasse Dir Manches erzählen.
So glücklich bin ich seit einiger Zeit wie fast nie vorher. Es muß Dir ein schönes Bewußtsein [sein], einen Menschen, den Jahre lang die fürchterlichsten Gedanken zernagt, der mit einer Meisterschaft die schwarzen Seiten aller Dinge herauszufinden wußte, vor der er jetzt selber erschrickt, der das Leben wie einen Heller hätte wegwerfen mögen, daß Du [diesem den holden*] frohen Tag wiedergegeben hast. Mein Innerstes will ich Dir offenbaren, wie ich es noch Niemandem gezeigt habe. Du mußt Alles wissen, Du mein Liebstes neben Gott." (Litzmann I, 83)

Um den 'Boden für seine Eröffnungen zu bereiten', appelliert Schumann an die Vorstellung, daß es für eine Frau die höchste Erfüllung sei, einen Mann zu heilen. Seine Depressionen begründet er ausschließlich mit 'normalen' Zweifeln an seiner künstlerischen Zukunft:

"Schon damals um 1833 fing sich ein Trübsinn einzustellen an, von dem ich mich wohl hütete mir Rechenschaft abzulegen; es waren die Täuschungen, die jeder Künstler an sich erfährt, wenn nicht alles so schnell geht, wie er sich's träumte. Anerkennung fand ich nur wenig; dazu kam der Verlust meiner rechten Hand zum Spielen. Zwischen allen diesen dunklen Gedanken und Bildern hüpfte mir nun [nur*] allein Deines entgegen; Du bist es, ohne es zu wollen und zu wissen, die mich so gar eigent-

---

* bei Litzmann übertragen: diesen dem hellen
* bei Litzmann: und

lich schon seit langen Jahren von allem Umgang mit weiblichen Wesen abgehalten. Wohl dämmerte mir schon damals der Gedanke auf, ob denn Du vielleicht mein Weib werden könntest; aber es lag noch alles in zu weiter Zukunft." (Litzmann I, 84)

Schon ein flüchtiger Blick in die Tagebücher der ersten Hälfte der dreißiger Jahre zeigt das Gegenteil: Der 'Umgang mit weiblichen Wesen' einschließlich seiner Geliebten spielt eine erhebliche Rolle in seinem Leben und seinen Träumen. Schumann rettet sich gegenüber etwaigen Beschuldigungen - und Wieck versucht tatsächlich vor Gericht, diese erste Verlobung gegen ihn zu verwenden - in die Argumentation, daß die Liebe zwischen Clara Wieck und ihm auf höherer Gewalt, auf göttlicher Vorsehung beruhe, also jenseits persönlicher Verantwortung entstanden sei:

"Wie es gekommen ist, ich bin unschuldig an Allem; ich habe nichts gewollt, als Aller Glück - ich möchte immer ausrufen 'verzeiht mir, ihr thut mir Unrecht, wenn ihr mir nicht verzeiht.' Es ist, wie es ist, wer gebot Dir, mich zu lieben - wer mir? Von wem darf man Rechenschaft fordern - ja meine Clara, ich habe Dich geliebt, ich liebe Dich und werde Dich auch ewig lieben - ach *so sehr*. Aber was einmal einen bösen Funken in unser Glück werfen könnte, das wäre allein die Erinnerung an Ernestine. Es könnte sein, daß sie sich unglücklich verheirathete, daß sie sich grämt und krank wird - Du könntest dann vielleicht einmal mir einen Schmerz auf dem Gesicht ansehn, könntest zweifeln an mir - und da kann uns dann nur das unbedingteste Vertrauen, die innigste Hingebung, *das Sagen alles dessen, was wir auf dem Herzen* haben - das kann uns schützen. Wie Du ein geliebtes Weib sein wirst, ach das geliebteste auf der Welt, so sei mir dann auch eine Freundin und Schwester, und laß jene höhere Liebe auf einige Augenblick zurücktreten." (Autograph) [161]

Diese Sätze sind durch ein für die Restaurationszeit charakteristisches Eheverständnis geprägt: Der christliche Ehebegriff vermischt sich hier mit einer in früherer Zeit unvorstellbaren emotionalen Aufwertung der Ehe als Lebensraum, so durch Bezeichnungen wie 'Freundin und Schwester' (man vergleiche das Schlußlied der ihr als Brautgeschenk gewidmeten Myrthen, op. 25), dem Anspruch vorbehaltloser Hingebung an den anderen, an Ehrlichkeit und Vertrauen zwischen den Partnern, die Vorstellung, daß 'Ehen im Himmel geschlossen' werden.

Aus dem bisher Gesagten geht hervor, daß Schumann in seiner Konzeption der Ehe mit Clara Wieck von einer Zusammenarbeit zumindest in der Frage der Finanzierung des gemeinsamen Lebensunterhalts ausgehen muß. Auf der Grundlage einer 'naturgegebenen' Seelengemeinschaft zwischen ihm und Clara Wieck soll eine künstlerische Produktionsgemeinschaft entstehen mit der Rollenverteilung: er als Komponist, sie als Interpretin. Diese Gemeinschaft zwischen zwei Künstlern ist gleichsam eine auf zwei geschrumpfte Davidsbündlerschaft, also der Versuch, der durch den Konkurrenzzwang verursachten künstlerischen Vereinsamung durch gemeinsames Leben und Arbeiten verwandter Künsternaturen zu entkommen. Aber schon von der Konzeption her ist eine Ehe keine Gemeinschaft zwischen Gleichen wie der Davidsbund, sondern begründet ein Unterordnungsverhältnis.

Die Auseinandersetzungen um die Eheschließung und die Ehe selbst haben eine so entscheidende Bedeutung für Schumanns und Clara Wiecks künstlerische und menschliche Entwicklung gehabt, daß es an diesem Punkt notwendig erscheint, die herrschende Ehevorstellung in den dreißiger und vierziger Jahren des vorigen Jahrhunderts kurz zu erläutern.

Teil II
Ehe und Liebe um 1840

Kapitel 1: Anspruch

a) Literatur

Ehe als Vertrag. Geschlechtseigenschaften. Fichte. Hegel. Lucinde. Seelen- und Sinnenliebe. Künstlertum und Liebe. Junges Deutschland. Heine. Rückert. Eichendorff. Gesellschaftlicher Zusammenhang. Schriftstellerinnen. Zusammenfassung.

Die gedankliche Verbindung von Liebe und Ehe ist historisch durchaus keine Selbstverständlichkeit.

Kant ist es, der (in Konsequenz aus naturrechtlichen Vorstellungen von der Gleichheit aller Menschen) für den deutschen Sprachraum die Vorstellung formuliert, daß die Ehe ein Vertrag sei, der freiwillig zwischen zwei Individuen geschlossen werde.

Gegenstand dieses Vertrages ist nicht gegenseitige Liebe, sondern der "wechselseitige Gebrauch der Geschlechtsorgane"[1].

Allgemein aber gilt die Ehe nicht als ein Vertrag, sondern als ein Sakrament, als ein ethisches und nicht als ein Rechtsverhältnis. Erst in Auseinandersetzung mit der Kantschen Definition entwickelt sich mit der deutschen idealistischen Philosophie die Vorstellung von der Ehe als einer Liebesgemeinschaft zwischen zwei Menschen. Einziger Zweck dieser Gemeinschaft soll die "zweckfreie Entfaltung" aller Fähigkeiten dieser beiden Menschen sein (Habermas)[2].

Trotz dieser egalitären Forderung bleibt ideologisch die Herrschaft des Mannes über die Frau unangetastet, was seinen deutlichsten Ausdruck darin findet, daß eine Gleichstellung von Mann und Frau im staatsbürgerlichen Sinne noch nicht einmal diskutiert wird (Kluckhohn)[3].

Bis zum letzten Drittel des 18. Jahrhunderts werden Mann und Frau über ihre sozialen Positionen und über die diesen sozialen Positionen entsprechenden Tugenden beschrieben (Hausen)[4]. Erst aus dem Widerspruch zwischen dem theoretischen Postulat einer Gleichheit zwischen Mann und Frau und den herrschenden patriarchalischen Verhätnissen bildet sich um die Wende zum 19. Jahrhundert eine Geschlechtertypologie heraus. Neu daran ist nicht das Faktum der Kontrastierung von Mann und Frau, sondern daß nun Charakterdefinitionen gegeben werden:

"(...) der Geschlechtscharakter wird als eine Kombination von Biologie und Bestimmung aus der Natur abgeleitet und zugleich als Wesensmerkmal in das Innere der Menschen verlegt." (Hausen)[5]

Die Vorstellung von bestimmten Geschlechtscharakteren hat historisch eine solche Bedeutung erlangt, daß im folgenden genauer auf sie eingegangen werden soll.

Der Idee von einem männlichen und einem weiblichen Geschlechtscharakter liegt die Vorstellung zugrunde, daß erst Mann und Frau zusammen eine harmonische Einheit im Sinne der Entfaltung aller menschlichen Möglichkeiten bilden. Demzufolge kann der Einzelne keine Einheit in sich selbst finden, sich nicht zu einer harmonischen Persönlichkeit entwickeln. Frauen und Männern werden von daher Komplementäreigenschaften zugeordnet. Anhand der Auswertung von Lexikonartikeln und medizinischen, pädagogischen, psychologischen und literarischen Schriften hat Karin Hausen folgende Merkmale zusammengestellt:

"Mann	Frau
Bestimmung für	
Außen	Innen
Weite	Nähe
Öffentliches Leben	Häusliches Leben
Aktivität	*Passivität*
Energie, Kraft, Willenskraft	Schwäche, Ergebung, Hingebung
Festigkeit	Wankelmut
Tapferkeit, Kühnheit	Bescheidenheit
Tun	*Sein*
selbständig	abhängig
strebend, zielgerichtet,	
wirksam	betriebsam, emsig
erwerbend	bewahrend
gebend	empfangend
Durchsetzungsvermögen	Selbstverleugnung, Anpassung
Gewalt	Liebe, Güte
Antagonismus	Sympathie
Rationalität	*Emotionalität*
Geist	Gefühl, Gemüt
Vernunft	Empfindung
Verstand	Empfänglichkeit
Denken	Rezeptivität
Wissen	Religiosität
Abstrahieren, Urteilen	Verstehen

Tugend	*Tugenden*
	Schamhaftigkeit, Keuschheit
	Schicklichkeit
	Liebenswürdigkeit
	Taktgefühl
	Verschönerungsgabe
Würde	Anmut, Schönheit"
	(Hausen)[6]

Diese Merkmale gruppieren sich um die zentrale Gegenüberstellung von Aktivität - Rationalität und Passivität - Emotionalität. Deutlich ist, daß die Eigenschaften des Mannes ihn für den öffentlichen Bereich und die der Frau sie für den häuslichen Bereich qualifizieren. Zugleich sind die Fähigkeiten so zueinander in Beziehung gesetzt, daß nur Mann und Frau zusammen die beiden Lebensbereiche - den öffentlichen und den privaten - bewältigen können.

Mit diesen Merkmalen wird nur der Mann als unabhängiges Ich beschrieben, die weiblichen Qualitäten kommen dagegen erst auf den Mann bezogen zur Entfaltung. Zusichselbstkommen heißt also nicht für die Frau, ein eigenes Ich zu entwickeln, sondern sich auf ein Du zu beziehen. Diese Vorstellung impliziert, daß eine Frau, die ihr Leben nicht auf einen Mann bezieht, unweiblich ist, ihrer Bestimmung nicht gerecht wird und damit keine Identität hat. Entsprechend entwickelt ein Mann, der nicht nach Außen orientiert lebt, weibliche Charaktermerkmale und kann ebenfalls keine Identität erlangen.

Mit diesen Merkmalszuordnungen wird die faktische Unterdrückung der Frau innerhalb der patriarchalischen Familie nicht als ein gesellschaftliches Phänomen beschrieben, sondern dargestellt, als entspreche dies ihrem naturgegebenen Wesen. Historisch gewachsene Verhaltensmuster werden ahistorisch zur Aktivität als männlichem Prinzip schlechthin und zur Passivität als weiblichem Prinzip stilisiert[7].

Eine wichtige Rolle für das Denken über Mann und Frau hat Fichtes "Deduction der Ehe" in seinen "Grundlagen des Naturrechts nach Prinzipien der Wissenschaftslehre" (1796) gespielt (Gerhard)[8]. Sie wird im Vormärz vor allem durch Savigny rezipiert und verbreitet. Danach ist die Ehe ein "natürliches und sittliches Verhältnis" unabhängig von Staat und Kirche. Sie ist also eine "Natureinrichtung" und gründet sich auf den "Naturtrieb von zwei besonderen Geschlechtern", wobei das eine Geschlecht sich nur tätig, das andere sich nur leidend verhalte. Die Frau steht von Natur aus unter dem Manne, sie kann erst dann auf die gleiche Stufe wie der Mann gelangen, wenn

"(...) sie sich zum Mittel der Befriedigung des Mannes macht (...); sie erhält ihre ganze Würde nur dadurch wieder, daß sie es aus Liebe für diesen einen tut." (Fichte)[9]

Ist die Grundlage der Gemeinschaft, nach Fichte "unbegrenzte Liebe von des Weibes, unbegrenzte Großmut von des Mannes Seite"[10] nicht mehr gegeben, so ist die Ehe beendet.

Hegel deutet Liebe als

"Ausdruck für die bürgerlich-revolutionäre Vorstellung vom universal entwickelten Menschen und für die Beziehungen, die er eingeht." (Prokop)[11]

In seinen Frühschriften (1790-1800) argumentiert er gegen eine rechtliche Institutionalisierung von Liebe, da Ehe und Liebe nichts miteinander gemein hätten. Im Laufe seiner Entwicklung (und die Rezeption im Vormärz bezieht sich in erster Linie auf seine späteren Schriften) betont Hegel allerdings in Auseinandersetzung mit den Frühromantikern immer stärker, daß eine institutionelle Ordnung, ebenso wie Arbeit und Eigentum, Grundlage für die Entwicklung der bürgerlichen Gesellschaft wie auch jedes einzelnen Individuums sei. Weiterhin trennt Hegel Ehe und Liebe, da es nicht relevant sei, ob der Entschluß zur Ehe auf Liebe beruhe oder nicht; Liebe sei zufällig, Sinnlichkeit 'nur Natur' und jede nur auf das private Leben gerichtete Bestrebung nichts als 'Spießbürgerlichkeit' (Prokop).

Was Hegel mit der Frühromantik verbindet, ist die Ausgangsfrage, die aus derselben politischen Grunderfahrung erwächst, nämlich wie die Beziehung zwischen Staat und Individuum eigentlich aussehen soll, wenn der Staat zu einer 'entfremdeten Institution' geworden ist, 'aus der alles aktive Interesse der Bürger geschwunden' ist (Prokop)[12]. Was ihn jedoch von ihr trennt, sind Gegenüberstellung von Öffentlichkeit und Familie und die Abwertung von Liebe als eine emotionale Bindung zwischen zwei Individuen, die keine Öffentlichkeit, keine Verbindlichkeit hervorbringe (Szondi):

"Sie ist nur die persönliche Empfindung des einzelnen Subjekts, die sich nicht mit den ewigen Interessen und dem objektiven Gehalt des menschlichen Daseins, mit Familie, politischen Zwecken, Vaterland, Pflichten des Berufs, des Standes, der Freiheit, der Religiosität, sondern nur mit dem eigenen Selbst erfüllt zeigt, das die Empfindung widerspiegelt von einem anderen Selbst, zurückempfangen will. (...) In der Familie, der Ehe, der Pflicht, dem Staat ist die subjektive Empfindung als solche und die aus derselben herfließende Vereinigung gerade mit diesem und keinem anderen Individuum nicht die Hauptsache, um welche es sich handeln darf." (Hegel)[13]

Die Frau ist nach Hegel keine Person, hat keine Subjektivität, da sie 'Nicht-Eigentümerin' ist. Fern der Öffentlichkeit, der Welt des Eigentums, ist sie 'Repräsentantin der abgespaltenen natürlichen Sittlichkeit', vertritt sie die 'erhöhte, ewige' Natur [14].

Das poetologische und anthropologische Programm der Jenaer Frühromantik hat seine deutlichste Prägung in dem 1799 erschienenen Roman 'Lucinde' von Friedrich Schlegel gefunden. Damals wie heute ist die 'Lucinde' einer der umstrittensten literarischen Beiträge zum Thema Liebe und der Rolle von Mann und Frau.

Repräsentativ für das Denken um die Jahrhundertwende ist dieser Roman nicht, aber die Rezeptionsgeschichte des Werkes, die von Gisela Dischner aufgearbeitet worden ist, um so mehr [15]. Selbst innerhalb des Jenaer Kreises ist die 'Lucinde' eher als eine Indiskretion denn als ein vorwärtsweisender literarischer Beitrag begriffen worden; als eine Indiskretion deswegen, weil in der Konstellation Lucinde - Julius (so die Namen der beiden Hauptprotagonisten des Buches) ohne Mühe Dorothea Veit und Friedrich Schlegel selbst zu erkennen gewesen sind. Einzig Friedrich Schleiermacher verteidigt in den 'Vertrauten Briefen über Schlegels Lucinde' den Roman öffentlich.

Es ist nicht bekannt, ob Schumann die 'Lucinde' gelesen hat. 1835 erscheint sie in einer ersten Neuauflage und löst heftige Debatten aus [17], Diskussionen, von denen Schumann als literarisch interessierter Mensch sicher berührt worden ist. Inhaltlich hätte er sich sicher von diesem Roman distanziert, orientiert er sich doch ideologisch an Dichtern wie Jean Paul, E.Th.A. Hoffmann und Friedrich Rückert. Aber an der Schlegelschen 'Lucinde' kann man sehen, was zum Themenkomplex Mann - Frau um die Jahrhundertwende zu denken und zu formulieren möglich gewesen ist. Der Kampf, der gegen das ihr zugrundeliegende Gedankengut entflammte, zeigt hingegen, in wessen Interesse die Vorstellung von einer Geschlechterpolarität aufrechterhalten und durch ein systematisches Erziehungsprogramm von seiten des Staates festgeschrieben worden ist. Friedrich Schlegel setzt mit seiner Kritik bei der weiblichen Rolle in Ehe und Familie an, der Rollentrennung zwischen Mann und Frau im Sinne von Komplementäreigenschaften und Aufgabenzuweisungen. Er hinterfragt damit die Geschlechterpolarisierung, was in einem unlösbaren Zusammenhang mit dem frühromantischen Protest gegen die "Fetischisierung ökonomischer Produktivität" und der daraus erwachsenen "arbeitsteiligen Aufteilung der Person" steht (Prokop) [18].

Die allgemein verbreitete und gesellschaftlich akzeptierte Konventionsehe (also die Ehe, die nicht aus Liebe, sondern aus materiellen Erwägungen heraus geschlossen wird), erscheint ihm als der deutlichste Ausdruck einer Entfremdung auch der zwischenmenschlichen Beziehungen.

Die Frühromantik polemisiert gegen die starre Einteilung in Geschlechtsrollen, weil eine solche Einteilung jede freie Entwicklung der Individualität verhindere und ein Unterordnungsverhältnis begründe, statt die wechselseitige Beziehung, die Übereinstimmung in der Verschiedenheit innerhalb einer Liebesgemeinschaft zu ermöglichen. Unterordnung aber als ein Verhältnis der Ungleichheit hindere die wechselseitige Anerkennung der Individualitäten. Gleichheit von Mann und Frau heiße die 'Darstellung der Menschheit in den Geschlechtern' - Liebe, die Möglichkeit der Entwicklung des totalen Menschen'. Konsequent kritisiert die Frühromantik von dieser Position aus ebenfalls das abstrakte Gleichheitsideal der Aufklärung, das auf eine Angleichung der Frau an den Mann (= Mensch) zielt (Prokop)[19], ebenso wie das bürgerlich-aufklärerische Erziehungsideal, aufgrund dessen Kinder von vornherein in bestimmte Vorurteile und Verhaltensmuster gedrängt werden, statt daß ihnen Raum gegeben wird, ihre eigenen Bedürfnisse zu entdecken[20].

In der herrschenden Konzeption von Ehe sieht Schlegel das staatliche Interesse an einer Stellung der Frau als Eigentum des Mannes dokumentiert. Damit stellt er einen Zusammenhang zwischen Ehe als einer Institution und ihrem Unterdrückungscharakter her und fordert die Abschaffung der Ehe.

Mit der 'Lucinde' plädiert Schlegel sowohl für die geistige Gleichstellung der Frau als auch für eine befreite Sinnlichkeit, was dann auch zum äußeren Stein des Anstoßes von seiten des Publikums wurde. Denn in der Literatur des 18. Jahrhunderts wird in alter christlicher Tradition zwischen körperlicher und geistiger Liebe (zwischen Eros und Agape) klar getrennt. Die Vorstellung, daß 'Seelenliebe' in der Ehe durch die Verbindung mit Sinnenliebe und Fortpflanzung herabgewürdigt werde, ist sowohl durch die klassische Literatur als auch durch Schriftsteller wie Herder und Jean Paul (man lese allein den Siebenkäs unter diesem Aspekt) tradiert worden[21].

Das Revolutionäre der 'Lucinde' ist unter anderem die Vorstellung, wie denn eigentlich ein 'natürliches' Verhältnis zwischen Mann und Frau aussehen solle. In einem zentralen Brief des Romans, überschrieben mit dem Titel "Dithyrambische Phantasie über die schönste Situation", spricht Schlegel davon, daß die beiden Protagonisten des Romans, Julius und Lucinde, ihre Geschlechtsrollen tauschen: Im Spiele eignet sich der eine die 'normalen' Verhaltensweisen des Partners an. Damit werden die Geschlechtsrollen als sozial geprägte und nicht naturbedingte Verhaltensweisen deutlich, als ein Teil menschlicher Ausdrucksmöglichkeiten, die man sich als solche spielerisch aneignen und ausprobieren kann.

Ziel Schlegels ist es nicht zu leugnen, daß es Unterschiede zwischen Männern und Frauen gibt. Er will sie nur als sozial bedingte bewußt machen. Er hinterfragt die Geschlechtsrollen gedanklich, weil die Festlegung auf eine einzige Rolle den potentiellen Empfindungsreichtum jedes Menschen einschränkt und weil

aus dieser Festlegung historisch ein Unterdrückungsverhältnis
zwischen Mann und Frau erwachsen ist.

Dahinter steht die Vorstellung von einem ursprünglich androgynen Charakter des Menschen. Diese Vorstellung ist zwar nicht
'frühromantisches Allgemeingut', aber sie hat doch in den Schriften einiger Romantiker im Zusammenhang mit der Rezeption der
Mystik Jakob Böhmes eine bedeutende Rolle gespielt.
 Was jedoch allen Frühromantikern gemeinsam ist, ist eine ganzheitliche Auffassung von Liebe - also 'Seelen- und Sinnenliebe'.
So definiert z.B. Franz von Baader Liebe nicht als "Tausch von
Selbstheit", sondern als "wechselseitige Selbstentäußerung und
Verselbständigung", eine Erhebung "in eine freiere gleichsam
himmlische Existenz" (Kluckhohn)[22]. Auch dann spielen Gedanken Jakob Böhmes hinein, wenn Baader davon spricht, daß der
"Liebende in der Geliebten sein ursprüngliches Gottesbild entdecke , das er mit ihrer Hilfe in sich herausarbeiten soll und umgekehrt", wobei der Frau vor allem "die Kraft der Erlösung" zugeschrieben wird, da sie durch ihre biologische Funktion (die
allerdings hier ebenfalls als Geschlechtscharakter gedeutet wird)
eine größere Nähe zu allem organischen Leben habe (Kluckhohn)[23]. Die Liebesvereinigung wird als Eingehen in die Natur,
in den Urgrund der Dinge gedeutet. Der Urgrund der Dinge aber
soll Liebe sein. Damit vermag Liebe den Menschen von sich selbst
zu erlösen; ein Motiv, das nicht nur in den Dichtungen von Novalis und Tieck eine große Rolle spielt, sondern fast das gesamte
Denken des 19. Jahrhunderts und so auch Schumanns geprägt hat.

Wenn oben davon die Rede war, daß die Vorstellung einer ganzheitlichen Liebe 'common sense' unter allen älteren Romantikern
gewesen sei, so entspricht das nicht ganz den Tatsachen. Sowohl
bei E.Th.A. Hoffmann als auch bei Jean Paul[24] sind Seelen- und
Sinnenliebe unvereinbar. Zentrales Thema bei beiden ist die Liebe
des Künstlers: Erotisch unerfüllte Liebe wird zum Stimulus künstlerischer Tätigkeit, während in der Ehe die Schöpferkraft notwendig erlösche.
 Anders in der 'Lucinde': Auch der Protagonist Julius ist Künstler; sein Künstlertum jedoch gründet sich nicht auf Sublimation
versagter Liebe, sondern in der Frau, in Lucinde, tritt ihm sozusagen die 'Kunst der Anschauung' entgegen. Im Zusammensein
mit ihr und nicht in der unerfüllten Sehnsucht nach ihr entwickelt sich seine Kunst (Schleffer)[25]. Die Liebesfähigkeit erscheint sogar als Voraussetzung für künstlerische Produktivität
überhaupt, wobei mit Liebesfähigkeit nicht nur das Gefühl gegenüber einem bestimmten Menschen gemeint ist, sondern gegenüber allen Menschen und allen Dingen.
 Künstlerische Produktivität, so verstanden, beruht nicht auf
Fleiß, Disziplin, 'protestantischer Askese', sondern erwächst aus

"Fülle, Verschwendung, erotisiertem Dasein, dionysischer Schöpfungslust, Müßiggang" (Dischner)[26].

Vergleicht man diesen Traum von nicht leistungsbezogener, nicht produktorientierter Kreativität mit dem über Schumann Gesagten, wird deutlich, was Schumann Schritt für Schritt von romantischen Positionen entfernt. Die Arabeske, die freie Phantasie - so Schumanns Beginn - die sich in harter Arbeit abgerungene Symphonie, das Oratorium, die Oper - das Ende?

Wie bereits erwähnt, erscheint die Zweitauflage der 'Lucinde' 1835. Gisela Dischner hat in ihrem Buch über die Rezeption der 'Lucinde' die Reaktionen des Linkshegelianers Arnold Ruge und des damals bekanntesten Vertreters des Jungen Deutschland Karl Gutzkow abgedruckt. Beide reduzieren die 'Lucinde' auf eine Propagandaschrift für die 'Emanzipation des Fleisches'[27].

Die Linkshegelianer übernehmen den Vorwurf Hegels gegenüber der Romantik, daß ihr Denkansatz zu privatistisch sei und kritisieren die 'Lucinde' als 'Unnatur'[28]. Karl Gutzkow dagegen kommt zu einem entgegengesetzten Urteil: Er - wie die anderen jungdeutschen Autoren - propagiert die Emanzipation der Frau, weil er darunter sexuelle Freizügigkeit versteht. Die Jungdeutschen berufen sich auf die Ideen des Saint-Simonismus, einer sozialutopischen Bewegung in Frankreich, wobei der Höhepunkt der Rezeption dieser Ideen um die Zeit der Julirevolution liegt. Im Kampf gegen die Konventionsehe propagiert der Saint-Simonismus die Ehe auf Zeit. Emanzipation für die Frau ist gleichbedeutend mit der Freiheit, einen anderen Mann zu wählen. Nicht gerüttelt wird jedoch an der Institution Ehe, nicht an der Vorstellung, daß der Sinn des Lebens einer Frau in einem auf den Mann bezogenen Dasein liege[29].

Auch Heinrich Heine ist in dieser Tradition zu sehen. Charakteristisch ist, daß sogar er die Schlegelsche 'Lucinde' als moralisch anrüchig ablehnt[30]. Heine ist ein typischer Vertreter des rein männerorientierten Sexualutopismus.

In seinen frühen und bis heute bekanntesten Gedichten spielt das Thema 'Liebe und Ehe' keine Rolle; Liebe war für Heine per se unglückliche Liebe (Windfuhr)[31]. In seiner Pariser Zeit jedoch hat Heine unter dem Titel 'Verschiedenes' auch lustvoll erotische Gedichte veröffentlicht. Sie sind größtenteils 1832 entstanden und bewußt gegen die 'Sentimentalisierung' in der zeitgenössischen Liebesdichtung gerichtet (Tunner)[32]. Prägend ist der Kontrast zwischen zwei Frauenbildern: Die Frau als Heilige - in den Gedichten, die von der Hoffnung auf Liebeserfüllung sprechen - und die Frau als dämonisch-erotische Macht, damit der Kontrast zwischen ewiger und ephemerer Liebe.

Das gilt vor allem für das 1827 erschienene 'Buch der Lieder', aus dem Schumann einige Texte vertont hat. Die von ihm für den Liederkreis op. 24 und die Dichterliebe op. 48 ausgewählten Texte kreisen um die Motive: Liebesverrat, Liebesverschmähung, Traum von Liebeserfüllung, Widerspruch zwischen Fühlen und Verhalten und die Lösung und Objektivierung dieses Widerspruchs in der Natur[33].

Die von Heine ironisierte Sentimentalisierung verbindet sich für uns heute mit dem Epochenbegriff Biedermeier, der sehr lange nicht nur für bestimmte literarische Strömungen der Zeit, sondern für das gesamte Kulturleben der Jahre zwischen 1814 und 1848 verwendet wurde. Der erfolgreichste Gedichtzyklus zum Thema 'Liebe und Ehe', der geistesgeschichtlich unter diesen Begriff subsumiert werden kann, ist der 'Liebesfrühling' von Friedrich Rückert. Diese Gedichtsammlung, die mehr als 450 Gedichte umfaßt, ist zwar bereits 1821 entstanden, aber sie erscheint erst 1834 im Rahmen einer ersten Gesamtausgabe der Rückertschen Werke vollständig. Sengle führt den Erfolg dieser Gedichte darauf zurück, daß

"solche Liebesgedichte mit erbaulich mystischem Unterton, mit der Anspielung auf die Liebe als höchstes kosmisches Prinzip (...) dem Biedermeier aus dem Herzen gesprochen"

haben[34]. (Warum das so gewesen ist, das erläutert er allerdings nicht.)

Auch Schumann, der sich nicht zu den 'Biedermännern', sondern zu den 'phrygischen Mützen' rechnet, ist der 'Liebesfrühling' aus dem Herzen gesprochen. Clara Schumann bezeugt dies in einer Tagebuchnotiz nach dem gemeinsamen Besuch Friedrich Rückerts in Berlin 1844[35]. Außerdem findet sich im Schumann-Haus Zwickau die zweite Auflage der Heyderschen Gesamtausgabe mit der Eintragung in der Handschrift Schumanns:

"Clara Schumann hat dies Buch geschenkt bekommen im Jahre 1837 von Ihrem damaligen Liebsten Robert"

(Dieser Ausgabe hat Schumann dann auch den überwiegenden Teil der als Sololieder vertonten Rückert-Texte entnommen.) Schumann wählt gerade aus dieser Sammlung Texte für Lieder aus, die eindeutig einen persönlichen Bezug zu biographischen Ereignissen haben (wie z.B. die Rückert-Vertonungen innerhalb von Myrthen op. 25 oder Liebesfrühling op. 37, dem einzigen von Clara und Robert Schumann gemeinsam komponierten Liederheft).

Insgesamt geben sich die Gedichte erlebnispoetisch. Rückert knüpft mit ihnen, in denen als lyrische Subjekte der 'Dichter' und die 'Liebste' sprechen, an die Liebesgeschichte zwischen ihm und seiner Braut Luise Wiethaus an. Ihre Gespräche, ihre Briefe, das Verhältnis seiner Braut zu ihren Eltern, Trennungen, finanzielle Probleme, die daraus erwachsen, daß Rückert in den zwanziger Jahren als Dichter kein regelmäßiges Einkommen hat, all das u.ä. nimmt Rückert zum erlebnispoetischen Ausgangspunkt seiner Gedichte[36].

Als lyrisches Ich sprechen formal 'der Dichter' und 'die Liebste'. Die Frau - hier immer die zukünftige Ehefrau - erscheint als Inkarnation kindlicher Unschuld und Reinheit. Sowohl in den Gedichten, in denen sie selbst spricht, als auch in den Gedichten, in denen 'der Mann' über sie spricht, wird sie als Inbegriff einer widerspruchslosen Existenz dargestellt. Ihr Leben hat erst durch die Liebe 'des Dichters' zu ihr eine Mitte gefunden: die Aufgabe, ihm ruhige Häuslichkeit als Basis für eine geregelte Produktivität zu schaffen. Alle ihre Überlegungen kreisen um das Thema: 'Bin ich seiner würdig und was muß ich lernen, um seinen Erwartungen gerecht zu werden?'

'Der Mann' bestimmt dagegen seine Existenz über sein Dichten (vgl. op. 37,5). Er besingt die Fau als 'sein besseres Ich' (vgl. op. 25,1, op. 37,1), als Erlöserin vom "erotischen Fluch" und von übersteigertem Subjektivismus (vgl. op. 37,8), seine Kunst soll von nun an der Lobpreisung des häuslichen Glücks und der Liebe als den Makro- und den Mikrokosmos bestimmendes Prinzip dienen (vgl. op. 37,9 und 10).

In dieser Gedichtsammlung findet die Geschlechterpolarisierung ihren sprechendsten Ausdruck: Nur der Mann ist Subjekt, die Frau gewinnt dagegen nur über Funktionserfüllung für den Mann eine Identität.

Damit steht Rückert (wie auch Chamisso mit seinem Gedichtszyklus 'Frauenliebe und -leben') in der dichterischen Tradition des männerbezogenen Dichters par excellence, Friedrich Schillers, dessen Lobgesang der 'am Herde waltenden züchtigen Hausfrau' in Balladen wie 'Die Glocke' und 'Würde der Frauen' den Jenaer Kreis zu Lachanfällen herausgefordert hatte[37]. Inzwischen stellte niemand mehr diese Vorstellungen grundsätzlich in Frage.

Die Stilisierung der Frau als Mensch, der kein Ich, sondern nur ein Du kennt, zur moralisch reineren Existenz als der Mann, diese Erhöhung zur Heiligen, der man sich nur betend nähern kann[38], birgt immer die Degradierung zu einer bloßen Funktion in sich. Sie hat sich bis weit über die Restaurationszeit hinaus gehalten und vor allem die ebenfalls für Schumann bedeutungsvollen Frauengestalten von Hebbel geprägt, dessen Dramen nur 'denaturierte' Mannweiber oder 'natürliche Heilige' kennen (Mayer)[39].

Der größte Teil der Eichendorffschen Liebeslyrik stammt aus den Jahren 1805-1814, er wurde aber erst 1837 veröffentlicht, konnte damit ebenfalls erst in der Restaurationszeit rezipiert werden[40].

Auch Eichendorff, dessen Gedichte für Schumanns Vertonungen ebenfalls eine große Bedeutung haben, kritisiert das bürgerliche Verwertungsdenken und die Funktionalisierung menschlicher Sensibilität, aber Liebe, Natur und Kunst scheinen in seinen Gedichten als Gegenwelten auf, in denen die Regeln der 'normalen' Welt außer Kraft gesetzt sind. Wie in der Biedermeierlyrik wird der

Bereich der Familie zur Idylle, in der alles Negative seine Macht
verliert (vgl. z.B. op. 45,2 'Es zogen zwei rüst'ge Gesellen').
Auch Eichendorff kennt nur 'Heilige und Huren' (vgl. op. 39,3
'Waldesgespräch').

Dieses Frauenbild basiert auf einem sozialen Hintergrund. Dadurch daß die Frauen der Bildungsschicht von einer Erwerbstätigkeit ausgeschlossen werden, kommen sie mit der Welt des Kommerzes weniger in Berührung als Männer. Da von den Dichtern allgemein das herrschende Geschäfts- und Effektivitätsdenken abgelehnt wird, finden sie in Frauen und Kindern den Teil der Menschheit, der viel bedürfnisorientierter leben und denken kann. Frauen können aufgrund ihrer sozialen Rolle de facto ein unverdrängteres und gewaltfreieres Verhältnis zum Bereich des Unbewußten entwickeln. Von daher erscheinen sie tatsächlich 'natürlicher'.

Die Frühromantiker sind sich des Zusammenhangs zwischen der staatlich propagierten Durchsetzung kapitalistischer Arbeits- und Denkprinzipien und der dadurch erzwungenen Unterdrückung menschlicher 'Triebnatur' bewußt und fordern deswegen explizit ein 'unverdrängtes, gewaltfreies Verhältnis zur äußeren und inneren Natur' (Dischner)[41]. Als ein zentraler Weg zu diesem Ziel erscheint ihnen die Liebe zwischen zwei Menschen, Voraussetzung aber dafür, daß Liebe dies leisten kann, ist - wie bereits erwähnt - die Aufhebung starrer Geschlechtsrollen.

In der Literatur der Restaurationszeit einschließlich der spätromantischen Richtung wird der gesellschaftliche Zusammenhang nicht mehr gesehen. Charakteristisch ist vielmehr Flucht: Die Verbindung mit einer Frau in der Institution Ehe wird in der Literatur als Hort der wahren Werte propagiert, als Gegengewicht für den Mann zu der über seine berufliche Tätigkeit unumgänglichen Entwicklung eines Erfolgs- und Effektivitätsdenkens.

In der Restaurationszeit kann man zum erstenmal nach der Position schreibender Frauen zu diesem Thema fragen. Schreibende Frauen hat es auch vorher gegeben, aber nun ist die publizistische Tätigkeit keine Nebenbeschäftigung, sondern Existenzgrundlage. Außerdem sind sie keine Einzelerscheinungen wie Karoline von Günderode oder Bettina von Arnim, sondern bilden eine repräsentative Anzahl, setzen sich nicht nur mit den Lebensverhältnissen bürgerlicher Frauen auseinander und schreiben Romane, statt ihre Ansichten auf dem Boden einer Salon- und Briefkultur zu publizieren (Möhrmann)[42].

Die Namen dieser Vormärzschriftstellerinnen sind nach wie vor weitgehend unbekannt. Das hängt einmal mit der Literaturgeschichtsschreibung im allgemeinen zusammen, die Tendenzliteratur nicht zur Literatur zählt[43], zum anderen mit der 'Männerorientierung' der Literaturwissenschaft[44].

Als Stichjahr kann man von 1838 ausgehen, dem Erscheinungsjahr von Ida Hahn-Hahns 'Aus der Gesellschaft'[45] und Luise Mühlbachs 'Erste und letzte Liebe'. Das Hauptziel dieser Autorinnen (vor allem Fanny Lewald, Louise Otto-Peters und Louise Aston gehören noch dazu) ist es, mit ihren Schriften bestimmte Ideen zu propagieren. Ihr Kampf gilt in erster Linie den 'Wassersuppenhochzeiten', also der Konventionsehe.

Schaut man sich ihre Veröffentlichungen an, so fällt die rein humanitäre Argumentation auf: Ausgehend von dem mechanistischen Gleichheitsideal der französischen Revolution wird - meist in Form von Dialogen (Nachwehen der Gesprächskultur) - die entwürdigende Situation von Frauen dargestellt und diskutiert. Geschildert werden Frauen, die erst 'nutzlos' zu Hause herumsitzen, dann um des Geldes willen an irgendeinen Mann verheiratet werden, den sie nicht lieben, oder Frauen, die von Haus aus kein Geld und damit keine Aussicht auf eine Eheschließung haben, denen es aber verwehrt wird, sich durch Erwerbstätigkeit ein eigenes Leben aufzubauen. Stattdessen sind sie verurteilt, bei den Eltern zu leben.

Zum einen versuchen die Autorinnen, die Herabwürdigung eines Teils der Menschheit zum bloßen Spekulationsobjekt deutlich zu machen, zum anderen versuchen sie, auf diesem Wege den Männern zu beweisen, wie uneffektiv die Verurteilung eines Teils der Menschheit zum 'Nichtstun' sei. Nicht die Maßstäbe, auf denen die gesellschaftliche Organisation basiert, werden von den weiblichen Autoren hinterfragt, sondern sie versuchen mit den Argumenten der Männer zu beweisen, daß Konventionsehe und schlechte Ausbildung der Frauen auch nicht in deren Interesse liegen könne. Dementsprechend zielen die Hauptforderungen der Schriftstellerinnen auf bessere Bildungsmöglichkeiten für Frauen, damit sie für ihren eigenen Lebensunterhalt im Falle der Nichtverheiratung aufkommen können bzw. als Ehepartnerin eine adäquate Gesprächspartnerin, Erzieherin der Kinder und damit des Volkes, eine bessere Haushaltsorganisatorin und auch Mitverdienerin sein können[46].

Die Ehe als Institution wird nicht in Frage gestellt. Eher ist das Gegenteil der Fall. Wie bei den männlichen Kollegen wird sie, soweit sie auf Liebe beruht, zum Bild humaner Beziehungen. So propagiert Fanny Lewald in ihrem 1842 erschienenen Roman 'Clementine' die Ehe als "den einzigen Weg", der den Menschen zur 'größten Vollkommenheit' führt:

"Die Ehe ist in ihrer Reinheit die keuscheste, heiligste Verbindung, die gedacht werden kann (...)."

Über die Konventionsehen aber schreibt sie:

"Die Ehen, die ich täglich vor meinen Augen sehe, sind schlimmer als Prostitution (...). Der Kaufpreis ändert die Sache nicht (...)." (Lewald)[47]

Im übrigen finden sich - wen mag das erstaunen - dieselben Vorstellungen von weiblichen und männlichen Charaktermerkmalen wie bei den männlichen Autoren der Zeit. Das hat vor allem Folgen für die Art des Bildungsanspruchs, den sie vertreten; Frauen sollen nichts als Selbstzweck lernen:

"Es soll diese Bildung und Beschäftigung dazu helfen, alle Härten und Ecken des weiblichen Charakters abzuschleifen und das Weib zu unterstützen in seiner höchsten Bestimmung: - überall mit Anmuth, Liebe und Begeisterung walten; die Harmonie und die Schönheit, welche Weltgesetz sind, zunächst an sich im Hause und im Familienleben zur Geltung zu bringen, bis es möglich sein wird, dazu auch in den weiteren Kreisen des Lebens, des Vaterlandes, der Menschheit direct mit beizutragen, wie es bis jetzt eben indirect geschieht." (Otto)[48]

In den dreißiger Jahren werden also bei allen Unterschieden zwischen den einzelnen literarischen Strömungen folgende Vorstellungen propagiert:

- Ehe als eine Liebesgemeinschaft und damit
- Ehe als Gegenbild zu den gesellschaftlichen Verhältnissen;
- die Ehe wird dadurch nicht als Institution in Frage gestellt, sondern erfährt eine besondere Aufwertung.
- Das Verständnis von Ehe nicht als eine Funktions-, sondern als eine Liebesgemeinschaft verbindet sich mit der Vorstellung einer Polarität der Geschlechter;
- Diese Verbindung verfestigt im Zusammenhang mit dem Christentum das Verhältnis zwischen Mann und Frau als ein Verhältnis der Unterordnung und nicht der Gleichberechtigung.

Nun kann man sich ausrechnen, wieviel Prozent der Bevölkerung z.B. 'Frauenliebe und -leben' von Chamisso gekannt haben (übrigens in jedem Falle mehr als heute - man bedenke die Geselligkeitskultur des Biedermeiers mit ihren Leseabenden, Teezirkeln etc., wobei auch die Verbreitung von Lyrik durch Vertonungen eine nicht zu unterschätzende Rolle gespielt hat). Aber für die breite Bevölkerung, die nicht lesen konnte und die dennoch, auch wenn die Frauen genauso arbeiteten wie die Männer, durch das bürgerliche Familienideal geprägt war, hat sich ein anderes Propagandainstrument viel bestimmender ausgewirkt: die Pädagogik. Der Glaube an die Macht der Erziehung hat seit dem 18. Jahrhundert eine Flut von Publikationsformen ausgelöst, die für die Ideologiegeschichte einen hohen dokumentarischen Wert haben. Multiplikatoren gegenüber der Masse der Bevölkerung sind vor allem Pfarrer und Lehrer gewesen.

b) Gebrauchsliteratur

*Partnerwahl. Familie als Zelle des Staates. Jean Paul.
Weiblicher Erziehungsauftrag.*

Aus dem breiten Spektrum an 'Gebrauchsliteratur' seien drei unterschiedliche Textsorten herausgegriffen:

- Empfehlungen zur Partnerwahl für Männer;
- ein juristischer Kommentar zum Eherecht und
- pädagogisches Schrifttum.

Diese Auswahl ist natürlich willkürlich und ergab sich aus der Affinität der konkreten Texte zum Thema.

Wie aktuell und durchaus nicht selbstverständlich die in der Literatur erhobene Forderung nach 'Liebe um der Liebe willen' als alleinige Grundlage für eine Eheschließung gewesen ist, zeigen Handbücher für ehewillige Männer, die (in Fortsetzung der Hausväterliteratur des 18. Jahrhunderts)[49] in den ersten Jahrzehnten des neuen Jahrhunderts in großer Zahl erscheinen. Im Unterschied zur Hausväterliteratur beschränken sich diese Handbücher auf Informationen über juristische und sittliche Fragen sowie die häuslichen Sozialbeziehungen[50].

Eines dieser Handbücher sei im folgenden herausgegriffen, und zwar das 1823 herausgekommene Buch von J.D.F. Rumpff: 'Der Haus-, Brot- und Lehrherr in seinen ehelichen, väterlichen und übrigen hausherrlichen Verhältnissen gegen Gesinde, Gesellen und Lehrlinge'[51].

Unter der Überschrift "Wahl einer Gattin" werden vier mögliche Heiratsgründe abgehandelt: 1. Reichtum, 2. Liebe, 3. Schönheit und 4. Bildung - eine Parallele zu dem von Clara Schumann innerhalb der gemeinsam mit Schumann herausgegebenen Liedersammlung 'Liebesfrühling' vertonten Rückert-Gedicht 'Liebst Du um Schönheit'. In diesem (übrigens auch von Mahler vertonten) Text werden nacheinander Schönheit, Jugend, Reichtum als Liebesgründe abgelehnt und statt dessen die 'Liebe um der Liebe willen' als einzig wahre Grundlage einer ehelichen Gemeinschaft (und um die geht es immer bei Rückert) proklamiert - und zwar deswegen als einzig wahre, weil sie allein wirklich den anderen Menschen meint.

1. Reichtum
Rumpff warnt davor, eine reiche Frau zu heiraten: Reichtum sei etwas Ungewisses. Außerdem könne es Anlaß zu ehelichem Zwist geben, wenn die Frau aus der Tatsache, daß sie das Geld mit in die Ehe gebracht hat, Ansprüche ableite.

"Die Würde und der Werth des Mittelstandes besteht ja eben darin, daß er die erwerbende Volksklasse ausmacht; es ist daher Schande für den Bürger, wenn er, statt seine Talente, seine Geschicklichkeit, seine Arbeitsamkeit als die edelste Quelle des Reichtums zu betrachten, eine unedlere und unsichere aufsucht. Ueberhaupt ziemt es dem Manne nicht, sich von seinem Weibe ernähren zu lassen."

Der Abschnitt endet mit dem Satz:

"Ich will mit diesem Allen nicht sagen, daß wir bei unserer Wahl auf Vermögen *gar nicht* sehen sollen. Aber *viel* Vermögen zum ersten oder gar einzigen Zweck zu machen, ist und bleibt die gefährlichste Thorheit." (Rumpff 5)

Der Mann wird also vor einer ökonomisch unabhängigen Frau gewarnt, weil sie seine Autorität gefährden könne, letztlich aber, weil untätige Nutznießung von Vermögenswerten keine Bürger hervorbringt, die im kapitalistischen Arbeitsprozeß verwendbar sind.

"Geld macht keinen Menschen glücklich. Eine Gattin, zur Häuslichkeit und Sparsamkeit gewöhnt, ist ein viel einträglicheres und sicheres Kapital, als ein gutes Erbgut, das sie zu hoffen hat."

2. *Liebe*

Der Liebe als Heiratsgrund widmet Rumpff einen vergleichsweise kurzen Abschnitt - ein Zeichen, daß diese Heiratsmotivation nicht eben häufig vorgekommen ist. Zumindest scheint der Autor darauf zu hoffen, daß die Feststellung, "Denn die bloße Liebe macht wahrlich nicht satt", schlagend genug sei. Im übrigen warnt er davor, daß auch die größte Liebe bei materieller Not automatisch erkalte. Außerdem 'verderbe große Armut die Seele', womit Rumpff meint, daß der Mann 'mutlos zur Arbeit' wird, wenn er keine Chance sieht, besser als 'von der Hand in den Mund' zu leben (Rumpff 6).

Das Ideal der persönlichen und erotischen Gattenliebe, in der schönen Literatur propagiert, verkehrt sich hier von einem wichtigen Ehegrund in ein Ehehindernis. Denn persönliche Zuneigung zwischen den Partnern könnte die Ehe als ein Unterordnungsverhältnis gefährden. Damit steht Rumpff in der Tradition der eingangs erwähnten Hausväterliteratur, in der Liebesheirat durchweg abgelehnt wurde[52]. Im übrigen ist Liebe keine Frage der erotischen oder emotionalen Anziehung, sondern ein christliches Verhaltensgebot für die Ehegatten; das ist bei solchen Schriften gemeint, wenn ganz selbstverständlich von Gattenliebe gesprochen wird.

3. *Schönheit*

Gegen zu große Schönheit spricht ebenso wie gegen zu großen Reichtum und Liebe die Sorge, daß dadurch die Autorität des

Mannes gefährdet werden könne. Denn schöne Frauen sind selbstbewußt. Stattdessen versucht Rumpff den Blick des Ehewilligen auf die Schönheit der Seele zu lenken, die sich im Körper und in der Physiognomie ausdrücke. Was Rumpff darunter versteht, beschreibt er getreu dem Kanon weiblicher Geschlechtsstereotypen:

"Forschen wir diesen Erscheinungen nach, so finden wir, daß das Gefallen seinen Grund in dem A u s d r u c k e d e r S e e l e hat, der in der Stellung, im Gange, in der Sprache, in den Mienen und in der ganzen Gesichtsbildung lesbar ist. Finden wir in allen diesen den Ausdruck der Würde und des gesetzten Wesens, die Züge der Sittsamkeit, der Bescheidenheit, der Freundlichkeit, der Sanftmuth, der Zartheit; erblicken wir da das Bild der Tugend, der Liebe, der Gefälligkeit, der Redlichkeit, und dabei die Merkmale einer glücklichen Laune, einer stets heiteren und ruhigen Seele; dann haben wir eine s c h ö n e S e e l e gefunden, die uns gefällt, die unser Herz fesselt und uns mit ewig dauernder Liebe zu beglücken vermag. Wenn jene körperliche Schönheit dahin welkt, wie eine Blume, und ihre Eindrücke mit ihr und oft noch vor ihr hinsterben, so ist diese geistige Schönheit, dieser Ausdruck der liebenswürdigen Seele im Auge, in jeder Miene, in jeder Falte, ewig dauernd, wie die Seele selbst: und so ist auch ihre Wirkung auf die Seele des Mannes: - e w i g ." (Rumpff 7).

4. Bildung

Auch eine gebildete Frau fällt unter Rumpffs Verdikt. Denn Bildung führt wie Schönheit, Reichtum und Liebe zu Selbstbewußtsein. Im übrigen wird Bildung von Frauen als unnützer Zeitvertreib abgelehnt.

Eine künftige Partnerin soll also weder reich, noch schön, noch gebildet sein, noch sollte man sie lieben. Die Frage ist nun, wie sie denn sein soll. An den genannten positiven Eigenschaften kann man sehen, was das wichtigste Kriterium für die Wahl einer Ehefrau ist: deren erkennbare Bereitschaft und Fähigkeit, sich anzupassen und unterzuordnen. Und: "Sie muß zur A r b e i t s a m k e i t gewöhnt sein" (Rumpff 8). Voraussetzung ist die Arbeitsfähigkeit,

"eine Frau, die schwach, siech und kränklich ist, taugt für keinen Bürger: sie kann nicht arbeiten, kann nicht fröhlich und von guter Laune sein, die dem arbeitsamen Bürger an seiner Gattin so unentbehrlich ist." (Rumpff 9)

Die Frau wird also nicht als Person, sondern über ihre gesellschaftliche Funktion bestimmt, die Partnerwahl danach getroffen, ob sie dafür die körperlichen und psychischen Voraussetzungen erfüllt. Ihre wichtigste Aufgabe aber ist es, den Bürger bei Arbeitslaune zu halten. Nicht zuletzt deswegen wird Liebe als Heiratsgrund abgelehnt. Denn Liebe könnte die Ehepartner selbstgenügsam machen, so daß sie bedürfnisorientiert leben und nur soviel verdienen wollen, wie sie zur Bestreitung des Lebensunterhalts notwendig brauchen.

Damit, daß Rumpff die Familie als eine Institution sieht, der eine wesentliche Bedeutung für die ökonomische Entwicklung des Landes zukommt, steht er nicht allein. Und wir rasch in der ersten Hälfte des 19. Jahrhunderts das öffentliche Bewußtsein sich verändert, zeigen z.B. die Lexika.

So verzeichnet das 'Conversations-Lexicon für gebildete Stände' aus dem Jahre 1818 das Stichwort 'Familie' überhaupt noch nicht, während dreißig Jahre später in 'Wigand's Conversations-Lexikon für alle Stände' (1846-1852) ein langer Artikel über die Familie mit der zentralen Bestimmung abgedruckt ist:

Die Familie "bildet die Basis, welche dem bürgerlichen und staatlichen Leben zur festen Unterlage dient."[53]

Dieser Zusammenhang wird auch in dem zweiten Beispiel für Gebrauchsliteratur, einem 'Handbuch zum Eherecht' aus dem Jahre 1828, angesprochen:

"Man mag also der Tugend einen Wert an sich beilegen, oder man mag sie nur von Seiten ihrer politischen Brauchbarkeit betrachten, so sieht man, daß der Staat die Gelegenheit, welche ihm die Ehe zur Gründung und Beförderung der Sittlichkeit bietet, nicht ohne den größten Schaden von sich weisen darf." (Hartitzsch)[54]

Was die Ehe als Institution zur 'Beförderung der Sittlichkeit' so geeignet macht und was Hartitzsch eigentlich unter 'Sittlichkeit' versteht, wird an folgenden Ausschnitten aus der Einleitung zu seiner Darstellung des geltenden Eherechts deutlich:

"Der Staat will gesittete Bürger, auf deren Rechtlichkeit er bauen kann. Diese gewährt ihm die Erziehung zur Arbeit, zur Religion und Tugend, welche nirgends so sicher als in der Ehe und im häuslichen Leben gedeiht." (XLIII)

"Der Gatte ist Unterthan und Bürger, Herr eines Hauswesens, verpflichtet zum öffentlichen Gehorsame und verantwortlich für den Gehorsam und die Rechtlichkeit der Seinen.
Er ist zugleich Vater der Familie und dadurch verpflichtet zu dem Wohle des Staates durch Erziehung und Bildung der Kinder mitzuwirken." (XXXIV)

"Darunter verstehen wir aber nicht Bettler und Schwächlinge, sondern Unterthanen, welche an der Ehre und Last des Staates rechtlichen Antheil zu nehmen imstande sind. Die Ehe gewährt sie ihm. Die Güter und Recht der Aeltern erben auf legitime Kinder fort, und begründen damit einen fortdauernden Rechtsbesitz und eine Theilnahme an den bürgerlichen Pflichten." (XXXIX).

Im Sinne eines prosperierenden Staates soll also die Devise jedes einzelnen Bürgers Kapitalakkumulation heißen. Den Zusammenhang zwischen der Bildung von Eigentum und dem bis heute gültigen Verständnis der bürgerlikhen Ehe hat Friedrich Engels in seiner Schrift 'Der Ursprung der Familie, des Privateigentums und des Staates' aufgewiesen[55]. Daß dieser Zusammenhang so offen von Hartitzsch wie von vielen anderen angesprochen wird, zeigt, wie selbstverständlich eine solche Denkweise gewesen ist; sie muß erst gar nicht ideologisch verbrämt werden. Ehe hat mit persönlichem Glücksbedürfnis nichts zu tun, bzw. Glück ist im allgemeinen Bewußtsein eine Frage der materiellen Lage.

Festzuhalten ist ferner, daß Hartitzsch mit 'Bürgern' nur Männer meint, da nur Männer Arbeit leisten, die sich in der Öffentlichkeit vollzieht. Dieser Argumentationsweise liegt ein Familienmodell zugrunde, ein Modell, das mitnichten den tatsächlichen Lebensbedingungen des überwiegenden Teils der Bevölkerung in der ersten Jahrhunderthälfte entsprochen hat. Ideologiegeschichtlich umso interessanter ist es, daß in einer Einleitung zum Eherecht dieses Modell als Hintergrund für die gesetzlichen Regelungen (z.B. zur Frage der Heiratsbeschränkungen) vertreten wird.

Zunächst muß ein regelrechtes Umerziehungsprogramm initiiert werden, um männliche wie weibliche Bürger in einem kapitalistischen Wirtschaftssystem verwendbar zu machen. Allein schon daran, daß Männer wie Rumpff und Hartitzsch u.v.a. sich bemühen, die Verknüpfung von staatlichem Interesse und dem bürgerlichen Familienmodell mit dem erwerbstätigen Ehemann und einer für den Reproduktionsbereich zuständigen Ehefrau als logisch und natürlich darzulegen, kann man sehen, wie wenig selbstverständlich in der ersten Hälfte des 19. Jahrhunderts eine Arbeitshaltung gewesen ist, die nicht durch reine Reproduktionszwänge, sondern durch die Vorstellung Arbeit = Leben geprägt ist. (Dagegen haben wir heute diese Vorstellung so internalisiert, daß niemand mehr darüber spricht.)

Letztlich wird dieser Zusammenhang bei aller Kritik an der Funktionalisierung des Menschen zu einem Maschinenteilchen auch von den Schriftstellern durchaus bejaht. Nicht nur Pädagogen veröffentlichen Schriften zu pädagogischen Fragen, auch Künstler fühlen sich für die Erziehung des Volkes verantwortlich. (Später ja auch Schumann - schriftstellerisch mit seinen 'Musikalischen Haus- und Lebensregeln' und kompositorisch mit dem 'Album für die Jugend'.) Ein Beispiel ist Jean Paul.

Seine Erziehungslehre, die 'Levana', erschien 1806[56]. Sie sei aus der Flut des pädagogischen Schrifttums der Zeit herausgegriffen, einmal weil es inzwischen eine relativ breite wissenschaftliche Erarbeitung der Geschichte der Pädagogik vor allem unter Gesichtspunkten der Weiblichkeitserziehung gibt, Jean Paul aber nicht als Pädagoge in die Geschichte eingegangen ist - vor allem aber wegen der weitreichenden Bedeutung Jean Pauls für Schumann: Wie Tagebuchaufzeichnungen und Briefe es spiegeln, galt Jean Paul ihm als höchste Autorität nicht nur in allen Kunstfragen. Schließlich zeigt die breite Rezeption der 'Levana' durch die Zeitgenossen, daß sie diese Schrift nicht lediglich als die Überlegungen eines Außenseiters, sondern als wegweisenden pädagogischen Beitrag eingeschätzt haben.

Jean Paul beruft sich in seiner Vorrede zur ersten Auflage der 'Levana' auf den 1762 erschienenen 'Emile' von Rousseau und auf Champe, der die Ideen Rousseaus in Deutschland popularisiert hat[57]. Im Zentrum der 'Levana' steht der Versuch, den besonderen Erziehungsauftrag der Frau zu begründen - ebenfalls eine Vorstellung, die erst um die Jahrhundertwende entwickelt werden mußte, um einen im kapitalistischen Arbeitsprozeß verwendbaren Bürger 'produzieren' zu können. Parallel zur Stilisierung der Frau zum 'besseren', weil uneigennützigen, Ich in der Literatur argumentiert Jean Paul, um den besonderen Erziehungsauftrag der Frau zu begründen, damit, daß beim Manne notwendig nur eine, im Zusammenhang mit seiner beruflichen Tätigkeit besonders geforderte Fähigkeit entwickelt sei, während die Frau vielfältigere Anlagen habe. Deswegen könne nur die 'Mutter menschlich bilden':

"Denn nur das Weib bedarf an sich nichts zu entwickeln als den reinen Menschen, und wie an einer Äolsharfe herrschet keine Saite über die andere, sondern die Melodie ihrer Töne geht von einem Einklang aus und in ihn zurück." (Levana § 79, 680)

Was Frauen menschlicher macht, danach fragt Jean Paul nicht - er geht von einer naturbedingten und nicht sozialbedingten 'Ungebrochenheit' des weiblichen Wesens aus und stellt eine Parallele zwischen Frauen und Kindern her (man erinnere sich an Schumanns Charakterisierung Ernestine von Frickens):

"Dieselbe unzersplitterte Einheit der Natur - dasselbe volle Anschauen und Auffassen der Gegenwart - dieselbe Schnelligkeit des Witzes (...) setzen die körperliche Nähe beider Wesen mit einer geistigen fort." (Levana § 81, 683)

Diese Bestimmungen, wie das *Weib* an sich *ist,* sollen ihre Plausibilität aus der empirischen Evidenz gewinnen: Man sieht es ja - Mädchen spielen mit Puppen.

"Die Frau verliert - ihrer ungeteilten, anschauenden Natur zufolge - sich, und was sie hat von Herz und Glück, in den Gegenstand hinein, den sie liebt. Für sie gibts nur Gegenwart, und diese Gegenwart ist nur wieder eine bestimmte, ein und *ein* Mensch. (...) Keine Frau kann zu gleicher Zeit ihr Kind und die vier Erdteile lieben, aber der Mann kann es. Er liebt den Begriff, das Weib die Erscheinung, das Einzige; (...) Noch auf andere Weise stellt sich diese Eigentümlichkeit dar. Die Männer lieben mehr *Sachen*, z.B. Wahrheiten, Güter, Länder; die Weiber mehr *Personen*; (...). Schon als Kind liebt die Frau einen Vexier-Menschen, die Puppe, und arbeitet *für* diese; der Knabe hält sich ein Steckenpferd und eine Bleimiliz und arbeitet mit dieser." (Levana § 83, 685/6)

Das bürgerliche Subjekt kann von Jean Paul nur als Mann gedacht werden. Da er den Zusammenhang zwischen geschlechtsspezifischer Sozialisation, Arbeitsbereich und Ichentwicklung in seiner Kausalität geradezu auf den Kopf stellt im Sinne von 'Am Anfang war die Puppe ...', deutet er die empirisch erfahrbare Ich-Schwäche von Frauen und ihr daraus resultierender mangelnder Beherrschungswillen gegenüber der Umwelt als naturbedingt.

Was von Karin Hausen als geschlechtsspezifische Eigenschaften aufgelistet wurde, findet hier seine direkte Entsprechung. Zentral für die Zurichtung der Frau auf die Mutterrolle im bürgerlichen Sinne ist es, daß Jean Paul davon ausgeht, daß die Frau von Natur aus für die körperliche Nachwelt, der Mann aber für die geistige Nachwelt geschaffen sei: Deswegen wird die Frau für die körperliche und sittliche Entwicklung des Kindes verantwortlich gemacht und nicht beide Ehepartner.

"Aber ihr Mütter, und besonders ihr in den höhern und freiern Ständen, denen das Geschick das Lasttragen der Haushaltung erspart, die es mit einem heitern grünen Erziehgarten für eure Kinder umgibt, wie könnt ihr lieber die Langeweile der Einsamkeit und die Geselligkeit erwählen als den ewigen Reiz der Kinderliebe, das Schauspiel schöner Entfaltung, die Spiele geliebtester Wesen, das Verdienst schönster und längster Wirkung? (...)
Sobald ihr daran glaubt, daß überhaupt Erziehung wirke: welchen Namen verdient ihr, wenn ihr gerade, je höher euer Stand ist, von einem desto niedrigeren erziehen laßt, und wenn die Kinder des mittleren ihre Eltern, die des adeligen aber Mägde und Ammen zu Wegweisern des Lebens bekommen (...)
Ihr wollt recht stark geliebt sein, Weiber, und recht lange und bis in den Tod: nun so seid Mütter eurer Kinder. Ihr aber, die ihr nicht erzieht, Mütter, wie müßt ihr euch eures Undanks für ein unverdientes Glück schämen vor jeder kinderlosen Mutter und kinderlosen Gattin und erröten, daß eine würdige nach dem Himmel seufzet, den ihr wie gefallene Engel verlassen." (Levana § 80, 680/2)

Folglich sollte das gesamte Erziehungsprogramm für Mädchen allein auf die Rolle der Erzieherin der Kinder und Organisatorin des Hauswesens vorbereiten (vgl. Levana § 85, 688). Jean Paul sieht durchaus, daß Frauen in einer Welt, in der Männer über Macht

verfügen, deren Produkte sind - nur geht er davon aus, daß dies
schon seine Richtigkeit habe:

"Je verdorbener ein Zeitalter, desto mehr Verachtung der Weiber.
Je mehr Sklaverei der Regierungsform oder -unform, desto mehr
werden jene zu Mägden der Knechte. (..,)
Da nun die Weiber stets mit den Regierungsformen steigen und
fallen, sich veredeln und sich verschlimmern, diese aber stets
von den Männern geschaffen und erhalten werden: so ist ja offenbar, daß die Weiber sich den Männern nach- und zubilden, daß
erst Verführer die Verführerinnen erschaffen, und daß jede weibliche Verschlimmerung nur der Nachwinter einer männlichen ist."
(Levana § 84, 686/7)

Jean Paul ist ein besonders bei Frauen beliebter Dichter gewesen,
der Einfluß gerade seiner Begründung, wieso nur Frauen geeignete Erziehungspersonen (trotz ihrer mangelnden Bildung) seien,
ist nicht zu unterschätzen.

Soweit die Geschichte der Familie und die Geschichte der Pädagogik inzwischen aufgearbeitet ist, kann man verallgemeinernd
sagen, daß die Bedeutung von Ehe und Familie als 'Zelle des
Staates' in zunehmendem Maße in der ersten Hälfte des 19. Jahrhunderts gesehen wird und das staatliche Interesse stark wächst,
die Familie als primäre Erziehungsinstanz und Reproduktionsort
für die Arbeitskraft des Mannes ideologisch aufzuwerten.

Da die Kapitalbildung für die Industrialisierung eine zunehmende Bedeutung gewinnt, gilt dieses Interesse nicht der Eheschließung an sich, sondern zunächst nur der Ehe zwischen Angehörigen der besitzenden Schichten. Das schlägt sich auch im Eherecht
nieder, das im Zusammenhang mit der Auseinandersetzung um die
Eheschließung zwischen Clara Wieck und Robert Schumann eine
entscheidende Rolle gespielt hat und deswegen in seinen Grundsätzen hier kurz erläutert werden soll. (Die genauen Bestimmungen werden im Zusammenhang mit dem Eheprozeß in Teil IV.
Kapitel 1 b wiedergegeben.)

c) Eherecht

Sowohl das Allgemeine Preußische Landrecht als auch das königlich sächsische Recht definieren die Ehe als einen Vertrag zwischen zwei Individuen. Das geltende Recht garantiert demnach
im Grundsatz die freie Partnerwahl, ebenso geht das Gesetz von
der Gleichheit aller Menschen aus. Die Garantie der allgemeinen
Menschenrechte wird aber u.a. im Bereich der Eheschließung
durch einige Zusatzbestimmungen eingeschränkt; dazu gehören:
Heiratsbeschränkungen, Geschlechtsvormundschaft des Mannes
für die Frau, Festlegung der Aufgaben für Mann und Frau innerhalb der Ehe. Die Freiheit der Eheschließung ist de jure und de

facto an das Privateigentum gebunden. Wesentlich ist, daß das Recht auf freie Partnerwahl einklagbar ist und damit die Verweigerungsgründe für die väterliche Zustimmung gerichtlich nachgeprüft werden können, wie man am Fall Wieck/Schumann sieht.

Allgemein gilt das, was Heinrich Dörner in seiner Untersuchung über den Zusammenhang zwischen Industrialisierung und Familienrecht zusammenfassend schreibt:

"Das Gesetz versucht also, Glücksbedürfnis des Individuums und Interessen des 'Hauses' zu verbinden, indem es die Voraussetzungen einer guten Ehe mit den Voraussetzungen einer geordneten Hausorganisation identifiziert und dadurch die Bedingungen des persönlichen Eheglücks von den in der übergeordneten Sozialform herrschenden Wertmaßstäben her bestimmt." (Dörner) [58]

Für die hier zitierten Texte ist diese Gleichsetzung von wirtschaftlicher Prosperität und persönlicher Glückserfüllung charakteristisch. Die 'schöne Literatur' dagegen brandmarkt genau dies als inhuman.

Schumann appelliert an beide Denkweisen in seinem 'Rechenschaftsbrief': Wiecks Ablehnung als geeigneter Ehekandidat denunziert er als Ausdruck 'erbärmlichen Geschäftsdenkens', seine Trennung von Ernestine von Fricken dagegen begründet er damit, daß die freie Partnerwahl zur Fessel wird, wenn die wirtschaftliche Prosperität nicht gesichert sei.

Kapitel 2: Realität

Großfamilie. Kleinfamilie. Heiratsbeschränkungen. Haushaltsgröße. Partnerwahl.

Aus der Diskussion um die Kleinfamilie heraus hat man lange Zeit gehofft, das Ideal der Großfamilie in der Vergangenheit finden zu können, und zwar einer Großfamilie im Sinne einer Mehrgenerationenfamilie. Inzwischen ist nicht nur zur Ideologiegeschichte, sondern auch zur Sozialgeschichte der Familie eine reichhaltige Literatur erschienen, die teilweise widersprüchliche Ergebnisse zutage gebracht hat. Mit dem Mythos der vier Generationen unter einem Dach ist jedoch einhellig aufgeräumt worden, ebenso mit der Vorstellung, daß die Kleinfamilie eine Folge der Industrialisierung sei.

Vorläufer der modernen bürgerlichen Familie ist die 'große Haushaltsfamilie' (Mitterauer)[59]. Ihre Kennzeichen sind die 'Einheit von Haushalt und Betrieb', die 'lohnlose Mitarbeiter aller, auch weiterer Familienangehöriger', die 'Einbeziehung nichtverwandter Arbeitsgehilfen (Gesinde, Lehrlinge und Gesellen) in die häusliche Gemeinschaft'. Diese Haushaltsfamilie ist das grundlegende Sozialgebilde aller Bevölkerungsschichten gewesen (Gerhard)[60].

Die Industrialisierung führt zur Auflösung der Einheit zwischen Konsum- und Produktionsbereich, wobei dieser Prozeß sich - nach Berufssparten und Regionen unterschiedlich - über ein ganzes Jahrhundert hinzieht. Die Folge dieser Trennung ist in erster Linie, daß der ökonomische Zwang zur Wiederverheiratung wegfällt:

"Nicht die Kernfamilie ist das Ergebnis der Industrialisierung bzw. parallel verlaufender Modernisierungsprozesse, sondern die Möglichkeit der unvollständigen Familie (...)." (Mitterauer)[61],

in zweiter Linie der Rückgang des Gesindes.
Als typische Form der Unterschichtsfamilie bildet sich eine Familie mit folgenden Strukturmerkmalen aus:

- Kleinfamilie
- keine wirtschaftliche Basis
- Heiratsbeschränkungen
- Mitarbeit der Frau (Gerhard)[62].

In der ersten Jahrhunderthälfte lebten 90% der Bevölkerung auf dem Lande[63]. Der größte Teil dieser Menschen zählt entweder zu ländlichen Unterschichtsfamilien, die sich aus verarmten Kleinbauern und Tagelöhnern zusammensetzen, oder zu handwerklichen Einmannbetrieben bzw. den nur mit Hilfe des Verlagssystems existierenden Heimarbeitern (Gerhard). D.h., die oben genannten Strukturmerkmale gelten für nahezu 90% der Bevölkerung.

Der Anteil der Menschen, die überhaupt verheiratet sind, liegt erheblich niedriger als heute. Während heute nahezu jeder zweite heiratet, war es vor 150 Jahren in Preußen z.B. noch nicht einmal jeder Dritte[64]. Gründe für den hohen Anteil an Unverheirateten aus den Unterschichtsfamilien sind Wohnungsmangel (das gilt vor allem für die sich herausbildende Industriearbeiterschaft) und vor allem die Heiratsbeschränkungen für Dienstboten und abhängige Bauern, die es im gesamten 19. Jahrhundert gibt. (In Österreich sind sie erst 1921 aufgehoben worden (Sieber)[65].)

Von Heiratsbeschränkungen versprach man sich in erster Linie die Sicherung der knappen Lebensmittelversorgung. Deswegen gelten diese Beschränkungen auch ausschließlich für mittelloser Menschen. Bei den sozial und wirtschaftlich besser gestellten Familien propagiert man dagegen - wie bereits gesehen - die Familiengründung[66], garantiert sie doch Nachwuchs an geeignet erzogenen Arbeitskräften und Altersversorgung der alten Familienangehörigen[67].

Sogenannte 'wilde Ehen' sind statistisch nicht erfaßt worden, sind aber aufgrund der Heiratsbeschränkungen die vorherrschende Lebensform gewesen (Gerhard). Deswegen müssen auch die Zahlen über die durchschnittliche Haushaltsgröße mit Vorsicht betrachtet werden.

Dennoch läßt sich nach Gerhard ziemlich sicher annehmen, daß der Regelfall die Kleinfamilie gewesen ist[68]. Dabei beruft sie sich u.a. auf den preußischen Reformer Dieterici, der von einer durchschnittlichen Haushaltsgröße von 4.1 Personen für eine Handwerkerfamilie ausgeht; das ist erstaunlich, da in unserer Vorstellung die Familien erheblich mehr Kinder hatten als heute. Aber bei der Haushaltsgröße wirken sich verschiedene Faktoren aus:

a) Das Heiratsalter. In der vor- und frühindustriellen Zeit liegt das durchschnittliche Heiratsalter erheblich höher als heute[69]. Mit dreißig sind maximal ein Drittel der Männer und nicht einmal die Hälfte der Frauen verheiratet. Als Grund für dieses hohe Heiratsalter gibt Mitterauer an, daß

"aus ökonomischen Gründen ein Zusammenleben von mehr als zwei Generationen unerwünscht oder unmöglich war und deshalb der Zeitpunkt der Eheschließung dementsprechend aufgeschoben wurde." (Mitterauer)[70]

b) Der Geburtenabstand. Bei der Landbevölkerung und den städtischen Unter- und Mittelschichten liegt der Abstand zwischen den einzelnen Geburten bei zwei Jahren, in der Oberschicht sind die Abstände kürzer, da die Frauen ihre Kinder nicht selbst stillen, sondern Ammen übergeben[71]. Das bedeutet z.B. in einer bäuerlichen Familie, daß angesichts des hohen Heiratsalters und des Geburtenabstandes eine Bäuerin nicht mehr als acht Kinder auf die Welt bringt, von denen vier oder fünf überleben.

Bei der Partnerwahl in der vorindustriellen Zeit hat Liebe ganz schichtenunabhängig keine ausschlaggebende Rolle gespielt[72], und auch im Laufe der Industrialisierung ändert sich daran zunächst wenig. Im Adel wird nach wie vor zwischen Liebe und Ehe, die aus dynastischen Erwägungen geschlossen wird, getrennt.

Im Gegensatz zum Adel spielt für das Bürgertum das Leitbild von Liebe als Grundlage für eine Eheschließung zunehmend eine Rolle, aber aufgrund der hohen ökonomischen Bedeutung von Eheschließung stehen bis weit ins 20. Jahrhundert hinein andere Kriterien im Vordergrund. (Es kommt nicht von ungefähr, daß die Konventionsehe ein besonderes in der Trivialliteratur so beliebtes Thema bis zum 2. Weltkrieg gewesen ist.) Aber auch dort, wo es kein Geld zu vererben gibt, bei Tagelöhnern und Arbeitern, ist Liebe kein Thema. Eine Frau muß ebenso wie der Mann eine Arbeitskraft sein - das ist entscheidend, alles andere hängt vom Zufall ab[73].

Zusammenfassend kann man also sagen, daß aufgrund von Heiratsbeschränkungen und wirtschaftlichen Verhältnissen nur ein geringer Prozentsatz der Bevölkerung verheiratet ist. Die bürgerliche Familienideologie (mit den wichtigsten Strukturmerkmalen: nicht erwerbstätige Ehefrau, zentraler Stellenwert der Kindererziehung, Trennung zwischen Wohnen und Arbeiten) ist nur für einen Bruchteil der Bevölkerung Ausdruck realer Verhältnisse.

Wieso konnte dennoch das Modell der bürgerlichen Familie historisch so wirksam werden? Ute Gerhard hat versucht, eine Antwort zu geben.

"Die bürgerliche Familie aber konnte ihre 'wichtige Rolle als Vorbild' nur deshalb übernehmen, weil sie aufgrund der in ihr verwirklichten Trennung zwischen privater und beruflicher oder gesellschaftlicher Sphäre der allgemeinen Lebensweise einer Gesellschaft von Lohnarbeitern und den Erfordernissen der Industrialisierung entgegenkam." (Gerhard)[74]

Gleichzeitig aber stand dieses Bild im Widerspruch zur Realität, indem es in seinem emotionalen Gehalt ein Gegenbild zu einer durchrationalisierten Welt entwarf, in der nicht das Individuum, sondern nur Teilaspekte des Einzelnen, nämlich seine im Arbeitsprozeß verwendbaren Fähigkeiten eine Rolle spielten.

Diese Doppelgesichtigkeit verbindet die Idee der Familie mit der Idee einer autonomen Kunst. Beide bergen sie einen Gegenentwurf zur herrschenden Wirklichkeit in sich und sind doch gleichzeitig deren Ausdruck. Die Geschichte von Clara und Robert Schumann ist ohne diesen Hintergrund nicht denkbar.

Teil III
Clara Wieck: Künstlerin und Weiblichkeit

Kapitel 1: Virtuosentum

*Reisende Virtuosen. Persönlichkeitskult. Thalberg.
Pagagini. Liszt. Weiblichkeit und Virtuosität.*

Zeitlicher Ausgangspunkt für die Überlegungen zu Clara Wieck ist das Jahr 1837.
   Am 13. September, ihrem achtzehnten Geburtstag, wirbt Schumann offiziell um ihre Hand. Kurz vorher hat sie schriftlich ihr Jawort gegeben. Dieser endgültigen Entscheidung für Schumann sind anderthalb Jahre einer vom Vater erzwungenen Trennung vorausgegangen. In dieser Zeit, in der Clara Wieck sich außerhalb Leipzigs aufgehalten hat, ist zumindest Schumann lange unklar gewesen, ob sie überhaupt noch bereit war, ihn zu heiraten. Inwieweit sie selber an der Tragfähigkeit ihrer Gefühle gezweifelt hat, muß offen bleiben. In späteren Briefen jedenfalls, in denen sie diese Trennungszeit erwähnt, weist sie jeden Zweifel an ihrer Standfestigkeit von sich[1].
   1837 ist das Jahr, in dem sich Clara Wieck noch einmal ganz bewußt - und bewußt heißt hier: eingedenk des väterlichen Widerstandes - für Schumann entscheidet. Sie ist achtzehn Jahre alt und auf dem sicheren Weg, eine der bedeutendsten Virtuosinnen der Epoche zu werden. Im Alter von elf Jahren hat ihre Karriere ihren Anfang genommen, seit dieser Zeit führt sie in Begleitung ihres Vaters, als ihres Lehrers und Managers, das Leben einer reisenden Virtuosin. Was heißt das in den dreißiger Jahren: Leben einer reisenden Virtuosin?

Das Jahr 1830 stellt eine Zäsur dar, da erst jetzt das bürgerliche Konzertwesen soweit herausgebildet ist, daß es für reisende Virtuosen möglich wird, ausschließlich von Konzerteinnahmen zu leben. Denn Voraussetzung für die Existenzsicherung ist ein stabiler Markt, "auf dem nicht jedesmal eine Nachfrage fast von neuem zu konstituieren ist" (Heister)[2]. Außerdem wird Schritt für Schritt durch Paganini und Liszt, die als erste Recitals geben, der "Zwang, als Solist mit Orchester auftreten zu müssen (beseitigt). Der Reisevirtuose wird dadurch beweglicher und in seinem Konzertieren 'operativer'"[3]. Die Abhängigkeit vom Markt und der Konkurrenzdruck sind für Reisevirtuosen sehr viel direkter als für die Musiker, die in einem festen Anstellungsverhältnis stehen.
   Anders als z.B. für Schumann ist der Markt für Clara Wieck nicht anonym. Denn in der Mehrzahl der Fälle muß sie (bzw. ihr

Vater in der Rolle des - wie man heute sagen würde - Managers) ihre Konzerte selbst veranstalten auf 'eigene Rechnung und Risiko'[4]. Da die Virtuosen das volle Risiko einer Veranstaltung tragen, sichern sie sich zur Deckung der entstehenden Kosten (z.B. Saal- und Orchestermiete, Reisekosten etc.) durch Subskribentenlisten ab. Also müssen sie, wenn sie in einer Stadt weilen, zwei, drei Wochen lang versuchen, sich durch Empfehlungsschreiben Zugang zu den führenden Häusern zu verschaffen. Als Eigenwerbung geben sie kostenlose Privatkonzerte. Da zu den 'führenden Familien' am Ort sehr oft Adelige gehören, spielt der Standesunterschied aufgrund der direkten Abhängigkeit von deren Patronat doch noch eine gesellschaftlich bedeutende Rolle.

Neben diesen Konzerten, in denen die Virtuosen als Unternehmer in eigener Sache auftreten, gibt es auch Konzerte, die von nichtkommerziellen bürgerlichen Konzertgesellschaften bzw. -direktionen veranstaltet werden (z.B. die Leipziger Gewandhauskonzerte) und schließlich in wachsendem Umfang auch Konzerte im Rahmen von kapitalistischen Organisationsformen wie Veranstaltungen von Konzertagenturen. Vorherrschend aber für die erste Phase der Karriere Clara Wiecks ist das selbst veranstaltete Konzert (Heister)[5].

Aufgrund der unverschleierten Marktsituation ist auch die Konkurrenz zwischen den ausübenden Künstlern ungleich direkter als zwischen Komponisten: Die kulturtragende Schicht in den einzelnen Städten der dreißiger Jahr ist schmal.

Die erste Phase der pianistischen Karriere Clara Wiecks fällt genau in das Virtuosenjahrzehnt von 1836-1848. Hanslick sieht diese Epoche dadurch charakterisiert, daß "die Persönlichkeit des Virtuosen (...) nun als Hauptsache in den Vordergrund (tritt)"[6]. In einem bis dahin unbekannten Maße entscheidet über Erfolg oder Nichterfolg die Originalität, sei es in den technischen Tricks, sei es im persönlichen Gebaren, sei es in den gespielten Stücken. Ist der Neuigkeitswert verbraucht, wird der Virtuose über Nacht vom Publikum fallen gelassen. In seiner 'Geschichte des Konzertlebens in Wien', das in seinen wesentlichen Zügen auf die Verhältnisse in anderen deutschen Musikzentren übertragbar ist, beschreibt Hanslick diese Marktprozesse sehr genau. Langfristig durchsetzen können sich offenbar nur Künstler, die entweder wie Thalberg genau dem Kunstideal der Zeit entsprechen oder dieses Ideal mißachten wie Liszt.

Eine Rekonstruktion dessen, was in den dreißiger Jahren an pianisitischer Technik repräsentativ war, ist nicht mehr möglich. Aus bereits erwähnten Gründen geben die gedruckten Kompositionen - und gedruckt wurde wahrscheinlich der kleinere Teil - der Pianisten wie Kalkbrenner, Herz und Hünten, die vermutlich den technischen Standard der Zeit repräsentieren, die technischen Schwierigkeiten nicht wieder.

Die Bandbreite des ästhetisch Möglichen dagegen läßt sich annähernd aus den zeitgenössischen Rezensionen und Berichten über einzelne Künstler erschließen. Ein Pol wird offensichtlich durch Sigismund Thalberg repräsentiert.

So wie Hanslick ihn beschreibt, sind zentrale Merkmale seiner Spielweise wie seiner Kompositionen 'Selbstbeherrschung und Maßhalten' gewesen, also ein musikalisches Äquivalent zu den allseits propagierten Tugenden der Triebunterdrückung und Mäßigung:

"Was an Thalberg's Spiel vor Allem charakteristisch vortrat und unwiderstehlich anzog, war die Vereinigung einer außerordentlichen Bravour mit dem weichsten singenden Anschlag und einer vornehmen Ruhe, welche den Hörer in das Behagen einer wonnigen Sicherheit und Unfehlbarkeit versetzte. Der Geist der Selbstbeherrschung und des Maßhaltens schwebte über seinem Takt, seine gleiche, glänzende Mechanik, wie die ruhige Glätte seines Vortrags, waren einzig zu nennen. Einen wohligen erfreulichen Eindruck machte sein Spiel immer, einen tieferen nie. Thalberg, niemals hingerissen, wirkte auch niemals eigentlich hinreißend. Die aristokratische Kühle und Eleganz seiner Vortragsweise schloß sich gegen jeden dämonischen Blitz, gegen jeden wärmenden Herzschlag ab. Die formelle Vollendung, und zwar in einem neuen Genre, ließ jedoch im Publicum keinen Gedanken an dasjenige aufkommen, was Thalberg fehlte. Indem er in seiner Sphäre das Höchste leistete, nahm man auch die Sphäre für die höchste. Dazu trat das Interesse an seiner aristokratischen Herkunft und die Schwärmerei für seine ebenso aristokratische Erscheinung. Thalberg war nach *Schumann's* launigem Ausdruck 'eine Comtesse mit einer Männernase.'" (Hanslick) [7]

Dieser 'aristokratische Künstlertypus' bietet dem Publikum die Möglichkeit zur Identifikation. So finden auch seine Stücke – nach Hanslicks Urteil – 'zierlich, elegant, glänzend, bei aller Schwierigkeit höchst spielgerecht, ohne Kraft und Tiefe, aber nicht ohne einen Schimmer von Kraft und Schwärmerei' – sehr rasch Eingang in das damalige Konzertrepertoire [8].

Den ästhetischen Gegenpol bilden die beiden Virtuosen par excellence Niccolo Paganini und Franz Liszt.

Paganinis Werke sind unlösbar mit seiner Person verknüpft, mit seiner Erscheinung, mit seinen spieltechnischen Tricks. Diese Tricks, wie besondere Stimmung der Geige, eigentümliche Bogenführung, häufige Anwendung von Flageoletts und Piccicati [9] dienen nicht nur der Selbstinszenierung als 'extravagantem, dämonischen Zauberer', sondern der Erweiterung musikalischer Ausdrucksmöglichkeiten ins 'Unbeschreibliche':

"Dieser lang gezogene Ton, der bis in die innerste Seele dringt, wäre bei Ueberschreitung einer Linie in den unangenehmen Grad des Miauens verfallen, überschritt diese Linie aber eben nicht, sondern blieb der Ton des Paganini, einzig in seiner Art. Die dünnen Saiten, auf denen allein es möglich war, diese Millionen Noten und Nötchen seiner Passagen und Cadenzen hervorzuzaubern, wären mir bei jedem anderen Geiger fatal gewesen, bei ihm waren sie eine unentbehrliche Zugabe. Und endlich waren seine Compositionen so ultraoriginell und eben dadurch mit der ganzen phantastischen Erscheinung so im Einklang und so hinreissend durch seinen Vortrag, dass sie weder den Mangel an Tiefe noch an ernster Arbeit, noch irgend einen anderen Mangel an's Licht treten liessen." (Moscheles) [10]

In der technischen Besessenheit der Virtuosen spiegelt sich die Fortschrittsgläubigkeit des Bürgertums zu dieser Zeit. Mochte ein Dichter wie E.Th.A. Hoffmann warnend den Automatenmenschen beschwören, dem Publikum beweist der technische Fortschritt, daß dem menschlichen Geist keine Grenzen gesetzt scheinen. Gleichzeitig wird an Künstlern wie Paganini und Liszt - bis heute Inkarnation des Virtuosen schlechthin - deutlich, daß der technische Aspekt des Instrumentalspiels so weit vorangetrieben werden kann, bis Perfektion von einer Konzession an das Publikum, an den Markt, in eine vorher ungeahnte Erweiterung musikalischer Ausdrucksmöglichkeiten umschlägt. In dieser Weise hat Paganinis Spielweise Kompositionsgeschichte gemacht, denn - wie bereits erwähnt - so unterschiedliche Komponisten wie Moscheles, Liszt, Schumann, Brahms etc. haben versucht, das Erlebnis Paganini kompositorisch fruchtbar zu machen.

Das wohl bekannteste Beispiel dafür, daß die Begegnung mit Paganini zum Katalysator der eigenen künstlerischen Identität wurde, ist Franz Liszt. Im Mai 1831 hört er, zwanzigjährig, Paganini in Paris:

"Seit vierzehn Tagen arbeiten mein Geist und meine Finger wie zwei Verdammte ..., ich übe vier, fünf Stunden (Triolen, Sextolen, Oktaven, Tremolos, Tonwiederholungen, Kadenzen usw.). Ach, wenn ich nicht verrückt werde, wirst Du einen Künstler in mir wiederfinden! Ja, einen Künstler, so wie Du ihn verlangst, so wie er heute sein muß!" (Liszt-Briefe) [11].

Liszt geht es nicht mehr darum, sich Novitäten auszudenken, um das Publikum bei Laune zu halten, nicht mehr darum, konkurrenzfähig zu bleiben. Hier gilt es, sich ein Instrument als Medium gefügig zu machen, um Musik sprachfähig zu machen.
 Liszt sieht nun die primäre Aufgabe des Virtuosen in der Vermittlung des zeitgenössischen, aber auch des kompositorischen Schaffens der Vergangenheit an das breite Publikum. Das Klavier erscheint für diese Aufgabe das geeignetste Organ:

Das Klavier umschließt "im Umfang seiner sieben Oktaven ... den ganzen Umfang eines Orchesters, und die zehn Finger eines Menschen genügen, um die Harmonien wiederzugeben, welche durch den Verein von Hunderten von Musizierenden hervorgebracht werden. Durch seine Vermittlung wird es möglich, Werke zu verbreiten, die sonst von den meisten wegen der Schwierigkeit, ein Orchester zu versammeln, ungekannt bleiben würden. Es ist so nach der Orchesterkomposition das, was der Stahlstich der Malerei ist, welche er vervielfältigt und vermittelt." (Liszt-Briefe)[12]

Es gibt unzählige Erzählungen über die Art und Weise, wie Liszt seine Auftritte inszenierte, sie müssen deswegen hier nicht im einzelnen wiedergegeben werden. Hauptkennzeichen dieser Schilderungen und auch der von Liszt-Konzerten überlieferten bildlichen Darstellungen sind entweder der Schein der Entfesselung aller Emotionen oder die Priesterpose:

"Die Affekte seines Spiels werden zu Affekten seiner leidenschaftlich aufgetürmten Seele und finden in seiner Physiognomie und Haltung den treuesten Spiegel. Seine künstlerische Leistung wird zugleich eine Tatsache des Innern, sie bleibt nicht getrennt von ihm, sondern wirkt in dem mächtigen Bündnis mit dem Geist, der sie erzeugt." (Rellstab)[13]

Auf eine Formel gebracht kann man vielleicht sagen, daß Paganini und Liszt gleichsam ersatzweise für das Publikum alle 'Triebe' ausleben, während Thalberg eine Personifikation von 'Triebunterdrückung' ist.

Wenn dies die Pole des Virtuosenjahrzehnts sind, wo bleibt da Platz für eine Frau? Paganini und Liszt sind nur als männliche Künstlertypen denkbar. Man stelle sich vor, eine Frau würde wie Paganini auftreten:

"'seine en tire-bouchon bis unter die Schulter hängenden Locken, ein Haarputz, der ihn so auffallend von Tausenden unterscheidet', das stets verschwitzte Gesicht, 'die lange, hagere Gestalt in altmodischem, schwarzem Frack – ... und mit vorgestrecktem, eingeknickten rechten Bein, nichts als Geist und Knochen in schlottrigen Kleidern. Nur so viel Körper, als eben nothwendig, um das lodernde Feuer zu concentrieren und die halbaufgelöste Figur zusammenzuhalten'." (Schwab)[14]

Entsprechendes gilt für Liszts Spielweise, die Heinrich Heine anläßlich eines Konzertes, in dem beide gemeinsam auftraten, mit der Thalbergs vergleicht:

"Ihre technische Ausbildung wird sich wohl die Waage halten, und was ihren geistigen Charakter betrifft, so läßt sich wohl kein schrofferer Contrast denken, als der edle, seelenvolle, verständige, gemüthliche, stille, deutsche, ja österreichische Thalberg gegenüber dem wilden, wetterleuchtenden, vulkanischen, himmelstürmenden Liszt!" (Heine)[15].

Seine wie Hanslicks Beschreibung von Thalbergs Auftreten und Spielweise läßt sich dagegen ohne große Schwierigkeiten auf eine Frau übertragen (nicht von ungefähr nannte Schumann ihn eine 'Comtesse mit Männernase').

Konstitutiv für das Auftreten der genannten Künstler ist die Absolutsetzung ihrer Persönlichkeit oder von Aspekten ihrer Persönlichkeit zu einem 'Markenzeichen'. Der vor allem in dieser Zeit sich stark entwickelnde Persönlichkeitskult

"heftet sich gerade an die Besonderheit, Einmaligkeit und Individualität der Person; gleichgültig fast gegenüber dem Funktionalen ist dabei, worin diese ihrer Substanz nach bestehen." (Heister)[16]

Voraussetzung aber dafür, sich selbst zum Markenzeichen machen zu können, ist Selbstbewußtsein im Wortsinne: ein Bewußtsein seiner selbst.

Bezogen auf Clara Wieck stellen sich drei Fragen:

- Welches 'Markenzeichen' will Wieck aus seiner Tochter machen?
- Welchen Platz inmitten der einseitig männlich geprägten Vorstellung von Künstlertum und Virtuosität nimmt sie tatsächlich ein?
- Kann sich Clara Wieck zu einer ihrer selbst bewußten Künstlerpersönlichkeit entwickeln?

Zum Verständnis der Situation Clara Wiecks, in die sie sich als Frau und als in erster Linie reproduzierende Künstlerin gestellt sieht, erscheint es unerläßlich, kurz auf die Diskussion um die musikalische Frauenbildung und deren Praxis in der ersten Jahrhunderthälfte einzugehen.

Kapitel 2: Musikalische Frauenbildung

a) Diskussion in der ersten Jahrhunderthälfte

Berufsausübung. Breitenbildung.

Die um die Jahrhundertwende entflammende öffentliche Diskussion über Notwendigkeit, Art und Umfang einer allgemeinen Bildung für Frauen spiegelt das Gegeneinander, aber auch das Ineinanderverflochtensein der Idee von der Gleichheit aller Menschen, der Vorstellung von einer Geschlechtspolarität und der ökonomisch-gesellschaftlichen Notwendigkeit für eine differenzierte Arbeitsteilung zwischen Mann und Frau. In diesem Zusammenhang muß auch die musikalische Frauenbildung gesehen werden[17].

Zu Beginn des Jahrhunderts ist die Frage, ob es überhaupt einen Sinn habe, Frauen musikalisch auszubilden, und wenn, in welchem Maße und mit welcher Zielsetzung, durchaus umstritten. Wenn Frauen im Rahmen von Ausbildungsinstitutionen zum Musikunterricht zugelassen werden, dann beschränkt sich das Angebot auf die Fächer Gesang, Klavier, Gitarre und Harfe. Begründet wird dies damit, daß alle Blas- und Streichinstrumente männlich und die mit dem Spielen verbundenen Bewegungen für Frauen unschicklich und gesundheitsschädlich seien (Krille)[18].

Innerhalb des Bildungsbürgertums setzt sich gegen Ende des 18. Jahrhunderts immer mehr die Ansicht durch, daß eine künstlerische Betätigung von Frauen im Sinne einer Berufsausübung als Solistin oder als Orchestermitglied mit ihrer gesellschaftlichen Rolle notwendig kollidieren müsse[19]. Eines von vielen Dokumenten für diese Ansicht sei im folgenden zitiert. Es stammt aus dem speziell für gebildete Frauen konzipierten 'Frauen-Brevier' von Karl Biedermann[20], einem Mann, der in der Frage einer Interessenvertretung freier Schriftsteller gegenüber den Verlegern eine durchaus fortschrittliche Rolle gespielt hat[21].

Biedermann begründet seine Ablehnung einer künstlerischen Tätigkeit von Frauen doppelt: zum einen aus der gesellschaftlichen Konvention, zum anderen aus dem weiblichen Geschlechtscharakter.

Zu Beginn führt Biedermann seinen Leserinnen die Schwierigkeiten vor Augen, mit denen sie rechnen müssen, wenn sie einen Anspruch auf 'geistige Selbständigkeit' erheben. Er appelliert damit an die Angst, zum Außenseiter und von der Gesellschaft nicht akzeptiert zu werden. Dann 'erinnert' er an den 'natürlichsten und höchsten Beruf des Weibes'; er erklärt also die von der Gesellschaft den Frauen zudiktierte Aufgabe, dem Mann den Haushalt zu führen und Kinder zu erziehen, als naturbedingt. Eine künstlerische Tätigkeit und damit geistige Selbständigkeit von Frauen ist demnach widernatürlich. Schließlich zeichnet er ein abschreckendes Bild von Frauen, die ihre traditionellen Aufgaben erfüllen müssen, sich aber auch künstlerisch entfalten wollen. So versucht er, verheiratete Frauen davon abzuschrecken, sich über etwas anderes als ausschließlich über ihre Frauen- und Mutterrolle zu definieren; Frauen aber, die dem Konflikt, der aus einer Doppelbelastung notwendig erwächst, zu entgehen suchen, indem sie erst gar nicht heiraten, sagt er, daß sie sich widernatürlich verhalten. Ihnen wird mit massivem gesellschaftlichen Widerstand gedroht:

"Ich will hier nicht davon sprechen, daß das Bedürfnis geistiger Selbständigkeit, welches jeder freischaffenden, künstlerischen oder literarischen Thätigkeit beiwohnt, leicht und fast unbewußt auch zu einer gewissen genialen Ungebundenheit im gewöhnlichen Leben, zur Abweichung von den herkömmlichen Sitten und Formen, zu einem etwas keckeren Auftreten auch in der Gesellschaft verleitet - Eigenschaften, welche an dem Weibe doppelt auffallen und ihm von der öffentlichen Meinung nur bei sehr entschiedener Begabung, ja selbst dann kaum, zu gute gehalten werden; - auch nicht davon, daß zur rechten Ausbildung künstlerischer oder literarischer Meisterschaft gewöhnlich ein ganz besonderer Bildungsgang erfordert wird, Reisen in's Ausland, der Besuch von Kunstschulen, eigentümliche Studien mancherlei Art, ein lebendiger und vielseitiger Verkehr mit den verschiedenen Volksklassen u. dgl. m., wovon das Eine und Andere entweder dem weiblichen Kunstjünger nach den bestehenden Sitten und Einrichtungen schwer oder gar nicht zugänglich ist, oder doch gegen die dem weiblichen Geschlechte natürliche und durch das Herkommen geheiligte Zurückhaltung verstößt. Nur daran will ich erinnern, daß der natürlichste und höchste Beruf des Weibes, der Beruf als Gattin, Hausfrau und Mutter, mit der Ausübung einer künstlerischen oder schriftstellerischen Thätigkeit sich schwer verträgt und fast unausbleiblich darunter leiden muß. Daß aber eine versemachende, malende oder musicierende Frau, von schmutzigen und zerlumpten Kindern umgeben, inmitten einer saloppen, liederlichen Wirtschaft, selber bei leidlicher Genialität dennoch kein anmuthiges und liebenswürdiges Bild gewährt, darin wird, glaube ich, Ihr weibliches Gefühl mit dem meinigen und dem der meisten Männer übereinstimmen." (Biedermann)[22]

Angesichts einer solchen Argumentation ist es kein Wunder, daß in der ersten Jahrhunderthälfte im Zuge der Institutionalisierung der musikalischen Berufsausbildung zunächst keine Spezialklassen für Frauen eingerichtet werden (Sowa)[23]. Damit wird Frauen der Zugang zum Berufsmusikertum weitgehend verwehrt. Wie sich dies schon im 'Biedermann'-Zitat ankündigt, erwächst diese Verhinderung nicht nur aus der Angst vor der Gefährdung patriarchalisch begründeter Autorität, sondern aus wirtschaftlichen Notwendigkeiten. Bis in die siebziger Jahre des vergangenen Jahrhunderts liegt der Prozentsatz der Familien, die es sich leisten können, auf die Ehefrau als häusliche Arbeitskraft zu verzichten, unter 10% (Weber-Kellermann)[24]. Das bedeutet, daß auch in bürgerlichen Familien Frauen innerhalb des Hauses zwei wichtige Aufgaben notwendig obliegen, zu deren Erfüllung sie sogar per Gesetz ausdrücklich verpflichtet sind: Haushaltsführung und Erziehung der Kinder. Durch die verschärften Arbeitsbedingungen, gekennzeichnet durch wachsende Arbeitsintensivierung bei paralleler Reduktion der Arbeitszeit - eine Entwicklung, die man bis heute verfolgen kann - wächst die Bedeutung der privaten Sphäre als der Bereich, in dem sowohl die physische Arbeitskraft als auch die Motivation, überhaupt unter diesen Bedingungen zu arbeiten, wiederhergestellt werden muß. Wenn aber die finanziellen Mittel knapp sind, muß die Differenz zwischen den Einkünften des Ehemannes und dem erwünschten Lebensstandard dadurch ausgeglichen werden, daß die Ehefrau die Haushaltsorganisation mit dem geringst möglichen Aufwand an Geld und fremder Arbeitskraft selbständig betreibt (Gerhard)[25].

Da bleibt objektiv für eine ernsthafte künstlerische Betätigung keine Zeit. Erhöben Frauen jedoch auf eigenständige künstlerische Arbeit Anspruch und würde ihnen eine dementsprechende Ausbildung zuteil, so wäre ein Konflikt zwischen Pflichten und Bedürfnissen unausweichlich. Es liegt also nahe, alles zu tun, damit solche Bedürfnisse erst gar nicht geweckt werden.

Die allmähliche Durchsetzung des kapitalistischen Wirtschaftssystems schlägt sich so auch in der musikalischen Breitenbildung nieder: Zwar steigt der Anteil der Frauen im Laufe des 19. Jahrhunderts so kontinuierlich, daß musikalische Bildung schließlich zur 'Standardausrüstung' einer bürgerlichen Tochter gehört, aber angesichts der überwiegend miserablen Qualität des Unterrichts kann man von einer soliden musikalischen Grundausbildung nicht sprechen. Der Grund: Musikalische Bildung für Frauen soll keine selbstzweckhafte sein. Sie wird vielmehr nur deswegen als Teil der Mädchenerziehung propagiert, weil sie besonders geeignet scheint, eine bestimmte Arbeitshaltung anzuerziehen:

"Die Erziehung zur Schönheit, wie sie schon unser Schiller forderte, muß im frühen Kindealter beginnen, Reinlichkeit, Sauberkeit, Ordnung sind (...) die ersten nothwendigen Grundlagen zu einer ästhetischen Erziehung. (...) An die Entwicklung des Sinns für die Reinlichkeit knüpft sich die des Sinns für Ordnung und

Symmetrie, für Harmonie der Farben, der Töne: die Bildung des Geschmacks." (Otto)[26]

Louise Otto-Peters scheint hier nur von der ästhetischen Erziehung zu sprechen. Aber auch bürgerliche Frauen sehen diese als Teil der bürgerlichen Sozialisation.

"Von allen Künsten hat die Musik, obwohl sie gerade die jüngste unter den Schwestern ist, in unserer Zeit bei der weiblichen Erziehung die größte Berücksichtigung gefunden. Und wie sollte sie auch nicht? Ruht sie doch auf den Gesetzen der Harmonie, des Ein- und Zusammenklangs, des Tact- und Maßhaltens; spricht sie doch am ehesten und zugleich am tiefsten zu dem Gefühle; ist es ihr doch gegeben, durch Töne auszusprechen, wozu ein übervolles Herz so oft keine Worte findet; - ist sie doch geeignet, einsame Stunden zu vertreiben und zu verschönen und zur Erhöhung häuslicher Freuden beizutragen" (Otto)[27].

In diesem Rahmen der sittlichen Arbeitserziehung wird nun der musikalischen Bildung eine große Bedeutung beigemessen.

Wenn also Frauen musikalisch gebildet werden, dann nicht um ihrer selbst willen, sondern um ihrer gesellschaftlichen Funktion willen:

"Halten Sie bei der Erziehung ihrer Töchter oder sonstigen weiblichen Pflegebefohlenen immer und überall die Ausbildung für den eigentlichen und nächsten Beruf des Weibes als das Erste und Wichtigste im Auge oder ermuntern Sie die Erlernung und Ausübung künstlerischer und wissenschaftlicher Fertigkeiten n u r s o w e i t , als dieselbe der Erreichung jenes Berufs entweder förderlich oder wenigstens nicht hinderlich zu sein verspricht." (Biedermann)[28]

b) Praxis der musikalischen Frauenbildung

Lernstoff. Logier.

Die Frage ist nun, wie denn diese musikalische Frauenbildung als explizit nicht berufsorientierte ausgesehen hat. Es wurde bereits erwähnt, daß Frauen lediglich in den Fächern Gesang, Klavier, Gitarre und Harfe unterrichtet werden. Der Gesang soll im Zentrum der musikalischen Betätigung stehen und - ganz im Sinne der Geselligkeitskultur des 18. Jahrhunderts, aber auch der Restaurationszeit - als 'treibende Kraft' wirken, 'um soziale Bindungen einzugehen', oder der 'Besinnung in der Stille häuslichen Glücks' dienen (Pestalozzi)[29].

Die genannten Instrumente werden dabei ausschließlich als Begleitinstrumente eingesetzt. Weibliche Musikausübung ist damit 'billiger Zeitvertreib', Mittel zur Erhöhung der Geselligkeit im

Familien- und Freundeskreis und nicht 'Einsamkeitskunst', nicht
subjektive Ausdrucksmöglichkeit. Folglich liegen die musikalischen
Anforderungen, die an weibliche Schüler gestellt werden, weit
unter den Anforderungen an männliche. Begründet wird dies mit
dem weiblichen Geschlechtscharakter:

"Die Schülerin ermüdet auf halbem Wege. Der weibliche Sinn will
mehr Blumen und frühe Frühlingsfrüchte ... Kleine liebliche,
naive Lieder, Tänze, Rondos, leichte Sonaten, Variationen - sind
hier am passendsten zum Zwecke. Die Gefühle werden dadurch
leicht gereizt und doch auch allmählich veredelt." (Guthmann) [30]

Mit Musik, die unter einem anderen ästhetischen Ideal als dem
der Geselligkeit entstanden ist, kommen Frauen demnach nicht in
Berührung; sie lernen nur das kennen, was man heute unter
Unterhaltungsmusik versteht.
    Dennoch steigt kontinuierlich der Anteil an Frauen, die als
Privatmusikerzieherinnen arbeiten. Damit liegt ein Teil der musikalischen Breitenbildung in den Händen unqualifizierter Pädago-
ginnen. Für eine unverheiratete Frau ist in dem Augenblick, wo
die Familie sie nicht länger ernähren kann, das wenige Klavierspiel oft das einzige, was sie überhaupt gelernt hat und worauf
sich eine Erwerbstätigkeit gründen läßt:

"Wahr ist, daß die Musik für viele Mädchen unentbehrlich ist zu
ihrem Fortkommen in der Welt; die Gesellschafterin, die Lehrerin
bedarf der musikalischen Bildung, und schon manche junge Dame,
die früher Musik zu ihrem "Vergnügen" trieb (...) erwirbt sich
später ihren Lebensunterhalt durch Ertheilung von Pianoforte-
unterricht." (Otto) [31]

Außerdem ist dies eine Tätigkeit, die Frauen zu Hause ausüben
können. Eine öffentliche Verwertung künstlerischer Fähigkeiten
dagegen wird bürgerlichen Frauen, auch wenn sie eine wirtschaftliche Notlage geraten, durchweg verwehrt.

Der Anteil der Frauen am Klavier- und Gesangsunterricht steigt
ab den zwanziger Jahren sprunghaft durch die Ausbildungserfol-
ge eines Mannes namens Johann Bernhard Logier (Sowa)[32].
    Ziel Logiers ist nicht die Ausbildung von Virtuosen, sondern
Breitenbildung. Die Ausbildung soll effektiviert werden, damit
möglichst viele Schüler in ihren Genuß kommen.
Der unerhörte Erfolg der Logierschen Methode ist auf drei Dinge zurückzuführen: Gruppenunterricht, Fundierung des Klavierunterrichts durch Musiktheorie und Erfindung des Chiroplast,
eines Apparats zur sicheren Führung der Finger und des Hand-
gelenks[33] - einer Erfindung, die sich Logier sogar patentieren
ließ[34]. 1820 berichtet Louis Spohr von der Londoner Akademie:

"Kinder zwischen 7 und 10 Jahren, die nicht länger als vier Monate Unterricht haben, lösen die schwierigsten Aufgaben. Ich schrieb ihnen einen Dreyklang an die Tafel und bezeichnete die Tonart, in die sie nun modulieren sollten. Sogleich lief eins der kleinsten Mädchen an die Tafel, schrieb nach einigem Nachsinnen erst den bezifferten Bass, und dann die oberen Stimmen hin ... Zuletzt schrieb ich ihnen eine einfache Oberstimme an die Tafel, wie sie mir eben einfiel, und liess eine jede für sich auf ihren kleinen Tafeln die anderen drei Stimmen dazu setzen." (Spohr)[35]

Und Karl Loewe z.B. richtet selbst eine Akademie nach dem Vorbild Logiers ein und begrüßt vor allem den Gruppenunterricht als Mittel der musikalischen Breitenbildung[36].

Trotz oder gerade wegen dieser Erfolge ruft Logiers Methode außerordentlichen Widerstand hervor. Hauptangriffspunkt ist der Chiroplast - er wird zum Symbol mechanischer Profanisierung von Kunst:

"Es ist begreiflich, dass in England, wo man stark in Erfindung von Maschinen ist, ein mechanischer Kopf auf den Gedanken verfallen konnte, die Kunst des Clavierspielens erleichtern zu wollen, wie es bereits mit der Kunst des Bierbrauens, der Tuchmacherey und ähnlicher nützlicher Künste daselbst geschehen ist; ebenso begreiflich, dass eine solche Maschine in England, wo die musikalische Bildung des Volks noch auf der untersten Stufe steht, wo die Musik vom Unterrichte der Gentlemen ausgeschaltet bleibt ... Beyfall erhalten musste, weil durch sie die Erlernung des Clavierspielens etwa ebenso mechanisch betrieben werden kann, wie die Kunst, Stecknadeln zu verfertigen ..." (AMZ)[37].

Aus der Perspektive eines romantischen Musikverständnisses, der Vorstellung, daß Kunst nicht Handwerk, sondern göttliche Offenbarung sei, muß eine solche Methode wie eine Blasphemie wirken[38].

Aber auch aus der Sicht der an einer Aufwertung der pädagogischen Arbeit interessierten Musikerzieher ist die Logiersche Methode erschreckend: Kunst muß das Geheimnis Privilegierter sein, das von einer Einzelperson an eine andere Einzelperson weitergegeben wird, und nicht Sache musikalischer Breitenbildung, die auf diesem Wege der Überbrückung technischer Anfangsschwierigkeiten erst möglich wird. Denn unter 'normalen' Umständen können diese nur von dem überwunden werden, der zu Hause in einem 'geeigneten sozialen Klima' motiviert und überwacht wird. Daß diese ideologische Argumentation einen materiellen Hintergrund hat, erstaunt nicht: Logier und diejenigen, die nach seinem Vorbild Akademien errichteten, nehmen, da sie keinen Individual- sondern Gruppenunterricht erteilen, den ohnehin materiell schlecht gestellten Privatmusikern Schüler weg.

Die Frage ist nur, warum Logier Frauen als Schüler bevorzugt hat. Sowa meint, daß Logier möglicherweise an der Überzeugung 'festgehalten' hab, 'daß das weibliche Geschlecht bessere und schnellere Auffassungsgabe'[39] besitze. Diese Erklärung ist unbefriedigend. Vielmehr zeigt die Logiersche Methode, daß in der viel weiter entwickelten englischen bürgerlichen Gesellschaft die sozialökonomische Notwendigkeit einer fundierten Frauenbildung sehr viel früher erkannt worden ist. Zusätzlich hat sicher das Moment eine Rolle gespielt, daß Frauen als Demonstrationsobjekte für die Effektivität einer Methode, die allein auf 'Gewöhnung des Denkens' beruht, besser geeignet sind als Männer. Denn aufgrund ihrer anerzogenen Anpassungsfähigkeit sind sie eher bereit, sich einer mechanisierten Ausbildung zu unterwerfen. Immerhin kommen sie nach dieser, sie zur 'geistlosen Maschine' herabwürdigenden Methode zum erstenmal zu einer theoretischen Fundierung ihres Klavierspiels[40].

c) Bedingungen weiblichen Künstlertums

Werkbegriff. Soziale Kreativität. Bedingungen.
Romantische Musikästhetik.

Dank der Aktivitäten der neuen Frauenbewegung und einiger Veröffentlichungen werden seit einigen Jahren wichtige Vorstöße unternommen, die Bandbreite weiblicher Aktivitäten im Musikleben historisch aufzuarbeiten. Insgesamt ist der Prozentsatz der Frauen, die überhaupt öffentlich als Musikerinnen in Erscheinung getreten sind, verschwindend gering, wenn auch größer, als man immer aufgrund der Musikgeschichtsschreibung vermutet hat.

Diese Aufarbeitung erfaßt aber nur den Teil weiblicher Kreativität, der sich in gedruckten Noten niedergeschlagen hat bzw. die Frauen, die als ausübende Künstlerinnen in die Geschichte eingegangen sind.

Alles das, was heute wieder ausgegraben und wiederaufgeführt wird, sind Kompositionen, die Werkcharakter haben. Das bedeutet, daß ihre Schöpferinnen sich bei der Komposition an einem Werkbegriff orientiert haben, der von dem männlich geprägten öffentlichen Kulturleben nicht zu trennen ist. Damit unterlagen und unterliegen sie den entsprechenden Maßstäben.

Es ist irreführend, wenn Eva Weissweiler in ihrer Veröffentlichung 'Komponistinnen in 500 Jahren' vertritt, daß die meisten 'Fehlurteile' über komponierende Frauen darauf zurückzuführen seien, 'daß nur der kleinste Teil ihrer Kompositionen in erreichbaren Editionen' vorliege[41]. Seit es überhaupt eine Musikgeschichtsschreibung gibt, also seit dem 19. Jahrhundert, ist unser europäisches Denken durch die romantische Vorstellung von Kunst und Künstlertum geprägt. Dadurch ist alles, dem kein Werkcharakter im emphatischen Sinne eignet, unter den Tisch gefallen - und zwar gleichgültig, ob es von Frauen oder Männern stammt.

Nur der gedruckte Teil dessen, was unter den Tisch gefallen ist, läßt sich wieder hervorholen. Musikalische Ausdrucksmöglichkeiten, wie sie vielleicht im Zusammenhang mit der Geselligkeitskultur des Biedermeier entwickelt worden sind, Formen sozialer Kreativität, sind nicht tradiert worden. Sie sind mit der Kultur, aus der sie erwachsen sind, untergegangen. Man kann also gerade im Zusammenhang mit der Frage nach den Bedingungen weiblicher Kreativität nur die Aussage machen, daß aufgrund ihrer psychosozialen Situation der Bereich der häuslichen Geselligkeitskultur der einzige war, innerhalb dessen Frauen eigene Formen entwickeln konnten. Der Bereich der öffentlichen Kunst dagegen wurde immer ausschließlicher männlich geprägt.

Denn erst die Forderung nach absoluter Musik als Norm, erst die Vorstellung von Musik als Metaphysik macht Musik als Kunst zur Angelegenheit eines winzigen Kreises 'Berufener'. Die Konzentration eines ganzen Lebens auf die künstlerische Erkenntnis setzt gesellschaftliche Arbeitsteilung voraus. Kunst, wie sie sich im Laufe der Jahrhunderte entwickelt hat, ist nur möglich, wenn einzelne Menschen von allen anderen gesellschaftlichen und familiären Aufgaben freigestellt werden. Eine derartige Freistellung ist nur Männern eingeräumt worden.

Aber die Bedingungen für künstlerische Tätigkeit unter der Norm der klassisch-romantischen Ästhetik erschöpfen sich nicht in Zeit, Geld, 'einem eigenen Raum', sowie in der Verfügung über einen hochqualifizierten 'Reproduktionsapparat' in Gestalt von Solisten, Orchestermusikern, Chören etc., sondern:

"Kreativität i s t Macht. Macht, die Sicht der Welt zu erweitern und damit die eigenen Bewegungsmöglichkeiten." (Petersen)[42]

Künstlerischer Ausdruckswille im Sinne einer Originalitätsästhetik setzt die Absolutsetzung des eigenen Ichs voraus und damit die Möglichkeit, überhaupt erst einmal zu erfahren, worin dieses eigene Ich besteht. Diese Erfahrungen können nicht in der Isolation gemacht werden - die Auseinandersetzung mit anderen Menschen, aber auch mit der Welt der Dinge ist unabdingbar. Solange die gesamte weibliche Erziehung auf 'Ich-Schwäche' und auf die Einschränkung des Erfahrungsbereichs auf die private Sphäre zielt, kann dieser künstlerische Ausdruckswille nicht entstehen.

Silvia Bovenschen hat in Abgrenzung gegen die Tendenz in der neuen Frauenbewegung, alles, was von Frauen produziert wurde und wird, unter 'weibliche Ästhetik' zu verbuchen, darauf aufmerksam gemacht, daß Frauen immer kultureller Vorgaben durch Männer bedurften, da sie niemals über eigenständige Traditionen verfügt haben[43]. Der Gedanke, daß ein 'großes Werk' immer und notwendig aus einem Traditionszusammenhang erwächst, ist nicht neu. Virginia Woolf hat ihn bereits 1928 in 'Ein Zimmer für sich allein' so formuliert:

"Denn Meisterwerke sind keine einsamen Einzelleistungen; sie sind das Ergebnis vieler Jahre gemeinsamen Nachdenkens, des Nachdenkens der Gesamtheit der Menschen, so daß hinter der einzelnen Stimme die Erfahrung der Masse steht." (Woolf) [44]

Frauen haben zu keiner Zeit in einem derartigen Zusammenhang gestanden, einmal, weil sie zu vereinzelt künstlerisch tätig waren, zum anderen, weil sie, wenn sie an die Öffentlichkeit traten, Maßstäben genügen mußten, die männlich geprägt sind. Wenn Frauen dennoch kulturell wirksam geworden sind, dann im wesentlichen nur im Rahmen von kulturellen Umbruchsituationen, also auf der Grundlage von Bewegungen, die sich kritisch zum herkömmlichen Kanon künstlerischer Produktivität verhielten (Bovenschen).

In der Literatur haben Frauen dort Partizipationschancen (wie z.B. in der Briefkultur des 18. Jahrhunderts), wo sich Privates und Öffentliches mischt, wo privates Erleben und Fühlen, wo die persönliche Sichtweise der Welt Vorrang vor der Verfügung über 'überindividuelle', lang tradierte und artifizielle, repräsentative Ausdrucksformen hat.

So gilt in der Literaturgeschichte z.B. die Frühromantik als eben eine solche Bewegung, in der Frauen kulturell produktiv geworden sind[45]. Läßt sich das auf die musikalische Romantik übertragen? Um die Antwort gleich vorwegzunehmen - nein! Sogar im Gegenteil - je mehr sich in Deutschland die Idee der absoluten Musik durchsetzt, desto mehr schwindet jede Partizipationschance. Die romantische Musikästhetik ist eine Originalitätsästhetik, Frauen sind - wie bereits erläutert - aufgrund ihrer psychosozialen Situation von vornherein ausgeschlossen. Außerdem ist sie eine ausgesprochene Instrumentalästhetik, Instrumentalmusik ist aber notwendig an Öffentlichkeit als Publikum und an einen Orchesterapparat gebunden. Da Musik eine Kunst ist, die der Realisation bedarf, ist die Frage danach, wer über die Reproduktionsmittel verfügt, in einem weit höheren Maße entscheidend als bei anderen Kunstgattungen. Schließlich ist für die romantische Musik höchste Artifizialität essentiell. Das setzt eine dementsprechende Ausbildung voraus. Das Denken in musikalischen Kategorien als Bedingung sowohl für eine produktive, als auch für eine reproduktive Tätigkeit im Sinne des romantischen Kunstbegriffs basiert auf einer gezielten frühkindlichen Sozialisation und praktischen Ausbildung. Die Verweigerung eines Zugangs zur Welt der 'hohen Kunst' im Kindes- und Jugendalter ist hier nahezu irreversibel.

d) Soziale Herkunft von Musikerinnen

Besitzende Schichten. Musikerfamilien.

Nach allem, was man bisher weiß, läßt sich über die soziale Lage von Frauen, die in der ersten Hälfte des 19. Jahrhunderts als Künstlerinnen ausgebildet worden sind, folgendes sagen: Stammen sie aus dem Adel, können sie es sich aufgrund ihrer privilegierten Stellung leisten, sich privat auf den verschiedensten Instrumenten ausbilden zu lassen. Da sie keine Pflichten in der Haushaltsführung haben und auch die Kinder nicht selbst erziehen, entsteht keine Rollenkollision. Eine öffentliche Tätigkeit bleibt ihnen allerdings aufgrund ihres Standes verwehrt. Damit sind sie weitgehend aus dem Bereich der Oper, der Orchester- und Chormusik, also der repräsentativen Gattungen ausgeschlossen. Offen steht ihnen dagegen neben der Hausmusik, der 'niederen Kunstsphäre', die Kammermusik als Bereich höchster Artifizialität. Entsprechendes gilt für die Töchter aus reichen bürgerlichen Häusern. Auch ihnen sind grundsätzlich ökonomisch und zeitlich die Voraussetzungen für eine gute musikalische Bildung gegeben.

Die wenigen Frauen der besitzenden Schichten haben also die Chance, Kunst als Vergnügen zu betreiben, aber nicht als Arbeit – sie haben die Freiheit, Lieder für die Schublade zu komponieren, aber nicht Symphonien 'für die Menschheit' (wie z.B. Fanny Mendelssohn)[46].

Die überwiegende Mehrzahl der Frauen, die künstlerisch ausgebildet werden und an die Öffentlichkeit treten, stammen aus Musikerfamilien (einschließlich der Familien von Musikpädagogen).

Das Tabu einer Erwerbstätigkeit weiblicher Familienmitglieder auch im Sinne einer Leitvorstellung wird hier nicht wirksam. Künstler haben automatisch einen Außenseiterstatus, haftet ihnen doch immer noch der Geruch des Nichtseßhaften an[47a], außerdem ist die Mitarbeit aller Familienmitglieder von Kindesbeinen an wirtschaftlich notwendig. Das bedeutet, daß es für Töchter aus solchen Familien vergleichsweise leichter ist, über einen Dilettantenstatus hinauszukommen, als für eine 'höhere Tochter'. Dennoch läßt sich in der Mehrzahl der Fälle der Zwang, das Gelernte rasch zu verwerten, die Ausbildung sehr schmal geraten – z.B. im Vergleich zu der Ausbildung einer Fanny Mendelssohn. Ein Indiz für diese Annahme ist der hohe Verschleiß an sogenannten Wunderkindern in der ersten Jahrhunderthälfte.

Schätzungsweise sind während der dreißiger Jahre nicht mehr als ein, zwei Prozent aller Frauen in künstlerischen Berufen erwerbstätig (m.W. gibt es keine statistischen Erhebungen darüber). In den Jahren zwischen 1831 und 1849 läßt sich an Hanslicks

Aufstellungen der Virtuosenkonzerte eine abnehmende Tendenz in öffentlichen Auftritten weiblicher Künstler ablesen[47]. Eines der wichtigsten Motive für diese Tendenz ist das ökonomische Erstarken des Bürgertums. Denn erst wenn eine Erwerbstätigkeit von Frauen nicht mehr unbedingt erforderlich ist, kann sich die Rollenzuweisung für die Frau ausschließlich auf die Aufgaben der Haushaltsführung und der Kindererziehung durchsetzen.

Clara Wieck nun ist weder als künftige Hausfrau noch als Mutter erzogen, noch unzureichend musikalisch ausgebildet worden. Ganz im Gegenteil, sie wurde für die 'Welt' erzogen, als 'öffentliche Person' geprägt. Demnach müßte sie Charaktermerkmale entwickelt haben, die im direkten Widerspruch zur herrschenden Vorstellung von einem weiblichen Geschlechtscharakter stehen.

Es stellt sich also die Frage, wie sie sozialisiert worden ist, wodurch ihre Arbeits- und Produktionsbedingungen im Gegensatz z.B. zu denen Schumanns geprägt gewesen sind. Entscheidend für die musikalische wie für die charakterliche Prägung Clara Wiecks ist ihr Vater Friedrich Wieck gewesen, von seiner Geschichte wie von seinen Einstellungen her ein typischer Autodidakt.

Kapitel 3: Wiecks Ausbildungsmethode

a) Werdegang

Friedrich Wieck - Jahrgang 1785 - stammt aus einer wirtschaftlich heruntergekommenen Kaufmannsfamilie und wächst in armen Verhältnissen auf. Nach seiner Gymnasialausbildung studiert er wie viele mittellose Studenten Theologie. Das Studium finanziert er durch Stundengeben, anschließend arbeitet er als Hauslehrer. Von Haus aus bringt er keine musikalische Ausbildung mit, sondern lernt erst während des Studiums, weitgehend als Autodidakt, Klavier spielen und komponiert auch einige Lieder und Klavierstücke. Die Tochter Marie Wieck berichtet in ihrem Buch 'Aus dem Kreise Wieck - Schumann', daß ein früherer Studienkollege Wieck 'auf sein armes theologisches Gesicht' hin 6000 Taler geliehen habe zur Gründung eine Pianofortefabrik und Musikalienhandlung in Leipzig. Dies bildet zunächst die Grundlage seiner Existenz[48]. 1817 heiratet Wieck seine Schülerin Marianne Tromlitz, eine Kantorentochter, die - laut Stieftochter - 'durch ihren Widerspruchsgeist nicht zu ihm paßte'[49] und von der er sich 1824 trennt. Dieser Ehe entstammen Clara Wieck (1819 geboren) und zwei Söhne, Alwin und Gustav[50]. 1828 verehelicht sich Wieck zum zweitenmal. Clementine Fechner bringt drei Kinder auf die Welt, zwei Mädchen (darunter Marie Wieck, die nach dem Zerwürfnis zwischen Clara Schumann und ihrem Vater ebenfalls von Wieck zur Pianistin ausgebildet wird) und einen Sohn. In Leipzig beginnt Wieck als Klavierpädagoge zu arbeiten und entwickelt eine eigene Methode, anhand derer er vor allem seine Tochter Clara ausbildet. Bis 1839 organisiert er für sie Konzertreisen durch Deutschland, nach Wien, Prag, Budapest und Paris. Nachdem sich seine Tochter von ihm getrennt hat, zieht er 1840 nach Dresden, studiert die italienische Gesangsmethode bei dem dort lebenden Pädagogen Miksch und arbeitet bis zu seinem Tode 1873 in Dresden als Klavier- und Gesangslehrer.
    Zu Wiecks Schülern gehört neben Robert Schumann auch z.B. Hans von Bülow. Mit der Tochter aus zweiter Ehe, Marie, versucht er in den fünfziger Jahren noch einmal an die alten Erfolge anzuknüpfen.

b) Anspruch

"Tod dem Musikemacherthum!
Das ist meines Strebens schöner Ruhm.
Das Handwerk cultiviren? -
Nein, da will ich lieber Wagen schmieren" (Wieck)[51].

Das wesentliche Moment der Ausbildungsmethode, die Wieck entwickelt, liegt in einer ganzheitlichen Erziehung des Schülers. In seiner Veröffentlichung 'Clavier und Gesang'[52] beschreibt Wieck selbst seine Grundprinzipien:

"Was man l e h r e n soll, können Viele l e r n e n , aber w i e man es lehren soll, das hat sich bei mir nur dadurch gefunden, daß ich mich immer mit großer Liebe und stetem Nachdenken der musikalischen Ausbildung der Schüler und ihrer geistigen Entwicklung überhaupt von ganzem Herzen widmete. - Und g e - s c h w i n d muss es freilich auch gehen - weil es s t u f e n - w e i s e geht und eins das andre begründet - der Schüler Alles g e w i s s , ruhig, b e s o n n e n und f e s t lernt - ohne Umwege, ohne störende und aufhaltende Irrungen, weil ich nicht z u v i e l und nicht z u w e n i g lehre, auch bei dem Einen zu Erlerenden immer vieles Andere Nöthige mit vorbereite und zu begründen suche, und, was die Hauptsache ist, das Gedächtnis des Kindes nicht mit m e i n e r Weisheit (...) vollpropfen will, sondern es zugleich g e i s t i g anrege, beschäftige, sich selbst entwickeln lasse, und es zu keiner hölzernen Maschine herabwürdige. Mit einem Worte, ich lasse nicht ins Blaue hinein die traurige, nutzlose, Zeit und Geist tödtende Clavierklimperei ausüben (...) sondern ich mache auch m u s i k a - l i s c h , und behalte dabei die Individualität des Schülers und dessen s t u f e n w e i s e F o r t b i l d u n g streng im Auge. Bei dem ferneren und höheren Unterrichte übe ich sogar den entschiedensten Einfluss auf die ganze übrige Bildung und Gesinnung des Schülers aus, und benutze jede Gelegenheit, auf sein Gefühl und seinen Schönheitssinn einzuwirken, und immer mehr und mehr auf naturgemässe Weise zu entwickeln." (Clavier und Gesang)[53]

Wieck lehnt also rein mechanisches Training als entwürdigend ab und stellt ihm die 'naturgemäße' Bildung gegenüber, wobei 'naturgemäß' hier 'auf der Grundlage der Vernunft' heißt, Vernunft aber - wie dieser Textausschnitt zeigt - Effektivität ohne Umwege. Ihrem Anspruch nach soll jedoch die Klavierausbildung einer Entfaltung des ganzen Menschen dienen. In Anspielung auf Logier stellt Wieck dem Bild eines 'zur hölzernen Maschine herabgewürdigten' und damit seiner Würde beraubten Menschen das Bild eines (durch seine Methode) zu wahrer Humanität entwickelten Menschen gegenüber.

Voraussetzung ist, daß der Lehrer primär Psychologe ist. Will er dem Schüler zur Selbstentfaltung verhelfen, darf er ihm nichts von außen aufoktroyieren, sondern muß dessen geistigem, körperlichem und emotionalem Entwicklungsstand gemäß den Unterricht individuell gestalten:

"Mit einem Worte, ich habe mich gerirt als Psycholog, Denker, als Mann und Lehrer, der vielseitiger Bildung nachstrebt, und sich besonders auch vielfach mit der Gesangskunst, als nöthiger Grundlage für das schöne und feine Clavierspiel beschäftigt - und zwar mit einigem Talent, wenigstens mit glühender und unermüdlicher Liebe zur Sache. Ich bin nie still gestanden, habe täglich bei dem Lehren dazu gelernt und mich zu verbessern versucht - habe mich womöglich nach der jedesmaligen Stimmung der Schüler gerichtet - bin in jeder Stunde, bei jedem Kinde immer neu und immer ein anderer gewesen, und das mit heiterm frohen Muth - und so zündete denn das mehrentheils weil es eben von Herzen kam." (Clavier und Gesang) [54]

Diese ganzheitliche Ausbildungsmethode entspricht den zeitgenössischen Reformideen zur musikalischen Bildung.

"Im Mittelpunkt der Überlegungen stand das Kind. Man erkannte die Natürlichkeit und Unverdorbenheit seines Wesens und vor allem seine offen gestellten allgemein geistigen und musikalischen Anlagen. Sie zu formen und zu bilden war Kapital für die Zukunft, war zugleich schönste erzieherische Aufgabe." (Sowa) [55]

Diese Aufwertung der Pädagogik muß im Zusammenhang mit der Geschichte der Familie gesehen werden, mit ihrer wachsenden Bedeutung als Gegenbild zur Öffentlichkeit und gleichzeitig als wichtigstem Sozialisierungsort [56]. Und so steht auch letztlich die von Wieck propagierte, der kindlichen Entwicklung angemessene musikalische Ausbildung unter dem Motto: Steigerung der Effektivität der Ausbildung durch Erziehung zur Selbstdisziplin.

Wieck führt dies gegenüber der Mutter Schumanns deutlich aus:

"Aber das ist wahr, für Robert liegt die größte Schwierigkeit in der ruhigen, kalten, b e s o n n e n e n und a n h a l t e n - d e n B e s i e g u n g d e r M e c h a n i k , als der erste Urstoff allen Klavierspiels. Ich gestehe offen, daß wenn es mir in meinen Lektionen, welche ich ihm gab, gelang, nach harten Kämpfen und großem Widerspruch von seiner Seite und unerhörten Streichen, welche uns beiden (als rein vernünftigen Wesen) seine zügellose Phantasie spielte, ihn von der Wichtigkeit eines r e i n - l i c h e n , p r ä c i s e n , e g a l e n , d e u t l i c h e n u. r h y t h m i s c h b e z e i c h n e n d e n u. endlich e l e - g a n t e n Spieles zu überzeugen, es doch für die nächste Lektion oft wenig Früchte getragen hatte - u. fing ich an mit meiner

gewohnten Liebe zu ihm, das alte Thema wieder vorzunehmen (...)
so ließ er sich 8-14 Tage u. noch länger entschuldigen, daß u.
warum er nicht kommen könne (...) bis er fort ging in die
S t a d t u. in s o l c h e V e r h ä l t n i s s e , welche wahrlich nicht geeignet sind, eine solche zügellose Phantasie, verbunden mit so viel schwankendem Sinne - zu bezwingen.
Wird unser liebenswürdiger Robert jetzt anders, b e s o n -
n e n e r - fester - kräftiger und darf ich's sagen - kälter u.
männlicher seyn? (...) Verehrteste Frau, das wissen wir beide
nicht (...) er muß nur allein sagen, ob er wirklich etwas wollen
kann." (Friedrich Wieck an Johanne Christiane Schumann,
9.8.1830, Litzmann I, 22/23)

Soweit Wiecks Selbstdarstellung - der lebendige Beweis für seine
Methode der Verbindung von 'Clavier und Gesang', wie seine
Veröffentlichung ja auch programmatisch benannt ist, soll die
Tochter Clara sein.

c) Die Tochter Clara als Produkt Wiecks

*Ausbildungsgegenstände. Unterordnung. Erziehung zur
Selbstdisziplin.*

Schon vor ihrer Geburt beschließt Wieck, das Kind, falls es ein
Mädchen werde, zur Pianistin auszubilden. Gegen den Willen der
Mutter [57] verlangt er bei der Ehescheidung, daß die Tochter an
ihrem fünften Geburtstag wieder in Leipzig sein müsse, weil er
ab diesem Tage mit ihrer systematischen Ausbildung beginnen
wolle. Obwohl auch die beiden ältesten Söhne bei ihm bleiben -
Wieck überließ seiner Frau lediglich den gerade erst geborenen
jüngsten Sohn - steckt Wieck von diesem Tage an seine ganze
Energie in die Ausbildung der Tochter.

Diese Ausbildung ist vielseitig: Täglich erhält sie eine Unterrichtsstunde bei ihm und muß zwei Stunden Klavier üben. Zur Ergänzung der pianistischen Ausbildung und als Voraussetzung für
eigene Kompositionen lernt Clara Wieck Geige spielen, singen, instrumentieren und Partitur lesen, und sie erhält Theorieunterricht. Mit elf Jahren veröffentlicht sie ihre erste Komposition;
eine allgemeine Schule besucht sie allerdings nicht:

"Meine Töchter haben stets einen besonderen Hauslehrer, mit dem
ich vereint unterrichte, damit auch bei w e n i g e n Stunden
des Tages ihre w i s s e n s c h a f t l i c h e B i l d u n g
gleichen S c h r i t t halte mit der k ü n s t l e r i s c h e n ,
und auch noch Zeit übrig bleibe, in der freien Natur sich zu ergehen und ihren Körper zu kräftigen, während andere Kinder auf
den Bänken in Schulen und Instituten 9 Stunden des Tages schwit-

zen müssen - und dies mit dem Verlust ihrer Gesundheit und einer frohen Jugend bezahlen." (Clavier und Gesang) [58]

Im Anfangsunterricht orientiert sich Wieck an der Logierschen Methode der Verbindung des Klavierunterrichts mit Harmonie- und Akkordlehre [59]. Was Wieck ebenfalls von Logier übernimmt, ist die Anwendung des Chiroplast [60], obwohl er sich in 'Clavier und Gesang' von der Arbeit mit mechanischen Hilfsmitteln distanziert:

"Ich brauche auch zum Clavierspiel keine Schwimmhautdurchschneidung, keinen Handleiter, keinen Fingerschneller und keine Spannmaschine - auch nicht den von einem berühmten Schüler von mir ausgedachten 'Fingerquäler', welchen er zu gerechtem Entsetzen seiner dritten und vierten Finger wider meinen Willen erfunden und hinter meinem Rücken angewendet hat." (Clavier und Gesang) [61]

(Mit dem 'berühmten Schüler' spielt Wieck auf Robert Schumann an.)

Wichtigste Voraussetzung für Wiecks Unterricht ist das absolute Vertrauen des Schülers in seine Autorität, die Bereitschaft, sich ganz in seine Hände zu begeben. Deutlich wird Wiecks durch und durch autoritär geprägte Lehrerhaltung vor allem im Konflikt mit Schumann. Die Tochter hat keine Wahl, sie ist sein Produkt, Schumann aber weiß genau, was er will, als er sich entschließt, sich einer systematischen Ausbildung bei Wieck zu unterziehen. Es ist seine eigene Entscheidung, und sie erwächst aus der Einsicht, daß ihm das für seinen Lebensplan notwendige Handwerkszeug fehlt. Der bereits zitierte Brief Wiecks an die Mutter Schumanns über die Befähigung ihres Sohnes zum Musiker ist in diesem Zusammenhang höchst charakteristisch:

"Kann Robert sich entschließen, die trocken kalte Theorie, mit allem, was daran hängt, 2 Jahre bei Weinlich zu studiren? Mit dem Klavierunterricht verbinde ich immer eine Kenntniß der Accordenlehre, was praktisch geübt wird u. wobei ich schönen u. richtigen Anschlag etc. etc. mit einem Worte, Alles das lehre, was man in keiner Klavierschule findet und finden kann. - Hat sich Robert entschließen können, nur die wenige Theorie dabei zu erlernen, während doch wohl die Stunden interessant genug waren? Ich muß 'Nein' sagen. Wird sich Robert j e t z t entschließen können, gleich meiner Clara alle Tage einige Stunden 3 u. 4stimmige Sätze auf der Tafel zu arbeiten, wobei die Phantasie fast gänzlich schweigen muß? wenigstens so eine, wie sich unser Robert zu erfreuen hat." (Litzmann I, 23)

Musiktheorie heißt demnach Erlernung von Regeln; jedes individuelle Ausdrucksbedürfnis soll bei dieser Art Unterricht möglichst ausgeschaltet werden. Wenn Wieck verlangt, daß die 'Phantasie schweigen' solle, dann weiß er sich in Übereinstimmung mit den Pädagogen der Zeit, die Phantasie entschieden als eine ihren Erziehungszielen feindliche Macht bekämpfen. Denn Phantasie ermöglicht, über die vorgezeichneten Bahnen hinaus zu denken. Das gilt für den Lebensalltag wie für den musikalischen Alltag. Eine Erziehung aber, die Phantasie bekämpft, zielt auf Anpassung und nicht auf Entfaltung aller menschlichen Möglichkeiten. Das wird an einer Gestalt wie Friedrich Wieck besonders deutlich.

Wenn Wieck stolz davon berichtet, daß die Tochter frei phantasieren könne[62], so muß man dieses Gebot der Rationierung schöpferischer Phantasie bedenken. Und es ist bezeichnend, daß Schumann genau sieht, daß seine Ausbildungsmethode für eine eigenständige musikalische Entwicklung Clara Wiecks nicht gerade förderlich ist:

"Und dieses An- u. Hineinfantasiren, das er aus des Zilia herausfantasiren will, ist wohl für die praktische Zukunft, verdirbt aber den Fluß der Fantasie; das Ueberwallen und der Flügelschlag des Genius rauscht hier nicht." (Tagebücher 363)

Die gesamte Ausrichtung der Ausbildung seiner Tochter auf die 'praktische Zukunft' impliziert auch eine bestimmte Charakterbildung: Wieck versucht von vornherein alles zu vermeiden, was die Tochter in den Augen der Umwelt zur Außenseiterin machen könnte, damit sie sich im Falle eines Scheiterns ihrer Karriere zumindest über Unterrichtstätigkeit ernähren kann. Gleichzeitig aber versucht er, in ihr den Willen zum Erfolg, zur Karriere herauszubilden.

Wie ist das möglich angesichts des herrschenden Frauenbildes, das einer öffentlichen Wirksamkeit von Frauen entgegensteht und Künstlerinnen automatisch in eine gesellschaftliche Außenseiterposition drängt?

Von dem Tag an, an dem Wieck die systematische Ausbildung der Tochter übernimmt, zeichnet er für sie täglich in einem Tagebuch auf, was sie studiert, was sie leistet, wie sie sich verhält, welche Künstler sie gehört hat etc. - später macht sie dies selber unter seiner Aufsicht. Das Tagebuch wird so zu einem Mittel der Selbstüberprüfung nicht nur in künstlerischen Fragen, sondern auch in charakterlichen - ein bezeichnendes Beispiel für frühkindliche Sozialisation:

"Mein Vater, der längst schon vergebens auf eine Sinnesänderung von meiner Seite gehofft hatte, bemerkte heute nochmals, daß ich immer noch so faul, nachlässig, unordentlich, eigensinnig, unfolgsam etc. sey, daß ich dies namentlich auch im Klavierspiel und Studieren desselben sey und weil ich Hünten neue Variationen Op. 26 in seiner Gegenwart so schlecht spielte und nicht einmal den ersten Theil der ersten Variationen wiederholte, so zerriß er das Exemplar vor meinen Augen und von heute an will er mir keine Stunde mehr geben und ich darf nichts mehr spielen als die Tonleitern, Cramer Etüden L.1 und Czerny Trillerübungen." (Tagebücher Clara Wieck, Litzmann I, 16)

Wiecks 'psychologische Methode' besteht also in moralischer Erpressung, Bedrohung mit Liebesentzug und körperlicher Gewalt.

Wie sie sich auswirkt und wie sehr Clara Wieck dieser Zwang zur Selbstdisziplinierung in Fleisch und Blut übergeht, zeigt ihre Reaktion bzw. ihre 'Nichtreaktion' auf einen Auftritt Wiecks mit ihrem jüngeren Bruder Alwin, den Schumann betroffen in seinem Tagebuch schildert.

"Ich sah gestern einen Auftritt, dessen Eindruck unauslöschlich seyn wird. Meister Raro ist doch ein böser Mensch; Alwin [Wieck] hatte nicht ordentlich gespielt. 'Du Bösewicht, Bösewicht, ist das die Freude, die du Deinem Vater machen solltest ['] - wie er ihn auf den Boden warf, bey den Haaren zaußte, selber zitterte u. schwankte, stille saß, um auszuruhen zu neuen Thaten, auf seinen Beinen kaum mehr stehen konnte u. deshalb seine Beute niederwarf, wie der Kleine bat und flehte, er solle ihm die Violine geben, er wolle spielen, er wolle spielen, - kann ich nicht sagen - u. zu allen diesen - lächelte Zilia u. setzte sich mit einer Weber'schen Sonate ruhig an's Clavier. Bin ich unter Menschen? ---" (Tagebücher 364).

Der Tochter ist diese Form von Bestrafung offenbar selbstverständlich: wer nichts leistet, hat auch kein Recht auf Liebe.

Nach außen hin verteidigt Clara Schumann bis ins hohe Alter die Erziehung durch den Vater:

"Die Menschen haben ja keinen Begriff, wie, um es in der Kunst zu etwas Bedeutendem zu bringen, die ganze Erziehung, der ganze Lebenslauf ein andrer sein muß, als in gewöhnlichen Verhältnissen. Mein Vater hatte bei der künstlerischen Ausbildung vor Allem auch die körperliche im Auge, ich studirte nie mehr als in meinen Kinderjahren 2 und in späteren Jahren 3 Stunden täglich, mußte aber auch täglich mit ihm ebenso viele Stunden spaziren gehen, um meine Nerven zu kräftigen; ferner nahm er mich, so lange ich unerwachsen war, stets um 10 Uhr aus allen Gesellschaften nach Haus, weil er die Ruhe vor Mitternacht für mich nötig erachtete. Auf Bälle ließ er mich nicht, weil er sagte, ich brauche meine Kräfte nöthiger als zum tanzen, dafür ließ er mich aber stets in gute Opern gehen, außerdem hatte ich schon in frühester Jugend den Verkehr mit den ausgezeichnetsten Künstlern. Das waren meine Kinderfreuden, freilich nicht mit Puppen, die ich aber auch nie entbehrt. Die Leute, die von solch ernster Erziehung keinen Begriff haben, legten alles als Grausamkeit aus und hielten meine Leistungen, die wohl über das kindliche Alter hinausgehen mochten, nicht für möglich, ohne daß ich Tag und

Nacht studirt haben müsse, während es gerade hauptsächlich das pädagogische Genie meines Vaters war, das bei m ä ß i g e m Studium durch die vernünftigste Pflege auch des Geistes und Gemüthes mich so weit brachte." (Clara Schumann an La Mara, 10.10.1882, Litzmann III, 434)

Schumann jedoch schreibt sie, daß sie eigentlich nie eine Jugend gehabt habe:

"Meine Jugend hab ich doch eigentlich gar nicht genossen. Du wirst mir erst die Jugendjahre ersetzen; ich stand immer fremd in der Welt, der Vater liebte mich sehr, ich ihn auch, doch was ja das Mädchen so sehr bedarf, Mutterliebe, die genoß ich nie, und so war ich nie ganz glücklich." (Litzmann I, 357, ohne Quellengabe)

Wie ist es angesichts dieser Form von autoritärer Unterwerfung möglich gewesen, daß Wieck seine Tochter zu einer der führenden Pianistinnen Europas macht?

Kapitel 4: Clara Wieck als weiblicher Künstlertypus

*Wunderkinder. Klavierästhetik. Weiblichkeit.
Interpretationshaltung. Mendelssohn.
Historisches Bewußtsein.*

"Höre, mein Kind, Claras musikalische Ausbildung (nicht allein als Virtuosin) findet jeder hier für fabelhaft und so will denn jeder ausgezeichnete Spieler dieselbe auch hören und sich von dem nie gehörten überzeugen. Auch wissen nachher die Leute nicht, wen sie mehr bewundern sollen, ob das Kind oder den Vater als Lehrer pp, doch meine liebenswürdige Dir wohlbekannte Bescheidenheit gebietet mir - zu schweigen über das Weitere. Aber 'hierbleiben' erschallt von allen Seiten. Die allergrößten Klavierspieler wollen bei mir Stunden nehmen und mich und dich ja gern ernähren. Doch Du weißt, wir wollen höher hinaus, wenn mir Gott das Leben noch schenkt." (Friedrich Wieck an seine Frau, Dresden 12.3.1830, Briefe 23/24) [63]

Mehreres wird an diesem enthusiastischen Brief, den Friedrich Wieck von seiner ersten Konzertreise mit der elfjährigen Tochter an seine zweite Frau schreibt, deutlich. Clara Wieck beginnt ihre künstlerische Laufbahn als Wunderkind. Dies ist nicht ungewöhnlich: Ein erheblicher Teil der europäischen Konzertprogramme wird in den dreißiger Jahren durch Kinder bestritten, wobei Geschwisterpaare besonders beliebt sind (Schwab) [64].

Mit Kindern verbindet sich die Vorstellung von Musik als einer alles Irdische verklärenden Himmelsmacht. Aber den Zeitgenossen ist auch die 'bedenkenlose Ausbeutung eines Talentes durch den Speculationsgeist ehr- und geldsüchtiger Eltern', der die Kinder körperlich, seelisch und geistig überfordert, bewußt (AMZ) [65]. So steht die Öffentlichkeit Wunderkindern, die meist nach kürzester Zeit wieder von der Bildfläche verschwinden, durchaus skeptisch gegenüber:

"Clara's Alter bietet fast unübersteigliche Hindernisse dar, denn die ganze Welt fliehet die sogenannten Wunderkinder, denen in der Regel einige Stückchen eingebleut, u. die nicht musikalisch sind - aus denen also auch nichts geworden u. nichts werden kann. Nun ist es zwar mit Clara anders, wie Spohr sagt, aber wo sollen denn die Kenner und namentlich die Klavierspieler herkommen welche Clara's außerordentliche Bildung sogleich zu erkennen und vorurtheilsfrei zu prüfen wüßten?" (Friedrich Wieck an seine Frau, Cassel 14.11.1831, Briefe 39).

Die Dresdener Hofkreise, denen Wieck seine Tochter vorführt (gewissermaßen als Test, ob es einen Sinn habe, seine ganze Arbeitskraft künftig allein in die Ausbildung der Tochter zu stecken), überzeugt vor allem die Breite ihrer musikalischen Bildung. Denn gemeinhin frappieren Wunderkinder mehr durch technische Fertigkeiten als durch eine fundierte musikalische Bildung. Das, was das Kind Clara Wieck vor anderen auszeichnet, ist die Vielfalt ihres Repertoires[66], die Tatsache, daß sie auswendig spielt und daß sie - obwohl ein Mädchen - komponiert, sowie - was in den Augen der Zeitgenossen allem die Krone aufsetzt - frei phantasieren kann:

"Daß sie komponieren könnte, wolle aber niemand glauben, weil es bei Frauenzimmern von dem Alter noch niemals dagewesen. Als sie aber über ein aufgegebenes Thema phantasiert hatte, so war alles außer sich. Es ist nicht zu beschreiben, welches Aufsehen die beiden Affen aus der Leipziger Menagerie hier machen. In Leipzig ist man freilich zu verblüfft und zu boshaft, als daß eine einzige Gans unter so vielen Gänsen jemals begreifen könnte, welch' ein außerordentliches Kind die Klara ist, und noch weniger, daß dein Fritz aus Pretzsch dieselbe besitzen und bilden könnte. Man versichert uns, daß deine beiden Affen das allgemeine Hof und Stadtgespräch sind. Auf Klara wirkt es aber durchaus nur vorteilhaft, denn sie spielt mit einem Selbstvertrauen, wie nie und ist und bleibt übrigens die Alte." (Friedrich Wieck an seine Frau, Dresden 19.3.1830, Briefe 27).

Es ist deutlich, daß der Erfolg der Tochter der Erfolg des Vaters ist: Die Tochter stellt die denkbar beste Werbung für Wiecks Ausbildungsmethode dar. (Wieck berichtet von seinen Konzertreisen mit der Tochter immer wieder, daß nach Auftritten Leute kämen, die ihn dazu bewegen wollten, sich als Klavierlehrer in der jeweiligen Stadt niederzulassen.) Zusätzlich wirbt sie für Wiecks Instrumente[67], und zwar läßt er aus seinem Geschäft Klaviere in den jeweiligen Konzertort transportieren und verkauft sie meist gleich dort. Dieses Verfahren bietet den zusätzlichen Vorteil, daß die Tochter möglichst nicht auf schlechten Instrumenten spielen muß. (Wie unschätzbar groß dieser Vorteil ist, zeigen die Klagen über unspielbare Instrumente, die sie in den zumeist adeligen Privatkreisen vorfinden, und auf denen sich Clara Wieck produzieren muß, um Empfehlungen für Auftritte in anderen Städten zu bekommen.)

Doch es geht Wieck bei der Ausbildung der Tochter nicht in erster Linie darum, mehr Klavierschüler zu finden und mehr Instrumente zu verkaufen. Das zeigt ganz deutlich der letzte Satz des eingangs zitierten Briefausschnitts. Nach dem Dresdener Erfolg der Tochter beschließt Wieck vielmehr, sich aus dem Geschäft zurückzuziehen und seine ganze Kraft in die Karriere seiner Tochter zu investieren. Die Tochter soll zu seinem Werk werden.

"Alle schreiben und stürmen in mich hinein, daß ich meine Methodik herausgeben soll. Und wäre die Reise nicht nötig gewesen, um alle die niedrigen Leipziger wegen der Klara zu beschämen und uns Eingang bei anderen Höfen zu schaffen, so ist sie schon deswegen etwas werth, weil ich nun fest entschlossen bin, mich zurückzuziehen, und Hand ans Werk zu legen!" (Friedrich Wieck an seine Frau, Dresden 19.3.1830, Briefe 27).

Wieck will also 'höher hinaus'. Was dieser Ausspruch bedeutet, berichtet Schumann in seinem Tagebuch Ende Mai 1831, also ein Jahr nach dieser Dresdener Reise:

"Wieck am 23sten: in zwey Jahren erklär' ich öffentlich das ganze Hummel'sche Clavierspiel für ein Schulmeisterspiel. - Seine Reise werde ein europäischer Triumpfzug seyn u. die des Paganini übertreffen!" (Tagebücher 333).

Das ist in der Tat das höchste Ziel gewesen, welches einem Pädagogen vorschweben konnten: mit der Tochter schulebildend wirken zu können wie bis dato Hummel. Im nachhinein kann man durchaus davon sprechen, daß Clara Wiecks Spiel zwar nicht technisch, aber doch hinsichtlich ihrer Haltung schulebildend gewirkt hat; sie gilt als erste Vertreterin eines modernen Interpretentypus.

Seit ihrem ersten öffentlichen Auftritt als Elfjährige rühmt die Kritik

- 'ihre ungemeine mechanische Fertigkeit, Sicherheit und Kraft',
- 'ihren melodiösen Anschlag',
- 'ihren ausdrucksvollen Vortrag' (AMZ)[68].

Technische Unfehlbarkeit ist selbstverständliche Voraussetzung angesichts der harten Konkurrenzsituation, der sich Wieck mit seiner Tochter stellen muß. Als notwendige Bedingung fordert er, wie bereits wiedergegeben, ein 'reinliches, präzises, egales, deutliches, rhythmisch bezeichnendes und elegantes Spiel'. Virtuosität als Selbstzweck lehnt er ab. Zentral und neu gegenüber der Hummelschen Schule sind Anschlag und Vortrag, die unter dem ästhetischen Postulat eines 'seelenvollen Spiels' stehen[69]. Klaviertechnisches Korrelat ist der Pedalgebrauch[70] und eine Anschlagstechnik, die nicht Egalisierung des Anschlags, wie bei der sich später durchsetzenden Kraftmechanik[71], anstrebt, sondern feinste Nuancierung. Ein 'seelenvolles Spiel' ist aber mehr als ein schöner, gesanghafter Ton.

Anläßlich des großen Wiener Erfolges der achtzehnjährigen Clara Wieck hat Grillparzer Anfang 1838 ein Gedicht verfaßt, das in diesem Zusammenhang wichtig ist. Das Gedicht bezieht sich auf die Interpretation der Beethovschen f-moll Sonate (laut Schumann eine treffende Charakterisierung ihres Spiels [72]):

"Ein Wundermann, der Welt, des Lebens satt,
Schloß seine Zauber grollend ein
In festverwahrtem, demantharten Schrein,
Und warf den Schlüssel in das Meer und starb.
Die Menschlein mühen sich geschäftig ab,
Umsonst! kein Sperrzeug löst das harte Schloß
Und seine Zauber schlafen, wie ihr Meister.
Ein Schäferkind, am Strand des Meeres spielend,
Sieht zu der hastig unberuf'nen Jagd.
Sinnvoll=gedankenlos, wie Mädchen sind,
Senkt sie die weißen Finger in die Fluth,
Und faßt, und hebt, und hats. - Es ist der Schlüssel!
Auf springt sie, auf mit höhern Herzensschlägen,
Der Schrein blinkt wie aus Augen ihr entgegen.
Der Schlüssel paßt. Der Deckel fliegt. Die Geister,
Sie steigen auf und senken dienen sich
Der anmuthreichen, unschuldsvollen Herrin,
Die sie mit weißen Fingern, spielend, lenkt." (Litzmann I, 170/1)

Das Gedicht thematisiert in erster Linie den Schein kindlicher Naivität; Clara Wieck als mädchenhafte Interpretin, als Naturwesen, das nicht gezielt den Zugang zur 'Geisterwelt' der Musik öffnet, sondern unwillentlich findet, weil sie als naives Wesen selbst Teil an dem Wort und Verstand übersteigenden Reich der Musik hat. Damit entspricht sie dem Frauenideal der Restaurationszeit. Das also, was das Publikum an Wunderkindern fasziniert, der 'Zauber der Unschuld und Anmut' (Schwab) [73] und damit die Assoziation von Kunst als Spiel, als höchstem Ausdruck von Zweckfreiheit, scheint in Clara Wieck inkarniert und ins Erwachsenenalter hinübergerettet.

Grillparzers Gedicht charakterisiert ihr Verhältnis zum Werk als ein naives, während Franz Liszt in der Besprechung desselben Konzertes für die 'gazette musicale' ihre Interpretationshaltung als Ausdruck eines reflektierten Werkbegriffs beschreibt:

"Ich hatte noch das Glück, die junge und höchst interessante Pianistin Clara Wieck kennen zu lernen, die im verflossenen Winter ebenso verdientes, als außerordentliches Aufsehen hier gemacht hatte. Ihr Talent entzückte mich; vollendete technische Beherrschung, Tiefe und Wahrheit des Gefühls und durchaus edle Haltung ist es, was sie insbesondere auszeichnet. Ihr außerordentlicher und merkwürdig schöner Vortrag der berühmten Beethoven-Sonate in F-Moll begeisterte den berühmten dramatischen Dichter

Grillparzer zu einem Gedichte, in dem er die anmuthige Künstlerin verherrlichte." (Liszt)⁷⁴⁾

Eduard Hanslick schließlich legt den Akzent auf die Beschreibung Clara Wiecks als Verkörperung von Weiblichkeit:

"Am 14. December 1837 gab Clara W i e c k ihr erstes Concert in Wien. Eine halb erblühte Rose mit allem Reiz des Knospens und dabei mit dem vollen Duft einer entfalteten Centifolie! Kein Wunderkind - und doch noch ein Kind und schon ein Wunder. Es war wieder eine neue ungeahnte Ansicht der Virtuosität: nachdem diese in T h a l b e r g als liebenswürdig vornehme Salonerscheinung aufgetreten war, (...) erschien sie jetzt in Clara Wieck als mädchenhafte Unschuld und Poesie. Bei allem Zauber, den diese Poesie in Clara's Persönlichkeit und Vortrag übte, blieb doch die V i r t u o s i t ä t der eigentliche Grund und Maßstab der ihr damals gezollten Bewunderung." (Hanslick)⁷⁵

Hanslick verbindet also ebenfalls Naivität-Kindlichkeit-Mädchenhaftigkeit-Poesie als Kennzeichnen weiblicher Natur mit Clara Wiecks Spielweise, zugleich aber weist er auf die Bedeutung ihrer außerordentlichen Virtuosität hin, also auf die Perfektion der Leistung.

Eva Rieger hat in ihrer Untersuchung zum Thema Musikwissenschaft und Männerherrschaft anhand musikologischen Schrifttums die Begriffe zusammengestellt, die mit der Vorstellung von weiblich und männlich verknüpft worden sind und immer noch werden:

"Männlich	*Weiblich*
Spannung	Gesanglichkeit
Kraft	fehlende Spannkraft
Lebhaftigkeit	Selbstaufopferung
Aktivität	Leiden
Gesundheit	Gefühlsüberschwang
Daseinsfreude	Zartheit, zartes Bitten
Reife	Verklärtheit
Stärke	Selbstlosigkeit
Dramatik	Innigkeit
Drang nach außen	Einschmeichelei
Heroentum	Weichheit
Herausforderung	Einfachheit
Selbstbewußtsein	Kindlichkeit
Härte	Schönheit
Herbheit	
Ernst	
Ewigkeit" (Rieger)⁷⁶.	

Vergleicht man die Art und Weise, wie das Spiel Clara Wiecks in den drei Ausschnitten charakterisiert wird, mit diesem Merkmalskatalog, so ist die Nähe ihrer Spielweise zu dieser Vorstellung von

'Weiblichkeit' eindeutig. Inwieweit dies adäquate Beschreibungen gewesen sind oder Imaginationen der Kritiker, läßt sich nachträglich nicht mehr feststellen; ebensowenig, inwieweit Wieck sie ganz bewußt zu einem weiblichen Künstlertypus stilisiert hat.

In den dreißiger Jahren hat Clara Wieck eine 'Gegenspielerin', Camilla Pleyel, Verkörperung bewußter Weiblichkeit. Ignaz Moscheles vergleicht bereits 1835 in einem Brief an seine Frau beide Künstlerinnen:

"Bei Wieck war ich auch und habe mir von Clara recht viel vorspielen lassen, u.a. eine Manuscript-Sonate von Schumann, die sehr gesucht, schwer und etwas verworren, jedoch interessant ist. Ihr Spiel war vortrefflich und gediegen. Sie hat scheinbar nicht so viel Feuer wie die Pleyel, weil sie ganz ohne Affectation spielt; ihr kindlich-bescheidenes Wesen ist der Gegensatz zu der stürmisch-bewegten Jugend dieser Künstlerin (...)." (Moscheles [77]

Und sie selber stellt einen Vergleich an, als Camilla Pleyel Ende 1839 in Leipzig große Triumphe feiert:

"Die halbe Kunst besteht doch wirklich in jetziger Zeit in Coquetterien; jetzt weiß ich auch recht wohl, warum der Vater immer so unglücklich war, daß ich nicht coquett sey. Nun mögen es Andere sein, und mögen sie mehr Beifall finden als ich, der Kenner wird mir doch nicht all mein Verdienst absprechen, und möge nur mein Talent dem genügen, dem allein ich ja angehöre." (Tagebücher Clara Wieck, Autograph, 2.12.1839)

"Ich beneide sie nicht, wie mir überhaupt jetzt wenig an der Welt liegt." (Tagebücher Clara Wieck, Autograph, 11.11.1839)

Zwar hat sie die Konkurrentin selbst nicht gehört, aber sie reagiert auf die Konzertkritiken Schumanns und auf seine brieflichen Äußerungen, wie z.B.:

"(...) und ist doch eine Künstlerin in allem, was sie tut und spricht (...). Aber freilich, gesunken ist sie auch ... mit Berlioz wäre sie eine glückliche Frau vielleicht, sie sagte mir, daß sie ihm noch immer 'gut wäre'." (Robert Schumann an Clara Wieck, 9.11.1839, Boetticher II, 299)

Sie grenzt sich hier gegen eine bewußte Inszenierung von 'Weiblichkeit' (bzw. gegen das, was sie darunter versteht, nämlich Koketterie) ab. Nach ihrer Aussage hätte der Vater sie gerne so gesehen - zumindest im Konzertsaal -, ansonsten achtet er streng darauf, daß die Tochter 'anspruchslos'[78] bleibt, was wiederum Moscheles' Charakterisierung entspricht.

Ein wichtiger Aspekt ihres Spiels, der sich in diesen Beschreibungen andeutet, ist ihre Genauigkeit. Komponisten wie Chopin, Moscheles, Mendelssohn und Schumann schätzen sie bereits im jugendlichen Alter als Interpretin ihrer Werke. So schreibt z.B. Moscheles bezogen auf sein g-moll Konzert:

"Es giebt keine bessere Auffassung und Ausführung des Werkes, ich selbst könnte es mir nicht mehr zu Dank spielen; es ist ganz so, als hätte sie es selbst componirt." (Moscheles)[79]

Letzteres wird in der Schumann-Literatur immer auf den Einfluß Schumanns zurückgeführt. Da Clara Wieck erst neun Jahre alt war, als Schumann in das väterliche Haus kam, ist es natürlich unmöglich, in allen Fragen zwischen der Prägung durch den Vater und Schumanns Einfluß zu trennen. Falsch aber ist es zu behaupten, daß Clara Wieck erst durch die Liebesbeziehung mit Schumann und dann durch die Ehe zu einer Interpretenhaltung erzogen worden sei. Sie wäre nie fähig gewesen, so früh (und im Gegensatz zu nahezu der ganzen Musikwelt) Schumanns kompositorische Bedeutung zu erfassen, wenn Wieck als derjenige, der ihre Programme zusammengestellt und sie Schritt für Schritt in die Musikliteratur eingeführt hat, Anhänger einer reinen Virtuosenästhetik gewesen wäre (wie es zuletzt Eva Weissweiler vertreten hat, die im übrigen das Klischee, das 'Clara' erst durch 'Robert' zur 'wahren Musik' gekommen sei, übernimmt)[80]. Allein die Tatsache, daß Schumann Wieck zu den Davidsbündlern rechnet, hätte ein Indiz sein sollen, ebenso seine Schrift 'Clavier und Gesang'. Wieck läßt die Tochter neben der zeitgenössischen Virtuosenmusik sehr früh Beethoven, Bach, Chopin, Mendelssohn und dann auch Schumann studieren, also Werke von Komponisten, die sich autonom verstanden oder (wie im Falle Bachs) im nachhinein unter dem Blickwinkel der romantischen Ästhetik gehört wurden. Dies ist auf keinen Fall als wohlkalkulierte Konzession an den herrschenden Geschmack zu sehen, denn im Konzertleben der dreißiger Jahre spielt z.B. die Beethovensche Klaviermusik keine Rolle. Zwar ist es nicht, wie Hanslick glaubt, Clara Wieck, die mit der Aufführung der Appassionata zum erstenmal öffentlich eine komplette Beethovensonate spielt, sondern Mendelssohn[81], aber Mendelssohn spielt sozusagen außerhalb der Konkurrenz, liegt doch das Schwergewicht seiner ausübenden Tätigkeit auf dem Dirigieren und nicht auf dem Klavierspiel.

Überhaupt ist der Einfluß Mendelssohns für die Entwicklung Clara Wiecks wohl prägender gewesen als der Einfluß Schumanns. Denn Mendelssohn war als Künstler wie in seiner Lebenshaltung und -führung für Vater und Tochter Vorbild[82].

Die Berichte über Mendelssohns Spielweise zeigen deutlich, daß er ein ausgesprochener Antivirtuose war. Sein oberstes Prinzip hieß Werktreue, wobei dieser Begriff relativ zu sehen und nicht ohne weiteres mit unserem heutigen Verständnis von Werktreue gleichzusetzen ist:

"Interessant für die Stellung, welche die Zeit zu Haydns und Mozarts Werken einnahm, ist die Mitteilung von Lampardius, daß Mendelssohn bei aller Pietät gegen diese großen Altmeister der Tonkunst durch seine geistreiche Auffassung, durch ein hin und her beschleunigtes Tempo und durch die feinste Nuancierung mittelst Piano, Crescendo und Descrescendo ihre Schöpfungen mit den Anforderungen und dem Geschmack der Gegenwart aufs innigste auszusöhnen verstand." (Schmidt) [83]

Wasielewski schreibt anläßlich der Aufführung des Bachschen d-moll Konzertes am 23.4.1843 (Einweihung des Leipziger Bachdenkmales) über Mendelssohns Spielweise:

"Bei stets sich gleichbleibender, edler, geschmackvoller, echt musikalischer Auffassung war seine Tongebung farben- und nuancenreich, ohne jedoch irgendwie die Grenzen des Schönen zu überschreiten.
Es war die geistige Durchdringung und Beseelung des Kunstwerkes, welche seinem Spiel so hohen Reiz verlieh." (Wasielewski) [84]

Wieck betritt also mit seiner Tochter durch höchste Autorität vorgezeichnete Pfade, ohne mit dieser Autorität in Konkurrenz treten zu müssen.

Nun konkurrieren die Pianisten der Zeit ja nicht auf der Ebene von Werktreue, sondern - wie bereits gesagt - auf der Ebene von Persönlichkeitsprofilierung. Dazu gehört, daß sie fast ausschließlich eigene Kompositionen spielen. Zwar lernt Clara Wieck komponieren und spielt eigene Kompositionen in ihren Programmen, aber Wieck und auch die Tochter waren 'Davidsbündler' genug, um zwischen dem Anspruch, der mit der Virtuosenmusik und dem, der mit den Kompositionen eines Beethoven verbunden war, zu unterscheiden. Die eigenen Kompositionen Claras dienen in erster Linie dazu, ihre schöpferischen Fähigkeiten unter Beweis zu stellen. Das gehört, wie die Fähigkeit der freien Improvisation, zum Bild eines Künstlers.

Gleichzeitig schlägt sich im Laufe der ersten Jahrhunderthälfte eine Entwicklung nieder, die sich auch in allen anderen Bereichen abzeichnet: das wachsende Interesse des Bürgertums an der Geschichte. Gleichsam als 'kulturelle Selbstvergewisserung' erwacht das Bedürfnis, nicht nur Musik zu hören, die für den Augenblick und zum raschen Verbrauch bestimmt ist. Das bekannteste Beispiel ist die Wiederaufführung der Matthäuspassion durch Mendelssohn - wobei ohne Persönlichkeiten wie Mendelssohn, der über Wissen, Begabung und Möglichkeiten verfügte, die Bachschen und Händelschen Werke einer weiteren Öffentlichkeit bekannt zu machen, sich ein historisches Bewußtsein nicht so rasch entwickelt hätte. Seine Arbeit wie die anderer hat für das Bedürfnis, neben Virtuosenkunst auch Interpretationen zu hören, den Boden bereitet.

In dieser historischen Umbruchsituation ist Clara Wieck von ihrer Ausbildung, ihrer Erziehung und ihrem Sozialcharakter her prädestiniert dafür, diese neue Aufgabe zu übernehmen:

"D. Clara Wieck hat unser musikalisches Publikum in einem 5ten Concert entzückt; das Erscheinen dieser Künstlerin kann als Epoche machend betrachtet werden, denn die höchste Kunstfertigkeit mit der größten Genialität vereint wie dies hier der Fall war, dürften sich nur selten vorfinden. D. Wieck zeigte auch da, wo sie fremde Compositionen spielt, ihre eigene Genialität, ihr Auffassungsvermögen, mit welchem sie in das innerste Mark jeder Komposition einzudringen weiß. Unter ihren schöpferischen Händen gewinnt die gewöhnlichste Passage, das alltäglichste Motiv eine höhere Bedeutung, eine Färbung, wie sie nur die höchste Vollendung in der Künstlerwelt zu geben vermag." (Morgenblatt)[85]

Der Widerspruch zwischen der männlich geprägten Virtuosenvorstellung und ihrer Erziehung als Pianistin scheint also durch die Entwicklung Clara Wiecks zu einem weiblichen Interpretentyp als Pendant zu einem romantischen Werkverständnis erst gar nicht virulent geworden zu sein.

Die Frage ist nun, wie hat sich Clara Wieck selbst gesehen?

Kapitel 5: Selbsteinschätzung Clara Wiecks
*Sozialisation. Selbstbewußtsein.
Unselbständigkeit. Liszt.*

"Auch wenn ihr Vater diese Meinungen nicht laut vorlas, so konnte doch jedes Mädchen sie selbst nachlesen; und Lesen mußte sogar noch im 19. Jahrhundert ihre Vitalität herabsetzen und sich belastend für ihre Arbeit auswirken." (Virginia Woolf)[86]

Die Quellenlage für Clara Wiecks Selbstverständnis ist ungünstiger als die für Schumanns. Von Schumann haben wir nicht nur Briefe und Tagebucheintragungen, sondern auch seine frühen Klavierwerke. Clara Wieck dagegen hat außer ihrem Klavierspiel keine Möglichkeit gehabt, das, was sie bewegte, auszudrücken. Ihre Jugendtagebücher wurden vom Vater überwacht, und Briefe sind als umfangreiches dokumentarisches Material nur aus den Jahren 1837-1840 erhalten. Sie aber sind auf Schumann als Adressaten zugeschnitten und dürfen nicht als unmittelbare Selbstäußerung gelesen werden.

Für die Entwicklung sind in jedem Falle zwei Faktoren wirksam geworden: ihre einseitige Prägung auf und durch den Vater und ihre gleichsam männliche Sozialisation für ein leistungsorientiertes Leben in der Öffentlichkeit.
   Durch die Trennung von der Mutter und ihre herausgehobene Stellung innerhalb der Geschwisterschar ist Clara Wieck in einem hohen Maße vom Vater abhängig gewesen, denn ihre an ihre künstlerischen Fähigkeiten und Leistungen gebundenen Privilegien gründen sich allein auf die Tatsache, daß der Vater sie ausgewählt hat. Seine Liebe und Anerkennung aber muß sie sich täglich durch immer höhere Leistungen neu erobern. Gleichzeitig aber weiß sie, daß sie das Lebenswerk des Vaters ist, er also auch von ihr abhängt. (Die Reisebriefe Wiecks an seine zweite Frau zeigen dieses doppelseitige Verhältnis sehr deutlich.)
   Bis zum Beginn der Liebesbeziehung bleibt die Zukunftsperspektive einer reisenden Virtuosin offensichtlich unbefragt: Ihre ganze Erziehung ist auf dieses Ziel abgestellt. Ihre Freistellung von häuslichen Aufgaben, ihre gleichberechtigte Behandlung unter Künstlern etc. begründen sich nur daraus. Sie hat gelernt zu arbeiten und weiß, was sie zu leisten vermag, schlägt sich doch ihre Leistung direkt in Beifall und Anerkennung nieder.

Anerkennung von seiten des Publikums aber heißt klingende Münze, und klingende Münze bedeutet Zufriedenheit und Liebe von seiten des Vaters.
 Es gibt also für sie – anders als für Schumann – von vornherein ein direktes Korrelat zwischen Leistung, materiellem Gewinn und Zuwendung. Ihre Abhängigkeit vom Markt wie vom Vater ist unverschleiert.
 Es ist zu bezweifeln, daß Clara Wieck die Marktabhängigkeit ausübender Künstler grundsätzlich hinterfragt hat. Sie übernimmt zwar in späteren Jahren von Schumann den allseitig beliebten Topos der Publikumsbeschimpfung, aber es gibt keine Äußerung von ihr, aus der man einen Konflikt zwischen künstlerischem Selbstverständnis und den Gesetzen des Musikmarktes entnehmen könnte. Zwar wächst sie mit autonomer Musik auf, aber offensichtlich trennt sie zwischen Forderungen des Tages und der Ewigkeit. Unter diesen Bedingungen entwickelt sie Eigenschaften wie Selbstvertrauen, Leistungs- und Durchsetzungsfähigkeit – von sozialisationsbedingter 'weiblicher Ich-Schwäche' kann also zunächst nicht die Rede sein.

Dennoch vermag sie es nicht, sich als unverwechselbar von anderen abzugrenzen:

"Mir kommt mein Spiel jetzt so fad und ich weiß gar nicht wie vor, daß ich beinah die Lust verloren hab, ferner noch zu reisen. Seit ich Liszts Bravour gehört und gesehen, komme ich mir vor wie eine Schülerin." (Clara Wieck an Robert Schumann, 26.4.1838, Litzmann I, 200).

Schumanns Reaktion ist bezeichnend:

"... Deine Bescheidenheit über Liszt hat mich gerührt, Du Engelskünstlerin Du! bedenke doch auch, daß er ein Mann ist, zwölf Jahre älter als Du, und immer in Paris unter den größten Künstlern gelebt hat." (Robert Schumann an Clara Wieck, 11.5.1838, Litzmann I, 212).

So tröstet sie sich selbst mit dem Gefühl, daß sie als Frau nicht so gut sein könne und müsse:

"Thalberg ist gestern angekommen und hat heute 2 Stunden hier gespielt und uns aus einem Erstaunen in das andere versetzt; er kann sehr viel und mehr als wir Alle (ausser Liszt), da hast Du wohl recht, und wär ich nicht eine Dame, so hätte ich längst der Virtuosität Adieu gesagt, doch so beruhige ich mich noch ein wenig – mit den Damen nehm' ichs doch Allen auf (...)
 Vor meiner Reise nach Paris wird mit Himmel-Angst; wenn ich so einen wie Thalberg oder Liszt gehört habe, da komme ich mir immer so nichtig vor, und da bin ich unzufrieden mit mir, daß ich weinen möcht! Hätte ich nur genug Kraft und könnt ich mich nur

aufraffen, ich müßte viel mehr noch leisten, aber die Liebe, die spielt mir zu sehr mit, ich kann nun einmal nicht einzig und allein der Kunst leben, wie es der Vater verlangt, nur erst durch Dich lernt ich die Kunst lieben und daher kömmt es, daß ich oft zu viel Anderes denke." (Clara Wieck an Robert Schumann, 26.12. 1838, Litzmann I, 261/2).

Schlaglichtartig beleuchtet dieser Brief das, was Clara Wieck - so sehr sie auch Ausnahme unter den Frauen ihrer Zeit ist - doch wieder zum Regelfall weiblicher Sozialisation macht: sich nicht der Konkurrenz zu stellen, nicht die eigene Individualität als Künstler neben der Individualität anderer selbstbewußt zu entwickeln und zu behaupten. Besonders deutlich wird dies, wo nicht nur männliche Pianisten 'besser' sind als sie, sondern auch Camilla Pleyel:

"Alles, was ich über sie lese, (...) ist mir immer deutlicherer Beweis, daß sie über mich zu stellen; und dann kann nun freilich von meiner Seite eine totale Niedergeschlagenheit nicht fehlen. Ich denke, mich mit der Zeit darein zu ergeben, wie ja überhaupt jeder Künstler der Vergessenheit anheimfällt, der nicht schaffender Künstler ist. Ich glaubte einmal das Talent des Schaffens zu besitzen, doch von dieser Idee bin ich zurückgekommen, ein Frauenzimmer muß nicht componieren wollen - es konnte es noch keine, sollte ich dazu bestimmt sein? das wäre eine Arroganz, zu der mich blos der Vater einmal in früherer Zeit verleitete." (Tagebücher Clara Wieck, Litzmann I, 377)

Wiecks Ausbildung hatte sie zwar zu einer technisch perfekten Pianistin gemacht, aber psychologisch war dies mit einer totalen persönlichen Abhängigkeit verbunden. Diese persönliche Abhängigkeit schlägt sich in menschlicher und künstlerischer Unselbständigkeit nieder. Wenn sie schreibt, 'erst durch Dich lernte ich die Kunst lieben', dann kann sich diese Aussage nicht auf die Konfrontation mit der romantischen Musikästhetik beziehen. Der Akzent liegt auf 'lieben'. Das Leben einer reisenden Virtuosin ist kein selbstgewähltes Ziel, sondern vom Vater aufgezwungen; ihre 'Kunst' war nie Selbstzweck, sondern Mittel zum Zweck, nämlich das einzige Mittel, um vom Vater Anerkennung und Liebe zu bekommen.

Man muß sich vorstellen, was es für die Entwicklung eines Menschen bedeutet, wenn ihm bei jeder Willensäußerung, die nicht im Sinne des Vaters ist, von klein auf vorgehalten wird:

"Ich habe Dir und Deiner Ausbildung fast 10 Jahre meines Lebens gewidmet; bedenke, welche Verpflichtungen Du hast." (Tagebücher Clara Wieck, Litzmann I, 66)

Wie abhängig Clara Wieck von ihrem Vater war, zeigen viele Briefe und nicht zuletzt die immerwährenden Versuche, trotz aller Demütigungen durch ihn doch seinen Vorstellungen zu entsprechen.

Die kaiserliche Kammervirtuosin, in einer Linie mit Liszt und Thalberg gesehen, beklagt gegenüber Schumann die Trennung von dem Vater:

"Weißt Du, nach was ich mich sehne? (...) das ist nach einer Stunde von meinem Vater; ich fürchte zurückzukommen, weil ich Niemand mehr um mich habe, der mir meine Fehler sagt, und deren haben sich doch gewiß eingeschlichen, da ich beim Studium zu sehr mit der Musik beschäftigt bin, und mich oft hinreissen lasse und dann die kranken Noten nicht höre. Darin hab ich doch dem Vater viel zu danken, und that es doch fast nie, war im Gegenteil gewöhnlich unwillig - ach, gern wollte ich jetzt den Tadel hören!" (Clara Wieck an Robert Schumann, Paris 27.6.1839, Litzmann I, 349).

Sie kann nicht sehen, daß die autoritäre Erziehung des Vaters jeden Ansatz zu einer Ich-Enwicklung im Keim erstickt hat, ihr damit die für eine eigenschöpferische künstlerische Arbeit unabdingbare Voraussetzung von vornherein fehlt. Sie sieht nur, was sie nicht kann, was sie von Männern unterscheidet. Da dies genau den herrschenden Rollenzuschreibungen entspricht und das Verfügungsrecht von Vätern über Töchter sogar gesetzlich verankert ist, gibt es keinen Ansatzpunkt, ihr Unvermögen anders als persönliches Versagen und Ausdruck von prinzipieller Unzulänglichkeit von Frauen zu interpretieren.

Zum Vergleich Franz Liszt, der seine Karriere ebenfalls als Wunderkind unter der Regie des Vaters begonnen hat:

"Als väterliche Wille mich, ... das arme Kind, in die Salons einer glänzenden Gesellschaft warf, die mich mit dem schmeichelhaften Beinamen 'das kleine Wunder' brandmarkte, ... bemächtigte sich meiner eine frühzeitige Melancholie, und nur mit Widerwillen ertrug ich die schlecht verhehlte Erniedrigung des Künstlers zum Bedientenstande ... Ich hätte alles in der Welt lieber sein mögen als Musiker im Solde großer Herren, patronisiert und bezahlt von ihnen wie ein Jongleur ..." (Liszt)[87].

Liszt kann mit sechzehn Jahren seinem Wunderkinddasein ein Ende bereiten, weil sein Vater stirbt. Er läßt sich mit der Mutter in Paris nieder und verdient durch Unterrichten den gemeinsamen Lebensunterhalt. In Paris kommt er mit der französischen Romantik in Berührung. Durch das Paganini-Erlebnis und die Auseinandersetzung mit der geistigen und politischen Entwicklung der französischen Julirevolution findet er zu einer Neubestimmung seiner künstlerischen Arbeit.

Clara Wieck hingegen erlebt in der Begegnung mit ihm, mit

Schumann, mit Chopin, mit Mendelssohn, was ihr zu einer eigenständigen künstlerischen Persönlichkeit fehlt: ein unverwechselbares Ich und der Wille - und die auf Willen beruhende Fähigkeit - dieses Ich auszudrücken nach Außen, das heißt, andere mit dem eigenen Ich zu konfrontieren:

"Erstaunt bin ich vor Deinem Geist, vor allem dem Neuen, was darin - überhaupt weißt Du, ich erschrecke manchmal vor Dir, und denke, ist es denn wahr, daß das Dein Mann werden soll? Mir kommt wohl zuweilen die Idee, daß ich Dir nicht genügen könnte, doch lieb haben könntest Du mich deßwegen immer! - Pauline [88] hätte mich können bewegen meine Kunst als Künstlerin nieder zu legen, wenn nicht der Vater um mich war und mich zurückführte auf das, was ich kann, und daß nicht ein Mensch so viele Talente haben kann wie der andere. Nun, ich verstehe doch wenigstens Alles und Deine Musik, das ist schon beglückend für mich." (Clara Wieck an Robert Schumann, Dresden, 30.7.1838, Litzmann I, 222/23)

Kapitel 6: Partnerwahl

Künstlergemeinschaft. Alternativen.

Im bürgerlichen Sinne ist Clara Wieck faktisch von Geburt an eine doppelte Außenseiterin gewesen - als Mensch, der sein Brot durch künstlerische Arbeit verdienen will und muß, und als weibliche Künstlerin. Die psychischen Voraussetzungen, um diesen Außenseiterstatus akzeptieren und produktiv verarbeiten zu können, konnte sie wohl nicht entwickeln. Gleichgültig wie bewußt Clara Wieck diese schwierige Situation gewesen ist, die Perspektive, ihr ganzes Leben in Abhängigkeit vom Vater zu verbringen in der ständigen Angst, höchsten Ansprüchen nicht zu genügen, kann nicht verlockend gewesen sein.

Die Liebe zu Schumann eröffnet eine - vielleicht ganz unbewußte - Lösungsmöglichkeit: Die Ehe mit einem Künstler kann es ihr ermöglichen, eine weibliche Identität im Sinne bürgerlicher Vorstellungen zu wahren, ohne gezwungen zu sein, den künstlerischen Anspruch aufzugeben.

Geht man von ihrem Interesse aus, die persönlichen Ansprüche mit dem herrschenden Frauenbild in gesellschaftlich akzeptierter Form übereinzubringen, so muß sich ihr eine Ehe gerade mit Robert Schumann als ein geeigneter Weg darstellen. Denn er kann nicht als sein eigener Interpret auftreten; die Gefahr, vor die Alternative Ehe oder Karriere gestellt zu werden, scheint gebannt. Seit ihrem elften Lebensjahr kennt sie ihn mit seinen Fähigkeiten und seinen Schwächen und weiß, daß gegenseitiges künstlerisches Verständnis die Basis dieser Ehe bilden wird.

Eine Ehe mit Schumann bietet so die Chance einer Liebesgemeinschaft, die zugleich auch eine ideale Produktionsgemeinschaft werden kann. Als Clara Schumann kann sie vor der Öffentlichkeit, vor ihrem Mann, aber auch vor sich selber ihre Arbeit und ihren Erfolg als nicht selbstzweckhaft definieren, sondern als Dienst für einen Mann, den sie als künstlerisch überlegen anerkennt, und für eine Sache, die Kunst der Komposition, die sie ebenfalls als höhere Kunst als die ihrige betrachtet. Gleichzeitig will sie durch eher männliche Züge in ihrer Erziehung das ausgleichen, was an Schumann zu 'weiblich' geraten ist: seine mangelnde Fähigkeit, sich in der Öffentlichkeit zu präsentieren, seine Weichheit und Sensibilität.

"Umsonst will ich meine Kunst aber nicht gelernt haben (...)
Mein größter Wunsch ist der, es noch dahin zu bringen, daß Robert ganz der Musik leben kann zu seinem Vergnügen, daß keine Sorge mehr sein schönes Künstlerleben trübt." (Tagebücher Clara Wieck, Litzmann I, 365)

Welche anderen Lösungsmöglichkeiten bieten sich für den Widerspruch zwischen Berufsausbildung und weiblicher Geschlechtsrolle in den dreißiger Jahren an?
Eine erste Möglichkeit ist es, den Außenseiterstatus zu akzeptieren und bewußt ein unbürgerliches Leben zu führen, wie z.B. die Sängerin Wilhelmine Schroeder-Devrient. Die Schroeder-Devrient war Tochter einer berühmten Schauspielerin, also aufgewachsen in der - aus der Perspektive der Bürger - 'Welt der Gaukler und Schausteller'. In biographischen Darstellungen erscheint sie als eine Umhergetriebene, Besessene, immer auf der Suche nach bürgerlichem Eheglück. Wie weit das eine nachträgliche Konstruktion ist, läßt sich nicht beurteilen. Für Clara Wieck jedenfalls ist dies kein möglicher Lebensweg gewesen, die Abhängigkeit vom Vater hätte diesen Schritt nie zugelassen.
Die zweite Möglichkeit: Verzicht auf die künstlerische Karriere und Rückzug ins Privatleben. Die Vorbilder sind zahllos[89]. Man denke nur an den berühmten und damals vieldiskutierten Fall der Henriette Sontag. Sie heiratet heimlich einen italienischen Adeligen, bringt auch ihre Kinder heimlich auf die Welt, muß dann aber aus Standesgründen von der Bühne abtreten. Jahrzehnte später, nachdem ihr Mann wirtschaftlich ruiniert ist, kehrt sie wieder auf die Bühne zurück, um die Familie zu ernähren. Aber auch in Clara Wiecks unmittelbarer Umgebung in Leipzig gibt es genügend Vorbilder, ist dies doch der Weg, der der gesellschaftlichen Konvention entspricht: so z.B. die Sängerin Livia Frege - Schumanns erste Peri. Sie tritt nach der Heirat nur noch als Konzertsängerin im Rahmen von Benefizveranstaltungen auf. Da sie kein Honorar erhält und Kunst erst durch Bezahlung den Charakter von Arbeit bekommt, erlaubt diese Konstruktion öffentliche Auftritte von Zeit zu Zeit. Ansonsten übernehmen diese Frauen die Rolle der 'Muse'; sie bilden Privatzirkel, in denen einheimische wie durchreisende Künstler verkehren, miteinander in Kontakt kommen und entscheidende Anregungen erhalten. In diesem halböffentlichen Rahmen können so hochgebildete Frauen wie die Pianistin Henriette Voigt das leben, was Schumann in seinem Nekrolog auf sie folgendermaßen formulierte:

"Ihr Geist rastete selten, etwas wenigstens mußte jeden Tag fast der geliebten Musik getan werden. Dabei war sie musterhafte Hausfrau und Mutter." (Erinnerungen an eine Freundin, Boetticher II, 293)

Warum wählt sie nicht diesen Weg, sie könnte weiter künstlerisch tätig sein, ohne die Unbequemlichkeiten des Lebens einer reisenden Virtuosin auf sich nehmen zu müssen?

Für eine Clara Wieck wäre dies undenkbar gewesen; ihr ist die pianistische Laufbahn und das Klavierspiel als eine Kunst, die sich als Arbeit nur in der Öffentlichkeit vollzieht, Lebensinhalt und vor allem Daseinsberechtigung gewesen.

Eine dritte Möglichkeit ist die Ehe mit einem Mann, der die Rolle ihres Vaters übernimmt, nämlich ihr Manager und Reisebegleiter zu sein. Eine derartige Lösung aber setzt ein anderes Selbstverständnis als das ihrige voraus, bedeutet doch eine solche Funktionszuweisung für den Mann eine Überordnung ihrer Interessen.

Als vierter Weg schließlich ist eine Künstlerehe mit einem ausübenden Künstler möglich. Dieses Modell ist vor allem unter Sängern sehr verbreitet. Die gesellschaftliche Außenseiterposition ist klar: Für einen bürgerlichen Mann gilt es als mit seiner Ehre unvereinbar, seine Frau vor einer Menge 'durch das Lorgnon gaffender Herren' auf der Bühne auftreten zu lassen. Bei einem Künstler dagegen akzeptiert man, daß er die Attraktivität seiner Frau wirtschaftlich nutzt. Außerdem gelten Künstler qua Beruf als freizügig in sexuellen Fragen, und solange sie unter sich bleiben und nicht den Anspruch auf einen bürgerlichen Ehepartner stellen, werden sie nicht an bürgerlichen Maßstäben gemessen. Hier entsteht also grundsätzlich kein Widerspruch zwischen Eheschließung und Erwerbstätigkeit.

Es ist nicht entscheidend, ob sich Clara Wieck dieser Wege bewußt gewesen ist, aber sie sieht sich mit Erwartungen ihrer unmittelbaren Umgebung konfrontiert: von seiten des Vaters, auf eine Ehe zu verzichten und als Virtuosin zu leben, von seiten Schumanns, 'mitzutragen, mitzuarbeiten', soweit dies finanziell nötig ist, von seiten der Öffentlichkeit, sich zurückzuziehen und nur noch sich und ihrem Mann zum Vergnügen zu spielen.

Eine Ehe zwischen Clara Wieck und Robert Schumann bietet im Kern für beide die Chance, ihren 'Lebensplan' mit der gesellschaftlichen Konvention zu versöhnen. Die Künstlerehe erlaubt beiden die Fortführung der Arbeit, macht sie unabhängiger vom direkten Verwertungszwang, verringert die aus der gesellschaftlichen Außenseiterposition erwachsende psychische Isolation, birgt also die Möglichkeit verbesserter materieller und psychischer Produktionsbedingungen in sich.

Bekanntlich vergehen zwischen dem Tag, an dem Schumann offiziell um die Hand Clara Wiecks anhält, und dem Tage ihrer Eheschließung drei ganze Jahre - Jahre, in denen Briefe nahezu das einzige Verständigungsmittel sind, Jahre, in denen die psychische Belastung Schumann mehr als einmal an den Rand des

Selbstmordes bringt, Jahre, in denen auf Clara Wieck die gesamte Verantwortung für ihre eigene, aber auch für Schumanns Zukunft lastet.

Diese Phase ist zunächst einmal von den 'äußeren Problemen' bestimmt, den Problemen der juristischen Situation gegenüber dem Vater und der finanziellen Lage.

Teil IV
1837-1840

Kapitel 1: ›Äußere Probleme‹

a) Wiecks Verweigerung der Heiratseinwilligung
Wiecks Motive. Taktik. Bedingungen.

"(...) wenn Clara Schumann heirathet, so sag ich es noch auf dem Todtenbett, sie ist nicht werth, meine Tochter zu seyn" (Wiedergegeben in einem Brief Clara Wiecks an Robert Schumann, 26.12.1837, Litzmann I, 162).

Bekanntlich hat Friedrich Wieck die Zustimmung zu einer Heirat seiner Tochter verweigert. Warum?

"Was Hrn. W. so feindselig stimmt, glauben Sie mir, es ist nichts als das Fehlschlagen mancher namentlich finanziellen Spekulation, die ihm durch die Verbindung entgeht. Gewiß wird er auch auf eine Entschädigungssumme klagen für die Clavierstunden, die er seiner Tochter gegeben hat."[1]

So Schumann an seinen Anwalt Einert am 3. Juli 1839 über Wiecks Motivation, die Zustimmung zu einer Heirat seiner Tochter mit Schumann zu verweigern. Was für Schumann Inbegriff des 'gemeinsten Geschäftsgeistes' ist, erscheint Clara Wieck nur legitim:

"Doch schmerzlich ist es mir, wenn Du auf Vater einen Stein werfen willst, weil er für seine vielen mir gewidmeten Stunden nur einen kleinen Lohn verlangt. Er will mich glücklich wissen, meint das durch Reichthum zu erreichen, kannst Du ihm zürnen? Er liebt mich ja über Alles und würde mich, sein Kind, nicht verstoßen, wenn er säh', daß nur Dein Besitz mein Glück begründen könne, also verzeih ihm, aus Liebe zu mir, seine natürliche Eitelkeit. Denke, daß er nur aus Liebe zu mir so an Dir gehandelt." (Clara Wieck an Robert Schumann, 12.12.1837, Litzmann I, 159)

Hier kann es aber nicht darum gehen - wie in weiten Teilen der Biographik -, die Position Wiecks gegen die Schumanns unter moralischen Aspekten abzuwägen, sondern darum, herauszuarbeiten, welche unterschiedlichen Interessen - bewußt und unbewußt - in dieser Auseinandersetzung eine Rolle gespielt haben, und wie sie argumentativ vertreten worden sind.

Ausbildung in erster Linie als Investition zu sehen, die sich möglichst rasch bezahlt machen soll, entspricht - wie bereits dargestellt - ganz dem Denken der Zeit. Wie genau Wieck kalkuliert, zeigt sich z.B. 1833 an einem Schreiben an das Gewandhausorchester, das eine feste Anzahl von Auftritten für 25 Taler pro Saison mit Wieck vereinbaren will:

"Ich kann Claras allseitige Ausbildung nur auf Unkosten ihrer Geschwister vollenden, wenn sie mir nicht durch ihr Talent den Winter hindurch mit 3-400 Thalern meine Aufgabe ermöglicht; dazu bedarf ich aber für die nöthigen Concertreisen uneingeschränkte Freiheit in der Wahl der Zeit." (Litzmann I, 59)

Tatsächlich sind die Einkünfte, die Wieck aus den öffentlichen Auftritten der Tochter bezieht, nicht unerheblich. Seit ihrem neunten Lebensjahr verdient sie allein für sich bis zu ihrer Trennung vom Vater 2.000 Taler[2].

Hinzu kommen Einnahmen durch den Verkauf von Instrumenten und Musikalien und den durch den Erfolg der Tochter verstärkten Schüleradrang. Im übrigen muß sie von ihrem ersten Auftritt an alle persönlichen Ausgaben von dem verdienten Geld bestreiten, verursacht also keine Kosten:

"Alles hab ich von meinem eigenen Geld gekauft, nicht eine Stecknadel habe ich von den Eltern; sie schenkten mir nie etwas, nicht einmal eine Kirsche oder eine Pflaume gab mir die Mutter - 'Du hast ja Geld' hieß es immer." (Clara Wieck an Robert Schumann, Litzmann I, 358, ohne Quellenangabe).

Die Tochter ist also tatsächlich für Wieck lebendiges Kapital. Ihre Karriere als Pianistin dient seiner eigenen Vermögensbildung. Eine so frühe Verheiratung seiner Tochter - sie ist gerade sechzehn, als Schumann um sie zu werben beginnt - kann nicht in seinem Interesse liegen, gleich um wen es sich handelt.

Darüber hinaus spielt das Moment der gesellschaftlichen Anerkennung, das sich mit der Karriere der Tochter verbindet, eine nicht zu unterschätzende Rollte. Die Reisebriefe Wiecks an seine Frau kreisen immer wieder um das Thema, daß er sich in Leipzig als Pädagoge nicht anerkannt glaubt und nun durch die Erfolge seiner Tochter eine glänzende Rehabilitation erlebt:

"Wir haben unerkannt u. unbekannt, in Demuth und Vergessenheit nur vegetiert, in Leipzig und doch - rastlos nach dem Höchsten in der Kunst gestrebt ohne Aufmunterung (die von dem Philosophen Brendel abgerechnet) u. ohne Dank - jetzt kommt der Lohn, nun soll aber auch die ganze Welt wissen, daß es nur eine Clara gibt, der ganz Wien zu Füßen liegt, und nur einen Lohnbedienten, dem Clara zu Füßen liegt." (Friedrich Wieck an seine Frau, Wien 2.1.1838, Briefe 79)

An Wiecks Briefen wird sehr deutlich, daß er seine gesamte Existenz tatsächlich mit der seiner Tochter verbunden sieht. Als 'Lohnbedienter' versorgt er sie auf den Reisen, kümmert sich um ihre Kleidung, um ihre Ernährung, nimmt ihr jede organisatorische Arbeit ab und versucht sie 'bei Laune' zu halten. Von allen häuslichen Tätigkeiten bleibt sie ebenfalls verschont, denn Wieck sieht die Unvereinbarkeit der typisch weiblichen Beschäftigungen der Zeit mit einer effektiven künstlerischen Ausbildung. So schreibt er in 'Clavier und Gesang':

"Angestrengte und anstrengende weibliche Arbeiten und Zeichnen oder Malen vertragen sich schlechterdings nicht mit einem e r n s t l i c h e n praktischen Clavierspiel, schon weil beide Beschäftigungen nicht nur viel Zeit in Anspruch nehmen, sondern auch den Fingern die nöthige lockere Geschmeidigkeit und Gewandtheit rauben; und erstere - die weiblichen Arbeiten, namentlich das Stricken - nach den neuesten Erfahrungen einen u n - n a t ü r l i c h e n N e r v e n r e i z erzeugen, der gesunden Fortschritten nicht günstig ist. Ich habe in meinem langen Clavierwirken wenigstens nie etwas Erkleckliches ausrichten können bei strickenden, häkelnden und stickenden Damen. - Meine Freundinnen, die Sie in günstigen Verhältnissen geboren und von theuren Eltern anspruchslos und doch so fein erzogen sind, lassen sie den blutarmen aus dem Gebirge, die ihre geistige Begabung unter den Scheffel stellen m ü s s e n , den geringen Verdienst, einen Kragen zum Geburtstag ihrer Mama oder Tante zu sticken. Ich versichere Sie, Tante und Mama - wenn Sie sie dafür überraschen mit einer gelungenen Clavierleistung - werden es schon so ansehen, als hätten Sie ihn mit Tage und Nächtelang gebeugtem Körper und angestrengtester Sehkraft s e l b s t verfertigt. (...) Zehnerlei in äusserster Mittelmäßigkeit treiben, - was frommt es der feineren Ausbildung - der Zukunft - dem inneren Glück und der Humanität?" (Friedrich Wieck, Clavier und Gesang, 20/21).

Auch aus diesen Ausführungen spricht der Grundsatz äußerster Zeit- und Kraftökonomie als bürgerliches Lebens- und Denkprinzip.
So muß Wieck der Heiratswunsch der Tochter geradezu wie ein Hohn erscheinen. Um einen Mann zu heiraten, dessen Vermögensverhältnisse es nicht erlauben, sie von sämtlichen Aufgaben der Haushaltsführung zu entlasten, will sie sich freiwillig ihrer Privilegien begeben und in die Mittelmäßigkeit eines Hausfrauendaseins 'absteigen'. Und wenn Wieck Bekannte Schumanns fragt: "Können Sie sich meine Clara mit dem Kinderwagen vorstellen?"[3], um diesen die Absurdität dieser ehelichen Verbindung vor Augen zu führen, so spricht daraus eine realistische Einschätzung der Zukunft, die seine Tochter an der Seite Schumanns erwartet. Denn Ehe heißt Kinder und damit wachsende Bindung der Frau an das Haus, also Verzicht auf Konzertreisen und öffentliche Auftritte.
In Wiecks Augen bedeutet eine Heirat zwischen seiner Tochter und Schumann fünfzehn Jahre Fehlinvestition seiner Arbeitskraft.

Von hier aus motiviert sich sein erbitterter Kampf gegen Schumann, in dem ihm jedes Mittel recht war. Anfangs glaubt Wieck offensichtlich, daß eine Trennung die Zuneigung zwischen Schumann und der Tochter als Strohfeuer erweisen werde. Vor allem hofft er darauf, daß sie durch ihren wachsenden Erfolg als Pianistin immer weniger geneigt sein werde, ihre Karriere aufzugeben. So stellt er anfangs seine gesamte Taktik darauf ab, der Tochter klarzumachen, daß eine Heirat mit Schumann einen solchen Verzicht automatisch mit sich bringe und außerdem - selbst wenn sie auch als verheiratete Frau weiter konzertiere - Schumann vollkommen ungeeignet sei, sie auf Konzertreisen zu begleiten, sie also auf ihn angewiesen sei.

Als sie 1838, nachdem Wieck alle Hebel in Bewegung gesetzt hat, zur kaiserlichen Kammervirtuosin ernannt wird, schreibt er an seine Frau:

"Welch ein Empfehlungsschreiben ist das. Mehr Lection für unsere pp Klavierneider, die mein ganzes schönes Streben, woran ich mein Leben gehagen, am Pranger gestellt? In Demuth haben wir es ertragen u. immerfort angestrebt - hier ist der Lohn, hier die Antwort an Fink, Rellstab, Militz - Ihr habt lange u. viel geschrieben, über meine Tochter nichts. Habe ich nicht mit Recht immer die Clara beruhigt - 'gedulde dich'? Sie hat den höchsten Titel, es ist der höchste Schutzbrief für ganz Europa. Sie wird selbst fühlen, wessen Standhaftigkeit daran schuld ist. Wären wir in Wien, wenn ich nicht viele Knoten zerhauen?" (Friedrich Wieck an seine Frau, Wien 5.3.1838, Briefe 90).

Wenn Wieck nicht von vornherein ganz eindeutig zu erkennen gibt, daß er einer Heirat niemals zustimmen werde, und immer neue Bedingungen an eine mögliche Zustimmung knüpft, hat dies taktische Gründe: Erstens muß er seine Einflußmöglichkeiten auf die Tochter wahren; dann will er sich mit Schumann nicht ganz überwerfen, denn Schumann ist Schriftleiter der NZfM und Wieck hofft, daß Schumann alles daran setzen werde, zur Verbreitung von Claras Ruhm beizutragen, um dadurch seine Anerkennung zu gewinnen. Das Gegenteil tritt ein. Schumann schweigt zu ihren pianistischen Triumphen, obwohl Wieck sie sogar dessen eigenen Kompositionen erst in Privatkreisen, dann aber auch in der Öffentlichkeit spielen läßt:

"Nun will ich aber freilich Dir etwas gestehen - nach dem, wie sich Dein Vater gegen mich gezeigt, schiene es mir nicht fein, sondern - wie soll ich sagen? - zudringlich und dienermäßig (bedientenmäßig wollte ich schreiben), wenn ich mich nun zerrisse, [wie]* durch öfteres Erwähnen Deines Namens mich in seiner Gunst höher zu stellen (...)." (Robert Schumann an Clara Wieck, 4.1.1838, Litzmann I, 168)

* bei Litzmann: mir

Wieck faßt dies als Mißachtung seiner Tochter auf und als weiteren Beweis für Schumanns mangelnde Eignung zum Ehemann einer berühmten Pianistin:

"Nun auf den Vater zu kommen. Du willst sagen, was er zur Zeitung sagt? Soll ich Dir das sagen? Er sagt 'ist das eine aufopfernde Liebe? der Schumann sieht Dich das er sein Liebstes nennt verläumdet, was Dir so viel Schaden thut und schweigt darauf! Feuer und Flamme hätt er sein müssen, mit 2 Worten könnte er den Fink schlagen und Dich rechtfertigen." (Clara Wieck an Robert Schumann, 17.11.1837, Autograph)[4]

Was er vor allem nicht verstehen kann, ist Schumanns fehlenden Geschäftssinn, der sich für ihn hierin und auch in anderen Dingen immer wieder dokumentiert:

"Man verlangt, daß Clara öffentlich im letzten Concert (d. 18ten. - wir könnten bis Ostern alle 8 Tage mit Concerten fortfahren, wenn es Säle hier gebe) den Carneval von Schumann spielen soll - es steht sogar in den Zeitungen. Wie geht denn das: wer soll denn die Erklärung abgeben? Siehst Du die Früchte der Faulheit? Hätte Schumann einen Text d.h. nur Andeutungen vorn davon abdrucken lassen, so könnte es geschehen und 1000 Exemplare könnte er los werden in Wien" (Friedrich Wieck an seine Frau, Wien 27.1.1838, Briefe 83).

Nachdem alle Versuche, die Tochter davon zu überzeugen, daß sie in ihr eigenes Unglück renne, gescheitert sind, stellt Wieck am 7. Mai 1839 seine Bedingungen, die hier aus dem Autograph wiedergegeben werden sollen. Dieses Autograph ist innerhalb des Briefwechsels von Clara und Robert Schumann[5] erhalten geblieben, weil Clara Wieck den Brief Schumann von Paris aus zugeschickt und Schumann ihn am Rande kommentiert hat. Auch diese Kommentare werden wiedergegeben, wobei mit Unterstreichungen Schumanns Hervorhebungen, mit eckigen Klammern seine Randkommentare gekennzeichnet werden; die Hervorhebungen von Wieck sind gesperrt gedruckt.

Der Brief Wiecks beginnt mit einer Wiedergabe (von Schumann mit der Bemerkung "völlig entstellt" glossiert) der schriftlichen Zusicherungen, die Schumann ihm bei der Werbung um die Hand Claras gegeben habe. Angeblich hatte Schumann geschrieben:

"'Auf Fleiß und Gewissen beschwöre ich bei Gott, daß binnen zwei Jahren (also bis Michaelis 1839) sich diese jährliche Einnahme um 500 Thaler vermehrt haben muß 1) durch den Schwung, den ich meiner Zeitung geben werde 2) durch Verzinsung meines Capitals, da ich die 1320 Th. doch nicht verzehren kann 3) durch den Antheil an dem Gewinn der musical. Beilagen zu meiner Zeitung, denen ich das höchste Interesse geben werde! Hierzu rechne ich noch gar nicht, was ich in diesen 2 Jahren durch Bücherschreiben, Componiren großer Tonwerke, als Symphonien 4) durch eine endliche Vereinigung meiner Zeitung mit der Haertelschen, durch einen Umzug meines Bruders nach Leipzig etc. gewinnen werde.' Ich erbitte mir als Vater, daß du dieser wörtlichen Abschrift u n b e d i n g t e n G l a u b e n schenktest." [Schumanns Bemerkung am Rand: "Was soll man dazu sagen"] (Autograph).

Da Clara Wieck nicht weiß, welche Zusicherungen Schumann ihrem Vater gegeben hat, soll die Aufforderung, 'dieser wörtlichen Abschrift unbedingten Glauben zu schenken', sie an Schumanns Äußerungen ihr gegenüber zweifeln lassen. Wieck versucht damit, seine väterliche Autorität gegen sie auszuspielen. Kennzeichnend für Wiecks Einstellung ist der Hinweis auf das angebliche Versprechen Schumanns, 'große Tonwerke' zu komponieren. Spricht doch hieraus die Einschätzung, daß der wahre Komponist sich erst in den repräsentativen Gattungen beweise, eine Einschätzung, mit der Wieck vor Gericht argumentiert, die allerdings Schumann selbst teilt. Damit wird alles, was Schumann bis 1839 kompositorisch geleistet hat, lediglich zum Schritt auf dem Weg zum eigentlichen Ziel: zur Symphonie. Schumann ist also niemand, der etwas ist, sondern jemand, der etwas versprochen hat, was er bisher nicht einzulösen vermochte. Entsprechendes gilt für seine wirtschaftliche Situation: Seine Einnahmen haben sich nicht vermehrt, sondern verringert, weil er gegen das 'heilige' bürgerliche Verbot verstoßen hat, 'vom Capital zu nehmen'[6]. Er muß folglich in Wiecks Augen als jemand dastehen, der nach wie vor sich keine Existenzgrundlage für die Ernährung einer Familie geschaffen hat.

Auf diesem Hintergrund sind auch die folgenden Bedingungen zu sehen, die Wieck an seine Einwilligung knüpft:

"1) daß Ihr, solange i c h l e b e u n d i n S a c h s e n w o h n e n b l e i b e , nicht in S a c h s e n leben wollt, - das war so nur Dein Wille und würde auch ganz verkehrt seyn, schon weil ich glaube, daß Du nie ganz deine Kunst aufgeben wirst. [Schumanns Bemerkung am Rand: "nicht angenommen"]

2) daß ich von Deinem Vermögen 2000 Th. (das Wenige, was jetzt noch darüber ist, werde ich noch zuschicken zur Ausstattung, nebst genauer Berechnung oder selbst überbringen) an mich behalte, sie dir mit 4% verzinse und das Kapital dir erst nach 5 Jahren bar auszahle. [Schumann Bemerkung am Rand: "als durchaus unwürdig von mir abgelehnt"]

3) daß Schumann obige Berechnungen seiner Einnahmen von 1320 Thalern durch Documente geglaubigt, und einem hiesigen Advocaten, den ich dazu bestimmen werde, vorlegt.

4) daß Schumann um keine mündliche oder schriftliche Zusammenkunft oder Unterredung mit mir eher ersucht, als bis ich es wünsche und die Erlaubnis gebe, - überhaupt aber nie Zu-

flucht in unser Haus oder Unterstützung sucht. Meine Tochter Clara kann zu mir kommen, wenn sie will, das versteht sich von selbst.
5) daß Du keinen Anspruch machst, von mir Geld erben zu wollen, da mein unbedeutendes Vermögen meine Frau und Kinder erben sollen, deren musikal. Talent ich nicht ausbilden konnte, weil ich mein ganzes Leben d i r zugewendet, und den Unterricht jetzt der Marie, die gleichfalls ausgeschlossen ist, wenn ich sie zur Künstlerin gebildet, [Schumanns Bemerkung am Rand: "Siehst Du mich lächeln", bezieht sich auf "unbedeutendes Vermögen"]
6) Nächste Michaelis ist der Zeitpunkt da, den S c h u m a n n s i c h s e l b e r b e s t i m m t , und da ich deine Lage, d e i n e n S e e l e n z u s t a n d n u n v o l l k o m m e n b e g r i f f e n , so verlange ich auch, daß n ä c h s t e M i c h a e l i s d i e V e r e h e l i c h u n g v o r s i c h g e h t . [Schumanns Bemerkung am Rand: "Ein Lichtblick"] Ihr beiden habt nichts mehr zu erwarten - habt alles dazu - habt Talent und Kräfte, um Euch zu ernähren - (über das wie begebe ich mich aller Vorstellung und Erörterung) und kennt Euch genau. Also wozu erwarten, da m e i n e E i n w i l l i g u n g ausgesprochen? Besprechung der Nebendinge finden sich, und über meine Einwilligung zur Verlobung und Verheirathung werde ich auf Verlangen ein gerichtliches Bekenntnis ausstellen, damit ihr keine Schwierigkeiten habt. Daß weder Verlobung noch Verheirathung in meinem Haus stattfinden kann - noch in Leipzig - versteht sich von selbst - würde auch nicht in Eurem Plan liegen. Von meinen Bedingungen gebe ich Nichts nach, sie sind in Abschrift gegangen und müßten nebst einigen Zusätzen, z.B. daß du mir nie vorwerfen darfst, ich sei in meiner Verweigerung nicht b e s t ä n d i g g e n u g gewesen und hätte durch Nachgeben Dich unglücklich gemacht - von Dir unterschrieben werden! Daß ich mit Schum. nicht an einem Orte leben will, wirst du mir nachsehen - ich verreise deswegen den ganzen Sommer, und zu Michaelis muß Eure Vereinigung stattfinden. Setzt Schum. seine Zeitung nicht an einem anderen Orte fort, wo sie ihm gleichfalls 620 Th. u. 200 Th. einbringt, so muß er natürlich meinem Advocaten ein Document beibringen [Schumanns Bemerkung am Rand: "Wie schlau"], daß er dafür eine andere feste Einnahme von 620 Th. u. dito 200 Th. (für Musicalien) hat. Ist ihm dies bis Michaelis aufzuweisen nicht m ö g l i c h , so gebe ich einen Aufschub bis Ostern 1840, u n t e r d e r B e d i n g u n g , daß er nicht in Leipzig bleibt, was er übrigens auch gar nicht wollen k a n n , da er ja einen Ersatz für die ausfallenden 820 Thaler schaffen m u ß ["?"] und diesen noch unmöglich in Leipzig finden kann, und dann blieben ja sonst nur 500 Th. übrig. ["?"] Nun bei

den 1320 Th., die er beschworen hat, verbleibe ich ohne ein Jota nachzugeben. Ueber die übrigen 500 Th. welche sich binnen zwei Jahren finden müßten, will ich schweigen und vertraue seinem Worte und schriftl. Versicherung. Ich könnte darüber gleichfalls Documente verlangen, ["?"] da die 2 Jahre ziemlich um sind, und ich ein Einkommen alsdann 1820 Th. für Euch beide schon für nöthig erachte, wenn ihr auch ganz zurückgezogen, von der großen Welt entfernt, und höchst sparsam und eingeschränkt aber doch anständig leben könnt, will ich es eben nicht thun, damit du nicht sagen sollst, ich wäre zu streng, ["!"] und weil ich denke, daß Du die 500 Th. wenn mich Schum. wirklich belogen hätte – mit Stunden geben dazu verdienen kannst. Das weitere, meine Tochter und was dann [zerstörte Briefstelle, wahrscheinlich: "werden"] soll, hast Du zu verantworten [Schumanns Schrift, ursprüngliches Wort Wiecks unleserlich] Meine väterliche Fürsorge kann nun nicht weiter reichen. ["?"] – Nun genug! Die 80 Th. Interessen, welche Du von Deinen 2000 Th. von mir erhältst, rechne ich nicht zu Euren Einnahmen, sondern sie sind zu Deinem Nadelgeld bestimmt, damit Du Deinem Manne nicht von jedem Dreier abzulegen hast, was Du nicht gewohnt bist. Kurz über Nebendinge später. Die Sache ist abgemacht und zu Ende – [Ohne Unterschrift] [Schumann am Rand: "Wappne Dich Klärchen"] " (Autograph).

Ich habe diesen Brief übertragen und wiedergegeben, weil er in seiner Mischung aus sachlicher Argumentation und psychologischen Tricks erst verständlich macht, in welchem Ausmaße Schumann unter Anpassungsdruck durch Wieck geriet, auch wenn er diesen Brief Clara Wieck mit dem Nachsatz zurückschickt:

"Deines Vaters Brief hat mir meine ganze Übermacht über ihn gezeigt und das gibt Muth dieses Bewußtsein." (Autograph)

Die Bedingungen und Begründungen Wiecks laufen auf eine persönliche Herabsetzung Schumanns vor seiner Tochter heraus, so z.B. der Gedanke, das Vermögen der Tochter fünf Jahre einzubehalten als Sicherheit, falls die Ehe scheitert. Vor allem die psychologische Komponente soll Schumann in seinem Selbstverständnis bedrohen, unterstellt doch eine Bedingung wie die, niemals Zuflucht im Wieckschen Hause zu suchen, oder, daß die Tochter sich niemals beklagen dürfe, von Wieck nicht genug gewarnt worden zu sein, daß eine Ehe zwischen Schumann und seiner Tochter von vornherein zum Scheitern verurteilt ist.

Abgesehen davon, daß diese Bedingungen auf eine Diskreditierung Schumanns abzielen, zeugen sie von Wiecks genauer Rechtskenntnis: Er ist zwar aufgrund des eigenen Vermögens der Tochter nicht verpflichtet, ihr eine Mitgift zu zahlen[7], aber er ist auch nicht berechtigt, ihr Vermögen im Falle der Heirat einzubehalten. Deshalb versucht er, sie dazu zu bewegen, als Gegenleistung für seine Heiratseinwilligung auf ihre Erbe zu verzichten bzw. sich damit einverstanden zu erklären, daß er das Vermögen erst nach fünf Jahren auszahle und mit 4% verzinse.

Mit diesem 'Angebot' verbindet Wieck wohl die Hoffnung, daß bei einem solchen Verzicht das Vermögen seiner Tochter vor Gericht nicht mitveranschlagt und Schumann somit kein ausreichendes Einkommen nachweisen werden könne.

Außerdem hofft er offensichtlich, daß Schumann außerhalb Leipzig seine Zeitschrift nicht gewinnbringend herausgeben könne, folglich sich dessen eigenes jährliches Einkommen durch den Weggang von Leipzig entscheidend verringern werde.

Auf diese Bedingungen gehen Schumann und Clara Wieck nicht ein, sie reichen vielmehr am 16. Juli 1839 die Klage ein. Ein ganzes Jahr lang zieht sich das Verfahren hin, einmal durch Wiecks Verzögerungstaktiken, dann durch ein Versehen des Gerichts (es fordert die beiden Käger erst einmal zu einem Versöhnungsversuch mit dem Vater vor dem Pfarrer auf, bevor es die Klage behandelt) und durch den Einspruch Wiecks gegen das Urteil in erster Instanz vom 4.1.1840. Der genaue Hergang läßt sich anhand der Prozeßakten, die in Abschrift im Schumann-Haus Zwickau liegen, rekonstruieren[8].

Im folgenden beziehe ich mich vor allem auf Aktenstück Nr. 14 'Vorstellung des Beklagten' vom 14.12.1839, Aktenstück Nr. 23 'Deduktionsschrift' Wiecks vom 26.1.1840, Nr. 25 'Refutationsschrift' Schumanns durch seinen Rechtsanwalt Einert vom 13.2. 1840 und auf Nr. 34, die Entscheidungsgründe des Oberappellationsgerichts in Dresden vom 12.3.1840, das das Urteil der ersten Instanz des Appellationsgerichts in Leipzig bestätigt.

b) Rechtslage

Verweigerungsgründe. Erwerbstätigkeit der Frau. Recht auf Haushaltsführung. Sondersituation Clara Wiecks.

Nach geltendem königlich-sächsischem Privatrecht[9] ist mit dem Grundsatz der Freiheit der Person auch das Recht auf freie Partnerwahl verbunden. Die Ehe gilt als Rechtsvertrag zwischen zwei Individuen – soweit der Rechtsgrundsatz.

Dennoch können Ehen ohne Einwilligung des Vaters – nach preußischem Recht – ohne Einwilligung beider Eltern – nach sächsischem Recht – nicht geschlossen werden; das Lehrbuch des königlich-sächsischen Privatrechts führt zu dieser Frage aus:

"Die äterliche Einwilligung in die Ehe der Kinder ist von beiden Aeltern, und in deren Ermangelung von den Großaeltern zu ver-

stehen. Sie kann nur aus erheblichen Gründen verweigert, und außerdem vom geistlichen Richter ergänzt werden. Jedoch haben die Gesetze jene Gründe selbst nicht näher bestimmt.
   Ehegelöbnisse, welche wider der Aeltern Willen geschehen sind, werden weder durch den Beyschlaf, noch durch die priesterliche Trauung gültig." (Haubold)[10]

Die Tatsache, daß die Verweigerungsgründe nicht rechtlich fixiert sind, bedeutet in der Rechtspraxis (wenn Heiratswillige sich durch die Ablehnung des Vaters nicht von vornherein von einem offenen Konflikt abschrecken lassen)[11], daß es in das Ermessen des jeweiligen Richters gestellt ist, zu entscheiden, ob 'eine vernünftige und wahrscheinliche Besorgnis entsteht, daß die künftige Ehe unglücklich und mißvergnügt seyn durfte' (Hartitzsch)[12] oder nicht.
   So sanktioniert das Gesetz eine Reihe politischer (z.B. Standesunterschied, Heiratseinschränkung für Offiziere und Gutsuntertanen) und familiärer Heiratseinschränkungen.

"Insbesondere betrachtet man daher als gerechte Verweigerungsgründe der Aeltern den Mangel künftigen nothwendigen Unterhalts, grobe Laster und Ausschweifungen des andern Theils, Verbrechen, worauf eine infamirende, oder nach gemeiner Meinung schimpfliche Strafe zuerkannt worden, verschuldete vorherige unglückliche Ehe, chronische ansteckende Krankheiten (...) zu große Ungleichheit des Standes oder des Alters. Im Läugnungsfalle sind diese Gründe zu beweisen." (Hartitzsch)[13]

In der Rechtspraxis hat vor allem die Frage nach dem nötigen Auskommen eine entscheidende Rolle gespielt, und zwar, wie bereits dargestellt, sowohl aus wirtschaftlichen als auch ideologischen Gründen.
   Dieser Zusammenhang zwischen Familienbildung und Vermögensbildung ist der Hintergrund für Wiecks Taktik vor Gericht. Denn als Schumann 1837 am 18. Geburtstag Clara Wiecks offiziell um sie wirbt, gehört er in den Augen Wiecks zu den 'Bettlern und Schwächlingen' (Hartitzsch). Es liegt also nahe, daß Wieck seine Argumentation vor allem auf diesen gerichtlich anerkannten Hinderungsgrund abstellt. Wie hoch ein jährliches Einkommen sein muß, um als ausreichend für eine Familiengründung akzeptiert zu werden, ist allerdings nicht festgelegt. Das bedeutet, daß ein weiterer Auslegungsspielraum für diese Gesetzesbestimmung besteht:

"Die volle Reichweite dieser Bestimmung wird aber erst vor dem Hintergrund des 'Hauses' sichtbar. Da ein lohnlos in der familiären Produktionsgemeinschaft mitarbeitendes Kind sein nötiges Auskommen regelmäßig nur dann finden kann, wenn der Hausvater dazu die erforderlichen Mittel oder zumindest in Form von Mitgift oder Ausstattung eine entsprechende Starthilfe zur Verfügung stellt, steht es praktisch im Belieben des Einwilligenden, die Voraussetzungen zur Versagung der Heiratserlaubnis zu schaffen (...)." (Dörner)[14]

Dennoch ist Wieck klar, daß ein jährliches Einkommen von 1300 Talern, zusammen mit dem Vermögen seiner Tochter von 2000 Talern, das sie sich selbst verdient hat (er also nicht einbehalten kann)[15], in keinem Falle unzureichend sein wird. Von daher muß Wieck die Frage des nötigen Auskommens allein an den Erwerb des Ehemanns knüpfen.

Obwohl er ein persönliches Interesse daran hat, daß sie auf jeden Fall weiter öffentlich auftritt, argumentiert er vor Gericht, daß es mit Schumanns Stellung unvereinbar sei, wenn seine Frau mit zum Lebensunterhalt beitrage. In der Deduktionsschrift vom 26.1.1840 schreibt Wieck:

"Nicht die Hausfrau ist es, welche den Mann ernähren soll, sondern dem letzteren liegt juristisch wie moralisch die Sorge für Bestreitung der haushältlichen Bedürfnisse ob. Nur ein negativer Erwerb ist es, den man mit Recht von der Hausfrau fordern mag, indem sie ihre Einrichtungen bei der Direction des Hauswesens so zu treffen hat, daß der Aufwand möglichst gemindert, unnütze Ausgaben vermieden werden.
Auf eine positive Tätigkeit derselben dagegen, sofern sie auf unmittelbaren Erwerb gerichtet seyn soll, mag wenigstens in den Ständen, welchen meine Tochter ihrer Erziehung und ihrem Talente nach angehört, mit Grund nicht gerechnet werden.
Auch darf ich wohl annehmen, daß Herr Schumann im Interesse seiner eigenen Ehre den etwa zu erhoffenden Erwerb durch die künstlerischen Leistungen meiner Tochter zu den Quellen seiner künftigen Subsistenzmittel nicht rechnen werde, wenigstens würde dadurch sich nur bestätigen, was ich ihm leider zur Last legen muß." (Aktenstück Nr. 23)

Damit versucht er an die bürgerliche Auffassung von der Unvereinbarkeit weiblicher Berufstätigkeit mit der Rolle als Ehefrau und Mutter zu appellieren. Das Gericht hat sich bezeichnenderweise dieser Auffassung nicht angeschlossen. Aus den Entscheidungsgründen der 2. Instanz vom 12.3.1840:

"Auch hat Beklagter Unrecht, wenn er fol.58 b behauptet, daß bei dem Ermessen über die Mittel zur Unterhaltung eines Hausstandes auf die erwerbende Thätigkeit der Ehefrau kein Absehen mit zu richten sey." (Aktenstück Nr. 34)

1794 hatte der Entwurf für die Regelung der Eigentumsfrage im Allgemeinen Preußischen Landrecht, der zu Lasten der berufstätigen verheirateten Frauen ging, einen Sturm der Entrüstung ausgelöst (Gerhard). Der § 221 sollte lauten: "Was die Frau in stehender Ehe erwirbt, erwirbt sie dem Manne." In einem Kommentar zu diesem Entwurf bezieht sich Grolmann, der Hauptredaktor des ALR, vor allem auf die Situation von Künstlerinnen, um nachzuweisen, daß diese Regelung eindeutiges Unrecht gegenüber den Frauen darstelle und 'gegen Volkssitte und natürliche Billigkeit' spreche[16].

Dennoch ist das Recht der Frauen auf eigenes Einkommen nicht uneingeschränkt gültig, denn es kollidiert mit dem Recht des Mannes auf die Führung seines Haushaltes durch die Ehefrau:

"Der Ehemann ist berechtigt, sämtliche häusliche Arbeiten (operae domesticae) von seiner Frau, sobald es ihr Stand erlaubt, zu verlangen. Treibt der Mann eine Kunst oder ein Handwerk, so muß ihn die Frau hierbei, ohne eine Vergütung verlangen zu können, behülflich seyn (s. operae absequiales). Treibt die Frau eine eigene Kunst (sogenannte operae artificiales), und sie versäumt die häusliche Wirtschaft nicht, so zieht sie den Gewinn allein, ohne dem Mann davon etwas geben zu müssen. Vernachlässigt sie jedoch die schuldigen Arbeiten, so muß sie den Mann schadlos halten, und ihm wiedererstatten, was er deshalb mehr ausgegeben habe." (Hartitzsch)[17]

In Kenntnis dieser Einschränkung begründet Wieck vor Gericht seine Verweigerung der Heiratseinwilligung zusätzlich damit, daß seine Tochter 'nicht zur Hausfrau gebildet sei'. In der 'Vorstellung des Beklagten' schreibt er:

"Was dagegen b.) *meine Tochter* betrifft, so habe ich 1.) sie zwar zur *berühmten* Künstlerin aber nicht zu gleicher Zeit zur *einfachen, anspruchslosen* Hausfrau erziehen können. Hiervon ist die natürliche Folge, daß sie nicht nur nicht leisten kann, als sich unter anderen Umständen von einer nicht den höchsten Ständen angehörigen Hausfrau erwarten läßt, sondern daß sie auch an Ansprüche gewöhnt ist, welche von ihrer Stellung in der musikalischen Welt, bei *ihren Bekanntschaften* und ihren musikalischen Bedürfnissen untrennbar sind" (14.12.1839) (Aktenstück Nr. 14).

Das Gericht erkennt diese Argumentation nicht an:

"Was Beklagter übrigens gegen die Persönlichkeit des Klägers ausser der behaupteten Trunksucht, ausstellt, ist um so unerheblicher, als Mitklägerin selbst sich nicht hat abhalten lassen, in ihrer Zuneigung zu Klägerm zu beharren." (Entscheidungsgründe der 2. Instanz, 12.3.1840) (Aktenstück Nr. 34)

Allein der Vorwurf der Trunksucht wird als so erheblich angesehen, daß Wieck Beweise dafür erbringen soll. Obwohl Wieck Himmel und Hölle in Bewegung setzt, um Zeugen für seine Behauptung zu finden, und obwohl er systematisch Schmähschriften gegen

Schumann verbreitet, gelingt es ihm nicht, den gerichtlichen Beweis anzutreten. Da damit auch dieser Einwand gegenstandslos wird, erteilt das Gericht den 'Ehekonsens'.

Die Tatsache, daß sie und Schumann die Heiratseinwilligung vom Gericht erhalten haben, darf nicht darüber hinwegtäuschen, daß sich Clara Wieck in einer unvergleichlich günstigen Ausgangsposition bei diesem Prozeß befunden hat. Der positive Prozeßausgang kann kaum als Beweis dafür herangezogen werden, daß um 1840 freie Partnerwahl oder gar Ehe aus Liebe ein höheres Rechtsprinzip als das der väterlichen Gewalt dargestellt habe. Auf die Bedeutung ihres persönlichen Einkommens wurde schon hingewiesen. Zwei weitere wichtige Punkte kommen hinzu.

Im Unterschied zum preußischen Recht, das in diesem Punkte das Erbe des römischen Rechts vertritt, ist nach sächsischem Recht für eine Eheschließung nicht nur die Zustimmung des Vaters, sondern auch der Mutter erforderlich. Die Stimme der Mutter gibt zwar im Zweifelsfalle nicht den Ausschlag, ist aber auch nicht ohne Bedeutung[18]. Auch insofern ist Clara Wieck in einer 'glücklichen' Position, denn anders als bei verheirateten Eltern, bei denen es sicher schwieriger gewesen ist, die Mutter zu bewegen, eine andere Meinung als ihr Mann zu vertreten, sind ihre Eltern ja seit langem geschieden. Und so wendet sich Clara Wieck auf Bitten Schumanns an ihre seit vielen Jahren wieder verheiratete Mutter, zu der sie kaum noch Kontakt gehabt hat, mit der Bitte um die Heiratserlaubnis. Marianne Bargiel - wie die Mutter inzwischen heißt - reagiert entgegenkommend[19]. Schumann sucht sie in Berlin auf, und sie gibt ihre Zustimmung.

Der zweite Punkt, der für Clara Wieck vor Gericht eine unvergleichlich günstige Ausgangsposition mit sich gebracht hat, ist mehr psychologisch begründet. Clara Wieck ist nicht irgendeine Tochter, auch nicht irgendeine höhere Tochter, sondern kaiserliche Kammervirtuosin. Das heißt, sie gilt durch ihre pianistische Tätigkeit als eine Repräsentantin der Leipziger Musikkultur im Ausland. Auch Schumann ist, wenn auch nicht in vergleichbarem Maße, eine öffentliche Persönlichkeit; zwar weniger als Komponist, denn er ist über Fachkreise hinaus praktisch unbekannt in Leipzig, aber als Schriftleiter einer in Fachkreisen renommierten und in Leipzig ansässigen Musikzeitschrift genießt er doch einiges Ansehen. Außerdem ist er - auf eigenen Wunsch und gegen Bezahlung - durch die Universität Jena promoviert worden[20].

Trotz dieser denkbar günstigen Lage darf man nicht außer acht lassen, daß die rechtliche Fixierung ein für uns nicht mehr unmittelbar nachvollziehbares Verständnis der Beziehung zwischen Eltern und Kindern und insbesondere zwischen Vater und Tochter spiegelt.

In Schotts Einleitung in das Eherecht heißt es im § 189 zu den persönlichen elterlichen Rechten:

"Die persönlichen Rechte und Pflichten der Eltern beziehen sich überhaupt auf alles, was die Sorge für die Glückseligkeit der Kinder erheischen; jedoch so, daß bei denen hier statthabenden Verfügungen und der Wahl der Mittel der Wille des Vaters der Mutter vorgehet. Insbesondere sind die Eltern ihren Kindern Ernährung und eine gute Menschenerziehung schuldig. Daher haben sie das Recht, die Handlungen der Kinder zu leiten, und wenn es nöthig ist, sie zu züchtigen.

Dagegen sind die Kinder ihren Eltern Ehrerbietung und Gehorsam schuldig, und können, ohne deren Einwilligung, keine verbindlichen Handlungen unternehmen."[21]

Und in der Anmerkung zu diesem Paragraphen heißt es:

"Die vollkommenen Gehorsamspflichten dauern nur, so lange die elterliche Gewalt währt, die Pflichten der Ehrerbietung aber sind beständig dauernd." (Schott)[22]

Nur auf dem Hintergrund der totalen Unterordnung unter die väterliche Gewalt ist zu ermessen, was dieser Schritt, den Vater vor Gericht zu verklagen, für die noch nicht einmal volljährige Clara Wieck bedeutet haben mag:

"Mein Vater mag sich doch recht unglücklich fühlen manchmal, er ist zu bedauern und im Stillen gräme ich mich sehr oft darum; doch ich kann es durchaus nicht ändern. Es wird wohl auch noch einmal heißen, meinen Vater habe ich in das Grab gebracht - der da oben wird mir verzeihen, habe ich nicht alle Pflichten gegen ihn erfüllt?" (Clara Wieck an Robert Schumann, 22.4.1839, Litzmann I, 315/6).

Und Schumann schreibt zwei Tage nach Einreichung der Klage gegen Wieck:

"Nun bitte ich Dich, meinen Namen manchmal leise dem Höchsten auszusprechen, daß er mich beschützen möge; denn ich kann Dir sagen, ich kann kaum noch beten, so bin ich von Schmerz niedergebeugt und verstockt. Ich habe doch eine große Schuld auf mir, daß ich Dich von Deinem Vater getrennt habe - und dies foltert mich oft ..." (Robert Schumann an Clara Wieck, 18.7.1839, Litzmann I, 367).

c) Finanzielle Lage

Angaben vor Gericht. Haushaltbücher. Einkünfte aus der Redaktionsarbeit. Falschaussage. Einkünfte aus der Kompositionsarbeit. Ausgaben.

Das Gericht ist also davon ausgegangen, daß die finanzielle Basis einer Ehe zwischen Schumann und Clara Wieck ausreichend sein werde, und zwar unter Berücksichtigung des Vermögens und der Erwerbsmöglichkeit der Ehefrau.

Die materielle Lage Schumanns war bisher ungeklärt, einmal weil diese Frage den meisten Biographen irrelevant erschien, zum anderen weil die Haushaltbücher Schumanns, in denen er ab 1837 - seit der Zurückweisung durch Wieck als geeigneter Ehepartner - getreulich über Heller und Pfennig Buch führte, unveröffentlicht waren. Inzwischen liegen sie in Übertragung von Gerd Nauhaus vor[23].

Boetticher z.B. hat zwar die Haushaltbücher für seine Darstellung benutzt und auch einige Aufstellungen, z.B. der Kompositionshonorare, der Vermögensverhältnisse etc. abgedruckt (Boetticher I, 619/20), aber diese Aufstellungen blieben unkommentiert, wurden nicht in Relation zu den Lebenshaltungskosten gesetzt. Nur die Tatsache einer Haushaltbuchführung an sich wird als Beweis für den ökonomischen Sinn Schumanns angeführt:

"Schumann steht vor uns als vollkommene Persönlichkeit. Wenn er den Gipfel in seiner ästhetischen Welt erklomm, ging ihm der nüchterne Alltag nicht verloren. *Er meisterte beide Seiten des Lebens.*"
(Boetticher I, 184)

Entsprechendes gilt für Litzmanns Abdruck von Briefen, in denen Schumann Clara Wieck seine Einkünfte vorrechnet. So, wie diese Briefe (nämlich unkommentiert) abgedruckt sind, muß der Eindruck entstehen, daß Schumann finanziell abgesichert war und Clara Wiecks Überlegungen in dieser Frage allein 'philisterhaftem' Sicherheitsdenken entsprungen seien. Ein Zusammenhang mit dem Gerichtsprozeß und mit der Partnerwahl Schumanns ist nicht hergestellt worden.

Nun geht aus den Zwickauer Abschriften der Gerichtsakten genau hervor, auf welcher Grundlage das Gericht seine Entscheidung fällte. Denn zur Entkräftung des Vorwurfs, er könne keine Clara Wieck ernähren, legt Schumann dem Gericht folgende Aufstellung vor:

"Kläger ererbte beim Tode seines Vaters im Jahre 1826 von diesem ein Vermögen von ca. 9.500 Rth.

Wenn nun dieses Capital auch allerdings hinreichend gewesen wäre, daß Kläger seinen Lebensunterhalt von den Zinsen desselben hätte bestreiten können, wenn er die zu seinem ein Mal gewählten Berufe nöthige Ausbildung beim Tode seines Vaters, wo Kläger erst 16 Jahre zählte, bereits erlangt gehabt hätte, so konnte er doch späterhin unmöglich von den Zinßen allein die bedeutenden Kosten, die seine Studien, die zu weiterer Ausbildung benöthigten Reisen pp. erforderten, bestreiten.

Er konnte dieß um so weniger, da er außerdem von keiner Seite her irgend eine Unterstützung erhielt und damals natürlich noch nicht im Stande war, viel selbst zu verdienen, wie denn auch kleine erlittene Verluste, Schenkungen pp. das Vermögen so oft schmälerten.

Demnach war also Kläger allerdings, wie er gern eingesteht, genöthigt, einen Theil des Capitals aufzuopfern, um seine Ausbildung vollenden zu können und sich in den Stand zu setzen, künftig seinen Lebensunterhalt selbst zu erwerben. Schwerlich wird daher wohl Jemand es ihm, wie Beklagter, irgend übel auslegen, daß sein Vermögen aus den oben erwähnten Ursachen und hauptsächlich durch die *Gründung der musikalischen Schrift und die Opfer, die begreiflicher Weise ein solches Unternehmen in den ersten Jahren seines Entstehens verlangt,* sich um etwas verringert hatte.

Außer jener, oben angeführter vom Vater ererbter Summe erbte Kläger noch von seiner im Jahre 1836 verstorbenen Mutter 3.600 Rth. -, so daß sein Vermögensbestand im jetzigen Augenblick folgender ist:

* 2272 Rth - " - "	besitzt Kläger an Österreichischen, Württembergischen, Preußischen Staatspapieren und Zwickauer Steinkohlenactien, die er zum Theil von seinem Bruder Eduard, in dessen Geschäft die Hälfte seines älterlichen Vermögens gestanden und noch steht, zu Ostern 1838, zum Theil nach dessen Tode im Sommer vorigen Jahres von den Erben erhalten hat. Jeden Augenblick ist er übrigens diese Effecten zu producieren und sein Eigenthum daran zu beschwören erböthig
4192 " 13 " - "	schuldet Klägerm sein Bruder Karl Schumann, nachdem er von der ursprünglichen Schuld von 5000 Rth. - " - ", die durch das beiliegende Zeugniß sub. A. nachgewiesen ist, einiges bezahlt hat.
2083 " - " - "	beträgt noch nach einigen Abzahlungen das in der sub. B., abschriftlich beiliegenden Schuldverschreibung erwähnte auch durch die Beilage D., bestätigte Guthaben bei Eduard Schumann.

* (" - " - " = Taler, Groschen, Pfennige)

658 " - " - "	ist der Betrag des Commissionsconto über die früheren auf eigene Rechnung des Klägers herausgegebenen Jahrgänge seiner Zeitschrift und mehrer Compositionen laut Rechnung sub C.
150 " - " - "	ist noch die Summe der ebendaher rührenden wie anderer kleineren Außenstände.
	Zu diesem allem kommt nun noch der für Klägern aus der Erbmasse von Eduard Schumann resultirende Erbtheil von wenigstens
3333 " - " - "	nach Anlage sub D., welche zugleich Klägers eigene Forderung an den brüderlichen Nachlaß bestätigt.
12688 Rth 13 - "	ist demnach die Summe von Klägers ganzem gegenwärtigen Vermögen, wovon er sonach eine Rente von wenigstens 500 Rth. - " - " zieht.
	Klägers sonstige Einnahmen sind aber außerdem noch:
624 Rth - " - "	Honorar für die Redaktion der musikalischen Zeitschrift, was das Zeugniß des Verlegers sub E. und der sub F. in Abschrift beiliegende Contract nachweisen.
200 Rth - " - "	kann Kläger auf den Ertrag seiner musikalischen Compositionen jährlich rechnen. Daß er hierbei nicht zu viel in Anrechnung bringt, beweisen die beiliegenden Zeugniße von den Herren Breitkopf und Härtel in Leipzig, Tobias Haslinger und Pietro Mechetti in Wieb sub G, H und J.
150 Rth - " - "	beträgt ohngefähr, und zwar eher mehr als weniger der jährliche Netto-Ertrag für den Verkauf der zur Beurtheilung in der musikalischen Zeitschrift eingesendeten und dem Redakteur dadurch eigenthümlich zufallenden Musikalien, worüber Zeugniß sub K Auskunft giebt.
26 " - " - "	kann Kläger noch sicher rechnen durch andere Nebenarbeiten, durch Aufsätze, die er für die Leipziger Allgemeine Zeitung, für die Gazette musicale und das France musicale in Paris liefert, deren Existenz die Anlagen L.M$^{a.}$ und M.$^{b.}$ bestätigen, zu verdienen.
1500 Rth - " - "	ist demnach die jährliche Einnahme, auf die Kläger mit Bestimmtheit rechnen kann. Und kaum kann er glauben, daß eine solche Ein-

nahme, von irgend jemand werde zu gering geachtet werden, um davon eine Familie anständig zu ernähren, vorzüglich wenn man darauf Rücksicht nimmt, daß ja auch Mitklägerin ein Capital von 2000 Rth - " - " besitzt und außerdem wohl im Stande ist, durch Anwendung der ihr inwohnenden bedeutenden künstlerischen Fähigkeiten, die ja in Deutschland und Frankreich bereits auf ehrenvollste Weise anerkannt sind, der Oeconomie des Haushalts ebenfalls förderlich zu sein. Kläger wird dessen zwar nicht bedürfen, aber dessen ohngeachtet kann durchaus nichts Ungehöriges oder Unpaßendes darin gefunden werden, wenn eine Hausfrau, vermag sie es nur, auch positiv den Erwerb des Mannes vermehren hilft, und daß Frl. Wieck dieß wirklich im Stande ist, wird wohl auch Beklagter zugeben, der es selbst aus mehrjähriger Erfahrung weiß. (...)
Im Uebrigen sei hier auch gleich ein Irrthum, den Beklagten in der Deduction seiner Appellation ausspricht, berichtigt. Kläger führt die Redaction der musikalischen Zeitschrift nicht auf eigene sondern auf Kosten des Verlegers Robert Friese und erhält von diesem, wie schon oben angeführt, 624 Rth. Honorar jährlich. Wenn aber auch nach Ablauf der Contractspflicht die Zeitschrift als sein Eigenthum an Klägern fällt, so hat er dadurch nur Vortheil zu erwarten, da bei einer Anzahl von 443 Abonnenten nach Herrn Frieses eigener Aussage ein Netto-Ertrag von 1500 Rth. erwächst und daß diese Zeitschrift doch nicht so unbeliebt und ungelesen sein muß, als Beklagter sie zu schildern sich abmüht, dafür dürfte wohl noch der Umstand sprechen, daß dieselbe bereits den siebten Jahrgang angetreten hat." (Refutationsschrift, 13.2.1840, Aktenstück Nr. 25)

Vergleicht man diese Angaben gegenüber dem Gericht mit den Aufzeichnungen im Haushaltbuch, ergibt sich eine erhebliche Differenz zu den tatsächlichen Einkünften Schumanns. Wie bereits erwähnt, begann Schumann im Oktober 1837 mit der Aufzeichnung der täglichen Ausgaben. Damit ist das Jahr 1838 das erste für die Einkommensverhältnisse Schumanns vor der Ehe repräsentative Jahr. Insgesamt stehen im Jahr 1838[24] Ausgaben von 796 Talern Einnahmen von 472 Talern gegenüber. Diese Einnahmen setzten sich zusammen wie folgt:

Zunächst Einnahmen aus seiner Tätigkeit als Redakteur der NZfM, und zwar 79 Taler aus dem Erlös der zur Besprechung eingereichten Musikalien und 393 Taler aus der Redaktionstätigkeit. Ein Blick auf die entsprechenden Einkünfte aus den Jahren bis zum Verkauf der Zeitschrift 1844 zeigt, daß diese Einnahmen im Jahr 1838 durchaus repräsentativ sind. Das Maximum seines Verdienstes an der Redaktionstätigkeit liegt bei 209 Talern für das Heft VIII Jahrgang 1838, das Minimum bei 151 Talern für das Heft XIX im Jahre 1843. Der Erlös aus dem Musikalienverkauf schwankt zwischen 39 und 64 Talern.

In der zitierten Refutationsschrift gibt Schumann aber für den Musikalienverkauf 'mindestens 150 Thaler pro Jahr' an, als festes Honorar für die Redaktionsarbeit 624 Taler.

Diese 624 Taler tauchen in den gesamten Haushaltsbüchern nicht auf. Da Schumann die Kosten jedes Jahrgangs genauestens aufzeichnet, dem Verleger Friese auf den Pfennig genau abrechnet und jedesmal festhält, wieviel er an den einzelnen Heften verdient hat, könnte es sein, daß Schumann niemals ein Redaktionshonorar erhalten hat. Schumann mußte zum Beweis seiner Angaben Dokumente vorlegen, alle Einkünfte, die mit der Zeitschrift zusammenhängen, sind allein von Friese bezeugt worden. Das Zeugnis Frieses ist nicht mehr vorhanden, da alle Unterlagen nach gerichtlicher Einsichtnahme an den Kläger zurückgegeben worden sind. Friese könnte auf Schumanns Bitten hin falsche Aussagen gemacht haben. Ob Friese Schumann in irgendeiner Weise verpflichtet gewesen ist, läßt sich aus den überlieferten Dokumenten nicht belegen - vielleicht hat es sich um einen Akt der Freundschaft gehandelt, solidarisieren sich doch Freunde und Bekannte mit Schumann, als Wieck eine Verleumdungskampagne gegen ihn entfesselt:

"Graf Reuß und David haben sich mir freiwillig erboten, vor Gericht zu zeugen. Mendelssohn tut dasselbe. Auf die anderen, wie Verhulst, Friese etc. kann ich ja auch wie auf Felsen bauen" (Robert Schumann an Clara Wieck, 12.1.1840, Litzmann I, 386/7).

Dann Einnahmen aus der Kompositionstätigkeit: Im Jahre 1838 verdienst Schumann 92 Taler und 9 Groschen (1838 erscheinen op. 12 und op. 16); im Jahre 1839: 89 Taler und 8 Groschen - vor Gericht aber gibt er durchschnittlich 200 Taler Kompositionseinnahmen jährlich an.

Den vor dem Gericht bezeugten Einnahmen (ohne die Zinsen aus dem Vermögen) von fast 1000 Talern stehen real nahezu die Hälfte weniger gegenüber.

Clara Wieck gegenüber gibt er seinen persönlichen Verbrauch mit durchschnittlich 600-700 Talern an, seine Einnahmen mit 1200 Talern[25].

Wenn Schumann in der Refutationsschrift schrieb:

"Kläger wird dessen zwar nicht bedürfen, aber dessen ohngeachtet kann durchaus nichts Ungehöriges oder Unpaßendes darin gefunden werden, wenn eine Hausfrau, vermag sie es nur, auch positiv den Erwerb des Mannes vermehren hilft",

so steht diese Aussage in krassem Gegensatz zu seiner objektiven Lage: Schumann ist auf 'die Anwendung der ihr inwohnenden künstlerischen Fähigkeiten' angewiesen, wenn er eine Familie gründen und gleichzeitig marktunabhängig komponieren will.
Nach außen und gegenüber Clara Wieck baut er also ein Bild auf, das nicht den Tatsachen entspricht.

Dieses Faktum sollte bei der Lektüre der folgenden Darstellung der Auseinandersetzungen zwischen Clara Wieck und Robert Schumann über die Frage des Heiratstermins und ihre künftige Erwerbstätigkeit bewußt bleiben. Denn nur so ist der permanente Rechtfertigungsdruck, unter dem Schumann stand - nämlich beweisen zu müssen, daß er Clara Wieck 'um der Liebe' und nicht um der 'Verbesserung seiner Arbeitsbedingungen' willen liebe - zu verstehen.

Kapitel 2: Konfrontation und Anpassung

a) Vorbemerkung

Textgrundlage. Werbung. Ablehnung, Strategie. Schreibbedingungen.

Die Texte, die der folgenden Darstellung zugrundeliegen, sind dem im Autograph in der Staatsbibliothek Preußischer Kulturbesitz, Berlin (West) liegenden Briefwechsel zwischen Clara Wieck und Robert Schumann entnommen. Der größte Teil der hier zitierten Briefausschnitte ist bereits durch Berthold Litzmann und durch Wolfgang Boetticher veröffentlicht. Die Übertragungen von Litzmann und Boetticher wurden anhand des Autographs vor allem auf Auslassungen und Übertragungsfehler hin überprüft. Dies war notwendig, da Boetticher bei seinen Übertragungen nicht angegeben hat, ob seine und Litzmanns Briefwiedergaben direkt aneinander anschließen, was und wieviel ausgelassen wurde - ein Manko vor allem für die Darstellung der Auseinandersetzung deswegen, weil viele Briefe über mehrere Tage hin entstanden sind und in kritischen Situationen die Stimmung von einem Tag auf den anderen umschlägt, dann etwas zurückgenommen und eingeschränkt wird, was tags zuvor offene Forderung war. Dort, wo im laufenden Text eigene Übertragungen zitiert werden, ist dies vermerkt[26].

Dieser Briefwechsel ist ein historisch höchst wertvolles Dokument für die Individualität zweier Künstler, für die Denkkategorien, durch die sie geprägt waren, für ihre Emotionalität, für ihre Lebens- und Liebesbedingungen und -möglichkeiten. Schon der unterschiedliche sprachliche Duktus der Briefe ist charakteristisch. Schumann Formulierungen sind fast immer emphatisch, erinnern oft an - zitieren manchmal direkt Gedichtzeilen - Bilder aus Heine-, Rückert-Gedichten oder Texten anderer Dichter. Die Syntax ist stark rhythmisch geprägt.

Ganz anders klingen die Briefe von Clara Wieck: Je nachdem, was sie Schumann mitteilen bzw. signalisieren will, ändert sich der Ton: mal fordernd, mal sachlich beschreibend, mal bürokratisch, mal spielerisch, oft sehr vorsichtig in den Formulierungen und auf Selbstrücknahme bedacht.

Als sich Ende 1835 die damals 16jährige Clara Wieck und der neun Jahre ältere Robert Schumann ineinander verlieben, erkennt Wieck anfangs den 'Ernst der Lage' nicht. So geht Schumann davon aus, daß der Vater grundsätzlich keine Bedenken gegen diese Verbindung erheben werde. Einmal aufmerksam geworden, reagiert Wieck dann allerdings sehr rasch, er bringt die Tochter sofort nach Dresden, zwingt sie nach einem heimlichen Treffen der beiden zur Herausgabe aller Briefe und untersagt, zunächst mit Erfolg, jeden Kontakt. Dennoch hoffen beide, nachdem Clara Wieck wieder nach Leipzig zurückgekehrt und es im August 1837 zu einer Verständigung zwischen ihm und ihr gekommen ist, auf eine Zustimmung des Vaters. So wirbt er an ihrem 18. Geburtstag schriftlich um sie. In Anbetracht der Bedeutung dieses Briefes ist davon auszugehen, daß Schumann jedes Wort sorgfältig abgewogen hat, bevor er es niederschrieb. Dieser Brief ist bei Litzmann abgedruckt. Deswegen seien hier nur einige Sätze herausgegriffen und zwar jene, mit denen er sich als geeigneter Ehemann zu empfehlen vermeint:

"Sichergestellt gegen Mangel, soweit dies menschliche Einsicht voraussehen kann, schöne Pläne im Kopf, ein junges, allem Edlen begeistertes Herz, Hände zum Arbeiten, im Bewußtsein eines herrlichen Wirkungskreises und noch in der Hoffnung, alles zu leisten, was von meinen Kräften erwartet werden kann, geehrt und geliebt von Vielen - ich dächte, es wäre genug! (...) Vielleicht, wenn Sie nicht das Unmögliche fordern, vielleicht halten meine Kräfte mit Ihren Wünschen Schritt; vielleicht gewinne ich Ihr Vertrauen wieder. (...) Finden Sie mich dann bewährt, treu und männlich, so segnen Sie dies Seelenbündnis, dem zum höchsten Glück nichts fehlt als die elterliche Weihe. Es ist nicht die Aufregung des Augenblicks, keine Leidenschaft, nichts Äußeres, was mich an Clara hält, mit allen Fasern meines Daseins, es ist die tiefste Überzeugung, daß selten ein Bündnis unter so günstiger Übereinstimmung aller Verhältnisse ins Leben treten könne, es ist dies verehrungswürdige hohe Mädchen selbst, das überall Glück verbreitet und für unseres bürgt. (...) Vertrauensvoll lege ich meine Zukunft in Ihre Hand. Meinem Stand, meinem Talente, meinem Charakter sind Sie eine schonende und vollständige Antwort schuldig. (...)"
(Robert Schumann an Friedrich Wieck, 13.9.1837, Litzmann I, 123/4)

Schumann stellt sich also nicht als jemand dar, der etwas ist, sondern als jemand, der die Zukunft noch vor sich hat. Er betont, daß es nicht erotische Anziehung sei, die sie beide zusammenführe, sondern Liebe als ein 'naturgemäßes Bündnis zwischen zwei verwandten Seelen'.

Diese Seelenverwandtschaft begründet er aus der 'Übereinstimmung aller Verhältnisse', das schließt die Standesgleichheit (im Gegensatz zu der adeligen Ernestine von Fricken) und die Frage der finanziellen Verhältnisse ein. Nicht zuletzt zeigt die Beifügung einer Aufstellung seiner Einkünfte in der Höhe von 1320 Talern[27], daß Schumann wie ein Mann wirbt, der auch bürgerlich-konventionellen Maßstäben standhalten will. Die Formulierung 'das verehrungswürdige hohe Mädchen' erinnert an Marienlieder und weist auf die Stilisierung der Frau zur Heiligen - ganz im Sinne des restaurativen Frauenbildes. Auffällig ist es, wie Schumann betont, daß es ihm um sie als Person gehe. An einem solchen Detail wird deutlich, daß Partnerwahl aus persönlicher Zuneigung nichts weniger als eine Selbstverständlichkeit ist.

Wieck reagiert zunächst gar nicht, dann kommt es zu einem kurzen Gespräch, in dem Schumann sich damit konfrontiert sieht, daß Wieck ihn - wie er es darstellt - aus rein finanziellen Gründen als geeigneten Ehepartner ablehnt. So schreibt er einen Tag später empört an Clara Wieck:

"(...); es fehlt ihm der gute Wille überhaupt. Sie sollten durchaus als Konzertgeberin leben und sterben, es müßte denn ein B a n k i e r kommen. Wie erbärmliche Gedanken macht ein solches Verfahren! - So rein und innig geliebt habe ich und kommen uns nun wie ein Kaufmann vor, der spekuliert und abwägt, weil er dazu gezwungen wird. (...)
   Es darf ein Vater mir dann sein Jawort verweigern, wenn er äußerte Demoralisation oder Geldmangel nachweist. Mit Gründen wie Konzertgeben und Reisen, Mendelssohn [28] und dergl. kömmt er nicht durch. [Dann traut uns die Obrigkeit.]" (Robert Schumann an Clara Wieck, 18.9.1837, Boetticher II, 146/7). .

Schumanns erste Reaktion auf die Zurückweisung ist moralische Abgrenzung gegen die ihr zugrundeliegenden Denkungsart. Wiecks Interesse, seine Tochter nach mehr als zehnjähriger Ausbildung nicht aufgrund finanzieller Schwierigkeiten am 'Kochtopf und im Kindbett' enden zu sehen, ist für ihn allein Ausdruck 'erbärmlichen Geschäftsdenkens'. Er selbst dagegen fühlt sich als 'rein und innig' Liebender, als Künstler, mit dessen Selbstverständnis das klare Benennen von Interessen nicht vereinbar ist, und an den man auch als Ehekandidaten nicht den gleichen Maßstab anlegen kann wie an einen 'normalen' Menschen.

"Ich bin heute so todt, so e r n i e d r i g t , daß ich kaum einen schönen guten Gedanken fassen kann. (...) Kleinmüthig, daß ich Sie aufgäbe, bin ich nicht worden; aber so erbittert, so gekränkt in meinen heiligsten Gefühlen, so über einen Leisten geschlagen mit dem Gewöhnlichsten." (Robert Schumann an Clara Wieck, 18.9.1837, Litzmann I, 127)

Die abschätzige Formulierung, 'Sie sollten durchaus als Konzertgeberin leben und sterben', zeigt, daß er, wie selbstverständlich, die Rolle einer Ehefrau und Mutter als eine 'höhere', weil 'natürlichere' Erfüllung für eine Frau ansieht als die Tätigkeit einer reisenden Virtuosin. Außerdem geht er offensichtlich davon aus, daß auch Clara Wieck nicht ihren Lebenszweck darin sieht, als 'Konzertgeberin zu leben und zu sterben'.

Idealistisches Denken - die Vorstellung, daß 'reine und innige Liebe' als Heiratsgrund ausreiche - und pragmatische Einschätzung der Rechtslage stehen unvermittelt nebeneinander.

Daß die Ablehnung Wiecks ihn zutiefst trifft, legt offen, wie sehr er bereits seinen künftigen Lebensweg mit Clara Wieck verknüpft hat, und daß er alles andere als souverän gegenüber den von ihm mit so viel Abscheu abgelehnten Maßstäben Wiecks ist:

"Ach wie geht mir's doch im Kopfe herum; ich möchte lachen vor Todesschmerz. (...) Ich bin angegriffen an der Wurzel meines Lebens." (Robert Schumann an Clara Wieck, 18.9.1837, Litzmann I, 128)

Sowohl in seinen wie ihren brieflichen Reaktionen gilt nicht ein Satz der Tatsache, daß Wieck in erster Linie den freien Willen seiner Tochter mißachtet; thematisiert wird nur Schumanns verletzte Ehre - ein Ausdruck dessen, daß nur ein Mann als bürgerliches Subjekt gilt, eine Frau dagegen hat keine Ehre. Trotz des gesetzlich garantierten Rechts auf freie Partnerwahl unterliegt im allgemeinen Bewußtsein und auch in Schumanns die unverheiratete Frau der Verfügungsgewalt des Vaters, zumal wenn sie noch minderjährig ist wie Clara Wieck.

Welche Konsequenzen zieht Clara Wieck aus der Situation? Sie geht, da es für sie keinen Weg gibt, die Eheschließung durchzusetzen, taktisch vor: In der Hoffnung, den Vater langfristig umzustimmen und gleichzeitig Geld für die künftige Ehe verdienen zu können, willigt sie ein, mit ihm auf Konzertreisen zu gehen - was im übrigen auch den positiven Nebeneffekt hat, daß sie nicht mit Schumann in einer Stadt leben muß, ohne ihn sehen zu können. So führt die erste Reise Anfang November 1837 über Prag nach Wien, wie bereits erwähnt, zu einem ersten Höhepunkt ihrer pianistischen Karriere. Zum Abschied schreibt sie Schumann:

"Vater hat ich versprochen heiter zu sein und noch einige Jahre der Kunst und der Welt zu leben." (Clara Wieck an Robert Schumann, 26.9.1837, Litzmann I, 129)

Um wieviele Jahre es sich handeln soll, bleibt offen. Die abschließenden Zeilen ihres Briefes klingen ahnungsvoll:

"So manches werden Sie von mir hören, mancher Zweifel wird sich bei Ihnen regen, wenn Sie dies oder jenes erfahren, doch dann denken Sie - Alles das thut sie ja für mich!" (Ebenda).

Und am 4.10.1837 schreibt sie (Schumann hat sie inzwischen schriftlich um das 'Du' gebeten[29]):

"[War ich doch ein schwaches Mädchen!] Jetzt bin ich stark geworden. Durch Dich - D e i n   H e r z , D e i n   e d l e r
S t o l z hat auch mir ein Selbstgefühl gegeben" (Litzmann I, 131).

Die Tatsache, daß Schumann sich nicht mit einer Ablehnung abfinden will, sondern sein Schicksal an das Zustandekommen der Ehe knüpft, ist ihr höchster Liebesbeweis, stärkt die Entschlossenheit, langfristig gegenüber dem Vater ihren Willen durchzusetzen.

Ihr Selbstgefühl dem Vater gegenüber gründet sich darauf, daß Schumann nicht bereit ist, auf ein Zusammenleben mit ihr zu verzichten. Schumann aber gibt ihr auf ihren Weg in die Öffentlichkeit, in den Erfolg die Worte mit:

"Verlaß mich nicht, Du einziges Mädchen. Ich klammere mich an Dir fest; giebst Du nach, so ist es um mich geschehen." (Robert Schumann an Clara Wieck, 11.10.1837, Litzmann I, 133).

Um den Verlauf des sich nun entspannenden Briefwechsels richtig einzuschätzen, muß man sich die Bedingungen vergegenwärtigen, unter denen er geführt wird. Der Briefwechsel ist geheim; Clara Wieck versucht Schumann am 17.11.1837 ihre Situation zu veranschaulichen:

"Endlich nach beinahe 8 Tagen komme ich dazu, Dir wieder ein paar Worte zu schreiben. Glaub nicht, daß das so leicht ist, denn bei unverschlossener Thür muß ich Dir schreiben, da Vater sehr bös ist, wenn er das Zimmer verschlossen findet. Und nun sein Verdacht; denk Dir, er hat zu Nanny gesagt, 'ich weiß schon meinen Pfiff, wie ich erfahre, ob Clara an Schumann geschrieben, lang bleibt es nicht vor mir verborgen.' Am besten Du adressierst Deinen nächsten Brief an einen Herrn, meinetwegen ' H e r r n
J u l i u s   K r a u s   p o s t e   r e s t a n t e ' nach Wien versteht sich. Laß aber ja i m m e r die Adresse von Dr. Reuter schreiben [und *nimm Dich in Acht*, daß Du Dir nicht etwa durch irgend eine List der Mutter das Geheimnis (unserer Correspondenz) entlocken läßt.] (...)[30]

Den 19ten, Sonntag
Heute war der Abend, wo ich mir vorgenommen, Dir recht viel zu schreiben, da kommt so ein schmachtender Courmacher und verdirbt mir den ganzen schönen Abend. [Das ist nun wieder Einer, der nach Leipzig kömmt, mit der Hoffnung dort sein Glück (wie er sagt) zu finden und] Du wirst errathen und lächeln - Auch noch ein Enthusiast ist hier, der mich mit jedem Blick zu verschlingen droht, und setz ich mich an das Klavier, so ist es vollends aus, dann mach ich mich jedesmal auf eine Umarmung gefaßt; glücklicher Weise steht, wie Du weißt aus alten Zeiten, immer ein Stuhl an meiner Seite, auf den er zuerst fällt." (Clara Wieck an Robert Schumann, 17.11.1837, Litzmann I, 145)[31]

Jede Sekunde muß sie also gewärtig sein, daß ihr Vater sie beim Schreiben überrascht, sie wird ständig gestört durch 'schmachtende Courmacher' und andere Menschen, denen sie die Tür nicht verwehren darf, da sie ja auf deren Reklame angewiesen ist, und auch sonst hat sie gesellschaftliche Verpflichtungen, die ihr neben dem Üben und Vorspielen in privaten Kreisen oder innerhalb öffentlicher Konzerte kaum eine freie Minute lassen. Dadurch braucht sie oft über eine Woche, um einen Brief zu schreiben, ihre Konzentration beim Schreiben ist fast immer gering.

Ganz anders Schumann, der sehr isoliert in Leipzig lebt und versucht, sich auf seine Arbeit zu konzentrieren[32]: Er weiß, daß Wieck nichts unversucht lassen wird, seine Tochter umzustimmen. Da die Briefe für gut anderthalb Jahre das ausschließliche Verständigungsmittel sind und er manchmal lange auf eine Antwort waren muß, wägt er jedes Wort seiner Braut ab, uneingedenk des permanenten Drucks, unter dem ihre Briefe entstehen.

So dauert es nicht lange, bis es zu einem ersten Konflikt kommt.

b) Der erste Konflikt (November 1837)

Wiecks Absage. Zweifeln ist Untreue. Forderungen Clara Wiecks. Objektive Notwendigkeit einer finanziellen Basis. Erpressung. Widerspruch in Schumanns Ehevorstellungen. Unterwerfung. Gefühlsästhetik. Ernährerrolle. Schumanns Verhältnis zu Wieck. Rolle der Vermittlerin. Novelletten.

Kaum, daß Wieck mit seiner Tochter Leipzig verlassen hat, schreibt er - ohne Wissen der Tochter - Schumann einen Absagebrief. Dieser Brief ist offensichtlich nicht erhalten, Schumann zitiert aber einige Sätze daraus[33]:

" - Zwei stellen schreib ich Dir noch wörtlich ab: 'eh ich zwei solche Künstler zusammen bürgerlich und häuslich unglücklich und beschränkt sehe, opfere ich lieber meine Tochter allein auf eine oder die andere Weise' und dann die herrlichen Worte: ' u n d muß ich meine Tochter schnell anderweitig v e r h e i r a t h e n, so könnten Sie nur alleine die Ursache sein.' Dies letzte, meine liebe Clara, war entscheidend und entschieden genug. - Was kann ich auf den Brief thun? Nichts als schweigen entweder oder ihm die Wahrheit sagen - mit einem Worte, es ist aus zwischen uns - was hab ich noch mit solchem Mann zu schaffen. Schlimm ist es freilich - und ich weiß nicht wie das werden soll. Wirst Du auch ausdauern?" (Robert Schumann an Clara Wieck, 8.11.1837, Litzmann I, 141/2).

Wieck droht also damit, die Tochter an den 'Meistbietenden' zu verkaufen. Schumanns Reaktion: Er stellt Clara Wieck scheinbar

selbstbewußt frei, ob sie ihn in seinen Verhältnissen akzeptiere
oder nicht. Aber er macht ihre Akzeptanz zum Maßstab für die
Glaubwürdigkeit ihres Liebesschwurs. Damit denunziert er von
vornherein jede finanzielle Überlegung als etwas, was mit 'wahrer
Liebe' nichts zu tun hat, sondern mit dem Wunsch, 'nach Perlen
und Diamanten', damit als unangemessenes Luxusbedürfnis:

"Wirst Du auch ausdauern? (...) Bist Du nicht glücklich in
meinem Besitz? Hast Du nicht die Ueberzeugung, das glücklichste Weib zu werden, hast Du diese nicht - so zerreiß es lieber
jetzt noch, das Band. Alles geb ich Dir noch zurück, auch den
Ring. Freust Du Dich aber meiner Liebe, erfüllt sie Dein ganzes
Herz, hast Du auch alles recht gewogen, meine Fehler, meine Unarten, genügt Dir das Wenige, was ich Dir sonst bieten kann,
wenn's auch keine Perlen und Diamanten sind - nun so bleibt es
beim Alten, meine treue Clara! Dann aber geb ich Dir n i e etwas zurück, entbinde Dich Deiner Verpflichtungen gegen mich
n i e m a l s und will a l l e Ansprüche geltend machen, die mir
Dein Jawort und Dein Ring verleihen. (...) Du kannst recht gut
Deinen Vater lieben und mich auch, - aber verheiraten darfst Du
Dich durchaus nicht lassen; das leide ich nicht, hörst Du, Clara,
Mädchen? (...) Bewahre, was ich Dir schrieb, im Herzen: 'Zweifeln ist schon Untreue, Glaube halber Besitz' - das Andre wird
unser gütiger Geist, der uns schon bei unsrer Geburt für einander bestimmt, zu einem glücklichen Ende führen." (Robert Schumann an Clara Wieck, 8.11.1837, Litzmann I, 142/3)

Diese Argumentation, der Verweis darauf, daß sie von Gott füreinander bestimmt seien, macht jeden Einwand, jede Reflexion des
Partners zum Mangel an Liebe und Vertrauen, versperrt die Möglichkeit, offen über Wege, die finanzielle Basis der Ehe zu verbessern, zu sprechen bzw. sich darüber bewußt zu werden und
damit auseinanderzusetzen, welche objektiven Probleme hinter
Wiecks Haltung stecken.

Die Antwort Clara Wiecks besteht aus mehreren Teilen, zwischen denen jeweils ein erheblicher Zeitabstand gelegen hat. Ihre
spontane Reaktion auf Schumann ist souverän und humoristisch.
Nachdem sie deutlich erklärt hat, daß all ihr 'Thun und Treiben'
nur durch die Hoffnung und das Ziel bestimmt sei, sich mit ihm
zu verbinden, geht sie auf seine Sorge ein, daß sie sich von Wieck
mit jemand anderem verheiraten lasse:

"(...) Und nun, was das verheirathen betrifft, das ist allerdings
bedenklich. Wenn nun so ein D i a m a n t käme, der mich so
blendete, daß ich Eusebius, Florestan und wie sie sonst noch
heißen vergäße und du läsest am Ende in Zeitungen 'Verlobung
des Fräulein Clara Wieck mit dem Herrn von Perlenschnur oder
Diamantenkrone' - im Ernst aber, bin ich ein kleines K i n d ,
das sich zum Altar führen läßt wie zur Schule? Nein, Robert!

Wenn Du mich K i n d   n e n n s t , das klingt so lieb, a b e r , a b e r wenn Du mich K i n d   d e n k s t , dann tret ich auf und sage: ' D u   i r r s t !' Vertraue mir vollkommen (...)."
(Clara Wieck an Robert Schumann, Prag 12.11.1837, Litzmann I, 144).

Sie sieht sich offenkundig durchaus nicht der Verfügungsgewalt des Vaters ausgeliefert, sondern trennt zwischen Pflichten, die sie gegenüber dem Vater als demjenigen hat, dem sie ihre Ausbildung verdankt, und dem Recht, das sie für ihr künftiges Leben beansprucht - nämlich sich den Partner frei zu wählen. Eine Woche später kommt sie noch einmal auf das Geschriebene zurück, nachdem sie ihm - wie bereits wiedergegeben - die Bedingungen, unter denen ihre Briefe entstehen, geschildert hat:

"Eben lese ich, was ich Dir am Sonntag geschrieben und mir fiel ein, Du könntest meine scherzhaften Zeilen mißverstehen; doch nimm ja alles recht ernst und dann meine i n s t ä n d i g s t e Bitte, erwähne nichts mehr von Z w/e i f e l , das verwundet mich tief! Hab ich doch das Bewußtsein der schönsten und standhaftesten Liebe. Baue so fest auf mich, w i e   i c h   a u f   D i c h - dann ist uns kein Hindernis zu groß, w i r bieten allem Trotz, wenn nicht höhere Mächte sich zwischen uns stellen."
(Clara Wieck an Robert Schumann, Prag 17.11.1837, Litzmann I, 146)[34].

Mit dieser Versicherung - getreu der herrschenden Liebesideologie, daß die Liebe eine alle Hindernisse überwindende Macht sei - scheint die Krise überwunden. Einige Tage später aber schreibt sie den Brief zu Ende:

"[Eben las ich Deinen Brief und die Stelle wo Du mir schreibst, daß mein Ring und mein Jawort Dir alle Ursache gäben Deine Ansprüche geltend zu machen.][35] - In diesen Tagen hab ich wieder viel nachgedacht über mein Verhältniß und muß Dich doch auf etwas aufmerksam machen. Du vertraust auf den Ring? mein Gott, das ist nur ein äußeres Band. Hatte Ernestine nicht auch einen Ring von Dir, und was noch mehr sagen will, Dein Jawort? und doch hast Du das Band zerrissen, Also der Ring hilft gar nichts. + ich baue wenigstens nicht mehr darauf als im Anfang. Bleiben wir uns ohne Ringe treu, so ist das viel mehr.+*
[Eben besinne ich mich daß ich Dir nicht geschrieben, daß Vater die Ursache, daß ich die Briefe zurückhaben will, indem er so verdächtig ist und ich so eine eigene Angst bekomen hab.]
- Auch ich hab über die Zukunft nachgedacht und das r e c h t   e r n s t l i c h . Das Eine muß ich Dir doch sagen, daß ich nicht eher die Deine werden kann, ehe sich nicht die Verhältnisse noch

---

* Die durch + + gekennzeichneten Zeilen sind von Boetticher übertragen worden. Vgl. Boetticher II, 154

ganz anders gestalten. Ich will nicht Pferde, nicht Diamanten, ich
bin ja glücklich in Deinem Besitz, doch aber will ich ein sorgenfreies Leben führen und ich sehe ein, daß ich unglücklich sein
würde, wenn ich nicht immerfort in der Kunst wirken könnte,
und bei Nahrungssorgen? das geht nicht. Ich brauche viel und
sehe ein, daß zu einem anständigen Leben viel gehört. Also,
Robert, prüfe Dich, ob Du imstande bist, mich in eine sorgenfreie Lage zu versetzen. Bedenke, daß, so einfach ich erzogen
bin, ich doch nie eine Sorge gehabt und nun sollte ich meine
Kunst vergraben müssen. (...)"

Der Brief endet mit deutlich schlechtem Gewissen:

"Nicht wahr, Du bist mir nicht bös? Ach Gott, ich weiß gar nicht
was ich will, mir ist, als hätt' ich Dir etwas gethan" (Clara Wieck
an Robert Schumann, 24.11.1837, Litzmann I, 147/8).

Zum erstenmal stellt sie hier klare Forderungen auf. Dabei hinterfragt sie nicht den Bund an sich, sondern knüpft den Zeitpunkt der Eheschließung an Schumanns finanzielle Lage. Sie erwartet nun von ihm, daß er genug Geld in die Ehe einbringt,
allerdings nicht im Sinne einer Konsumtionsgemeinschaft, wie es
Schumann interpretiert, sondern als Voraussetzung für die auch
von Schumann gewünschte Produktionsgemeinschaft.

Denn ausreichendes Kapital ist für sie grundlegende Bedingung
für eine Weiterführung der künstlerischen Tätigkeit, weiß sie
doch, daß es ihre - sogar gesetzliche - Pflicht sein wird, den
Haushalt zu führen und die Kinder großzuziehen. Demzufolge ist
Geld für Dienstboten nötig, die sie entlasten, damit ihre Kraft sowohl für die tägliche technische Übung verfügbar ist als auch für
öffentliche Auftritte und Konzertreisen. Ohne gute finanzielle Basis zu heiraten, würde sie tatsächlich zwingen, 'ihre Kunst' -
Kunst als öffentliche Kunst - 'zu begraben'.
 Offensichtlich ist ihr erst jetzt bewußt geworden, daß aus einer
Ehe mit Schumann für sie ein existentieller Konflikt entstehen
kann. Die Formulierung 'Ich sehe ein ...' ist ein Hinweis darauf,
daß sie sich auf Argumente des Vaters bezieht. Das schmälert
aber nicht den Aussagewert des Briefes, es zeigt vielmehr, daß
Wieck sie auf ein bedrohliches Problem aufmerksam gemacht hat.
 Der Nachsatz relativiert den selbstbewußten Ton und den Inhalt der Forderungen, wie sich überhaupt Briefanfang und -ende
auffällig voneinander unterscheiden. Der humoristische Ton des
Anfangs erwächst offenkundig aus dem Gefühl, daß sie ihrer
Liebe ganz sicher sein kann. Die Forderung nach finanzieller Absicherung dagegen formuliert sie geschäftsmäßig. Am Ende ist
ein schlechtes Gewissen spürbar, die Furcht, Schumanns Rollenerwartungen zu enttäuschen und ihn als Künstler mit diesen Forderungen unangemessen (weil in ihrem Interesse) unter Druck zu
setzen. Aber sie schickt den Brief ab, offensichtlich sieht sie

letztlich keinen anderen Ausweg aus dem sich anbahnenden Konflikt zwischen künstlerischer Tätigkeit und Frauenrolle in der Ehe, als daß Schumann derjenige sein muß, der dafür sorgt, daß mehr Geld da ist.

Mit dem Hinweis auf Schumanns Trennung von Ernestine, deren Gründe sie bis zu diesem Zeitpunkt noch nicht kennt, wehrt sie sich gegen Schumanns moralische Erpressungsversuche ('Schon Zweifel ist Verrat'); das Heiratsversprechen begründet für sie kein Besitzverhältnis. Der Hinweis auf die Freiwilligkeit des gegenseitigen Bundes zeigt ihr wachsendes Selbstbewußtsein. Hier zeichnet sich ab, daß der Augenblick, in dem sie sich für Schumann entschieden hat, für sie der innere Emanzipationsschritt aus der autoritären Verfügungsgewalt des Vaters gewesen ist (vgl. auch ihre ruhige, selbstbewußte Zurückweisung aller Zweifel Schumanns an ihrer Treue).

Schumanns Reaktion und Clara Wiecks anschließender Vermittlungsversuch sind höchst charakteristisch. In seinem Antwortbrief vom 28.11.1837 geht Schumann sofort auf ihre Forderungen ein. Zwar konzidiert er ihr 'das Recht an Dein äußerliches Glück zu denken', aber diese Formulierung bereits denunziert die Frage nach finanzieller Absicherung als sekundär, wenn nicht gar vernachlässigenswert angesichts der Frage nach dem 'inneren Glück':

"(...) Das Eine betrübt mich, daß Du mir erst jetzt einen Einwand machtest, den Du mir schon da, als ich Dir meine Verhältnisse offen auseinandersetzte, hättest machen sollen, weil es mir sonst gewiß nicht in den Sinn gekommen wäre, Deinem Vater überhaupt zu schreiben, wo Du selbst noch so viel Bedenklichkeiten hast." (Robert Schumann an Clara Wieck, 28.11.1837, Litzmann I, 148)

Schumann deutet demnach ihre 'Bedenklichkeiten' als grundsätzliche Zweifel daran, ob die Entscheidung, ihn zu heiraten, richtig sei.

"Was ich Dir also über meine Reichthümer früher und nach Deinem Vater schrieb, verhielt sich und verhält sich noch jetzt so. Es ist nicht glänzend, aber so, daß mir manches Mädchen, manches schöne und gute auch, die Hand darauf geboten und gesagt hätte 'wir müssen es zusammennehmen, aber Du sollst an mir eine gute Hausfrau finden etc. etc.'. – Du dachtest damals vielleicht auch so – Du denkst jetzt anders – überhaupt meine Sinne wollen mir manchmal vergehen." (Litzmann I, 149)

Schumann appelliert damit an das herrschende Rollenverständnis: Wie kommt eine Clara Wieck dazu, Forderungen zu stellen, wenn jede andere Frau (und manche gute und schöne dazu – das ist eine Anspielung darauf, daß Clara den Komplex hat, nicht schön zu sein[36], aber sich von Schumann geliebt glaubt, weil sie so 'gut' sei!) bereit wäre, ihm 'eine gute Hausfrau' zu sein. Schumann macht hier ganz klar, daß er Clara Wieck in erster Linie als Hausfrau sieht. Eine eheliche Produktionsgemeinschaft kann er sich nur als Ausnahme vorstellen, eine Ausnahme, die sich nur aus seinem eigenen Sonderstatus legitimiert. Da sie selbst Künstlerin ist, erwartet er Verständnis dafür, daß er nicht bereit sein kann, seine 'Kunst' als 'Handwerk' zu treiben, um eine Familie zu unterhalten. Er erwartet Verständnis von ihr, begreift aber ihren Konflikt, aus dem heraus sie argumentiert, nicht:

"Zur Sache.
Kömmt keine Hand aus den Wolken, so wüßte ich nicht, wie sich mein Einkommen in kurzer Zeit so steigern könnte, wie ich es Deinetwegen wünschte. Du kennst die Art meiner Arbeiten, Du weißt, daß sie nur geistiger Natur sind, daß sie sich nicht wie Handwerksarbeiten zu jeder Tageszeit machen lassen [und was dergleichen mehr.] Daß ich ausdauern kann habe ich bewiesen; nenne mir einen jungen Menschen meines Alters, der sich eine so große Wirksamkeit in so kurzer Zeit erschaffen. Daß ich diese noch erweitern möchte, mir noch mehr verdienen, versteht sich von selbst und kann auch nicht ausbleiben; ob dies aber so viel betragen wird, daß es Deinen Wünschen entspricht, wie Du sie vielleicht hast, glaube ich nicht; dagegen ich mir auch mit gutem Gewissen zutrauen kann, in etwa zwei Jahren eine ja zwei Frauen ohne große Sorgen, aber freilich auch nicht ohne immer dazu fortzuarbeiten, zu erhalten." (Litzmann I, 149) [37]

Schumann gibt sich hier sehr selbstbewußt bezogen auf seine finanzielle Lage, aber tatsächlich treffen ihn ihre Forderungen: er reagiert mit Selbstmordphantasien - die Schuld dafür gibt er ihr:

"Liebe Clara, die letzte Seite Deines Briefes hat mich recht auf die Erde versetzt, und ich möchte alle Spießbürger umarmen. Du hättest es aber auch romantischer ausdrücken können; jedes Wort wird mir schwer, das ich darauf antworten muß. [während's sonst ganz anders war.] Wie gesagt, Dein Vater führte Dir die Feder; die Kälte jener Zeilen hat etwas mörderisches [und mich ganz niedergedrückt.] Und nun auch, daß Du so gar wenig von meinem Ring hältst - seit gestern habe ich Deinen auch gar nicht lieb mehr und trag ihn auch nicht mehr. Mir träumte, ich ginge an einem tiefen Wasser vorbei, da fuhr mirs durch den Sinn und ich warf den Ring hinein - da hatte ich unendliche Sehnsucht, daß ich mich nachstürzte.
+ Morgen davon mehr, vielleicht bin ich da anderes +*
[Das noch: Du erwähntest Ernestinen]
+ Glaubst Du, ich hätte jemandem einen *Ring* gegeben oder geben können, [so lange sie einen von mir hat -] nein, da weist einem die Hand aus dem Grab sagt man - nein, meine Clara, ein Ring

* + + Übertragung Boetticher II, 154

bindet zwar nur äußerlich, er bindet aber fürs L e b e n . So
gab ich Dir meinen, in diesem Sinn nahm ich den Deinen. [So
denke ich und bin gar nicht Deiner Gesinnung. Aber] morgen
mehr, das Blut rollt mir wie Feuer im Kopf + und meine Augen
sind trüb vom Gram über Dich. Leb aber wohl." (Litzmann I,
149/50)*

Hier bricht zum erstenmal ein zentraler Widerspruch in Schumanns
Ehevorstellung auf: Bei der Wahl Clara Wiecks als Ehepartnerin
ist er davon ausgegangen, daß sie sowohl Vermögen (ihre Ersparnisse aus Konzerteinnahmen)[38] in die Ehe einbringt, als auch
durch ihre künstlerische Tätigkeit zum Lebensunterhalt beiträgt.
Nur durch eine derartige Produktionsgemeinschaft scheint ihm
der Wunsch, eine Familie zu gründen, und unabhängige künstlerische Produktion vereinbar. Eine Produktionsgemeinschaft ist
demnach finanziell nötig, zugleich aber - wiederum aus finanziellen Gründen - unmöglich.

Denn Clara Wieck kann nur Geld verdienen, wenn sie künftig
finanziell so gestellt sind, daß sie weitgehend von allen häuslichen
Aufgaben entlastet wird. Diesen objektiven Konflikt kann Schumann nicht bewußt 'anerkennen' und erkennen, da sonst sein Le-
bensmodell in bezug auf die Ehe erschüttert werden würde.

So deutet er jede finanzielle Überlegung als Sorge um das
'äußere Glück', als Ausdruck einer allein an materiellem Denken
orientierten Philisterhaltung.

Am nächsten Tag breitet er seiner Braut seine Zukunftsvorstel-
lungen aus. Dabei wird ganz deutlich, daß er sich die Ehe in erster Linie als Rückzugsort vor der Öffentlichkeit wünscht:

"Daß man sich so quälen kann wegen ein paar hundert Silber-
stücke, die uns noch jährlich fehlen! Aber freilich, sie müssen
da sein. Du (weißt) was ich habe; ich brauche es für mich zur
Hälfte. Reicht die andere Hälfte nicht für Dich, so hast* Du Dir
ja auch Einiges erworben*. Es kommt ganz (darauf) an, wie man
sich einrichtet und da sollst Du gleich wissen wie ich hin und
hergedacht. Am liebsten möchte ich meine jetzige unabhängige
Stellung noch einige Zeit behalten, ein hübsches Haus nicht weit
von der Stadt haben - Dich bei mir - arbeiten - selig und still
mit Dir leben. Deine große Kunst würdest Du natürlich pflegen,
wie immer, doch weniger für Alle und des Erwerbs wegen, als
für einzelne Auserlesene und unseres Glückes halber. Dies alles.
wenn Du so wolltest. (...)" (Litzmann I, 150).

Schumann wünscht demnach, daß die Ausbildung Claras nicht im
öffentlichen Wirken, nicht aus finanziellen Gründen - also nicht
primär im Sinne einer Produktionsgemeinschaft fruchtbar wird,
sondern 'unseres Glückes halber', im Sinne einer Konsumtionsge-

---

* + + Übertragung Boetticher II, 154
* bei Litzmann: wirst ... erwerben

meinschaft: Die künstlerischen Fähigkeiten der Frau sollen die 'Seelengemeinschaft' zwischen den Partnern intensiveren, das heißt, die Intimität erhöhen und eine Identifikationsmöglichkeit für Schumann bieten. Öffentlichkeit ist das Feindliche, mit dem man sich nur aus Gründen des unabdingbaren Gelderwerbs einläßt.

Diese Argumentation steht in einem Widerspruch dazu, daß er die öffentliche Ausübung ihrer Kunst braucht, nicht nur des Geldes wegen, sondern auch als eine der wichtigsten Voraussetzungen dafür, daß seine Kompositionen in der Öffentlichkeit bekannt werden. Er argumentiert demnach gegen sein objektives Interesse, vielleicht, um nicht seine Abhängigkeit zugeben zu müssen. Außerdem erkennt Schumann nicht (oder will es nicht erkennen), daß anders als die kompositorische Arbeit die 'Kunst' Clara Wiecks eine Kunst ist, die sich als Arbeit erst in der Öffentlichkeit vollzieht. Klavierspiel nur für den eigenen Hausgebrauch rechtfertigt nicht die Arbeitskraft, die sie und der Vater investiert haben. Ihre Verpflichtungen sich selbst und dem Vater gegenüber implizieren ganz unabhängig von der Frage der materiellen Notwendigkeit einer Erwerbstätigkeit Kunst als Arbeit.

Schumann aber behandelt das Thema Ehe nur unter dem Aspekt von Wünschen und nicht von objektiven Notwendigkeiten. Er stellt ihr im folgenden Briefabschnitt eine Ehe vor Augen, in der nicht nur die Bedürfnisse beider Partner gleichberechtigt nebeneinander und miteinander realisiert werden, sondern er schreibt so, als stelle er die Entscheidung für oder gegen ein Wirken in der Öffentlichkeit ganz zu ihrer Disposition:

"Ein Anderes wäre es nun, Du wünschtest Dich der großen Welt erhalten; auch das wäre mir recht; (...) Du hast überall Namen, ich Freunde und Verbindungen die Menge - kurz Ehre und Verdienst könnte nicht ausbleiben und wir zögen mit Schätzen reich beladen wieder in unser Haus, das uns freilich zur Zeit noch fehlt. (...) Gesetzt nun, es stände uns dieses Leben nicht mehr an ... was würdest Du wohl antworten, wenn ich Dich eines Morgens einmal so anredete: liebe Frau, ich habe ohne Dein Wissen einige ausgezeichnete Symphonien und andre wichtige Geschichten componirt und überhaupt ganze Adlerhorste von Reisen im Kopf, wo es denn auch Dich nach Kronen und Lorbeeren zu gelüsten scheint, wie wär es, wir packten unsere Diamanten zusammen und zögen und blieben g a n z in Paris? - Du würdest das mir antworten 'nun, das ließe sich hören', - oder 'aber höre', - oder 'wie Du willst', oder 'nein laß uns hier, mir gefällts so' - und ruhig würde ich dann wieder an meinen Schreibtisch gehen und redigirte wie früher." (Litzmann I, 150/1)

Die idyllischen Vorstellungen, die Schumann mit einer Erwerbstätigkeit der Frau verbindet, sein Wunsch nach einem zurückgezogenen Leben im 'Einfamilienhaus im Grünen' bei gleichzeitiger

Entwicklung zu einem anerkannten Komponisten verstellen den Blick auf seine Realität.

Zugleich weist er den Gedanken von sich, seinerseits eine ausreichende finanzielle Basis zu schaffen, indem er 'mehr fürs Geld' arbeitet. Dafür aber, daß er die 'Symphonien, die in ihm liegen', nicht schreiben kann, macht er Wieck und sie verantwortlich:

"O schöne Bilder, daß euch niemand in Trümmern schlagen möchte! Daß ich einmal an Deinem reichen Herz glücklich wäre! Diese kummervollen Nächte um Dich schlaflos hingebracht, diese Schmerzen ohne Thränen - sie müssen einmal vergolten werden von einem gütigen Gott. Laß mich jetzt eine Minute ruhen. -

Freilich habe ich nun die Rechnung ohne den Wirth gemacht, d.h. ohne Deinen Vater. Hier aber kannst Du allein handeln, ich vor der Hand nichts thun + daß er oft, ja vielleicht täglich in Dich dringt, Dir [mit Liebe und*] mit Gewalt zusetzt, daß er Dir von Opfern vorsprechen wird, die Du zu Gunsten Deiner Familie bringen müßtest**, namentlich das letzte, fürchte ich, könnte Dich in Deiner Herzensgüte einmal wankend machen. Also - das liegt in Deiner Hand, wie sich mit Deinem V. einmal zu verständigen sei. (...)

... Aber wie meinst Du immer das, 'mir die Kunst zum Opfer bringen', 'die Kunst vergraben' und so? Wahrhaftig, das wirst Du nicht und sollst doch*** nicht und hättest das doch nur zu befürchten, wenn Dein zukünftiger Mann kein Künstler wäre. Ich denke, wir werden uns, wie früher, vorphantasieren und die herrlichsten Opern zusammen komponieren, und ich werde da oft in Deine Stube hinüberlaufen und denken, die da spielt ist ja Deine Clara. - Wie ein Kind schwatze ich - oh verzeih'. - Bleibt's ein Traum, nun so sei uns wenigstens der für unsere Lebenszeit vergönnt. (...) + Möchtest Du mich denn nicht wieder einmal hören? Du weißt, ich nehme oft so curiose Mittelstimmen, woran ich zu erkennen bin, und Du standest oft daneben und sahst auf meine Hand und ich in Deine Augen, Wir habens früher zu gut gehabt. -

Mit meinem Leben in den letzten Wochen bin ich gar nicht zufrieden; die Trennung von Dir, der Schmerz über so manche Kränkung beugen meinen Geist oft nieder und es geht mir dann nichts von der Hand - dann brüte ich oft stundenlang vor mich hin, seh Dein Bild an, das vor mir hängt und denke, wie das alles enden wird - Richte mich manchmal durch einige Worte auf. - Dann widerts mich oft zusammen über solche Lappalien von schlechten Compositionen zu schreiben - ich komme mir dann wie

+ + Boetticher II, 154
*   Von Boetticher als "nur" übertragen
** Von Boetticher als "möchtest" übertragen
*** Von Boetticher als "Du" übertragen

ein Demant vor, den man zu nichts brauchen wollte, als zu zerschneiden von gemeinem Glase. Nenn mich nicht eitel wegen des Vergleiches - es liegen aber noch einige Symphonien in mir, auf die ich stolz bin. Also sprich mir manchmal in Liebe zu, [und verlange nicht das Unmögliche von mir], daß ich Kraft und Vertrauen behalte. Ich könnte vielleicht mehr fürs Geld arbeiten, aber auch flüchtiger und mittelmäßiger; das eigentliche Schaffen hat seine genauen Grenzen; man kann nicht immer schöpfen vom Edelsten, es bleibt sonst ganz aus.

Viel hab ich Dir noch zu sagen. Zuerst die Frage, wenn Dein Vater hinter unsre Briefe käme, was würdest Du thun? (...) Aber ich meine, ob Du, wenn er etwas erfährt, mir dennoch schreiben wirst? Ließest Du Dich wieder einschüchtern, wie in Dresden, Du gar n i c h t s von Dir hören - Clara - zum zweitenmal suchte ich Dich nicht wieder, nie wieder. (...) Ich küsse Dich in inniger Liebe - Adieu mein Fidelio ... und bleib so treu wie Leonore ihrem Florestan Deinem Robert." (Litzmann I, 152-54)

Bereits eine Woche später antwortete Clara Wieck:

"So groß meine Freude war beim Empfang Deines Briefes, so groß mein Schmerz, bei Lesung der ersten Seite - konntest Du mich so kränken, mir so bittere Tränen entlocken? Ist es Robert, der mich so verkannte, der meinen Worten so einen unschönen Sinn unterlegte - hab ich das verdient? Ja! ich weiß, daß Dir noch viele schöne und vielleicht auch so gute Mädchen als ich zu Gebote stehn und bessere Hausfrauen als man von einer Künstlerin es glaubt - ja ich weiß es, aber schön ist es nicht, daß Du mir, die nur für Dich und in Dir lebt, so einen Gedanken mittheilst, daß in Dir, wenn Du mich wahrhaft liebst so ein Gedanke aufkömmt. [Bereust Du, Deine Hand nicht einem andern Mädchen geboten zu haben, meinst Du durch ein anderes Mädchen glücklicher geworden zu sein? schmerzlich für mich! -] Du glaubst, ich trage noch unerreichbare Wünsche in mir? Ich habe nur zwei Wünsche, Dein Herz und Dein Glück. Könnt ich ruhig sein, müßte sich Dein Herz mit Sorgen erfüllen um meinetwillen? Könnt ich das unedle Verlangen in mir tragen, Du solltest Deinen Geist zu einem Handwerk machen, damit ich könnte meinem Vergnügen nachgehen [...]*
Meine Phantasie kann mir kein schöneres Glück vorstellen, als der Kunst fortzuleben, aber im Stillen, und** Dir und mir manche angenehme Stunde zu verschaffen. So stimmten wir denn ganz überein, ich falle Dir an das Herz und sage: 'Ja, Robert, so laß uns leben!' Glaubst Du, ich liebe nicht auch schwärmerisch? Oh ja, ich kann auch schwärmen, aber das Schwärmen hört wohl auf, wenn Sorgen unsere Herzen erfüllen, dann würdest Du Dich erst r e c h t auf die Erde versetzt fühlen. Ich seh ein, es gehört

---

* Auslassung von Litzmann nicht angegeben
** bei Litzmann: um

auch zu einem einfachen Leben viel - zweifle jedoch nicht, daß sich alles finden wird. Ich habe ein festes Vertrauen, Dein Ring sagt es mir täglich: 'G l a u b e , L i e b e , H o f f e '."
(Clara Wieck an Robert Schumann, 6.12.1837, Litzmann I, 156)[39].

Gleichsam als Langzeitperspektive geht sie hier auf die Vorstellung, der Öffentlichkeit zu entsagen, ein. Zwar macht sie deutlich, daß ihr die finanzielle Lage weiterhin Sorge bereitet und daß sie befürchtet, daß eine finanziell ungesicherte Ehe eine Bedrohung der künstlerischen Freiheit für Schumann bedeutet - doch verbal zieht sie sich auf ganz allgemeine Hoffnungen zurück ('zweifle nicht ...'); 'Glaube, Liebe, Hoffe ...'), als warte auch sie auf die 'Hand aus den Wolken'. De facto aber hat sie in Wien gerade zwei Konzerte mit außerordentlichem - auch finanziellem - Erfolg gegeben und damit ihren Beitrag zur Verbreiterung der finanziellen Basis geleistet.

Schumanns Druck, sein indirekter Appell an das in Clara Wieck wirksame weibliche Rollenbewußtsein hat dazu geführt, daß sie ihre Interessen nicht mehr offen benennt, sondern ihn verbal in seinen Wünschen und Vorstellungen bestätigt.

"(...) den 21sten Heute war mein zweites Concert und abermals ein Triumph. Unter Vielem fand mein Concert die beste Aufnahme. Du fragst ob ich es aus eigenem Antrieb spiele - allerdings! ich spiele es, weil es überall so sehr gefallen, und Kenner wie Nichtkenner befriedigt hat. Jedoch, ob es mich befriedigt, das ist noch sehr die Frage. Meinst Du, ich bin so schwach, daß ich nicht genau wüßte, was die Fehler des Concerts? Genau weiß ich es, doch die Leute wissen es nicht und brauchen es auch nicht zu wissen. Glaubst Du, ich würde es spielen, wenn es überall so wenig ansprächen als in Leipzig? Ueberhaupt wenn man hier gewesen, möchte man nie mehr nach dem Norden gehen, wo die Menschen Herzen von Stein haben (Du bist natürlich ausgenommen). Hier solltest Du einmal einen Beifallssturm mit anhören. Die Fuge von Bach und das Finale der Henselt'schen Variationen mußte ich wiederholen. Kein schöneres Gefühl, als ein ganzes Publikum befriedigt zu haben."
(Litzmann I, 160)

In der Mitteilung ihrer Erfolge als Pianistin wie in der Einschätzung des kompositorischen Stellenwerts ihres eigenen Klavierkonzerts (op. 7) wird stolzes Selbstbewußtsein spürbar. Die Art und Weise, wie sie ihren harten Alltag der Bereicherung gegenüberstellt, die sie durch die eigene Ausdrucksfähigkeit und durch die Anerkennung von außen erfährt, zeigt sie einen Menschen, der meint, die Wirklichkeit einschätzen gelernt zu haben, und seine Wünsche auf das Machbare abstimmt.

Die Schlußwendung als Geste der sich liebend unterwerfenden Frau relativiert nicht die liebevolle Ironie, mit der sie Schumanns

Zukunftsphantasien als unrealistische Träume offenlegt; sondern offenbar glaubt sie durch ihre Kunst, aber auch durch ihre 'Welterfahrenheit' eine Vermittlungsrolle für Schumann übernehmen zu können:

"Viel Spaß hat mir die Stelle in Deinem Brief gemacht, wo Du schreibst 'und so zögen wir beladen mit Schätzen wieder in unser Häuschen ein'. Ach, mein Gott, was denkst Du, Schätze sind mit der Instrumentalmusik j e t z t nicht mehr zu erlangen. Wie viel muß man thun, um ein paar Thaler aus einer Stadt mitzunehmen. Wenn Du um 10 Uhr Abends bei Poppe sitzest oder nach Hause gehst, muß ich Aermste erst in die Gesellschaften und den Leuten für ein paar schöne Worte und eine Tasse warm Wasser vorspielen, komme um 11 bis 12 Uhr todtmüde nach Haus, trinke einen Schluck Wasser, lege mich nieder und denke, was ist ein Künstler viel mehr als ein Bettler? Und doch, die Kunst ist eine schöne Gabe! Was ist wohl schöner, als seine Gefühle in Töne kleiden, welcher Trost in trüben Stunden, welcher Genuß, welch schönes Gefühl, so Manchem eine heitere Stunde dadurch zu verschaffen! Und welch erhabendes Gefühl, die Kunst so zu treiben, daß man sein Leben dafür läßt! - Das Letzte und alles Uebrige habe ich heute gethan und lege mich zufrieden und beglückt nieder. Ja glücklich bin ich - und werd es aber erst vollkommen sein, wenn ich Dir an das Herz fallen kann und sagen 'nun bin ich Dein auf ewig - mit mir, meine Kunst." (Litzmann I, 160/61)

Hier spricht Clara Wieck nicht als Vertreterin einer Virtuosenästhetik, sondern einer Gefühlsästhetik. Auch andere Äußerungen - übrigens auch über Schumann - zeigen ihre "Erwartung, daß durch Musik ein Komponist oder Interpret sich selbst ausdrücke, 'seine Seele in Töne hauche', um in den Hörern Sympathie, Mitgefühl hervorzurufen (...)" (Dahlhaus)[40].

Über ihr eigenes Klavierkonzert redet sie nicht in diesen Tönen, sondern nennt nur dessen Publikumserfolg als Motiv dafür, daß sie es spielt. Der 'eigene Antrieb', nach dem Schumann fragt, besteht also im Erfolg, in der öffentlichen Resonanz, nicht in der Identifikation - ganz unabhängig von Erfolg oder Nichterfolg. Sie trennt demnach zwischen den Ansprüchen an ihre Kompositionen und ihrem Klavierspiel.

Ihre Wiener Triumphe lassen Schumann befürchten, 'zu wenig neben ihr zu sein', 'ihrer nicht würdig zu sein'[41]:

"Die alten Ritter hattens doch besser, die konnten für ihre Geliebten durchs Feuer gehen oder Drachen todt machen - aber wir jetzigen müssens Hellerweise zusammensuchen, unsre Mädchen zu verdienen, und weniger Cigarren rauchen oder sonst - Aber freilich lieben wir auch trotz den Rittern und so haben sich, wie immer, nur die Zeiten verändert und die Herzen sind immer dieselben." (Robert Schumann an Clara Wieck, 2.1.1838, Litzmann I, 164)

Nun gingen die Ritter nicht für künftige Ehefrauen, sondern für die Ehefrauen anderer durchs Feuer – und es ging auch nicht um die Seelen- sondern um Körpergemeinschaft – die veränderten Zeiten hatten eben doch die Herzen verändert und damit die Erwartungen an Liebe und Ehe. Folglich veränderten die Verhältnisse auch Schumanns Erwartungen: Je mehr sich seine Aussicht verschlechtert, in den Augen der Öffentlichkeit ein einer Clara Wieck adäquater Partner zu werden, desto seltener ist von einer künftigen Produktionsgemeinschaft die Rede. Zum Teil erklärt sich das daraus, daß Schumann merkt, wie wenig er mit ihrem steigenden Erfolg Schritt halten kann, nichtsdestoweniger aber versucht, für sich die Rolle des Ernährers verbal zu beanspruchen, ohne sie erfüllen zu können. Bei dieser unseligen Entwicklung spielt sein Verhältnis zu Wieck eine bedeutsame Rolle, denn die Eheschließung wird zu einem Machtkampf mit der Autorität Wiecks. Das verstellt ihm den Blick auf sachliche Probleme, da er sie als ihm von einer bestimmten Person persönlich und aus bloßer Willkür aufgezwungene Hindernisse deutet.

Liest man seine Briefe, fragt man sich immer wieder, wieso die Ablehnung Wiecks für ihn lebensbedrohlich werden konnte. Schumann kannte Wieck seit langem und grenzte sich schon vor der Liebesbeziehung klar gegen das Geschäftsdenken, das Wiecks Verhältnis zu seiner Tochter prägt, ab[42].

In dem oben zitierten Brief gibt Schumann selbst eine Deutung seiner ambivalenten Beziehung zu Wieck:

"Hundterlei habe ich Dir zu schreiben, Großes und Kleines. Könnte ich es nur recht schön und ordentlich – aber meine Handschrift verzieht sich immer undeutlicher und ich hätte Angst, wenn das mit dem Herzen zusammenhinge. Freilich habe ich auch meine fürchterlichen Stunden, wo mich selbst Dein Bild verlassen will – wo ich mir Vorwürfe mache ob ich mein Leben so weise angewandt, als ich es hätte sollen, ob ich Dich Engel an mich hätte fesseln sollen, ob ich Dich auch so glücklich machen kann als ich möchte – und daran, an solchen Fragen und Zweifeln hat wohl das Benehmen Deines Vaters gegen mich schuld. Der Mensch hält sich leicht für das, für was man ihn hält. Muß ich nach allem, wie Dein Vater an mir gehandelt, da nicht zu mir sagen, 'bist du denn so schlecht, stehst Du so niedrig, daß Jemand Dir so begegnen kann?' Gewohnt leicht zu überwinden und Schwierigkeiten zu besiegen, an das Glück, an die Liebe gewöhnt und wohl auch dadurch verzogen, weil mir so Vieles leicht wurde in der Welt, werde ich nun zurückgewiesen, beleidigt und verleumdet. In Romanen las ich sonst viel dergleichen, aber das ich selbst einmal der Held eines solchen Kotzebueschen Familienstückes würde, dafür hielt ich mich zu gut. Hätte ich Deinem Vater etwas zu leide gethan, nun dann könnte er mich hassen, aber daß er aus gar keinem Grund auf mich schmäht und mich, wie Du selbst sagst, haßt, das kann ich nicht einsehen. Aber es wird auch an mich einmal die Reihe kommen - und dann soll er sehen wie ich ihn und Dich liebe. Denn ich will es Dir nur ins Ohr sagen, - ich liebe und achte Deinen Vater seiner vielen großen und herrlichen Seiten wegen, wie, Dich ausgenommen, ihn sonst niemand hochhalten kann, es ist eine ursprünglich angeborene Anhänglichkeit in mir, ein Gehorsam, wie vor allen energischen Naturen, den ich vor ihm habe. Und das schmerzt nun doppelt, daß er nichts von mir wissen will. Nun - vielleicht kommt noch der Friede und er sagt zu uns 'Nun so habt Euch'." (Litzmann I, 164/5)

Diese Zeilen machen verständlich, daß Schumann Wiecks Vorwürfe vor Gericht (daß er keine Frau ernähen könne, daß er ein erfolgloser Komponist, trunksüchtig und charakterschwach sei) nicht als das erkennt, was sie allein sind, nämlich taktische Mittel - sondern als persönliche Schmach erlebt. Außerdem werfen sie ein Licht auf sein Verhältnis zu Clara Wieck, denn auch sie gehört zu den 'energischen Naturen'. Deutlich wird sein Wille zur Unterwerfung unter die bürgerlichen Maßstäbe der Leistung, des Erfolges, da er selbst an männliche Autorität glaubt. Er will die Achtung des Vaters erzwingen; also muß er ein anerkannter Komponist, ein zweiter Mendelssohn werden, ein Weg, den er zwar einschlägt, auf dem er aber nur sehr langsam vorankommt:

"... Es macht mich oft so traurig, daß ich mir nur erst langsam etwas erwerben kann; doch will ich es schon in zwei Jahren so weit bringen, daß ich da *zum wenigsten* noch einmal so viel habe jährlich, als ich selbst brauche (gewöhnlich 6-700 Thaler). Es ist nämlich meine Meinung, daß die Frau nicht mehr brauchen darf als der Mann - unter allen Umständen. Meinst Du nicht? Wie ich mir unser Leben ausmale, wie oft! Da denke ich, wirst Du zur Türe hereintreten und fragen: 'Wolltest Du etwas, lieber R. (...)." (Boetticher II, 158/9)

Diese Zeitangabe 'in zwei Jahren' korrespondiert mit dem, was Schumann - laut Wieck - bei seiner Werbung um Clara versprochen hatte[43], nämlich in zwei Jahren sein Einkommen zu verdoppeln.

Clara Wieck setzt indes ihren Beschluß, die zwei Jahre zu nutzen, um für Schumann materiell und ideell zu arbeiten, in die Tat um: Allein ihr drittes Konzert vom 7.1.1838 bringt einen Reinerlös in der Höhe von 1035 Gulden und als poetische Huldigung das bereits zitierte Gedicht von Grillparzer auf ihre Beethoven-Interpretation - und sie sorgt nicht nur finanziell für die Ehe vor. Ihren Erfolg als Virtuosin nutzt sie, um Schumanns Kompositionen bekannt zu machen (woran der Vater sie übrigens nicht hindert);

so spielt sie die Stücke, die ihr Schumann zuschickt, anderen
Kollegen wie z.B. Liszt vor, um sie anzuregen, Schumannsche
Kompositionen in ihr Programm aufzunehmen, auch Adeligen und
Bürgern, wenn sie ihr ihre Aufwartung machen, und innerhalb
von Konzerten, die sie für geladene Gäste veranstaltet[44]. Sie
glaubt, daß Schumann ihre Arbeit nicht einschätzen kann, deutet
dies aber gerade als Liebesgarantie. Hierbei spielt eine wichtige
Rolle, daß sie immer noch nicht weiß, wieso Schumann sich von
Ernestine von Fricken getrennt hat; sie befürchtet, nicht um ihrer
selbst, sondern um ihres Namens willen von ihm geheiratet zu
werden:

"Du wirst diesen [des Publikums] Enthusiasmus nicht begreifen
können, da du gar nicht weißt, was ich eigentlich leiste und was
nicht; da du mich als Künstlerin überhaupt viel zu wenig kennst.
Doch glaube ja nicht, daß ich Dir deßwegen gram, im Gegentheil
macht mich das glücklich, daß ich weiß, Du liebst mich nicht um
meiner Kunst willen, sondern wie Du mir einmal auf ein kleines
Zettelchen schriebst, 'ich liebe Dich nicht, weil Du eine große
Künstlerin bist, nein, ich liebe Dich, weil Du so gut bist'." (Clara
Wieck an Robert Schumann, 21.1.1838, Litzmann I, 173)[45].

Es kann kein Zufall sein, daß sie dies auf dem Höhepunkt ihres
Wiener Erfolgs schreibt. Scheint es doch so, als wolle sie Schu-
mann sein Unterlegenheitsgefühl nehmen, ihm beweisen, daß ihre
Erfolge sie nicht von ihm entfernen, wie er befürchtet:

"(...) mit jedem Beifallssturm schiebt mich Dein Vater einen
Schritt weiter von sich - bedenke das!" (Robert Schumann an
Clara Wieck, 5.1.1838, Litzmann I, 169).

Sie geht sogar so weit, sich zu entschuldigen, jemals von Geld
gesprochen zu haben:

"(...) Warum willst Du dir trübe Stunden machen um ein paar
Thaler? (...) Ich mache mir Vorwürfe, daß ich Dir einstens in
trüber Stunde, in einer Stunde, wo - ich kann es kaum glauben -
der Verstand seine Macht auf mein Herz auszuüben schien, daß
ich Dir da so prosaische Worte schrieb. (...) Glaub mir, mein
Vertrauen zu Dir ist groß; der Himmel wird uns nicht verlassen;
bist Du ja fleißig und ich auch! Ich z w e i f l e n i c h t und
w a n k e n i c h t einen Augenblick, mein Schicksal in Deine
Hände zu legen, Du bist edel, gut und wirst mich also beglücken.
Dein schöner Stolz hat mich wieder sehr überrascht (Vaters wegen), Du bist wirklich ein Mann im schönsten Sinne des Wortes.
(...)" (Clara Wieck an Robert Schumann, 24.1.1838, Litzmann I,
174/5).

Sie nutzt also ihren Erfolg nicht, um ihre Forderungen desto entschiedener vorzutragen, sondern setzt ihre eigene emotionale
Kraft dazu ein, um sich seinen Erwartungen gemäß darzustellen.

Mit den zitierten Sätzen gibt sie ihm endlich das Gefühl, daß sie 'keinerlei Bedencklichkeiten' hat, daß sie ihn als Mann und damit als den entscheidenden Partner anerkennt, als denjenigen, der - getreu der Polaritätsvorstellung - die Verantwortung für das Schicksal beider trägt. Hat sie sich bisher gewehrt, Verstand und Herz als Gegensätze zu sehen, so übernimmt sie hier Schumanns falsche Alternativen und sein 'Gottvertrauen'. Wie weit sie sich das selber glaubt, muß offen bleiben. Entscheiden ist, daß sie ihm zeigen will, daß sie bereit ist, sich ganz seinen Interessen anzupassen. Aus ihrer Unterordnung erwächst Schumanns Stärke: Ihm wachsen 'Flügel'[46], wie er selbst schreibt - er wird künstlerisch produktiv.

Es entstehen die Novelletten op. 21. Im Produktivitätsrausch preist er sie - getreu dem Frauenideal der Restaurationszeit - als seine 'Erlöserin', als die 'Mitte seines Lebens'.

"Aber Mädchen wie Du, verleiten Einen auch zu Verkehrtem; [deshalb reist man um jetzige Zeit vor zwei Jahren nach Dresden, componirt Compositionen pp;] - sie machen Einen aber auch wieder g u t , wie Du es bist, meine Clara, die mich dem Leben wiedergegeben hat, an deren Herzen ich mich zu immer höherer Reinheit aufziehen lassen will. Ein armer geschlagener Mann war ich, der nicht mehr beten konnte und weinen achtzehn Monate lang; kalt und starr wie Eisen war das Auge und das Herz. Und jetzt? Wie verändert Alles, wie neugeboren durch Deine Liebe und T r e u e ... Mir ist's manchmal, als liefen in meinem Herzen eine Menge Gassen durcheinander und als trieben sich die Gedanken und Empfindungen drinnen wie Menschen durcheinander und rennen auf und nieder, und fragen sich 'wo geht es hier hin?' zu Clara - 'wo hier?' - zu Clara - Alles zu Dir!" (Robert Schumann an Clara Wieck, 6.2.1838, Litzmann I, 179)

Im Anschluß an den zuletzt zitierten Briefausschnitt gibt Schumann einige Tage später die ausführlich zitierte Begründung für seine Trennung von Ernestine von Fricken[47]. Der zeitliche Zusammenhang ist bedeutsam, zeigt er doch, daß Schumann erst jetzt, wo er sich ihrer ganz sicher wähnen kann, den Mut findet, offen über seine Lebenssituation zu sprechen.

Damit sind sozusagen alle Phasen der brieflichen Auseinandersetzungen durchlaufen. Am Anfang stehen Betrachtungen Clara Wiecks zur finanziellen Lage, sie werden regelmäßig von Schumann mit Depressionen und Selbstmorddrohungen beantwortet. Clara Wieck nimmt ihre Forderungen brieflich zurück, unterstellt sich verbal seiner Ägide und sorgt durch Konzerte für die Ansammlung eines Kapitals. Schumann kann wieder produktiv werden.

c) Wien-Plan (1838/39)

Kaiserliche Kammervirtuosin. Kinderszenen. Wirtschaftsgemeinschaft. Wiedersehen. Unterschied Leipzig - Wien. Scheitern. Selbstzwänge. Ehe als Rückzug. Verfestigung von Rollenzuweisungen.

Am 4.2.1838 wird Clara Wieck zur kaiserlich-königlichen Kammervirtuosin ernannt - für eine Protestantin, Ausländerin und ein erst achtzehnjähriges Mädchen - eine einzigartige Auszeichnung. Schumanns Reaktion ist zwiespältig. Aus dem Tagebuch spricht zunächst der Druck, den dieser Erfolg auf ihn ausübt. Dann aber versucht er sich aufzuraffen:

"Heute kam die Nachricht, daß meine Clara Kammervirtuosin geworden, - eine Nachricht, die ich erwartet und die mir doch auch wieder keine Freude gab. Warum denn? Weil ich gar so wenig bin dem Engel gegenüber. Nun gibt's aber zu tun und das Leben leuchtet mir neu ..." (Tagebücher, Eintragung um den 20. März 1838, Boetticher I, 124).

An seinem 'Gratulationsbrief' ist die Eile auffallend, mit der er sich an ihre Seite stellt und auf sich verweist als jemand, der sie - im Gegensatz zum Publikum - als Künstlerin zu schätzen wisse. Auffällig, wie er von 'wir Künstler', statt nur von 'ich Künstler' spricht, und seine Mahnung, 'realistisch' zu bleiben:

"Daß Du mit so großen Ehren in Wien bestehst, erhebt mich auch sehr. Und nun die letzte Ehrenbezeugung, die erste wahrhaftige, d i e   D u   v e r d i e n s t , es hat mich ganz beglückt. Es ist schön, mein ich, daß Du einen Mann vielleicht einmal bekömmst, der [wie er Dich so innig liebt, auch wie vielleicht wenige] Dich zu schätzen versteht, in Deiner   K u n s t   nämlich ... Selten lobte ich Dich, weil mir das früher nicht zukam, später wirst Du es mir wohl manchmal an den Augen angesehen haben, wie Du mir gefällst. Denn ich spreche nicht gern viel über Musik. Aber viele Seligkeiten denke* [mir bei] Dir, k a i s e r l i c h e r   K a m m e r v i r t u o s i n . (. . .) [ich glaub mit 1600-1800 Thalern können wir prächtig auskommen. Und da mußt Du Dir freilich Einiges verdienen, was Du ja auch gern thust. Zwar weiß ich, gibt's einen alten Satz, nach dem der Mann die Frau ganz allein erhalten soll - nun, ich mache mir keine finsteren Gedanken darüber, daß mir das nicht möglich ist -]

---

* bei Boetticher: danke

Wir werden uns schon gegenseitig unterstützen, mein treues
warmes Herz lohnt es Dir: Verdinest Du Dir aber [sogar] mehr als
wir brauchen, (ich habe auch mehr als 1000 Taler jährlich), so
könnten wir auch zurücklegen etwas. Und daran müssen wir freilich auch denken. [Denn wir werden älter und müßen an die Zukunft denken.] Übrigens kann ich Dir sagen, meine Herzens-Clara
ich habe gar keine Angst wegen uns, falls nun uns ein unerwarte-
tes Unglück träfe.
Wir haben etwas gelernt - und das ist der reichste Brautschatz
... Nun aber, meine Clara, werden auch Sorgen kommen, vielleicht
große, [- denn es ist dafür gesorgt,] daß wir nicht übermütig
werden und in den Himmel wachsen; auch sind wir beide Künstler-
naturen und namentlich ich oft so sensibel, daß mich alles Rauhe
beleidigt, so namentlich nach angestrengtem Komponieren, wo ich
jeden Hauch empfinde ... - Mit Entzücken und Dank gegen das
hohe Wesen, das mein Herz wie das Deine in meine Hände vielleicht
zu legen beschlossen hat, sehe ich in die Zukunft, es ist mein
höchster Zweck auf dieser Welt, der, Dich glücklich zu wißen* in
meinem Besitz -[ja glücklich sollst Du werden, wie ich es vermag.]" (Robert Schumann an Clara Wieck, 13.4.1838, Boetticher
II, 199)

Im März 1838 entstehen die Kinderszenen op. 15! Euphorisch beschreibt Schumann seinen Tagesablauf, die Befruchtung, die er
durch ihre Liebe erlebt. Die Kompositionsarbeit schildert er als
'Gottesdienst' für die Geliebte. Auch der Schlußgedanke des Briefes ist eine säkularisierte Gebetszeile 'denn alles kömmt von Dir
und geht wieder zu Dir zurück':

"... Sonst ist es, seit einem Vierteljahr schon, so stille in meinem
Leben fortgegangen, wie es nur der schreienste Gegensatz zu dem
Deinigen sein kann, das mich an Deiner Stelle betäuben würde.
Ich bin frühzeitig auf, meist vor sechs Uhr; meine schönste Stunde feiere ich da. Meine Stube wird mir zur Kapelle ordentlich, der
Flügel zur Orgel, und Dein Bild, nun das ist das Altarblatt. -
[dann ordne ich, rücke hier und da zu Recht,] + arbeite, komponiere [ich]** bis elf Uhr, wo mich meistens junge Leute besuchen
(...) dann geht es auf das Museum, dann zum Mittagstisch in
die Allee nach Hause - ruhe nie***, denke an mein Liebstes, dann
ans Klavier wieder oder an den Arbeitstisch - abends meistens zu
Poppe, da es mich zu dürsten anfängt, auch nach menschlicher
Gesellschaft, die man nun einmal nicht entbehren kann. Um neun
Uhr bin ich schon wieder zu Haus, wo mirs am besten gefällt -
sage Deinem Bild eine gute Nacht - vertiefe mich [recht] in Zu-

*   bei Boetticher: machen
**   Klammer bei Boetticher
\+   Boetticher II, 190
***   bei Boetticher: aus

kunfträume, [die leis und stockend von wirklichen abgelößt werden] so lebe ich glücklich, still und gut, denn alles kömmt von Dir und geht wieder zu Dir zurück. Willst Du mich anders?" + (Robert Schumann an Clara Wieck, 17.3.1838, Litzmann I, 195).

Seine Produktivität macht ihm Mut, einen Vorschlag seiner Braut aufzugreifen, nämlich mit seiner Zeitung nach Wien zu gehen. Dieser Vorschlag gründet sich auf Wiecks vorgebliches Versprechen, einer Verbindung beider außerhalb Leipzigs nicht länger sein Jawort zu verweigern.

Liest man allerdings die bei Litzmann abgedruckte Eintragung Wiecks in Claras Tagebuch, so kann von einer solchen Zusicherung keine Rede sein. Vielmehr heißt es dort:

"D. 3. März früh mit Clara über Sch., daß ich für Leipzig n i e meine Einwilligung geben werde und Clara mir vollkommen recht gibt, auch nie ihre Ansicht ändern wird. Sch. möge operiren, philosophiren, schwärmen, idealisiren wie er wolle; es stehe fest, daß Clara nie in Armuth und Zurückgezogenheit leben könne - sondern jährlich über 2000 Thaler zu verzehren haben m ü s s e." (Tagebücher Clara Wieck, Litzmann I, 187, 2. Fußnote).

Wien schlägt sie als Wohnort vor, weil sie hofft, hier langfristig an ihre derzeitigen Erfolge anknüpfen, damit Wiecks Forderungen nach 2000 Talern jährlich erfüllen und gleichzeitig Schumann durch ihre Konzerteinnahmen und durch Erteilen von Klavierunterricht eine unabhängige kompositorische Tätigkeit ermöglichen zu können:

"Doch das wichtigste hab ich Dir noch nicht gesagt. I n   L e i p - z i g   e n t s c h l i e ß   i c h   m i c h   d u r c h a u s n i c h t   z u   l e b e n   u n t e r   d i e s e n   U m s t ä n - den. Bedenke, lieber Robert, in Leipzig kann ich durch meine Kunst nicht einen Dreier verdienen und auch Du müßtest Dich zu Tode arbeiten, um das Nöthige, was wir brauchen zu verdienen. Das würde Deinen Geist niederdrücken und um mich? Das ertrüg ich nicht. Nein, las es uns machen, wie ich Dir sagen werde: Wir ziehen hierher, oder Du gehst vorher, giebst Deine Zeitung an Diabelli, Haslinger (eine sehr honette Handlung) oder Mechetti, ein junger, rüstiger, unternehmender Mann. Erstlich wird Dir Deine Arbeit hier noch einmal so gut bezahlt, zweitens bist Du sicher weit mehr anerkannt und geachtet als in Leipzig und drittens, welch angenehmes   b i l l i g e s   Leben ist hier, natürlich verhältnismäßig zur Größe der Stadt. Welche schöne Umgebungen! und dann bin ich gleichfalls hier weit mehr angesehen als in Leipzig, eingeführt bei dem höchsten Adel, beliebt bei Hofe und beim Publikum. Jeden Winter kann ich ein Concert geben, welches mir 1000 Thaler trägt (mit Leichtigkeit) bei den hohen Eintrittspreisen, die man hier hat, [und bei den Bekanntschaften, wo ich zuweilen in einer Soiree spiele und die dann ihre Billets doppelt bezahlen.] Dann kann ich, will ich, jeden Tag eine Stunde geben, das trägt wieder das Jahr hindurch 1000 Thaler und Du hast 1000, was wollen wir mehr? [Auch ist es bei meinen Connectionen die ich bereits schon gewonnen nicht unwahrscheinlich, daß Du bald eine Stelle vielleicht die eines Professors der Musik erhielst.] Mit einem Worte, wir können hier das glücklichste Leben führen, während wir in Leipzig nur verkannt sind, und Leipzig auch keine Stadt ist, wo ein Geist wie Du bestehen kann, sondern wo Du nur in Sorgen leben würdest und wo Du mich auch nicht lieb behalten könntest, denn Du würdest des Leben überdrüßig werden. Glaube nicht etwa, daß ich übertrieben habe; alles was ich Dir geschrieben, hat mir der Vater heute eine Stunde lang auseinandergesetzt ..." (Clara Wieck an Robert Schumann, 3.3.1838, Litzmann I, 187/8).

Das Zusammenleben zwischen Schumann und ihr soll also so aussehen, daß sie durch ihre Konzerteinnahmen und Unterrichtstätigkeit die laufenden Kosten bestreitet, während er sein Grundkapital einbringt.

Schumann geht auf diesen Vorschlag ein und fährt Ende 1838 selbst nach Wien, um an Ort und Stelle zu klären, ob er sich dort mit seiner Zeitschrift eine neue Existenz aufbauen kann.

Vorher noch, im Sommer 1838 (nach der Rückkehr Wiecks mit seiner Tochter von der Wiener Reise), sehen sich beide nach fast einem Jahr wieder. In dieser Zeit gehen geheime Billetts hin und her, in denen Verabredungen getroffen werden. Da es unerträglich ist, sich sehen zu können und dennoch nicht zusammenzusein, entschließt sie sich, die Zeit bis Ostern 1840 - als dem zwischen ihr und Schumann verabredeten Zeitpunkt, zu dem sie sich in jedem Falle vereinigen wollen - durch eine weitere Konzertreise nach Paris zu überbrücken. Schumann verläßt Leipzig in Richtung Wien Ende September. (Bis auf eine kurze Reise nach Italien 1830 und den Heidelberger Studienaufenthalt verläßt er zum ersten Mal Sachsen.)

Dieser Aufenthalt Schumanns, so zukunftsfroh begonnen, wird gemessen an den mit ihm verbundenen Erwartungen ein einziger Mißerfolg. Schumann findet sich in dieser Stadt, deren gesellschaftliches Leben ganz im Gegensatz zu Leipzig durch den Adel geprägt ist, nicht zurecht. Schon in Leipzig hat sich Schumann teilweise gesellschaftlich isoliert gefühlt:

"Jetzt aber bedauere mich! Was soll ich abends tun! Den ganzen Tag sitze ich allein und verlange des Abends nach einem leichten Gespräch und nach einer Umgebung, die mir keine Fesseln anlegt. In Soireen, Familien gehn - ich habe es versucht. Clara, ich habe etwas zu Edles im Herzen, als daß mir dies glatte [tonlose] Wesen gefallen könnte und nun in L e i p z i g , wo eigentlich kein feines Talent zur Geselligkeit zu Hause ist. Sie kommen mir alle so eckig vor, diese Leute, diese Mädchen so gewöhnlich - und mit wenigen Ausnahmen.

Anders wird es sein, wenn ich dann in W i e n mit Dir in Gesellschaft gehe, da habe ich Dich. (... wenn ich bedenke, daß ich schon 10 Jahre in Leipzig und kein Haus kenne als Eures, denn Voigts sind kaum zu rechnen. Bei der Devrient wohne ich nun zwei Jahre und war dreimal drüben (...). Übrigens lebe ich so einfach wie wohl wenige Menschen." (Robert Schumann an Clara Wieck, 13.4.1838, Boetticher II, 192/3)

Das Gegenteil tritt ein: In Wien - mit dem Druck im Nacken, sich dort eine neue Existenz aufbauen zu müssen - ist Schumann erst recht allein. Zwar glaubt er anfangs in bildungsbürgerlichem Selbstbewußtsein, sich auf die gesellschaftlichen Regeln der Wiener Adelsgesellschaft nicht einlassen zu müssen, aber schon zwei Monate später sieht er sich nur noch von Intrigenwirtschaft umgeben:

"Wie ich Dir schon schrieb, Du selbst wirst, wenn Du Wien in seinem nüchternen Zustand und länger kennen lernst, Manches hier vermissen und Manches anders finden, als Du es zu Deiner festlichen Zeit sahest. Ich mag dem Papier nicht alles anvertrauen über Manches, was ich mit eigenen Augen sehe, was für winzige, unbedeutende Menschen es hier gibt, wie sie sich untereinander beklatschen auf die unkünstlerischste Art, wie das Meiste auf Eitelkeit und Gelderwerb, den gemeinsten, hinausläuft, wie die Meisten in den Tag hinein leben und sprechen, daß man erschrickt vor der Flachheit, wie sie so ohne a l l e s U r t h e i l , Welt, Menschen und Kunst nehmen - (...)." (Robert Schumann an Clara Wieck, 29.12.1838, Litzmann I, 263)

Zweierlei muß man angesichts Schumanns Situation bedenken. Leipzig ist - wie bereits dargestellt - keine Residenzstadt, der Adel spielt politisch wie gesellschaftlich eine untergeordnete Rolle. Träger des Kulturlebens sind das besitzende Handelsbürgertum und das Bildungsbürgertum. Das Wien des Vormärz aber ist politisch wie gesellschaftlich eine Hochburg der Reaktion.

Für Clara Wieck, die auf ihren Konzertreisen durch deutsche Residenzstädte und auch woanders ständig mit Adeligen konfrontiert ist, eröffnen sich durch diesen Unterschied zwischen dem Leipziger und dem Wiener geistigen Klima keine Schwierigkeiten - ganz im Gegenteil, als Künstlertypus entspricht sie gerade einem restaurativen Ideal. Außerdem ist sie gesellschaftlich gewandt, ganz im Gegensatz zu Schumann, der weder Erfahrungen darin hat, wie man sich in adeligen Kreisen bewegt, noch gewillt ist, sich 'gewisse Salonfeinheiten' anzugewöhnen. Angesichts seiner

Schwierigkeiten zieht er sich auf die Fiktion 'schlichter Künstlersitte' als Maßstab geselligen Verkehrs zurück:

"(...); ich bin sehr gern in vornehmen und adeligen Kreisen, sobald sie nicht mehr als ein e i n f a c h e s, höfliches Benehmen von mir fordern. Schmeicheln und mich unaufhörlich verbeugen kann ich aber freilich nicht, wie ich denn auch nichts von gewissen Salonfeinheiten besitze. Wo aber schlichte Künstlersitte geduldet wird, behage ich mich wohl und weiß mich auch wohl herrlich* auszudrücken. Und hier muß es wohl sein, daß mir der Umgang, der anhaltende mit bedeutenden Künstlern gut zu statten kömmt. Eine leise Verbeugung, ein einzelnes geistreiches Wort eines guten gebildeten Künstlers schlägt sogar alle Kniebeugen und Sprachgeläufigkeiten eines Hofmanns in die Flucht. (...)." (Robert Schumann an Clara Wieck, 23.10.1838, Litzmann I, 247)

Je länger sich die Entscheidung um die Übernahme seiner Zeitschrift in Wien hinzieht, und je aussichtsloser sich die Verhandlungen mit Verlegern und Zensurbehörden gestalten, desto mutloser wird Schumann. In den Briefen an Clara Wieck tauchen ständig neue Pläne auf, mal will er seinen Lebensunterhalt durch Unterrichten verdienen, die Zeitung ganz aufgeben, mal macht er ihr den Vorschlag, gemeinsam nach England zu gehen, um dort in drei, vier Jahren das nötige Kapital zusammenzubringen.

"Hätte ich nur die Kraft, mich ganz der Musik zuzuwenden, aber meine Zeitung dauert mich an, sie ganz zu lassen und untergehen zu sehen. Du siehst, in welchem Zwiespalt ich mit mir lebe ... Mein Brief ist kalt und starr heute, (...) - so geht es mir jetzt morgens oft - wie tot fühle ich mich manchmal an, und dann kommt wieder die heiße Sehnsucht nach Dir - von dieser Sehnsucht Dir ein Bild geben kann ich nicht. Am Klavier bringt sie mir manchmal einen innigen Gedanken - aber in meinen anderen Arbeiten stört sie mich recht auch oft, daß ich lauter unzusammenhängende Sachen schreibe." (Robert Schumann an Clara Wieck, 20.2.1839, Boetticher II, 231/2)

Mitte März 1839 entschließt sich Schumann, nach Leipzig zurückzukehren; die Übernahme der Zeitschrift ist an der Wiener Zensur gescheitert[48]. Die Zeitschrift aufzugeben, obwohl es nach wie vor sein sehnlichster Wunsch ist, seine ganze Kraft in die kompositorische Arbeit stecken zu können[49], wagt er nicht. Stärker als die Angst vor Wiecks Triumph über das Scheitern seiner Wien-Pläne ist offensichtlich die Angst, in seiner kompositorischen Arbeit noch stärker unter Druck zu geraten.

Die Verbindung mit Clara Wieck ist damit wieder ein Stück weiter in die Ferne gerückt. Denn Schumann kann Wiecks Bedingungen,

---

* bei Litzmann: leidlich

sich außerhalb Leipzigs eine Existenz aufzubauen, nicht erfüllen. Auch wenn er 'offiziell' Wien die Schuld gibt, glaubt er doch, versagt zu haben.

"Hätte ich Flügel, könnte ich zu Dir, nur eine Stunde mit Dir sprechen. Meine Lage hier wird immer bedencklicher und es überfällt mich manchmal eine heiße Angst um den Ausgang aller dieser Verwickelungen. Du allein bist mein Trost, zu Dir seh ich auf wie zu einer Maria, bei Dir will ich wieder Muth und Stärke holen. (...) es ist schwerer als ich geglaubt – das Heirathen – aber es giebt keine Wahl mehr zwischen uns – ich kann nicht mehr von Dir los – Gott hat mich verlassen, wenn Du mich verlässest – das Schreiben fällt mir heute zu schwer – verzeihe, ich kann nicht weiter, will in's Freie, es ist mir so schwer im Herzen." (Robert Schumann an Clara Wieck, 10.2.1839, Litzmann I, 283)

In Verkennung der Vorbehalte Wiecks glaubt er nach wie vor, aus dem Nachweis geordneter Verhältnisse den Anspruch auf Anerkennung als geeigneter Ehemann ableiten zu können. Der daraus erwachsene Zwang zur Selbstkontrolle läßt ihn seit Ende 1837 jeden Tag über seine Einnahmen und Ausgaben, aber auch über das, was er am Tag geleistet hat, genau Buch führen. Das entscheidende Moment an Schumanns Anpassungsbereitschaft sind somit die Zwänge, die er sich selbst auferlegt. Teilweise genießt er sein geregeltes Leben und gewinnt Sicherheit dadurch, daß er in seiner Arbeit ein festes Ziel vor Augen hat. Seine Produktivität wird durch die Erwartung, sich durch die Verbindung mit Clara Wieck bald ausschließlich auf die Kompositionsarbeit konzentrieren zu können, freigesetzt. In depressiven Phasen aber erscheint ihm die erzwungene Trennung als berechtigte Strafe des Himmels für mangelnde Leistungen:

"Eines bin ich mir schuldbewußt ... Ich habe wirklich nicht genug für Dich gethan und gearbeitet, ich bin noch lange nicht fleißig genug gewesen. (...)
Du bist gut, ganz gut – verdientest ein viel Besseren wie mich – ich muß wahrhaftig noch viel mehr arbeiten – ich bin Deiner noch lange nicht würdig. Deshalb giebt das Schicksal Dich mir auch nicht." (Robert Schumann an Clara Wieck, 2.1.1839, Litzmann I, 266)

Diese Verbindung göttlicher Prädestination mit wirtschaftlicher Prosperität ist calvinistisches Gedankengut und wurde, wie Max Weber gezeigt hat, über die religiösen englischen Auswanderungsbewegungen zum Motor des amerikanischen Kapitalismus.

Wichtig ist auch der deutliche Zusammenhang zwischen Schumanns Erwartungen an seine künftige Ehefrau und seinem Verhältnis zur Öffentlichkeit. Je mehr Schumann unter Anpassungs- und Leistungsdruck durch die Auseinandersetzung um die Heiratseinwilligung Wiecks gerät, desto mehr leidet er unter mangelnder öffentlicher Anerkennung. In seiner menschlichen und künstlerischen Isolierung erscheint ihm die Ehe mit einem Menschen, mit dem ihn die gleichen künstlerischen Ziele verbinden, immer mehr als einzige Möglichkeit, diese Einsamkeit zu überwinden. Dabei stilisiert er Clara Wieck immer mehr zur 'Jungfrau Maria':

"So e i n s a m fühle ich mich. Clara, Du weißt nicht, was das heißt 'sich einsam fühlen'. Du hast Eltern, Geschwister, Deine Kunst, Deine regelmäßige Beschäftigung, ich von alle dem im Augenblick nichts. Das brachte nun, wie so häufig, gerade das Entgegengesetzte zur Folge, daß ich die Einsamkeit nun erst recht suchte, daß ich mich tagelang einschloß, keinem Menschen ins Gesicht blicken konnte und mochte. - [Ich dachte mir den Tod ein leichtes und dachte mir 'komme nur'] Freilich aber, Clara, das glaube mir, zwischen allen diesen unglücklichen Gedanken stieg nun auch oft ein himmliches Bild auf, das Bild der Treue und einer Liebe, was Du mir bist, und Du standest vor mir in Deiner hohen Einfachheit..." (Robert Schumann an Clara Wieck, 1.12. 1838, Boetticher II, 218).

Gerade sein gescheiterter Versuch, sich in Wien eine neue Existenz aufzubauen, ruft bei ihm eine verstärkte Ablehnung dieser Öffentlichkeit hervor. So wird im Laufe dieses Prozesses die Ehe ihm immer stärker ein Gegenbild zur herrschenden Denkweise: Nachdem er seiner Braut ausführlich die in rein 'materiellem' Denken verknöcherten gesellschaftlichen Verhältnisse geschildert hat, in denen er glaubt, sich mit seinem Selbstverständnis und künstlerischem Streben nicht einbringen zu können, schreibt er:

"Nun denn, so müssen wir an unserm eigenen Herde unser Glück suchen und wir werden es auch finden; in unserem Haus soll das Glück herrschen, die Aufrichtigkeit und die Wahrheit [und dann wenn uns gute Menschen sehen, sollen sie sagen von uns, daß wir ein Paar Künstlerseelen sind und unberührt von dem gemeinen Treiben.]" (Robert Schumann an Clara Wieck, 29.12.1838, Litzmann I, 263).

Hier kommt eine starke Fluchttendenz in ein von der öffentlichen Anerkennung unabhängiges Dasein zum Ausdruck. Die Seelengemeinschaft zwischen zwei Gleichgesinnten soll Hort der wahren bürgerlichen Werte sein, die sich in den gesellschaftlichen Beziehungen, in die der Einzelne durch die Notwendigkeit, Geld zu verdienen, eingebunden ist, nicht realisieren können.

So wechseln in seinen Briefen seitenlange Schilderungen, in denen er sich das zukünftige Zusammenleben zu einer Idylle ausmalt, mit genauen Aufstellungen über Einkünfte und die zu erwartenden Haushaltskosten ab. Diese Briefe dokumentieren deutlich, wie sich bei Schumann die Vorstellung immer mehr verfestigt, daß er durch seine Arbeit die zukünftige Familie ökonomisch absichern muß, und Clara Wieck - sozusagen als Gegenleistung - für seine 'häusliche Ordnung, Ruhe und Sicherheit' sorgt, ihm damit die für seine künsterliche Produktion notwendigen Voraussetzungen schafft:

"Ich bin heute in mein neunundzwanzigstes Jahr getreten, **vielleicht schon die größte Hälfte von meinem Leben liegt hinter mir**. Sehr alt werde ich ohnedies nicht, dies weiß ich genau. Es haben meine großen Leidenschaften in mir gestürmt und Kummer um Dich hat auch an mir gezehrt. Du bist es aber auch, die mir wiederum Frieden und Heilung bringen wird. Ich bin nicht traurig etwa heute. Wie könnt es denn das [sein]*. Hat mich der Himmel doch auch vor Mangel bewahrt und mit geistigen Kräften gesegnet. Nichts fehlt zu meinem Glück als häusliche Ordnung, Ruhe und Sicherheit." (Robert Schumann an Clara Wieck, 8.6.1839, Boetticher II, 254)

Den Höhepunkt dieser Verfestigung von Rollenzuweisungen stellt ein Brief vom Juni 1839 dar.

Was er als seinen 'innersten Wunsch' beschreibt, läuft eindeutig darauf hin, daß die Frau sich nicht mehr als eigenes Ich begreift, sondern nur noch, beschränkt auf die eigene Häuslichkeit, isoliert von der Gesellschaft. Ihre Bestätigung in der Funktion, die sie für den Mann erfüllt, finden soll:

"Eben les ich Deinen Brief 'bleib ich ein Jahr in Dresden, so bin ich als Künstlerin vergessen',- .... Clärchen, das ist doch nicht Dein Ernst - und würdest Du auch als Künstlerin vergessen, wirst Du denn nicht auch als Weib geliebt? - Gib mir die Hand, daß Du mir so etwas nicht wieder sagst? - Das erste Jahr unserer Ehe *sollst* Du die Künstlerin vergessen, *sollst* nichts als Dir und Deinem Hause und Deinem Mann leben, und warte ... nur, wie ich Dir die Künstlerin vergessen machen will - denn das Weib steht doch noch höher als die Künstlerin und erreichte ich nur das, daß Du gar nichts mehr mit der Öffentlichkeit zu tun hättest, so wäre mein innigster Wunsch erreicht. Deshalb bleibst Du doch eine Künstlerin. Das bißchen Ruhm auf dem Lumpenpapier ... verachte ich. (...)." (Robert Schumann an Clara Wieck, 13.6.1839, Boetticher II, 257)

Diese Zeilen stammen aus der Feder eines Menschen, der die 'Philisterwelt' ablehnt, gleichzeitig aber unter mangelnder Anerkennung durch eben diese leidet. Offensichtlich kann er es nicht ertragen, daß seine zukünftige Frau immerhin die bedeutendste Pianistin Europas ist. Daß Schumann zumindest ansatzweise klar gewesen ist, was er von ihr verlangt - nämlich 'der Welt zu entsagen' - formuliert er selbst; auch, daß er ahnt, welche Kosten diese Entsagung für ihn haben wird:

* Klammer bei Boetticher

"Denn denke ich freilich an Dich, wie Du Dein Schicksal an meines
gebunden hast, dem Leben entsagen willst um mir ganz anzugehören - und dann schreib ich, schaff' ich, aber es ist bei weitem
nicht genug - *ich muß noch viel mehr für meine Clara tun* ..."
(Robert Schumann an Clara Wieck, 12.1.1839, Boetticher II, 223).

Die Welt der Philister, über die sich Schumann als wahrer Bürger
erhaben fühlt, und gegen deren Gesetz und Maßstäbe er sich in
der Ehe eine eigene Welt aufbauen will, hat ihn eingeholt. Äußerlich übersteht Schumann die Konfrontation mit den Philistern, er
gewinnt den Prozeß und verklagt Wieck wegen schwerer übler
Nachrede. Er kann auch mit Genugtuung verfolgen, daß Leute,
die er als Gleichgesinnte achtet wie Liszt und Mendelssohn, sich
hinter ihn stellen, als Wieck versucht, durch anonyme Schmähbriefe Schumann als Alkoholiker und Geisteskranken zu 'beschmut-
zen'.

Aber die Kosten dieses Erfolges sind hoch: Sie zeigen sich in
einem an Besessenheit grenzenden Kampf um eine gesellschaftliche
Stellung als Komponist während der Ehejahre, der schließlich im
Selbstmordversuch endet.

d) Zweite Paris-Reise Clara Wiecks (1839)

*Konsequenzen. Alleinreisen. Ästhetische Richtung in Paris.
Versöhnungsangebot Wiecks. Pariser Konflikt Mai 1839.
Perspektive Clara Wiecks. Lage Schumanns. Brief Clara
Wiecks. Schumanns Reaktion. Unterwerfung.*

Clara Wieck ihrerseits stellt sich, als sich Schumanns Mißerfolg
in Wien abzeichnet, sofort auf die neue Situation ein. Obwohl sie
unbedingt vermeiden wollte, in derselben Stadt wie der Vater
gegen seinen Willen zu leben und zu unterrichten, akzeptiert sie
es nun sogar, nach der Heirat in Leipzig zu bleiben:

"Und nun auch gleich meinen Plan: Ich denke vielleicht, wenn es
nicht gar zu schwer hält und ich bis dahin auf den Instrumenten
eingeübt bin, den 9. März im Conservatoire zu spielen, und im
Falle, ich gefiele, ein Concert zu geben in den Salons von Erard
wahrscheinlich; dann ginge ich nach England 2-3 Monate, dann
wieder zurück und bliebe den Sommer hier um Stunden zu geben
... nach Leipzig aber sobald k e i n e s f a l l s . (...) Im Winter dann machte ich vielleicht einige Abstecher in andere französische Städte, gehe wieder hierher zurück und zu Ostern 1840
gehe ich wieder nach Leipzig zurück, ordne alle meine Sachen
noch, und giebt uns der Vater seine Einwilligung nicht, so komme
ich nach Zwickau, Du auch, wir lassen uns trauen und reisen
s o g l e i c h nach Wien. (...) Recht aufmerksam habe ich Deine
Absichten wegen der Zeitung gelesen; ich meine doch, Du solltest

nach Leipzig zurückgehen, die ganze Sache in Wien kommt mir nicht vortheilhaft vor, die Koterien dort sind unausstehlich, die Censur verdirbt vollends alles ... Warum willst Du in Wien bleiben, unter Menschen leben, die Dir nicht zusagen? Geh fort, wieder nach unserem Leipzig, da glaube ich, würden wir doch am glücklichsten sein. Und Stunden geben kann ich ja auch da, ohne mit dem Parapluie herumzugehen, wie sich Vater auszudrücken pflegt (...) Daß Du Stunden giebst, ist schön, doch bin ich erst einmal bei Dir, dann darfst Du das nicht mehr thun, das ist dann m e i n Geschäft." (Clara Wieck an Robert Schumann, Paris 25.2.1839, Litzmann I, 290/1)[50]

Diesen Brief schreibt sie bereits von Paris aus. Seit Anfang des Jahres ist sie allein dort; Wieck hat sie gegen die vorherige Absprache allein reisen lassen, hofft er doch, sie werde ohne ihn nicht zurechtkommen.

Sie will mit diesem Unternehmen an die Wiener Erfolge anknüpfen und sich von Paris aus, wo sie 1832 schon einmal als Kind erfolgreich gewesen ist, ein Sprungbrett nach England und Rußland schaffen. Wie aus dem zuletzt zitierten Briefausschnitt hervorgeht, ist sie entschlossen, Ostern 1840 - ob mit oder ohne Einwilligung des Vaters - Schumann zu heiraten. Die Zeit bis dahin kann sie nutzen, um Geld zu verdienen. London und Petersburg sollen ihren Ruf festigen, bevor es auf absehbare Zeit (Schwangerschaften!) mit großen Virtuosenreisen vorbei ist.

Zum erstenmal findet sie nun den erhofften und dringend benötigten pekuniären Erfolg nicht, aber Schumann gegenüber spielt sie ihre Situation herunter:

"Von Einnahmen kann bis jetzt noch nicht die Rede sein, denn das, was ich in Deutschland verdient, hat längst die Reise hierher gekostet, und der Aufenthalt hier ist sehr theuer, so einfach wir uns auch eingerichtet ... Laß Dich das jedoch nicht kümmern, so etwas muß man riskieren, will man in eine große Stadt gehen." (Clara Wieck an Robert Schumann, 1.3.1839, Litzmann I, 293).

Ihr außergewöhnlicher Schritt, als ein neunzehnjähriges unverheiratetes Mädchen allein zu reisen und Konzerte zu veranstalten, zieht Konsequenzen nach sich. Überall stößt sie auf gesellschaftlichen Widerstand:

"Die Leute schlagen die Hände über den Kopf zusammen, daß ich, wenn auch nicht den Vater, so doch wenigstens Mutter oder Tante bei mir habe, und alle Welt sagt mir, daß man mir nicht den mir gebührenden Respekt erzeigen würde, hätte ich nicht eine alte Dame bei mir, die mich in alle Gesellschaften begleitete, Besuche empfinge etc. (...)." (Clara Wieck an Robert Schumann, 28.2.1839, Litzmann I, 292), eine Situation, die ihr alle Möglichkeiten, sich vor der Veranstaltung eines Konzertes z.B. in den Salons bekannt zu machen, außerordentlich erschwert.

Anfangs wohnt sie in einem Hotel, wo sie sich der gleichaltrigen Sopranistin Pauline Garcia, die 1838 ihr Debüt in Paris gegeben hat, anschließt[51].

Dann kann sie zu Leipziger Freunden ziehen, zu der Familie des Nationalökonomen List. Damit ist dieses Problem gelöst; aber es gibt andere.

Alles, was mit der Organisation eines Konzertes zu tun hat, hat bisher der Vater erledigt. Zwar gibt es in Paris bereits Konzertagenturen, aber gegen stärkste Konkurrenz auf sich aufmerksam zu machen, das muß sie nun in eigener Regie und Verantwortung.

Mit einer unglaublichen Härte sich selbst gegenüber stellt sie sich diesen neuen Anforderungen. Sie will dem Vater, Schumann und auch sich selbst beweisen, daß sie auch alleine zurechtkommen kann - allerdings nur als notwendige Zwischenstation zwischen dem Vater und Schumann:

"Ich sehe jetzt, daß ich auch ohne meinen Vater auch in der Welt darstehen kann, und es dauert ja nicht mehr lange, ich bin ja bald, bald bei Dir, und dann will ich keinen Kummer haben, nur der Deinige soll der meinige sein." (Clara Wieck an Robert Schumann, 2.2.1839, Litzmann I, 279).

In den Monaten ihres Pariser Aufenthalts erteilt sie Klavierunterricht und gibt zwei Konzerte, die gut besucht sind. So schreibt sie über ihr Konzert vom 16.4.1839:

"Mein Concert hab ich gestern ganz glücklich überstanden, ich wollte, Du wärest da gewesen, wahrhaftes Furore hab ich gemacht, wie man sich lange bei keinem Künstler erinnern kann ... Es war ungeheuer voll, doch sind die Kosten so groß in Paris, daß nichts übrig bleiben kann, was ich auch gar nicht anders erwartet habe - mein renommé ist gemacht und das ist mir genug (...)." (Clara Wieck an Robert Schumann, 17.4.1839, Litzmann I, 315)

Die Schwierigkeit, sich in Paris als Virtuosin durchzusetzen, liegt nicht allein in ihrer Situation als alleinreisende Frau begründet, sondern erwächst aus der anderen ästhetischen Richtung, die das Paris der dreißiger Jahre prägt: In Paris herrschen - wie Heine es ausdrückt - Rossini und Meyerbeer[52], beides Komponisten, die Schumann entschieden ablehnt. Zwar verteidigt Clara Wieck verschiedentlich an einem italienischen Melodiebegriff orientierte Musik gegen Schumanns normative Ausrichtung an der deutschen Instrumentalmusik (beeinflußt abgesehen von Wieck sicher auch durch ihren Gesangsunterricht bei dem Dresdener Gesangslehrer Miksch, der die italienische Belcanto-Tradition vertrat), aber auch sie erwartet vom Publikum ehrfürchtiges Lauschen - eine Haltung, die, wie bereits ausgeführt, aus dem Anspruch romantischer Musikästhetik erwachsen ist, daß Musik nicht der Unterhaltung dient, sondern wie ein tönender Diskurs gehört werden muß:

"Die Concerte sind hier ganz furchtbar langweilig, sie dauern 3-4 Stunden. In Gesellschaften ist es kaum auszuhalten; in einem kleinen Stübchen sitzen über 50 Damen um das Clavier herum und benehmen sich auf die fadeste Weise ... Diese Frivolität, dies Nichtsthun, Kokettiren, das ist unglaublich." (Clara Wieck an Robert Schumann, 10.3.1839, Litzmann I, 296).

Eine endgültige Einschätzung über Erfolg oder Nichterfolg dieses Pariser Aufenthaltes ist nicht möglich, da sie wegen der beginnenden Gerichtsverhandlung Paris vorzeitig verlassen mußte[53].

Insgesamt fühlt sie sich wohl in Paris trotz der erfolgreichen Konzerte, der Freundschaft mit Pauline Garcia, obwohl sie mit ihrer Freundin Emilie und einer anderen Freundin, Henriette Reichmann zusammenwohnt, menschlich und künstlerisch allein, (sofern die Briefe an Schumann nicht auf seine Erwartungen zugeschnitten sind. In den Tagebüchern dieser Zeit steht kaum ein persönliches Wort.) Letztlich bestärkt sie der Paris-Aufenthalt in ihrem Entschluß, auf das Leben einer reisenden Virtuosin zu verzichten und Schumann zu heiraten; im übrigen scheinen ihre Erfahrungen zu bestätigen, daß sie zwar allein reisen kann, aber ohne Vater nicht so erfolgreich ist wie mit ihm.

Das ist der günstigste Boden für einen Versöhnungsbrief, den Wieck im April 1839 zunächst an Emilie List richtet. Clara Wieck geht sofort auf dieses Versöhnungsangebot ein und entschließt sich, noch einmal mit dem Vater zu reisen als - wie es ihr erscheint - einzige Möglichkeit, das für die Eheschließung notwendige Startkapital doch noch zusammenzubringen und gleichzeitig die Zustimmung des Vaters zu dieser Eheschließung zu erhalten.

Am 1. Mai 1839 sendet sie dem Vater einen Brief, in dem sie ihm eine gemeinsame Konzertreise nach England über Holland und Belgien vorschlägt und ihm gleichzeitig verspricht, Schumann nicht eher zu heiraten, als bis die finanzielle Basis (allerdings nur 1000 Taler statt der von Wieck geforderten 2000) der Ehe gesichert sei. Dieser Brief soll im folgenden ausführlich zitiert werden, bemerkenswert sind ihre vorsichtige Argumentationsweise, die Charakterisierung ihres Verhältnisses zu Schumann, der Verzicht auf pathetische Wendungen:

"(...) Ich las Deinen Brief an Emilie und gestehe Dir aufrichtig, daß Du Manches berührt, was schon längst in mir sprach, und worüber ich schon viel im Stillen nachgedacht.
Meine Liebe zu Schumann ist allerdings eine leidenschaftliche,

doch nicht b l o s aus Leidenschaft und Schwärmerei lieb ich
ihn, sondern weil ich ihn für den besten Menschen halte, weil ich
glaube, daß kein Mann mich so rein, so edel lieben und mich so
verstehen würde als Er, und so glaub ich auf der anderen Seite
auch ihn mit meinem Besitz ganz beglücken zu können, und gewiß
keine andere Frau würde ihn so verstehen wie ich.
Du wirst mir verzeihen, lieber Vater, wenn ich Dir sage, Ihr
Alle kennt ihn doch gar nicht, und könnte ich Euch doch nur
überzeugen von seiner Herzensgüte! Jeder Mensch hat ja seine
Eigenheiten, muß man ihn nicht danach nehmen? Ich weiß, was
Schumann fehlt, das ist ein Freund, ein erfahrener Mann, der ihm
beisteht und hülfreiche Hand leistet; bedenke, daß Schumann nie
in die Welt gekommen war - kann es denn nun auf einmal gehen?
ach Vater, wärest Du ihm ein Freund - Du solltest ihn g e w i ß
nicht undankbar finden und Du würdest ihn gewiß achten; glaubst
Du denn, daß ich Schumann so liebte, wenn ich ihn nicht achtete?
glaubst Du nicht, daß ich wohl seine Fehler weiß? Aber auch seine Tugenden kenne ich. Uns würde zu unserem Glück nichts fehlen als ein, wenn auch kleines, doch sicheres Auskommen, und
Deine Einwilligung; ohne letzteres wäre ich ganz unglücklich, ich
könnte nie Ruhe haben und Schumann, der ja soviel Gemüth hat,
würde das auch unglücklich machen; ich sollte verstoßen von Dir
leben und Dich unglücklich wissen! Das hielt ich nicht aus. Lieber Vater, versprichst Du mir eine Einwilligung, wenn Dir Schumann ein Einkommen von 1000 Thalern ausweisen kann? 2000 Thaler wäre doch etwas zu viel verlangt, das kann sich nur nach und
nach finden. Gieb uns die Hoffnung und wir werden glücklich
sein, und Schumann wird noch mit ganz anderem Muth daraufhinarbeiten, mich zu besitzen; ich verspreche Dir hingegen, Schumann nicht eher zu heirathen, als bis uns keine sorgenvolle Tage
mehr erwarten.
    Gewinnt Schumann ein sicheres Auskommen, was ich sicher
glaube, und wir haben alsdann Deine Einwilligung, so machst Du
uns zu den glücklichsten Menschen - außerdem zu den unglücklichsten. N i e kann ich von ihm lassen, und er nicht von mir -
nie könnte ich einen anderen Mann lieben. (...) mein Herz ist so
voll Liebe - willst Du es brechen? Das hätte ich nicht verdient!
Du hältst mich nicht für gut, Du sagst mein Charakter sei verdorben, ich wisse nicht, wie Du mich liebst, ich sei undankbar
(...) oft weinte ich schon im Stillen von Dir getrennt zu sein,
Dich auf Deinen Spaziergängen nicht begleiten zu können, mich
von Dir undankbar genannt zu wissen und so Vieles noch! Hing
ich je an Dir, so ist es jetzt.
    Du zanktest mich in Leipzig, daß ich nie heiter war; bedenke
doch in welchem Zustande ich in Leipzig war und wie man überhaupt ist, wenn man liebt, daß man da liebevoller theilnehmender
Umgebung bedarf - hatte ich die? Durfte ich Dir je von meiner
Liebe sprechen? mit wem möchte man wohl lieber darüber sprechen

als mit den Eltern? und vollends ich mit Dir! Wie oft versuchte ich es, Dich durch mein Vertrauen zu Dir theilnehmender zu machen, hingegen machte ich Dich immer zorniger; nichts durfte ich! Im Gegentheil ich mußte meine Liebe in mich verschließen, und mußte, ach so oft! mich und den Gegenstand meiner Liebe verspottet sehen - das kann ein liebend Herz wie das meine nicht ertragen. (...) Ich bitte dich, schreib mir gleich wieder, ich kann nicht lange in der Unruhe bleiben; Du solltest sehen, wie ich meiner Kunst leben würde; Du meinst, ich liebe meine Kunst nicht? ach Gott, giebt es Augenblicke, wo ich ganz allen Kummer vergesse, so ist es am Clavier. (...)." (Clara Wieck an Friedrich Wieck, Paris 1.5.1839, Litzmann I, 316-318) [54]

Drei Tage vorher hat sie Schumann geschrieben:

"Du bist mein einziger Schutz, ... nur Dich hab ich noch auf dieser Erde und Du bleibst mir theuer. - Alles thu ich, was du willst, und Ostern bin ich Dein." (Clara Wieck an Robert Schumann, 27.4.1839, Litzmann I, 319)

Um das, was Schumann als unbegreiflichen Sinneswandel und Vertrauensbruch erlebt, zu verstehen, muß man sich vergegenwärtigen, wie sich die Lage für Clara Wieck Ostern 1839 darstellt. Ihre Pariser Reise ist, wie erwähnt, kein finanzieller Erfolg. Der Vater droht mit Enterbung und will ihr, wenn sie Schumann gegen seinen Willen heiratet, die Ersparnisse aus ihrer jetzt immerhin schon siebenjährigen Konzerttätigkeit vorenthalten.

Weder ist es ihr bisher gelungen, sich eine vom Vater unabhängige finanzielle Basis zu schaffen, noch Schumann, sich in Wien eine neue Existenz aufzubauen. Sie weiß, daß Schumann sich unter Druck gesetzt fühlt, will aber nicht die Ursache dafür sein, daß er 'seine Kunst als Handwerk' treiben muß. Zentral für ihr Selbstverständnis gegenüber Schumann ist, daß sie glaubt, keine Frau könne ihn so ganz verstehen wie sie. Das schreibt sie nicht nur dem Vater, sondern dieses Motiv kehrt auch in den Tagebüchern immer wieder. Damit, daß sie ihm durch ihre Tätigkeit ungestörte künstlerische Arbeit ermöglicht und nicht auf das Recht pocht ernährt zu werden, will sie dieses Verständnis für seine besondere Situation beweisen. Das bedeutet, sie muß reisen. Erfolgreiches Reisen aber scheint an den Vater gebunden. Daß Schumann ein denkbar ungeeigneter Reisebegleiter sein wird angesichts seines Widerwillens gegen Konzertreisen überhaupt und vor allem gegen die gesellschaftlichen Verpflichtungen, die damit verbunden sind, kann sie einschätzen. Insofern sind ihre einleitenden Sätze, daß Wieck manches berührt habe, was sie sich schon im Stillen gedacht, wörtlich zu nehmen.

Schumann gegenüber kann sie solche Gedanken nicht laut werden lassen, sie hat oft genug erlebt, wie er auf die leisesten Ansätze von Überlegungen zu ihrer Erwerbstätigkeit innerhalb der Ehe reagiert. Eine letzte große Konzertreise scheint so in beider Interesse zu liegen.

Deswegen erwartet sie offensichtlich von ihm, daß er eine gemeinsame Reise von ihr mit dem Vater akzeptieren werde, denn seine ungeklärte finanzielle Situation spitzt sich um Ostern 1839 zu: Ende März erhält er von der Schwägerin Therese die Nachricht, daß sein ältester Bruder Eduard, der die väterliche Buchhandlung übernommen hatte, schwer erkrankt sei. Schumann reist daraufhin von Wien aus sofort nach Zwickau, trifft aber seinen Bruder nicht mehr lebend. Da ein Großteil des väterlichen Erbes in der Buchhandlung steckt, ist Schumanns Finanzlage zunächst unübersichtlich. Am 10. April schreibt er seiner Braut:

"Welche Veränderungen sein Tod in unseren Verhältnissen hervorzubringen mag, weiß ich noch nicht – (...) Hätte ich nicht Pflichten gegen Dich, so ließe ich Theresen gern alles, damit sie vielleicht das Geschäft fortführen lassen könnte; so aber muß ich doch zuerst an unsere Sicherheit denken (...)." (Robert Schumann an Clara Wieck, 10.4.1839, Boetticher II, 245/6)

Durch den Tod Eduards scheint sich plötzlich die Chance zu bieten, dem Teufelskreis von Leistungsdruck, der Angst, daß die Verbindung mit Clara Wieck nicht zustande kommt, Arbeitsunfähigkeit über lange Zeiträume hin etc. zu entkommen. Schumann setzt sich ernsthaft mit dem Gedanken auseinander, die Buchhandlung zu übernehmen:

"Bürgerlich stehe ich jetzt an einem W e n d e p u n k t ... Mein ganzes Sinnen ... ist auf Dich gerichtet, es ist jetzt der Zeitpunkt, wo ich sie mehr als je sichern könnte." (Robert Schumann an Clara Wieck, 17.4.1839, Boetticher II, 247)

Der Druck, sich bürgerlich abzusichern, muß stark gewesen sein, wenn Schumann, der noch wenige Wochen vorher mit dem Gedanken gespielt hat, seine Zeitung aufzugeben, um seine gesamte Arbeitskraft in die Kompositionstätigkeit investieren zu können, nun ernsthaft erwägt, sein Leben als Buchhändler zu verbringen und dazu verurteilt zu sein, seinen 'Hauptberuf' als 'Zerstreuung am Feierabend' zu betreiben. Hier wird sehr deutlich, daß es schon lange nicht mehr allein darum geht, objektiv die nötigen Voraussetzungen zu schaffen, Clara Wieck heiraten zu können. Schumann ist durch die Auseinandersetzung mit Wieck so sehr seinem elementaren Bedürfnis, nämlich ein unabhängiges Leben als Komponist zu führen, entfremdet, daß er glaubt, es seien objektive Gründe, die ihn zwingen könnten, die Buchhandlung zu übernehmen und der 'Kunst zu entsagen':

"Glücklich bin ich, daß Du so schön gespielt und gefallen hast. In allen Zeitungen lese ich es. Nun säume nicht, bald zu Hof zu spielen und an Dein zweites Konzert zu denken. Sammle Dir auch die Blätter, wo über Dich Aufsätze stehen, es wird uns in späteren Jahren noch erfreuen; auch ich tue so ... Weinen aber möchte ich die bittersten Tränen, wenn ich denke, daß mich die Verhältnisse doch am Ende dazu zwingen, meiner Kunst späterhin nach und nach e n t s a g e n   z u   m ü s s e n . Lieber möchte ich trocken Brot essen ..." (Robert Schumann an Clara Wieck, 29.4.1839, Boetticher II, 248).

Daß es dann nicht dazu kommt, verdankt Schumann hauptsächlich der Tatsache, daß seine Vermögensverhältnisse sich durch den Tod des Bruders auch ohne Übernahme der Buchhandlung leicht verbesserten. So schickt Schumann Clara Wieck überglücklich eine Aufstellung über die zu erwartenden Einkünfte und glaubt, daß die Entscheidung über den Heiratszeitpunkt nur noch von seinem Willen abhänge.

Dieser Brief nun kreuzt sich mit Clara Wiecks Mitteilung, daß sie noch einmal mit dem Vater reisen und daher die Hochzeit verschieben wolle. Schumann schreibt am 4.5.1839:

"Ich erschrecke über unsere Reichthümer, wenn ich sie mit denen Anderer vergleiche; wie gütig ist der Himmel gegen uns, daß wir nicht für das tägliche Brod zu arbeiten brauchen; es reicht gerade so gut aus für zwei so schlichte Künstler wie wir; es macht mich glücklich, dieser Gedanke

Dein Vermögen	4 000 Thaler
Mein Vermögen	
1) in Staatspapieren	1 000 "
2) bei Karl	4 000 "
3) bei Eduard	3 540 "
4) Aus Eduards Nachlaß	1 500 "
Das gibt Zinsen	560 "
Sonstige Einnahmen jährlich von	
Friese	624 Thaler
Verkauf von Musikalien	100 "
Verdienst durch Composition	100 "
Also Einnahmen im Jahr	1 384 Thaler

Bin ich nicht ein Haupt-Rechenmeister ... Und könntest Du nicht gleich zu mir kommen, wenn ich etwa durchaus wollte?

Und können wir nicht dann auch einmal Champagner trinken, oder auch Theresen etwas schicken, wenn sie es brauchen sollte, oder Deiner Mutter? Kurz, sorge Dich nicht, mein Clärchen! Bin ich doch so wenig leichtsinnig, wie Du! Und wie hab ich das Geld schätzen gelernt! Glaubst Du, ich muß mich manchmal ordentlich gegen Anfälle von Geiz waffnen." (Robert Schumann an Clara Wieck, 4.5.1839, Litzmann I, 327)

An dem Rand dieser Aufstellung findet sich im Autograph die Bemerkung Schumanns:

"Ich schrieb Dir früher wohl von 12-1300 Th. Staatspapiere, ich mußte in Wien einiges verkaufen"[55].

Litzmann hat diese Bemerkung wie auch Schumanns Vorbemerkungen zu dieser Aufstellung nicht übertragen. Das hat Gründe: Geht doch aus dieser Bemerkung hervor, daß sich Schumanns Einkommensverhältnisse schon vor dem Tode seines Bruders verschlechtert hatten.

"Nun noch etwas, woran ich eben denke: die erste Einrichtung im Haus (mit 1000 Thalern müßten wir auskommen) habe ich nicht mitgerechnet, weil ich glaube, wir beide bringen bis Ostern nur durch unsere Arbeiten genug zusammen, ob Du glaubst? Das wollen wir doch sehen, das muß bis Ostern geschafft werden, nicht wahr! Sodann - kannst Du denn die Monate September, Oktober, November, so gute Concertmonate gar nicht nützen? Wirst Du da immer in Paris bleiben? Das will mir nicht recht einleuchten - aber sei mir nicht bös', daß ich Dir's sage. Die Zeit ist gar zu kostbar. Mach nur Alles, wie Du es am besten hältst!" (Autograph)

Er gibt damit zu, daß er, um die erste Einrichtung finanzieren zu können, auf ihre Konzerteinkünfte angewiesen ist.

Währenddessen geht Clara Wieck davon aus, daß er für sie und damit durch ihre Schuld sein Leben als Komponist aufgeben will:

"Mein innigst geliebter Robert,
mit schwerem Herzen gehe ich heute daran, Dir zu schreiben, ich muß Dir mittheilen, was schon lange in mir gekämpft, und heute zum Entschluß gekommen ist - es betrifft doch unser Beider Glück.
Unaussprechlich unglücklich macht mich der Gedanke, noch länger von Dir getrennt zu sein, doch laß den Muth nicht sinken, bleib' ich doch stark! wir können uns nächsten Ostern noch nicht verbinden, wir würden nicht glücklich sein. Laß mich ganz offen zu Dir reden, mein geliebter Robert. Zweierlei würde unser Glück trüben, erstens die unsicherste Zukunft und mein Vater; meinen Vater mache ich höchst unglücklich, wenn ich mich mit Dir verbinde, ohne eine sichere Zukunft vor Augen zu haben; meinen Vater würde - der Kummer um meinetwillen in das Grab bringen und die Schuld müßte ich dann tragen, keinen Augenblick Ruhe hätte ich, immer stünde das Bild meines Vaters vor mir, und ich hätte Vaters, Deines und mein Unglück zu tragen; Du würdest Dich höchst unglücklich fühlen, so wie ich dich kenne, solltest Du nur ein einzigesmal um unser Leben besorgt sein müssen, wir würden Beide als Künstler in Sorgen untergehen. (...) Sieh, wenn wir nur ein kleines sicheres Auskommen haben, so sind wir

schon geschützt, wir können uns einschränken, und dabei höchst
glücklich leben, der Vater giebt dann auch seine Einwilligung; er
schreibt gestern, er gäbe sogleich seine Einwilligung, so bald er
sähe, daß Du mir eine sorgenfreie Zukunft versprechen könntest
– doch ich sehe gewiß auf mich nicht so als auf Dich – Du fühl-
test Dich gar zu unglücklich, solltest Du durch Sorgen Dein
schönes Künstlerleben trüben müssen – ich halte es für meine
Pflicht, Dich davor zu bewahren. (...) Du mußt vor dem Gericht
ein Gewisses, ich glaube 2000 Thaler vorweisen können, und
nicht einmal das bedarf es, um vom Vater gutwillig das Jawort zu
erhalten.
 Vater fühlt sich gar zu unglücklich, ich kann ihn nicht so betrüben. Er schreibt, wenn er sähe, daß Du ein sicheres Einkommen erlangtest, so würde er gewiß jedes Opfer bringen, uns zu
unserer Verbindung zu verhelfen, er wolle nichts als eine sorgen-
lose Zukunft für mich, und das willst Du ja auch. Warten wir noch
ein halbes oder ganzes Jahr, so können wir Beide noch Vieles
thun und sind alsdann doppelt glücklich. Meinst Du nicht auch?
(...) ich schrieb es ihm aber auch, ich ließe n i e von Dir, ich
könne n i e wieder lieben, und betheure es Dir nochmals. N i e
laß' ich von Dir, nie werde ich aufhören, Deine treue Clara zu
sein. Ach, welchen Kampf habe ich gefochten, ehe ich mich diesmal entschloß Dir zu schreiben, Dich aus Deinen schönsten Hoffnungen zu reißen, ich vermochte jedoch nicht länger diese Gedanken allein zu tragen. Nicht wahr, Robert, Du bist ein Mann und
giebst Dich keinem zu großen Kummer hin? Du kannst Dir wohl
denken, wie mir jetzt zu Muthe ist, welch unendliche Sorge ich
um Dich hege, ach, wäre ich doch bei Dir! meine Sehnsucht ist
unnennbar groß. Der Gedanke, Du könntest mir einen Augenblick zürnen, macht mich ganz trostlos, doch nein, Du weißt ja,
wie ich Dich liebe, Du weißt ja, daß Du nie wieder so geliebt
werden kannst, daß kein Mann so geliebt wird wie Du. Bist Du
das überzeugt? (...) ich sehe ein, daß ich viel mehr ausrichten
kann mit dem Vater als allein; nicht etwa, weil mir der Muth fehlt,
oh nein, ich war ja entschlossen, alle diese Reisen allein zu machen, doch man ist schon überall mehr angesehen in männlicher
Begleitung. (...)
 [Wie steht es mit der Buchhandlung? Ich glaube doch, das
wäre gut, wenn Deine Kunst nicht beeinträchtigt wird. (...)
Was macht Deine Gesundheit? Schone Dich doch ja (...) doch
auch Bier sollst Du trinken, aber ich bitte Dich nicht viel. Das
Bier untergräbt die Gesundheit.] (...)
 S c h o n e   j a   D e i n e   G e s u n d h e i t , so oft sagte
ich es Dir schon – Dein Leben ist das Meine. (...)." (Clara Wieck
an Robert Schumann, Paris 2.5.1839, Litzmann I, 320/2) [56]

Dieser Brief zeigt ein bezeichnendes Gemisch von Argumenten:
in ihm ist nicht ein Satz enthalten, in dem Clara Wieck sagt, was

für sie selber wichtig ist. Alle Argumente leiten sich aus einer vorgeblichen Verantwortung entweder für Wieck oder für Schumann her und widersprechen auf den ersten Blick der Rolle, die sie sich bis dahin selbst zugewiesen hat: Hat sie bislang entgegen der herrschenden Rollenverteilung vertreten, daß es ihre Aufgabe sei, für den Lebensunterhalt zu sorgen, appelliert sie nun an die herkömmliche Rollenzuweisung.

An diesem Brief wird besonders deutlich: So selbständig und kämpferisch Clara Wieck auch zu sein scheint, sie scheitert letzten Endes nicht nur an den Widerständen der Umwelt (einschließlich ihres eigenen Mannes!); die väterliche Erziehung mit ihrem Übermaß an Disziplin (vielleicht auch die Mutterentbehrung?) haben es ihr unmöglich gemacht, sich als eigene Person zu erfassen und dies offensiv nach außen zu vertreten.

So haben die z.T. befreienden Elemente der väterlichen Erziehung (hochqualifizierte Berufstätigkeit) sie eben nicht befreit, sondern in einen Konflikt getrieben, den sie - aus Mängeln eben dieser Erziehung - keine Chance hat zu bestehen. Im Grunde ist sie von der väterlichen Autorität niemals losgekommen. Wo sie aktiv dagegen auftritt, zeigt es sich, daß sie nur in Anlehnung an andere Normen dazu in der Lage ist und gerade dadurch in den Konflikt gerät.

Seine Reaktion auf diesen Vorschlag Clara Wiecks hat Schumann als einzigen Brief vernichtet, ebenso ihr Antwortschreiben. Erhalten ist lediglich ein Brief Emilie Lists an Schumann vom 17.5.1839, in dem diese die Vorwürfe Schumanns indirekt wiedergibt:

"... Clara mache unbillige Ansprüche, setze kein Vertrauen in Sie, wolle Sie absichtlich beleidigen (...)" (Autograph) [57].

Mit dem Vorwurf, sie zögere den Heiratstermin willkürlich heraus, weil sie 'unbillige Ansprüche' habe, unterstellt Schumann, daß sie von ihm erwarte, daß er ihr ein Leben in Luxus bieten könne, und, weil er das nicht kann, ihn nun bestrafen wolle. Er wendet damit die Männerrolle, an die sie appelliert hat, gegen sie und interpretiert ihre objektive Bereitschaft mitzuverdienen als 'mangelndes Vertrauen' in seine Leistungsfähigkeit als Künstler, als gezielte 'Beleidigung' seiner Mannesehre. Der Hauptangriffspunkt liegt darin, daß sie diese Reise mit Wieck unternehmen will. Für Schumann bedeutet das, die Meinung Wiecks zu bestätigen, daß Schumann ein Versager sei und die Tochter eben doch ohne ihn nicht zurechtkommen könne.

Den massiven Selbstmorddrohungen Schumanns nachgebend, nimmt Clara Wieck ein für allemal Abstand von dem Plan, mit dem Vater zu reisen. Sie setzt sogar ihre Unterschrift unter die ihr von Schumann zugesandte Vollmacht, gegen den Vater Klage zu erheben. Diese am 15. Juni 1839 gegebene Unterschrift ist Ausdruck ihrer faktischen Unterwerfung. Ein anderer Weg, um Schumann die Glaubwürdigkeit ihres Liebesschwurs zu beweisen, ist ihr nicht geblieben. Schumanns Reaktion:

"Könnte ich es doch der Welt noch einmal sagen, was Du bist, damit sie Dich kennen lerne; ja, Clara, ich glaube manchmal, Künstlerinnen wie Du könnte man vielleicht noch finden, aber Mädchen von so innigem und starkem Gemüth wie Du - wohl wenige ... (...) Du hast Dich ja nun öffentlich für meine Braut erklärt, hast meine Ehre gerettet - ich danke es Dir tausendmal - eine Krone möchte ich Dir aufs Haupt setzen und kann nichts als zu Deinen Füßen sinken und mit dankenden Augen zu Dir aufsehen - in Dir verehre ich auch das Höchste, was die Welt hat - und stünde ich Dir nicht so nah, noch manches möchte ich Dir über Dich sagen." (Robert Schumann an Clara Wieck, 22.6.1839, Litzmann I, 341)

Dieser Jubel hält nicht lange an. Schon wenige Tage später eröffnet Wieck ein wahres Kesseltreiben gegen Schumann durch das Versenden anonymer Schmähbriefe.

"Dein Vater ist aber gar zu schwach; da läßt er ... anonyme Briefe an Friese schreiben (...) 'Friese möge sich um Himmels willen für mich interessieren, und bedenken, welchem Abgrund Du entgegengingst' und dergl. (...) A c h   C l a r a   d e r   M a n n   b r i n g t   m i c h   n o c h   u n t e r   d i e   E r d e   -   D u   w i r s t   s e h e n (...) Mein Kopf ist mir oft so schwer, ich strenge mich an, zu arbeiten fleißig, was Komponieren mir nur in meinen Kräften steht, - kann mich aber nicht herausreißen aus meinem Grübeln. Schwach sollst Du mich aber nicht deshalb nennen, sondern angegriffen nur (...)." (Robert Schumann an Clara Wieck, 7.7.1839, Boetticher II, 261)

Zwar versucht Schumann immer noch, um nicht schwach zu erscheinen (d.h., um sich als Mann zu beweisen), durch erhöhte Arbeitsproduktivität, also durch verstärkte Anpassung, dieser Diffamierungskampagne Wiecks den Wind aus den Segeln zu nehmen, aber eine Stelle aus einem Brief drei Tage später zeigt, daß er sich gefühlsmäßig nicht distanzieren kann:

"(...) ich möchte mich den ganzen Tag waschen, daß ich nicht in solche Berührungen kommen müßte." (Robert Schumann an Clara Wieck, 10.7.1839, Boetticher II, 262)

Eine psychologisch wichtige Briefstelle, verdeutlicht sie doch im Kontrast zu dem Geständnis, daß er Wieck bewundere, wie, solange sich diese 'bürgerliche Gemeinheit' in der Maske des treusorgenden Familienvaters zeigt, Schumann bereit ist, sie sich zum Vorbild der wahren Männlichkeit zu nehmen, zeigt sie sich aber 'nackt', er sich als 'reiner' Künstler beschmutzt fühlt.

Beim nächsten Stimmungsumschwung hingegen erwacht sein Selbstbewußtsein als Künstler, der die wahren bürgerlichen Werte vertritt, und auf dessen Fahne der Kampf gegen die Philister und nicht die Anpassung an die herrschende Denkweise steht:

"... jetzt gilt es das Liebste und Höchste zu verteidigen; jetzt rasch vollführt, was wir begonnen haben. Wir haben uns überhaupt viel zu bürgerlich behandeln lassen; wir müssen viel genialer auftreten. Was kümmert uns die Welt. Jetzt heißt es 'Vorwärts' und sollten ein paar Dutzend Philister in Ohnmacht fallen ...

Das Gefühl Deines Naheseins würde mich wunderbar aufrechterhalten. Auch denke ich mir unser Wiedersehen nicht schmerzlich; nein, es würde mich mit wahrhaft himmlischer Freude und Kraft erfüllen ... aber das wollte ich nicht, sondern ich wollte, als ich um Dich war, nur Frieden und Eintracht und Dein Glück, und Deinem Vater den höchsten Beweis meiner Hochachtung geben. Daß mir dies alles nicht gelungen, daß ich so geringschätzig dafür behandelt worden bin, macht mir freilich viel Herzeleid - Nun nichts davon ... Der Himmel ist so rein und blau ... (...)."
(Robert Schumann an Clara Wieck, 18.7.1839, Boetticher II, 264)

e) Prozeß der inneren Anpassung Clara Wiecks

Rückkehr. Tagebücher. Materielle Lage. Reisepläne. Selbstverständnis. Arbeitshaltung. Verhältnis zum Vater. Konzerte.

Um an dem vom Gericht geforderten 'Vereinigungsversuch vor dem zuständigen Pfarrer', einem Versöhnungsgespräch mit dem Vater, teilzunehmen, sieht Clara Wieck sich gezwungen, Paris bereits am 14. August zu verlassen - also vor der neuen Konzertsaison, von der sie sich viel versprochen hat. Am 18. trifft sie in Altenberg Schumann, zusammen reisen sie nach Schneeberg zu seinem Bruder. Am 30.8. sind sie wieder in Leipzig.

Der Verlauf des Gerichtsprozesses wurde bereits dargestellt, und die psychische Lage Schumanns in dieser Zeit hat Litzmann ausführlich dokumentiert. Clara Wieck ist von August 1839 bis 1840 weitgehend zur Untätigkeit verurteilt. Das elterliche Haus kann sie nicht mehr betreten, und als sie versucht, ihre Garderobe und andere persönliche Dinge holen zu lassen, verleugnet sie Wieck als seine Tochter. Abgeschnitten von der Öffentlichkeit, erfüllt von Angst, daß der Vater mit seinen düsteren Zukunftsprognosen doch recht behalten könne, konfrontiert mit der Lebenssituation ihrer Mutter, bei der sie den überwiegenden Teil der Zeit in Berlin wohnt, zeichnet sich in ihren Tagebüchern eine steigende Verunsicherung ab.

Bis zum endgültigen Zerwürfnis mit Wieck, also bis zu dem Tag, an dem sie ihre Unterschrift unter die Klagevollmacht gesetzt hat, enthalten ihre Tagebuchaufzeichnungen keinerlei persönliche Äußerungen über das, was sie - z.B. in der Pariser Zeit - bewegt hat. Die heute zugänglichen Briefe aus der Zeit vor der Eheschließung sind an Schumann adressiert, können also als Quelle für ihre Wünsche, Ängste etc. nicht unbefragt genutzt werden. Nach der Eheschließung führt das Ehepaar zunächst ein gemeinsames Tagebuch. Die persönlichen Tagebücher Clara Wiecks aus den späteren Ehejahren wurden wahrscheinlich, nachdem Litzmann sie für seine Biographie in Abschriften benutzen durfte, von den Töchtern vernichtet; jedenfalls sind die Autographe verschwunden. Damit bleibt eigentlich nur das letzte Tagebuch aus vorehelicher Zeit, das mit dem April 1838 beginnt und nur teilweise von Litzmann übertragen wurde, als unzensierte und authentische Quelle übrig[58].

Ihr gesamtes Denken in dieser Zeit kreist um die Frage der materiellen Lage; das wird in ihren Aufzeichnungen sehr deutlich: Da sie in Paris wenig eingenommen hat und der Vater sich weigert, ihr persönliches Einkommen an sie auszubezahlen, muß sie dringend Geld verdienen, außerdem lebt die Mutter in sehr beengten Verhältnissen.
    Nach der Scheidung hatte Marianne Tromlitz einen Musiklehrer geheiratet. Aus dieser Ehe waren ebenfalls Kinder hervorgegangen (die Kinder aus erster Ehe waren bis auf das jüngste bei Wieck geblieben). Nun muß sie einen kranken Mann, die Kinder und sich mühselig mit Klavierunterricht durchbringen. Diese Konfrontation mit der Realität einer Frau, die mit ihrem künstlerischen Beruf eine Familie ernähren muß, bedroht Clara Wieck offensichtlich so sehr, daß sie von der Idee (nach Zerschlagung des Wien-Planes), mit Schumann nach Berlin zu ziehen, Abstand nimmt[59]. Finanziell kann sie die Mutter nicht unterstützen, ist sogar selbst auf Schumanns Hilfe angewiesen. Zudem versucht der Vater sie noch zusätzlich zu zermürben: Er schickt ihr den Bruder Alwin; sie solle nun für dessen Ausbildung aufkommen, da er - unter Vernachlässigung seiner anderen Kinder - seine gesamte Arbeitskraft in sie gesteckt habe. Um sie und ihre Mutter unterstützen zu können, will Schumann Wertpapiere verkaufen. Sie ist damit in einem bisher unbekannten Ausmaß abhängig:

"Ich habe gestern und heute mit meinem Vater gesprochen (...) Er gab mir vier Bedingungen an, nach deren Erfüllung er das Gericht autorisieren wollte, uns das Jawort an seiner Statt zu geben, sie waren:
1) ich sollte verzichten auf die 2000 Thaler, die ich nach 7jährigem Spiel erübrigt, und sie meinen Brüdern geben
[(ich meine wenn ich ihnen 1000 Th. gebe, so ist es genug, soll ich denn nichts behalten)]

2) soll ich meine Sachen und Instrumente zurück erhalten, wenn ich später 1000 Thaler nachbezahle und auch diese meinen Brüdern gebe, (diese Bedingung hat er mir später nachgelassen),
3) soll mir Robert 8000 Thaler von seinem Capital verschreiben, die Interessen davon sollen in meine Hände fallen und n u r ich soll im Falle einer Trennung, (welch schrecklicher Gedanke!), über das Capital zu disponiren haben. (Welch ein Mann wird so etwas eingehen? 12 000 Thaler hat er und zwei Drittel soll er der Frau geben! Ist das nicht eines Mannes unwürdig? Es ist des Mannes Sache, über das Geld der Frau zu walten, aber nicht umgekehrt).
4) soll mich Robert zur Universalerbin einsetzen [(wie schrecklich, wir sind noch nicht vereint und sollen schon auf den Tod denken!)]
Diese Bedingungen können wir natürlich nicht erfüllen, und so muß die Sache gerichtlich abgemacht werden.
Als ich dem Vater sagte, ich müsse doch Geld zu einer Einrichtung haben, sagte er, 'wenn Dein Bräutigam Dich liebt, so wird er Dir 1000 Thaler auf so feine Weise in die Hände spielen, daß Du es kaum merkst'. Das empörte mich bis in das Innerste hinein! Das ist also der Lohn für mein jahrelanges Herumreisen, daß ich nun nicht einmal so viel haben soll, mich ausstatten zu können? Ich soll mich lassen von meinem Bräutigam ausstatten? Nein, dazu bin ich zu stolz ...
[der Gedanke könnte mich zu Boden drücken!]
Was soll ich nun aber anfangen, kein Geld in den Händen, ach Himmel, das ist doch zu hart. Ich will noch herumreisen und Concerte geben, um mir eine Ausstattung zu verdienen. [Ich kann das Geld nicht von Robert annehmen. Jetzt fühle ich so recht, wie schrecklich es ist kein Geld zu haben.]
Robert hat mir 400 Thaler in Staatsschuldscheinen gegeben, doch davon will ich keinen Gebrauch machen ... Mich drücken doch jetzt gar viele Sorgen! Auch für die Zukunft bangt mir! V e r - t r a u e n , das ist mein Trost! [Mich betrübt der Gedanke, daß ich das erste Jahr verleben soll, etwas Etwas verdienen zu können, jetzt wo ich noch jung und bei Kräften bin, muß ich doch die Zeit benutzen, und soll nun nichts thun! Lebten wir in einer größeren Stadt, so könnte ich Robert Vieles erleichtern mit Stunden geben, so aber beruht unsere ganze Existenz auf Ihm allein, und das ist mir schmerzlich. Er will, ich soll ein Jahr in Ruhe verleben und ich erkenne wohl seine Zärtlichkeit für mich, doch wer kann in die Zukunft sehen! ich kann krank werden, *dann* ist es aus. Hier heißt es denken 'interim aliquid fit'!] (Tagebücher Clara Wieck, Eintragung vom 26.8.1839, Litzmann I, 371/2 und Autograph).

Die Rollenverteilung, daß Schumann für sie sorgt, entspricht zwar der herrschenden Konvention und wird auch von seiten

Schumanns nicht problematisiert, ihr aber raubt dieser Zustand ihre Daseinsberechtigung, denn sie befreit ihn nicht aus ökonomischen Zwängen, sondern verstärkt sie noch.

So überlegt sie immer wieder, auf Konzertreisen zu gehen - Pläne, denen Schumann Widerstand entgegensetzt, einmal wegen des ungewissen Verlaufs des Gerichtsprozesses (lange ist unklar, ob sie persönlich vor Gericht erscheinen muß), dann wohl auch, weil er sie nicht wieder aus seinem Einflußbereich lassen will.

Zum Thema Reisen finden sich im Frühjahr 1840 folgende Eintragungen, die hier als Dokumente für ihre psychische Situation aus dem Autograph wiedergegeben werden sollen:

"Heute hatt' ich einen Plan, den mir aber Robert gleich zu Nichte machte. Ich wollte noch zur Saison nach England gehen, denn ich dachte, glückt es mir, nun so bringe ich 5000 Th mit, mißglückt es, so setzte ich zum wenigsten Nichts zu, denn das würde ich doch in jedem Falle verdienen, was mir die Reise kostet. Wie schön wäre es, wenn ich auch ein kleines Kapital hätte, wieviel sorgenfreier wäre ich; ich könnte mir meine Ausstattung kaufen [?] und hätte doch so viel als ich Nadelgeld brauche. Jetzt hab ich Nichts, Aussicht auf Nichts, und brauche doch soviel, und es ist mir schmerzlich mir von Robert eine Ausstattung zu erbitten - ach Gott, ich kann es nicht! - Wüßte ich nur, was ich diesem Sommer begänne! Zu alledem schickt mir der Vater noch den Alwin, daß ich die Violinstunden für ihn bezahlen soll. Es ist doch schrecklich, mein Geld hat er mir genommen, überall mir im Verdienst abzuschneiden gesucht, sagt zu Allen, ich werde bald kommen betteln vor seiner Thür, und nun soll ich meinen Bruder auch noch erhalten! ist es nicht des Vaters Pflicht seine Kinder zu erziehen, bis sie sich selbst ihr Brod verdienen können? (...)" (Eintragung vom 2.4.1840, Autograph)

"D.7. Ich ginge so gern nach England, und weiß doch wieder nicht ob es gerathen ist. Robert will es nicht, er meint, es komme nichts dabei heraus. Es schlägt mich so nieder, daß ich gar Nichts habe, das Geld das ich von Hamburg gebracht zehre ich diesen Sommer [?] auf und dann weiß ich kein anderes Mittel, als daß Robert sein Kapital angreift zu einer Ausstattung und Einrichtung - der Gedanke peinigt mich, ich kann so nicht frohen Muthes meiner Verbindung mit ihm entgegen sehen, wüßte ich es nur wie ich es anfinge daß ich mir diesen Sommer noch ein kleines Kapitel erwürbe daß ich doch nicht ganz leer zu ihm käme, mir wenigstens meine Ausstattung selbst anschaffen könnte und auch zu meiner Reise nach Petersburg übrig behielte, wozu im anderen Falle Robert auch wieder sein Capital angreifen müßte. Es ist wohl wahr, was der Vater sagt, ich verliere meine schönsten Jugendjahre, und er triumphiert darüber - das betrübt mich so sehr. Bin ich erst verheirathet so können laufend Hindernisse eintreten, daß ich nicht reisen kann. Ach Gott, es kommt gar keine Ruhe in mich! Robert will in Leipzig bleiben, wo ich gar nichts verdienen kann - werden wir denn genug haben ohne Sorgen zu haben? Nun, der Himmel helfe! (...)" (Eintragung vom 7.4.1840, Autograph).

Und einen Monat später schreibt sie:

"D.3. Meine Stimmung seit Roberts Abreise ist nicht beneidenswerth; ich kann nicht sagen wie einsam ich mich fühle, keine Minute, daß er nicht mein Gedanke wäre. Ach, wär' ich doch erst sein Weib, dazu ist aber sobald noch keine Aussicht. Ich habe nämlich die Idee, ich will vor unserer Verheirathung noch nach Petersburg. [*] Als Frau mache ich nicht so viel dort wie als Mädchen, und wer weiß, ob ich als Frau hinkomme! darum will ich nächsten Winter noch benutzen - ich wäre untröstlich, ihn wieder zu verlieren wie den Vergangenen. Robert sieht das und noch Vieles ein, und wird gewiß mit mir suchen die vorhandenen Schwierigkeiten einer solchen Reise zu besiegen - wie schön für ihn, wenn ich zufrieden heimkehre und er nun (er liebt ja das Weltgetümmel und Herumtreiben in Reisen, Gesellschaften gar nicht) dieser fatiguanten Reise überhoben ist. An die lange Trennung darf ich freilich nicht denken!" (Eintragung vom 3.5.1840, Autograph).

Daß trotz dieser realistischen Einschätzung der Schwierigkeiten, die sich innerhalb der Ehe Konzertreisen entgegenstellen, wie z.B. Schwangerschaften, ihre Pläne so leicht von Schumann zunichte gemacht werden können, zeigt, wie unsicher sie inzwischen geworden ist. Nun, da sie nicht mehr unter des Vaters Ägide lebt, braucht sie Schumanns Zustimmung, sie erkennt ihn als weisungsberechtigt ihr gegenüber an.

In den Tagebuchaufzeichnungen finden sich eine Reihe Hinweise für die Frage nach ihrem Selbstverständnis, so z.B. in dem folgenden Tagebuchausschnitt vom Ende August 1839, in dem sie sich mit den Vorwürfen auseinandersetzt, die Wieck im Zusammenhang mit ihrer Partnerwahl gegen sie erhoben hat.

"Ich denke, Vaters Herz wird sich erweichen lassen, wenn er sich überzeugt hat, daß meine Liebe nicht blos rein leidenschaftlich ist. Ich muß selbst sagen, daß ich mich in Vielem zu meinem Besten geändert hab, besonders in meiner Leidenschaft und Hitze! Ich folge jetzt mehr der Vernunft, beherrsche mich leichter als früher. Vater würde auch nicht so hart sein, kennte er mich besser! er hält mich für verschwenderisch, während ich mir des Gegentheils bewußt bin, meine Ansprüche sind sehr gering, ich verlange nicht anders zu leben, als ich bis jetzt gelebt zudem [?]

* Zeile gestrichen

spricht er mir allen Sinn für das Häusliche ab! Hätte ich Ihm denn je das Gegentheil beweisen können, da ich immer in der Welt leben mußte? Er hält mich nicht für fest! Hab ich denn meine Festigkeit noch nicht genug bewiesen? oder denkt er, es ist Eigensinn? aus Eigensinn werde ich mich nicht in mein Unglück stürzen." (Eintragung vom 24.8.1839, Autograph)

Vernunft, Beherrschung, überlegter Umgang mit Geld, Sparsamkeit, Festigkeit als erstrebte Tugenden stehen neben Anspruchslosigkeit und Häuslichkeit. Als Fehler nennt sie Leidenschaft, Hitze, Verschwendung und Eigensinn. Vergleicht man diese Kriterien mit dem von Karin Hausen aufgestellten Katalog von Geschlechtsmerkmalen[60], so wird deutlich, daß Clara Wieck sich an eindeutig männlichen Kriterien orientiert. 'Häuslichkeit' und 'Bescheidenheit' werden als erstrebenswerte Eigenschaften erst im Zusammenhang mit den Vorwürfen Wiecks relevant, sie sei nicht zur Hausfrau erzogen und deswegen als Ehefrau ungeeignet. Da sie diese Bestimmungen im Rahmen einer Selbstverteidigung gegenüber Wieck trifft, kann man davon ausgehen, daß diese 'männlichen' Eigenschaften (wie es sich bereits an der Ausbildungsmethode gezeigt hat) Sozialisationsziele Wiecks waren, die sich die Tochter als Maßstäbe zu eigen gemacht hat. In den Tagebuchstellen jedoch, in denen sie über ihr Verhältnis zu Schumann reflektiert und in denen sie ihrer Angst vor einer gemeinsamen Zukunft Luft macht, nennt sie andere Kriterien:

"Ein Gedanke beunruhigt mich zuweilen, der, ob ich es vermögen werde, Robert zu fesseln! Sein Geist ist so groß, und in diesem Punkt kann ich ihm doch so gar wenig genügen, wenn ich ihn auch ganz verstehe! Das muß ihn nun wohl auch einigermaßen entschädigen. Jetzt trachte ich auch darnach, so viel als möglich mit der Künstlerin die Hausfrau zu vereinigen. Das ist eine schwere Aufgabe! Meine Kunst lasse ich nicht liegen, ich müßte mir ewige Vorwürfe machen. Sehr schwer denke ich mir die Führung einer Wirtschaft, immer das rechte Maaß und Ziel zu treffen, nicht zu viel auszugeben, aber auch nicht in Geiz zu verfallen. Ich denke mit der Zeit alles das zu lernen. (...) Jetzt will er mir auch nun das entziehen, was ich mir durch vier Jahre langes Reisen verdient habe, - es war wenig, wäre aber doch ein kleiner Zuschuß gewesen, und nicht einmal eine Ausstattung soll ich nun von meinem Gelde haben - das macht mir Kummer! Es schmerzt mich zu sehr, Robert auch gar nichts mitzubringen, so ganz von ihm abzuhängen - das drückt mich schrecklich, und stimmt mich wohl oft düster. Umsonst will ich aber nicht meine Kunst gelernt

haben, ich will noch Robert vergelten, schenkt mir nur der Himmel Gesundheit.
Mein größter Wunsch ist der, es noch dahin zu bringen, daß Robert ganz der Musik leben kann zu seinem Vergnügen, daß keine Sorgen mehr sein schönes Künstlerben trübt.
[es ist ein großer Wunsch doch ich will ja arbeiten vorher und Robert wird das auch thun (...)⁶¹. Sehr schwer denke ich mir die Behandlung eines Mannes, besonders Robert's, daß man ihn immer zu nehmen weiß. Eine Frau hat so Vieles zu beobachten, besonders muß sie eine gewisse Zurückgezogenheit behaupten, was sehr schwer ist bei so großer Liebe. Die Stegmayer soll mir immer vorschweben, sie hatte es versehen, sie war zu zuvorkommend gegen ihren Mann, und auf einmal war es ihm überdrüßig; freilich liebte er seine Frau nicht wie mich Robert liebt - solch eine Liebe wird wohl auch selten zu finden sein! Ich denke Robert ganz zu verstehen, und das ist wohl die Hauptsache! es geht alles vielleicht leichter als ich es mir vorgestellt! Das Beste ist, ich handle geradeso wie mir zu Muthe ist.] Ich habe einen Brief von ihm bekommen, wo er mir schreibt, daß er ganz beglückt durch mich ist, mehr kann er es nicht, als ich es bin.*[Nie hab ich einen Mann kennengelernt, der so zart ist, so gut als Er! er hat schon vielen Einfluß auf mich gehabt, den ich Ihm sehr danke, aber auch ich habe guten Einfluß auf ihn gehabt, und das macht mich sehr glücklich. Ich finde, daß er sich seit 2 Jahren sehr noch geändert hat, und alle stimmen mit mir darin überein.] meine größte Sorge ist seine Gesundheit! sollte ich den Schmerz erfahren müssen, Ihn zu verlieren - ich wüßte nicht, ob ich den Muth hätte, noch zu leben.*[Wie selig macht mich das Gefühl, nun bald dem Manne ganz anzugehören den ich so unendlich liebe! - an mir soll er ein liebevolles aufrichtiges Weib finden.]" (Eintragung vom 24.8.1839, Litzmann I, 364/5 und Autograph)

Sie selbst nennt also als Hauptkriterium für ihre 'Eignung, den anderen verstehen zu können.

Dieses Verständnis beweist sich durch die Bereitschaft, alle eigenen Fähigkeiten in den Dienst des anderen zu stellen, also durch Selbstverleugnung und Hingabe als charakteristische Merkmale der Frauenrolle. 'Auflösung und Ichlosigkeit' aber, das 'Auffüllen des eigenen Ichs mit den Zielen des anderen' sind Zeichen der Unterwerfung und nicht einer 'Hingabe, bei der das Ich sich behält' (Petersen)⁶². Diese Bereitschaft, 'das eigene Ich mit den Zielen Schumanns aufzufüllen', bezieht sich sowohl auf Schumanns Erwartung, durch sie künstlerisch unabhängig arbeiten zu können, als auch darauf, daß sie bereit ist, alle mit Haushalts- und Kinderfragen zusammenhängende Aufgaben zu übernehmen.

---

* Auslassung von Litzmann nicht angegeben

"Ich bin heute in einer bedauernswürdigen Stimmung; ich fühle mich doch sehr unglücklich und meine Besorgniß wegen Roberts steigert sich immer mehr. Besonders bangts mir wegen seiner Augen, die, wie er mir heute selbst gesagt, immer schlechter werden. [Ich bin in Verzweiflung beinah darüber – wüßte ich nur was zu gebrauchen wäre!]
  Den 20sten Ich brachte den Nachmittag bei Robert zu, wir spielten, vierhändig, dann zweihändig [Habe ich einen gar lieben Mann und wird mich gewiß ganz beglücken. Sollte ich das nicht verdienen? bin ich ihm nicht von ganzer Seele ergeben? er ist mir Alles, in ihm finde ich meine Welt.] er fantasiert himmlich – man möchte vergehen in seinen Tönen. Seine Accorde versetzen Einen ganz in eine andere Welt. Ich möchte die Musik mit der Liebe vergleichen! ist sie gar zu schön und innig, so macht sie Schmerzen, mir geht es so, das Herz möchte mir springen manchmal dabei.
  Heute hat mich wieder eine große Wehmuth ergriffen bei dem Gedanken an den Vater. Er dauert mich so sehr, und doch, war er nicht grausam? ich fühle aber demohngeachtet eine so unauslöschbare Liebe für ihn – ein freundlich Wort von ihm und ich wollte nicht mehr der Schmerzen gedenken, die er mir verursacht hat." (Eintragung vom 19. und 20.8.1839, Litzmann I, 369/70 und Autograph)

In der moralischen Ablehnung rein pekuniärer Denkweise fühlt sich Clara Wieck gemeinsam mit Schumann als Mensch, der die wahren bürgerlichen Werte zu seinem Maßstab gemacht hat. Gegen die Forderung, auf ihre Liebe zu verzichten, bzw. Wiecks modifizierte Forderung, den Termin der Eheschließung davon abhängig zu machen, daß Schumann ein anerkannter Komponist ist, wehrt sie sich, denn in dieser Frage kann sie sich in Übereinstimmung mit der gesellschaftlich akzeptierten Liebesideologie und der darin fixierten Bestimmung der weiblichen Liebe als selbstloser Hingabe fühlen.
  Genau diese Norm aber bringt sie in Konflikt mit dem Wunsch nach eigener künstlerischer Arbeit. Die moralische Verpflichtung, die Eltern zu lieben und zu achten, und – als Beweis dafür, daß man sie liebt und achtet – sich ihnen zu unterwerfen, liegt auf einer vergleichbaren Ebene. Sie kann sich dem Verfügungsanspruch des Vaters entziehen, 'opfert' sie den Vater doch dem Geliebten; nicht entziehen kann sie sich den emotionalen Rechten des Vaters.

"Indem das Kind in der väterlichen Stärke ein sittliches Verhältnis respektiert und somit das, was es mit seinem Verstand als existierend feststellt, mit seinem Herzen lieben lernt, erfährt es die erste Ausbildung für das bürgerliche Autoritätsverhältnis." (Horkheimer)[63]

Immer wieder hält sie im Tagebuch mit Befriedigung fest, daß sie ihre 'kindliche Liebe' für ihn nicht verloren habe. Und dies, obwohl er mit seiner Verleumdungskampagne gegen Schumann und am Schluß auch gegen sie mit allen Mitteln versucht, ihren Ruf zu ruinieren - was seiner vorgeblichen Sorge um das Wohl der Tochter als Handlungsmotiv Hohn spricht. Dennoch durchschaut sie nicht das Handeln des Vaters als 'nackte bürgerliche' Gemeinheit - wie es Schumann nennt. Denn die Grundlagen des väterlichen Denkens sind auch die Grundlagen ihres Denkens. Außerdem ist eine adäquate Deutung der väterlichen Handlungsweisen durch den gleichsam religiös begründeten Anspruch des Vaters auf den Gehorsam der Kinder zusätzlich erschwert. So interpretiert sie sein Tun und Handeln als Ausdruck - freilich inadäquaten Ausdruck - des Leidens, der Trauer, daß er sie als Menschen verloren hat, und nicht als Ausdruck dessen, daß er sie wie ein Projekt sieht, in das er investiert hat, an das seine gesellschaftliche Anerkennung geknüpft ist und das Profit bringen soll, der nun in die Hände eines anderen zu fließen droht.

So schreibt sie am 2.10.1839, als Wieck nicht zum Termin vor dem Appellationsgericht erscheint:

"Er machte mir den Vorschlag noch zu warten bis ich mündig sey und mich ihm noch auf 3 Monate für 6000 Thaler zu *verkaufen*, das ging ich jedoch nicht ein. Ich sah aus dem Vorschlag daß der Vater gern noch mit mir reisen möchte, und das war mir schmerzlich um seinetwillen. Ueberhaupt fühle ich für den Vater ein Bedauern, das ich nicht beschreiben kann, in mir hat er doch sein ganzes Hoffen verloren; getrennt muß er von mir sein, allein auf seinen Spaziergängen doch manchmal Meiner gedenkend ohne die er sonst nie ging er verschuldet es freilich selbst. Möge es der Himmel geben, daß wir recht glücklich sind, sieht er dann unser Glück, so wird sich auch sein Herz zufrieden geben. Es schmerzt mich so sehr daß mich der Vater für undankbar und schlecht hält und das bin ich doch nicht." (Autograph)

Und am 11.11. trägt sie ein:

"Ich lebe nur für Einen und möge ihm nur die Welt Gerechtigkeit widerfahren lassen - das sollte meine höchste Freude sein. Daß ich in der Welt nie ein großes Glück machen kann, ist mir klar geworden. Ich besitze nicht die Persönlichkeit, die dazu gehört, will sie aber auch nicht besitzen [sondern späterhin nur meinem Robert und in ihm der Kunst leben - ich glaube daß ist doch der schönste Beruf, liebt er mich so einfach wie ich bin, nun so will ich auch nichts weiter.] Ich habe recht lange für mich geweint heute, ich sehne mich gar sehr nach Robert und Ruhe.
[Ich denke doch manchmal unterliegen zu müssen - ach Gott, was macht mir doch der Vater für Kummer! Ich möchte ihn vergessen (der Himmel verzeihe mir) und kann es doch nicht, ich kann die

kindliche Liebe durchaus nicht unterdrücken, und that ich es einmal, so bricht die dann umso mehr hervor und dann muß ich mich ausweinen. Es ist mir doch eine Beruhigung daß mich das Gefühl für meinen Vater nicht verlassen hat und das will ich mir aufbewahren.
Robert hat in der musikalischen Zeitung sehr schön über die Pleyel geschrieben.] Alles, was ich über sie lese, ist mir immer deutlicher Beweis, daß sie über mich zu stellen; und dann kann nun freilich von meiner Seite eine totale Niedergeschlagenheit nicht fehlen. Ich denke, mich mit der Zeit darein zu ergeben, wie ja überhaupt jeder Künstler der Vergessenheit anheimfällt, der nicht schaffender Künstler ist. Ich glaubte einmal das Talent des Schaffens zu besitzen, doch von dieser Idee bin ich zurückgekommen, ein Frauenzimmer muß nicht componiren wollen - es konnte es noch keine, sollte ich dazu bestimmt sein? das wäre eine Arroganz, zu der mich blos der Vater einmal in früherer Zeit verleitete, [ich kam aber bald von diesem Glauben zurück. Möge Robert nur immerhin schaffen, das soll mich immer beglücken.] (Eintragung vom 11.11.1839, Litzmann I, 377 und Autograph).

Die quasi männliche Sozialisation wird am deutlichsten in der Arbeitshaltung Clara Wiecks:

"Es ist doch eine Sünde (...) wie lange ich nichts componirt habe, der Vater ist ganz außer sich darüber, ich bin aber auch oft unglücklich darüber, überhaupt so unzufrieden mit mir selbst, daß ich es gar nicht sagen kann." (Clara Wieck an Robert Schumann, 15.7.1839, Litzmann I, 355/6).

Noch jetzt, wo sie öffentlich gegen ihn aufgetreten ist, hat sie Angst vor der Kritik des Vaters. Gerade dieser Briefausschnitt zeigt außerdem, daß sie ihre kompositorische Arbeit nie als selbstbestimmte erlebt hat. Sie - die Tatkräftige, Pragmatische - versinkt in dieser Situation, in der sie nicht in der Öffentlichkeit wirken kann, also nicht arbeiten kann, in Depression. Die Möglichkeit, selbstbestimmt z.B. zu komponieren und sich so mit ihrer Situation auseinanderzusetzen, ist ihr versagt.

Die Formulierung 'Sünde' ist Ausdruck der Verbindung protestantischer und kapitalistischer Elemente in ihrer - und nicht nur ihrer - Erziehung. Ihr erscheint es als 'unsittlich', nicht zu arbeiten, sich nicht weiterzuentwickeln und in den Augen des Bürgertums nicht erfolgreich zu sein. In dem Augenblick, wo sie durch äußere Gründe daran gehindert ist, Leistungen zu erbringen, reagiert sie deshalb mit äußerster Verunsicherung, sie kann ihre eigene Leistungsfähigkeit nicht mehr einschätzen:

"Ich hatte einen Streit mit Robert, war kindisch empfindlich ... gewesen; doch war es nicht der Streit selbst, sondern Empfindungen der höchsten Unzufriedenheit mit mir selbst, die er in mir wieder wach machte. In meiner Erziehung ist doch so Vieles vernachlässigt worden, was ich jetzt immer mehr fühle; es ist wohl theils Vaters, *großentheils* aber auch meine Schuld, und das macht mich sehr unglücklich. Ich sehe ein Jahr nach dem Anderen schwinden, und komme nicht vorwärts - ach, ich bin doch manchmal gar so muthlos!" - (Eintragung vom 21.4.1840, Autograph).

Einen Monat später klagt sie:

"Seit einigen Tagen fühle ich mich wieder einmal schrecklich unglücklich. Ich möchte, wenn auch nur eine kleine Romanze, meinem Robert zu seinem Geburtstag komponieren und kann es nicht. Stundenlang sitze ich und sinne, und doch alles vergebens! - Auch gehts mit meinem Spiel so schlecht, ich bin zurückgekommen, das fühl' ich (...) Ach Gott, ich werde ja auch so wenig ermuthigt, wenn nicht Robert bei mir ist! Wer sagt mir sonst ein Wörtchen! die Mutter *nie* (...) Ich habe viel von meiner Unbefangenheit beim öffentlichen Spielen verloren, und das ist schlimm, läßt sich auch nicht wiedergeben." (Eintragung vom 23.5.1840, Autograph)

Und am 17.6.1840 schreibt sie:

"(...) wenn ich nur mehr Vertrauen zu mir selbst hätte, ich würde auch mehr leisten. Wenn ich mich aber frage, woher kommt dieses geringe Zutrauen, so muß ich mir doch gestehen, daß ich zurückgegangen bin als Virtuosin nämlich - oder ist es blos das Aufmuntern eines Publikums, das mir fehlt, um mich wieder zu entflammen? ich schwebe halb im Dunklen über mich, so viel ich auch grüble. Die Reise nach Petersburg wird über mich entscheiden: entweder, es geht mir Alles nach Wunsch, und ich werde glücklich und heiter zu meinem Robert zurückkehren, oder, es geht mir schlecht - dann nagt es gewiß nicht wenig an mir, und ich kann mich nie ganz beruhigen wieder! meinen Ruf hab' ich dann verloren und Robert's Geld zugesetzt. Ach, wie zittere ich, mir schlägt das Herz manchmal -
(...) Selbst meine große Liebe zu Robert kann mir trübe Stunden machen - ich frage mich oft, kann ich ihn so glücklich machen, wie ich möchte, wie er es verdient? werden ihn nicht am Ende später einmal Familiensorgen drücken? wird er anerkannt werden? Ach mein Gott! Diese, und noch so viele Gedanken quälen mich - wär ich nur sein Weib! vielleicht beglücke ich ihn doch, und dann will ich Gott danken! - " (Autograph).

Im Februar 1840 fährt sie nach Bremen und Hamburg, um dort zu konzertieren. Zu ihrem Empfang hat Wieck eine 'Erklärung' an alle für das Kulturleben Hamburgs entscheidenden Leute verschickt, in der er Schumann als Hasardeur und Mitgiftjäger diffamiert, dem seine Tochter auf den Leim gegangen ist.

In ihren Tagebucheintragungen grenzt sich Clara Wieck gegen die Haltung, Liebesbeziehungen auf ihren finanziellen Nutzen hin abzuwägen, selbstbewußt ab:

"Ich muß ihn verkannt sehen, die Leute haben wenig Delikatesse genug mir das auf die unzarteste Weise merken zu lassen ich möchte sie aufklären, ich möchte Robert rechtfertigen und kann es nicht, jedes Wort legen sie für Verblendung aus. Ach Himmel, wann wird das denn aufhören! wie lange werden wir noch zu leiden haben!

Ich verliere manchmal ganz allen Lebensmuth, wenn mir unsere Verbindung wie ein unerreichbares Ziel erscheint – das Glück wäre zu groß, denke ich oft, und doch frag' ich mich dann, wozu all dies Leiden, wenn es nicht zum Glück führen sollte? Hier in solch einer Kaufmannsstadt, da heißt es nur immer 'hat er Geld, kann er sie ganz anständig, ohne Sorgen ernähren' mein Gott, wozu hat der Mensch das Talent? werden denn alle Ehen mit einem vollen Säckel in der Hand geschlossen, ist nicht Talent das größte Capital, und besitzen wir das nicht Beide?

Nun wollen sie mir einreden, Robert wolle mich blos heirathen um dann faul zu sein etc. der Gedanke ist so niedrig, daß ich darauf nichts sagen kann.

Ich kenne Roberts Herz und kenne seinen edlen Sinn und seine Liebe, er wird nie vergessen, was ich um ihn gelitten, daß er meine einzige Stütze, daß ich meinen Vater für ihn verloren, Alles das und noch Vieles vergißt er nie, und kann mich also nur beglücken." (Eintragung vom 19.2.1840, Autograph)

Dieser Anspruch auf Entschädigung, den sie aus der Auseinandersetzung mit Wieck und ihrem Verzicht auf ihre Karriere ableitet, hat für sie und für Schumann erhebliche Folgen gehabt. Beide stehen unter dem Druck, diese Ehe als eine besonders glückliche und produktive Gemeinschaft nicht nur nach außen, sondern auch einander beweisen zu müssen.

Teil V
Ehe

Kapitel 1: Ehekonzeption

a) Quellenlage

Haushaltbücher. Ehetagebücher. Künstlerische Gleichberechtigung. Kinder. Ton.

Die wichtigsten Quellen für die Schumannschen Ehejahre sind die von Schumann seit 1837 geführten Haushaltbücher und die von beiden abwechselnd geführten Ehetagebücher. Briefe fallen mit Ausnahme der Zeit, in der Clara Schumann allein nach Dänemark reist, wenig ins Gewicht.

Die Ehetagebücher und die Haushaltbücher repräsentieren zwei verschiedene Typen der Tagebuchaufzeichnung. Die Haushaltbücher dienen in erster Linie der Kontrolle der täglichen Einnahmen und Ausgaben, in wachsendem Maße nutzt Schumann sie aber, wie bereits erwähnt, um seine Arbeitsleistungen festzuhalten[1]. So finden sich fast täglich Bemerkungen, wie 'fleißig' und die Angabe dessen, woran er gerade komponiert (damit sind die Haushaltbücher für Datierungsfragen eine unentbehrliche Quelle), dann Bemerkungen über seinen und Claras Gesundheitszustand, über Schwangerschaften und Geburten, über Auseinandersetzungen zwischen den Ehepartnern und schließlich über ihren Geschlechtsverkehr. Diese Haushaltbücher sind in ihrer Gesamtheit ein einzigartiges Dokument der Selbstgängelung, der Konzentration des ganzen Lebens auf die eine selbstgestellte Aufgabe.

Hier werden sie vor allem als Quelle für die finanzielle Lage ausgewertet. Adressat dieser – ohne Blick auf die Nachwelt – entstandenen Aufzeichnungen ist ausschließlich Schumann selbst als 'Hausvater', dessen Aufgabe es ist, über das ökonomische Wohl der Familie zu wachen. Erst nach Schumanns Einlieferung in die Endenicher Heilanstalt übernimmt ein anderer die Haushaltsüberwachung, bezeichnenderweise ist es neben Clara Schumann, obwohl sie nun allein für den Unterhalt zuständig ist, Johannes Brahms.

Adressat der Ehetagebücher dagegen ist der Ehepartner. Sie dienen ausdrücklich dem Beweis, daß diese Ehegemeinschaft künstlerisch fruchtbar ist. Gleichzeitig soll das wöchentlich abwechselnd geführte Tagebuch ein Mittel sein, sich einander besser verständlich zu machen.

Schumann, der dieses Tagebuch nach dem Vorbild des Ehepaars Mendelssohn anlegt, schreibt im Vorwort:

"(...) Das Büchlein, das ich heute eröffne, hat eine gar innige Bedeutung; es soll ein Tagebuch werden über alles, was uns gemeinsam berührt in unserem Haus- und Ehestand; unsere Wünsche, unsere Hoffnungen sollen darin aufgezeichnet werden; auch soll es ein Büchlein sein der Bitten, die wir aneinander zu richten haben, wenn das Wort nicht ausreicht; auch eines der Vermittlung und Versöhnung, wenn wir uns etwa verkannt hatten, kurz ein guter, wahrer Freund soll es sein, dem wir alles anvertrauen, dem unsere Herzen offen stehen.
Bist Du damit einverstanden, liebes Weib, so versprich mir auch, daß Du Dich streng an die Statuten unseres geheimen Ehebundes halten willst, wie ich es selbst Dir hiermit verspreche." (Ehetagebücher, Eintragung vom 12.9.1840, Eugenie Schumann 274/5)[2]

'Die Statuten des geheimen Ehebundes' (diese Formulierung erinnert an den geheimen Davidsbund) lesen sich wie Regelungen für den Geschäftsverkehr:

"(...) Wünsche werden angehört, Anträge gestellt und bewilligt und überhaupt der ganze Lebenslauf der Woche sorgfältig erwogen, ob es auch ein würdiger und tätiger war, ob wir uns nach innen und außen immer mehr im Wohlstand befestigt, ob wir uns in unserer geliebten Kunst immer mehr vervollkommnet." (Eugenie Schumann 275).

Für uns heute ist es schwer, die Idee eines solchen Tagebuches nachzuvollziehen, aber sie korrespondiert mit der Idee der Produktionsgemeinschaft, die ständige Kommunikation im Sinne von Absprachen, Aufgabenverteilungen, Rückmeldungen etc. erfordert, zumindest solange, bis die Organisation des Alltags so eingespielt ist, daß man sich darüber nicht mehr verständigen muß. Dieses Ehetagebuch kann man also auch als eine (zwanghaft verengte) Institutionalisierung einer solchen Koordination verstehen.

Die gegenseitige künstlerische Befruchtung und Kritik als Gegenstand der Tagebucheintragungen soll beweisen, daß diese Ehe eine fruchtbare Künstlergemeinschaft ist und weder ihn am Komponieren hindert, noch sie dazu zwingt, nicht mehr pianistisch tätig zu sein, damit, daß es richtig gewesen ist, die Eheschließung juristisch zu erzwingen und Wieck mit seiner Prognose, seine Tochter werde eines Tages bettelnd vor seiner Tür stehen, nicht recht behält. Schumann schreibt:

"(...) Eine Zierde unseres Tagebüchelchens soll wie gesagt die Kritik unserer künstlerischen Leistungen werden; z.B. kömmt genau hinein, was Du vorzüglich studiert, was Du komponiert, was Du neues kennengelernt hast, und was Du davon denkst; dasselbe findet bei mir statt."

Schumann spricht hier nicht nur vom Klavierspiel seiner Frau, sondern auch von ihrer kompositorischen Tätigkeit, er stellt seiner Frau demnach eine künstlerische Gleichberechtigung auf allen Ebenen vor Augen - das ist besonders deswegen erstaunlich, weil Clara Wieck sich nie primär als Komponistin begriffen hat und vor allem nicht als gleichrangig mit Schumann.

Tatsächlich fordert Schumann seine Frau auch in den nächsten Jahren immer wieder zum Komponieren auf. Warum - darauf wird noch zurückzukommen sein.

Obwohl Schumann die sich gleichberechtigt nebeneinander entwickelnde künstlerische Arbeit in das Zentrum seines Vorworts stellt, sollen Kinder die größte Erfüllung der Ehe sein:

"(...) Das schönste und herzigste aber, was das Buch enthalten soll, will ich Dir, mein liebes Weib, nicht noch beim Namen nennen: Deine und meine schönen Hoffnungen, die der Himmel segnen wolle, Deine und meine Besorgnisse, wie sie das Leben in der Ehe mit sich bringt; kurz allen Freuden und Leiden des ehelichen Lebens soll hier eine treue Geschichte geschrieben werden, die uns auch im späteren Alter erfreuen wird." (Eugenie Schumann 275/6)

Diese Einleitung endet mit einem Motto, unter dem die Ehe stehen soll: 'Fleiß, Sparsamkeit und Treue' - fast ein Zitat des berühmten Wahlspruchs von Benjamin Franklin: 'Sparsam, fleißig und mäßig' (der in den USA des 19. Jahrhunderts in jedem Kontor hing), das Motto der bürgerlichen Weltauffassung schlechthin.

Die Ehetagebücher werden bis einschließlich der Rußlandreise 1844 geführt - spätestens zu diesem Zeitpunkt haben sie demnach ihre Funktion verloren, denn während langer Phasen, in denen Schumann mit Kompositionsarbeiten beschäftigt ist, finden sich keine Eintragungen von ihm.

Die Ehetagebücher sollen die vor der Ehe geführten persönlichen Tagebücher ersetzen - Ausdruck dafür, daß die Ehepartner sich nicht mehr als Einzelpersonen begreifen, sondern als 'ein Herz und eine Seele'.

Die Haltung, in der beide ihre Eintragungen in das Ehetagebuch vornehmen, unterscheidet sich diametral von dem Ton in ihren eigenen Tagebüchern. Für die Aufzeichnungen Clara Wiecks aus der Zeit des Eheprozesses ist eine Mischung aus allgemeinen Lebensweisheiten (teils mit Berufung auf Wieck, teils auf Schumann) und Ausbrüchen von Glück und Angst vor der Zukunft charakteristisch, wobei sie als Person durchaus präsent wird. Anders ihre Eintragungen in das eheliche Tagebuch: Sie zeiht sich nicht nur selber der Geschwätzigkeit[3], sie ist es auch. Keine Hilfe mehr zur Selbstreflexion ist das Tagebuch, sondern es dient vor allem der ständigen Beteuerung gegenüber Schumann, daß alles, so wie es ist, gut ist. Gleichzeitig - sozusagen unter der Decke der Erklärung des absoluten Vertrauens in Schumann - deutet sie Meinungsverschiedenheiten an. Während Schumann eine stolze Leistungsbilanz nach der anderen zieht, klagt Clara immer wieder über ihre wachsende Unsicherheit in künstlerischen Fragen. Problemfelder sind offenbar außerdem die Wohnsituation, die finanzielle Lage und die Schwangerschaften.

Was weitgehend fehlt, sind Bemerkungen über den häuslichen Alltag, abgesehen von der Registrierung von Besuchen - empfangenen wie abgestatteten. Insgesamt kann man zu ihren Aufzeichnungen sagen, daß sie schon in der Wahl der Formulierungen stark durch Unsicherheit geprägt sind. Offensichtlich traut sie sich nicht zu schreiben, 'wie ihr der Schnabel gewachsen ist', sondern versucht, sich Schumanns Schreibweise anzupassen.

Schumanns persönliche Tagebücher aus der vorehelichen Zeit sind überwiegend nur stichwortartige Aufzeichnungen als eine Art Gedächtnisstütze über Erlebtes, Gelesenes, Erarbeitetes, seine Eintragungen in das Ehetagebuch dagegen an seine Frau gerichtete Erklärungen aus der Position des Familienoberhaupts heraus.

b) Ehevorstellungen

Liebesgemeinschaft. Künstlergemeinschaft. Wirtschaftsgemeinschaft.

Bevor der Versuch unternommen wird, die Realität der Ehe zwischen Clara und Robert Schumann in ihren wesentlichen Merkmalen zu charakterisieren, sollen noch einmal kurz die an diese Ehe geknüpften Vorstellungen beider zusammengefaßt werden:

1. Ehe als *Liebesgemeinschaft* - Für beide ist die Vorstellung konstitutiv, daß ihre Eheschließung allein auf persönlicher Zuneigung und Freiwilligkeit beruhe. Ziel dieser Liebesgemeinschaft ist die 'zweckfreie Entfaltung aller Fähigkeiten' durch die Hingabe an ein anderes Subjekt. Hingabe heißt Aufgeben des vereinzelten Fürsichseins, impliziert aber nicht automatisch das Aufgeben eines selbständigen Bewußtseins. Allerdings deutet sich in den Tagebucheintragungen Clara Wiecks bereits an, daß sie Hingabe als das 'Auffüllen des eigenen Ichs' mit den Zielen Schumanns begreift.

2. Ehe als *Künstlergemeinschaft*, als Gemeinschaft zweier gleichberechtigter Künstler, die ihre 'Talente' nebeneinander und füreinander nutzen und entwickeln. Gemeinschaftsstiftendes Element ist die Abgrenzung gegen die 'Philister'.

3. Ehe als *Wirtschaftsgemeinschaft* – Sie soll eine Produktivität beider im Sinne freier künstlerischer Entfaltung und unabhängig vom Zwang unmittelbarer Reproduktion ermöglichen. Differenzen zwischen den Vorstellungen beider bestehen in der Frage, wie diese Wirtschaftsgemeinschaft aussehen soll: Sie will konzertieren und unterrichten, um ihm durch ihre Erwerbstätigkeit ein unabhängiges Leben zu ermöglichen, Schumann hofft ebenfalls, von den Zinsen des eingebrachten Kapitals plus ihrer beider Einnahmen leben zu können, aber nur solange bis er sich als Komponist durchgesetzt hat. Sein Wunsch ist, daß ihre Erwerbstätigkeit bald nicht mehr nötig sein wird.

Ehe als *zweckfreie Liebesgemeinschaft*
An der Ehe zwischen Clara und Robert Schumann wird Allgemeines deutlich. Die bürgerliche Vorstellung von Ehe birgt, wie bereits dargestellt, einen Gegenentwurf zu den herrschenden Verhältnissen in sich, zu einer Gesellschaft, in der alles zweckbestimmt und rational ist. Gerade aber das Bedürfnis nach Kritik an diesem herrschenden Verwertungsgedanken wird dadurch kanalisiert, daß es möglich ist, mitten in dieser Gesellschaft den Traum von einem marktfreien Raum zu träumen. Die daraus erwachsene ideelle Entgegensetzung von privater Sphäre und Öffentlichkeit, von Familie und Arbeit verstellt den Blick auf den objektiven gesellschaftlichen Zusammenhang zwischen Produktions- und Reproduktionsbereich, auf den Zusammenhang zwischen – um die Schrift Friedrich Engels' indirekt zu zitieren – dem Ursprung der Familie, des Privateigentums und des Staats.

Die Familie steht demnach von ihrer Konzeption her sowohl in einem fördernden, als auch in einem antagonistischen Verhältnis zur Gesellschaft. Die Frage ist nun, ob diese beiden Seiten auch realisiert werden, d.h., ob die Familie wirklich der Ort sein konnte, wo die Beziehungen nicht durch den Markt vermittelt sind, wo sich die Einzelnen nicht als Konkurrenten gegenüber treten und die Möglichkeit haben, als Menschen zu wirken (Horkheimer)[4].

Voraussetzung, und zwar notwendige Voraussetzung ist, daß das eheliche Verhältnis kein Unterordnungsverhältnis ist, sondern eines zwischen Gleichberechtigten, also beiden die zweckfreie Entfaltung aller Fähigkeiten möglich ist. Der herrschende Familientyp um 1840 ist aber, wie gezeigt wurde, ausdrücklich auf die Vorherrschaft des Mannes gegründet.

Ehe als *Künstlergemeinschaft*
Die Vorstellung einer Gemeinschaft zwischen zwei gleichberechtigten Künstlern setzt voraus, daß die Arbeit beider als gleichwertig betrachtet wird. Die Autonomieästhetik jedoch impliziert die Abwertung jeder funktionalen Ausrichtung von Kunst und damit sowohl deren Komposition als auch deren Aufführung als

minderwertige Arbeit. Die im Zuge der Durchsetzung der Autonomieästhetik als Norm sich entwickelnde Aufwertung des Komponisten zum 'Tonschöpfer' und die sich abzeichnende Arbeitsteilung zwischen Komponist und Interpret führt insgesamt zu einer Herabstufung der Interpretentätigkeit. Sie wird als eine nicht eigenschöpferische Arbeit angesehen, als eine Art Handwerk ohne Ewigkeitswert. Die Stilisierung des Künstlers zu einem Zwischenwesen zwischen Gott und den Menschen impliziert eine Abgrenzung von allen 'Nichtkünstlern' und die Beanspruchung von Sonderregeln und -rechten.

Die Gemeinschaft zwischen zwei Künstlern oder auch mehreren Künstlern dient der gegenseitigen Bestätigung; aus ihr sollen Selbstbewußtsein und Kraft erwachsen, um die Außenseitersituation ertragen zu können.

Ehe als *Wirtschaftsgemeinschaft*
Ziel der bürgerlichen Familie ist Akkumulation des Kapitals und Aufzucht wohlgeratener Kinder.

Auch wenn Schumann in seinem Vorwort zum Ehetagebuch schreibt, das Tagebuch solle zur Überprüfung dienen, ob sie sich 'nach außen und innen im Wohlstand befestigt' haben werden, so gilt ihnen Kapitalakkumulation nicht als Selbstzweck: Beide wollen das ererbte und (im Falle Clara Wiecks) erarbeitete Kapital so vermehren, daß sie sorgenfrei davon leben können und nicht mehr gezwungen sind, für die direkte Reproduktion zu arbeiten - dies wiederum nicht, um ein bequemes, arbeitsarmes Leben führen zu können, sondern um marktunabhängig zu arbeiten. Für Schumann bedeutet das: künstlerische Produktion, die nur den Gesetzen der Wahrheit und Schönheit folgt, dem abstrakten Ideal eines Fortschritts in der Kunst; für Clara Wieck: Klavierspielen als Mittel, Kunstwerke höchsten Anspruchs zu verbreiten.

Neben besseren Produktionsbedingungen sind aber auch Kinder explizites Ziel der Schumannschen Ehe. Deren materielle Versorgung und Erziehung erfordert langfristige Planung, setzt damit regelmäßiges und langfristig gesichertes Einkommen voraus. Wenn dies nicht gewährleistet ist, bedeuten Kinder wachsenden ökonomischen Druck, damit, statt Abbau, Verstärkung von Marktabhängigkeit. Da Familiengründung Planung voraussetzt und der Mann, wenn er die Rolle des Ernährers für Frau und Kinder übernimmt, allein die Verantwortung für die wirtschaftliche Prosperität trägt, ist er von den herrschenden Verhältnissen in einem weit höheren Maße abhängig als ein Alleinstehender. Die Frau ihrerseits muß, wenn sie nicht erwerbstätig und damit ökonomisch abhängig ist, an der gesellschaftlichen Anpassung ihres Mannes grundsätzlich interessiert sein.

Unter den drei Aspekten, der Liebes-, der Künstler- und der Wirtschaftsgemeinschaft soll im folgenden die Realität der Schumannschen Ehe, soweit sie sich in Dokumenten niedergeschlagen hat, in ihren wesentlichen Zügen dargestellt werden. Das Hauptaugenmerk gilt dem Anspruch, eine Gemeinschaft zwischen Gleichen zu bilden.

Kapitel 2: Ehe als Wirtschaftsgemeinschaft

In der bisherigen Schumannliteratur fehlt eine Darstellung der finanziellen Lage Schumanns und ihrer Entwicklung im Laufe der Jahre.

Bekannt ist, daß die Familie Schumann nicht gerade glänzend gestellt war, und Schumann bis zum Schluß Schwierigkeiten hatte, Verleger für seine Kompositionen zu finden. Hinweisen wie der Mitteilung des Enkels Ferdinand, daß Clara Schumann geäußert habe, ihr Mann habe in keinem Jahr seine Familie von seinen Kompositonshonoraren ernähren können, wurde nicht weiter nachgegangen [5].

Ein Vergleich der Einnahmen und Ausgaben des Schumannschen Haushaltes ist nicht bis ins letzte Detail möglich. Bis zur Düsseldorfer Zeit verfügen weder Robert noch Clara Schumann über regelmäßige Einnahmen. Da Schumann nur von Zeit zu Zeit z.B. die Abrechnungen für die einzelnen Jahrgänge der Zeitschrift zusammenstellt und Vermögensaufstellungen vornimmt, kann man nicht auf den Pfennig genau sagen, wieviel Geld pro Monat zur Verfügung gestanden hat. Aber für den Zeitraum eines Jahres lassen sich durchaus verläßlich Aussagen machen. Anders die Ausgabenseite: Schumann scheint nahezu lückenlos die täglichen Ausgaben registriert zu haben, und zwar nicht nur größere Ausgaben, sondern jeden Groschen Trinkgeld, jedes Bier (das tägliche bei Poppe, seiner Leipziger Stammkneipe), jedes Briefporto, jede Zigarre. Erst vom 14.5.1847 an vermerkt er unter der Abkürzung TA lediglich die Summe der eigenen Taschenausgaben. Aufgrund der Detailliertheit der Angaben ist das Zusammenrechnen der monatlichen Ausgaben sehr aufwendig. Da die Haushaltbücher vor kurzem veröffentlicht wurden, konnte im Rahmen der vorliegenden Arbeit darauf verzichtet werden, die Ausgaben bis auf den Pfennig zusammenzurechnen, zumal hier allein die Realtion zwischen Ausgaben und Einnahmen wesentlich ist.

a) Einkünfte

NZfM. Kompositionshonorare. Konzerthonorare Clara Schumanns. Zinsen. Vergleich.

Die Einkünfte des Schumannschen Ehepaares haben sich folgendermaßen zusammengesetzt: 1. NZfM, 2. Kompositionshonorare, 3. Konzerthonorare Clara Schumanns, 4. Zinsen.

Zu 1. Wie bereits erwähnt, bringt die sehr arbeitsintensive Redaktionsarbeit Schumann nur wenig Geld ein. Die Haushaltbücher enthalten lange Listen über Gelder, die Schumann, der die Zeitschrift seit 1837 im Verlag Robert Frieses herausgibt, an die Korrespondenten der einzelnen Jahrgänge überwiesen hat. (Dadurch sind die Haushaltbücher eine unentbehrliche Quelle zur Eruierung der Mitarbeiter und Korrespondenten der NZfM.)[6]

Vom Juli 1840 (Bd XIII) bis Oktober 1844 (Bd XX) verdient Schumann an der Zeitschrift:

im Jahre 1840: 184 Taler (Bd XIII)   (Haushaltbücher S. 297)
im Jahre 1841: 174 Taler für Bd XIV   ("   S. 302);
               für den Bd XV (Juli bis Dezember 1841) hat
               Schumann keine Summe angegeben.
im Jahre 1842: 154 Taler (Bd XVI)   (Haushaltbücher S. 311)
               189 Taler (Bd XVII)   ("   S. 316)
im Jahre 1843: 157 Taler (bd XVIII)   ("   S. 321)
               151 Taler (Bd XIX)   ("   S. 326)[7]

Für den Band XX gibt Schumann keine Summe an, da er wegen der Rußlandreise Ende 1843 aus den Redaktionsgeschäften ausscheidet.

Für den Verkauf der Zeitschrift notiert er am 17.11.1844:

"Von B r e n d e l für das Eigenthumsrecht d. n.[euen] Zeitschr.[ift] f. Musik. 500." (Haushaltbücher S. 273).

An dem Verkauf der zur Besprechung eingereichten Musikalien verdient er:

1841:   60 + 15 Taler
1842:   25 + 20 "
1843:   10 + 20 "
1844:   40 "
1845:   50 "

Zu 2. Im Jahre 1854 fertigt Schumann eine Aufstellung sämtlicher Kompositionshonorare an und kommt pro Jahr auf folgende Einnahmen:

"Bis Juli 1840   Thlr.   450.--
 "   Dec.[ember] 1840.   364.10.
                 1841.   303.--
                 1842.   225. 8.
                 1843.   464.--
                 1844.   575.--
                 1845.   128.--
                 1846.   375.--
                 1847.   337.--
                 1848.   314.16.
                 1849.   1 275.20.
                 1850.   1 584.--
                 1851.   1 439.20.
                 1852.   1 717.15.
                 1853.   1 925.11 1/2."
(Haushaltbücher S. 669)

Die Spanne ist erheblich. In einem Jahr wie 1845, in dem er lange arbeitsunfähig ist, verdient er nur 128 Taler, dagegen 1849, seinem quantitativ produktivsten Jahr, in dem er überwiegend Musik für den praktischen Gebrauch komponiert, verdient er das zehnfache dieser Summe. Anschließend an diese Aufstellung listet Schumann die einzelnen Honorare auf[8]: Relativ gut bezahlt wurden unter den Liederzyklen die Myrthen op. 24 und die Dichterliebe op. 48 mit je 110 Talern, wenn man dieses Honorar mit dem vergleicht, was er für seine erste Symphonie erhält, nämlich nur 10 Taler mehr. Im Vergleich dazu ist die Höhe der Honorierung (zwischen 200 und 280 Talern) für die rasch Popularität erringenden op. 68 (Klavier- und Liederalbum für die Jugend), die vierhändigen Klavierstücke op. 85 sowie den Kinderball op. 109 'kulant'. Für die anderen drei Symphonien einschließlich vierhändigem Arrangement bekommt er jeweils 200 Taler, für op. 50 'Das Paradies und die Peri' (1844), wie für die Oper 'Genoveva' op. 81 (1850) jeweils 550 Taler. Zum Vergleich: Das Honorar für den Freischütz im Jahre 1821 betrug 388 Taler, für die Euryanthe (1823) 800 Taler. Spontini erhielt gleichzeitig für jede Opfer 1050, Lortzing dagegen für den 'Zar und Zimmermann' 220 Taler[9].

Insgesamt bewegen sich die Honorareinnahmen in den Jahren 1840 bis 1848 zwischen 300 und 600 Talern, übersteigen also das vor dem Gericht angegebenen Minimum von 200 Talern. Bis auf die Summe von 1.925 Talern im Jahre 1853 steigen von da an seine Einnahmen aus der kompositorischen Arbeit kontinuierlich. Dennoch sind sie auch dann noch nicht ausreichend, um die damals bereits achtköpfige Familie zu ernähren.

Ab 1850 erhält Schumann zum erstenmal in seinem Leben ein festes Gehalt, das Gehalt als Düsseldorfer Musikdirektor in der

Höhe von 750 Talern. Man kann ermessen, was die Kündigung durch den Düsseldorfer Musikverein für ihn bedeutet haben mochte.

Zu 3. Schumann verzeichnet in seinem Haushaltbuch unter dem Titel 'Von Clara Eingebrachtes und Verdientes' sowohl die Konzerthonorare seiner Frau, als auch ihren Beitrag zur Einrichtung und Wiecks Ausbezahlung ihres Vermögens[10]. (Boetticher hat die Konzerteinnahmen und die Bezahlung für ihre Unterrichtstätigkeit am Leipziger Konservatorium in seinen Anhang aufgenommen, aber nicht ihr Kapital.) Obwohl das Gericht Wieck zu der Herausgabe des Vermögens seiner Tochter und auch ihres Flügels verurteilt, verzeichnet Schumann erst im Mai 1842 insgesamt 1.100 Taler. (Bis 1844 findet sich bei jeder Vermögensübersicht, die Schumann aufstellt, der Vermerk:

"Außerdem hat Kl.[ara] noch eine Schuld v. 500 Th v. Martini in Dresden zu fordern") (Haushaltbücher S. 244).

Trotz Clara Wiecks Befürchtung, 'Robert nun gar nichts mitbringen' zu können, gibt sie laut Schumanns Aufstellung 100 Taler aus ihrem Vermögen zur Einrichtung des Hauses (Haltshaltbücher S. 154) und zahlt im August 1841 noch einmal 200 Taler in die gemeinsame Kasse (Haushaltbücher S. 417). Bei diesen Summen muß es sich um den Erlös aus ihren beiden letzten Konzertreisen vor der Ehe nach Hamburg und Bremen bzw. nach Weimar und in andere deutsche Städte gehandelt haben[11].

Was ihre Konzerteinnahmen betrifft, so leistet sie vor allem durch den Reinerlös ihrer Rußlandreise (Januar bis Mai 1844) von nahezu 2.300 Talern (Haushaltbücher S. 418) - und Reinerlös heißt, abzüglich aller Kosten, die im Zusammenhang mit der Reise entstanden, und die waren angesichts eines solchen Unternehmens nicht unerheblich - einen wesentlichen Beitrag zur Sanierung der Finanzen. Dieses Geld ist fast die vierfache Summe des Jahresgehalts von Schumann als Düsseldorfer Musikdirektor und erheblich mehr, als Schumann bei angestrengtester Komponistentätigkeit erwerben konnte.

Im Haushaltbuch nicht erfaßt sind Einnahmen aus ihrer Unterrichtstätigkeit innerhalb der eigenen vier Wände. In Leipzig gibt sie Stunden ohne Honorar, wohl aus Rücksichtnahme gegenüber dem Vater, vielleicht aber auch, um den Anschein zu wahren, daß eine Erwerbstätigkeit nicht nötig sei[12]. In Dresden und Düsseldorf unterrichtet sie nach eigener Aussage 'fast jeden Tag zwei Stunden', was sie zu der befriedigten Bemerkung veranlaßt,

"(...) es ist doch ein angenehmes Gefühl täglich etwas zu verdienen"[13].

Wieviel sie insgesamt pro Jahr durch ihre private Unterrichtstätigkeit verdient hat, ist nicht mehr zu eruieren. Aus der Tatsache, daß diese Einnahmen im Haushaltbuch nicht auftauchen, kann man jedenfalls schließen, daß sie dieses Geld ausschließlich für persönliche Zwecke verwendet hat.

Zu 4. Vor Gericht hat Schumann die Gesamtsumme von 12.688 Talern angegeben, was einer jährlichen Rente 'von wenigstens 500 Rth' entspreche[14]. Die tatsächliche Höhe seiner Einkünfte aus seinem Vermögen ist sehr schwankend gewesen. In den Jahren 1841 bis 1843 werden ihm größere Barbeträge ausgezahlt, die weit über den genannten Betrag hinausgehen, so allein im Jahre 1841 1.300 Taler aus dem Erbe und 125 Taler von seinem in Schneeberg lebenden Bruder Carl (Haushaltbücher S. 271). Das zeigt, daß das Ehepaar Schumann - entgegen allen Aussagen Schumanns - von vornherein nicht von der Summe aller genannten Einkünfte leben kann, sondern das Kapital angreifen muß.

Da Schumann schon vor der Ehe Wertpapiere verkaufen bzw. beleihen muß[15], ist die Vermögensaufstellung, die Boetticher für das Jahr 1840 abgedruckt hat, nicht ganz korrekt[16]. Auch während der Ehe vermindert sich das Kapital zunächst kontinuierlich. Unter dem Datum des 4.2.1840 findet sich die Bemerkung:

"Am 4ten Februar steht es ebenso bis [auf] 100 Th., die ich zu Weihnachtsgeschenken verkauft: bleibt also: Th. 2 232." (Haushaltbücher S. 151).

Das bezieht sich nur auf die Wertpapiere; durch den weiteren Verkauf und durch die hohen Auszahlungen aus seinem Erbe beträgt Schumanns gesamtes Vermögen 1841 nur noch 8.493 Taler (man erinnere sich an seine Angabe vor Gericht: 12.688 Taler); 1842: 6.452 Taler; 1843 schließlich nur noch 5.456 Taler, da die preußischen Staatspapiere vollständig verkauft werden müssen, einmal um die Reise nach Rußland zu finanzieren, zum anderen für weitere Extraausgaben. Diese 5.456 Taler bedeuten eine Verminderung des Kapitals um über die Hälfte der ursprünglichen Summe innerhalb von vier Jahren.

Durch die Einnahmen seiner Frau kann Schumann für das Jahr 1844 wieder 8.699 Taler verzeichnen, eine Summe, die sich wieder schrittweise vermindert (1845: 7.899 Taler, 1846 6.410 Taler etc.) (Haushaltbücher S. 242-246).

Zusammenfassend läßt sich sagen: Schumann ist auf die Mitarbeit seiner Frau angewiesen, nimmt sie aber erst, als das Kapital schon auf die Hälfte geschrumpft ist, wirklich in Anspruch - die Einnahmen durch einzelne Konzerte fallen bis auf die allein von Clara Schumann unternommene Dänemarkreise, die auch immerhin einen Gewinn von 600 Talern einbringt (Haushaltbücher S. 418), nicht entscheidend ins Gewicht, die Summe aller Einnahmen reicht für den Haushalt nicht aus[17]. Bis zur Düsseldorfer Zeit lebt die Familie ohne gesichertes Einkommen und muß vom Kapital zehren.

Ein Vergleich mit den Einkommensverhältnissen anderer zeitgenössischer Komponisten ist leider nicht möglich, da wohl keine mit den Schumannschen Haushaltbüchern vergleichbaren Dokumente überliefert sind, vielleicht auch niemals in dieser Form existiert haben. Nur von seinen Kompositionseinnahmen konnte wohl kaum einer der zeitgenössischen Komponisten leben. Die Pianisten unter ihnen wie Liszt, Chopin, Moscheles, Thalberg etc. leben von Konzerteinnahmen und Stundengeben. Wie so ein Leben aussieht, kann man in der Veröffentlichung 'Aus Moscheles Leben' nachlesen: Konzerte und Stunden lassen kaum Zeit und Energie zur Komposition von Stücken höheren ästhetischen Anspruchs[18]. Mendelssohn ist von Haus aus nicht auf eine Stellung angewiesen, verdient dennoch seinen Lebensunterhalt durch seine Dirigententätigkeit. Die Opernkomponisten der Zeit wie Marschner, Lortzing, Nicolai, Kreuzer leben von Kapellmeisterstellen, wobei die Besoldung von Kapellmeistern sehr unterschiedlich ist. Lortzing erhält 1850 am Friedrich Wilhelmstädtischen Theater in Berlin 600 Taler pro Jahr[19], Marschner als Hofkapellmeister in Hannover 1.300 Taler, Nicolai als Zweiter Kapellmeister der Berliner Hofoper 2.000 Taler[20] und Meyerbeer als Preußischer Generalmusikdirektor 3.000 Taler[21].

Schumanns Düsseldorfer Gehalt beträgt pro Jahr 750 Taler (wovon er ab Mitte 1852 noch eine Gratifikation an seinen Vertreter Julius Tausch abziehen muß, erst 30, dann 1853 100 Taler). Zum Vergleich: Loewe erhielt nach eigener Aussage für die entsprechende Tätigkeit 1.550 Taler und zusätzlich 300 Taler für die Ausübung des Kantorenamtes[22].

b) Ausgaben

Ständige Ausgaben: Hausangestellte. Dienstleistungen. Haushaltsgeld. Luxusartikel. Steuern. Versicherungen. Miete.
Sonderausgaben: Einrichtung. Clara Schumann. Umzüge. Geburten.
Bilanz 1841-1850.

Ständige Ausgaben

Zu den ständigen Ausgaben gehören in erster Linie die Personalkosten. Aus den Haushaltbüchern geht nicht eindeutig hervor, über wieviel Personal das Ehepaar Schumann verfügt hat. Das hängt damit zusammen, daß manchmal Namen ohne Funktionsbezeichnung wie z.B. Christel oder Hanne auftauchen und wohl auch nicht jeder, der im Haushalt arbeitet, Geld erhält. Einzig aus den Weihnachtsgeldzahlungen kann man Schlüsse ziehen, wieviel Personen der Haushalt in einem bestimmten Jahr höchstwahrscheinlich umfaßt hat.

1840 verzeichnet das Haushaltsbuch die Namen Christel und Agnes. Agnes war eine Verwandte Schumanns: Agnes Röller. In der ersten Woche des Ehetagebuchs findet sich die Eintragung:

"Im Haus haben wir jetzt eine Verwandte Carls, Agnes, ein braves Mädchen, das die Wirtschaft auf das Beste bestellt." (Eintragung vom 13.9.1840, Autograph).

Da für sie im Gegensatz zur Christel keine Dienstlohnzahlungen verzeichnet sind, führt sie wahrscheinlich unentgeltlich den Haushalt. Am 12.11.1840 schreibt Schumann bereits "Abends Agnes fort" ins Haushaltbuch (Haushaltbücher S. 166), sie verläßt den Schumannschen Haushalt, um zu heiraten. Um wen es sich bei 'Christel' gehandelt hat, ist nicht mehr mit Sicherheit festzustellen. Sie war wohl Hausmädchen und lebt im Schumannschen Haushalt bis Ende 1842 (am 1.12.1842 trägt Schumann in das Haushaltbuch ein: "Lohn an Christel, die heute abzieht." (Haushaltbücher S. 230). Im Jahre 1842 tauchen Löhne "an die Köchin" und "für Hanne" auf. Da die Zahlungen im Vierteljahresabstand verzeichnet sind, ist davon auszugehen, daß Hanne eben diese Köchin ist. Hinzukommen anläßlich der Geburt der ältesten Tochter Marie eine Hebamme und eine Amme. Das ist jeweils nach der Geburt der anderen Kinder auch der Fall. Weihnachten 1842 zahlt Schumann Weihnachtsgelder aus an "Ricke", an "die andere" (Haushaltbücher S. 232); an die "Köchin" und an das "Kindermädchen" Lohn (Haushaltbücher S. 233). Das bedeutet wenigstens zwei Bedienstete für das Jahr 1842, also für einen dreiköpfigen Haushalt.

Um sich vorstellen zu können, welche Arbeiten im Haushalt erledigt und welche Funktionen nach außerhalb verlagert werden, muß man einen Blick auf die regelmäßig anfallenden Kosten für Dienstleistungen im weitesten Sinne werfen. Geld erhalten Schuhmacher, Schneider, Zahnarzt, Tischler, Schlosser, Maler, Holzhacker, Nachtwächter, Beimann (für den Nachtwächter), Laternenmann und Barbier. Vor der Ehe nahm Schumann Frühstück und Mittagessen draußen ein und brauchte zusätzlich eine Wäscherin, einen Stiefelwichser und neben dem Barbier einen Friseur. Das bedeutet: Arbeiten wie Kochen, Waschen und Stiefelwichsen werden jetzt innerhalb des Schumannschen Hauses erledigt. Weiter erforderlich ist jedoch ein Schneider; das stellt angesichts der großen Toiletten, die Clara Schumann für ihre Auftritte braucht, einen besonderen Kostenpunkt dar.

Um einen Eindruck davon zu vermitteln, was in einem bürgerlichen Haushalt an Arbeiten anfällt, sei Louise Otto zitiert, die in ihren Erinnerungen veranschaulicht, welcher Arbeitsaufwand

mit den einzelnen Tätigkeitsbereichen verbunden gewesen ist.
Da sie mit Clara Schumann gleichaltrig ist, kann man ihre Erinnerungen durchaus übertragen. Louise Otto schreibt 1876:

"Weder von der Einfachheit, noch von der Umständlichkeit der Wirtschaftseinrichtung und -Führung vergangener Zeit hat das jetzige Geschlecht einen Begriff. Zwar hatte man weniger Bedürfnisse, aber auch äußerst geringe Hilfsmittel, dieselben zu befriedigen. (...)
Heirathete sie aber einen Gelehrten oder Beamten, Arzt oder Künstler, wo es sich wirklich nur um ein Paar ohne Anhang handelte, so verzichtete man, wo nicht besonderer Rang oder Reichthum vorhanden, auf eine Gehilfin - Magd, wie man damals sagte und behalf sich mit einer Aufwärterin mindestens so lange, als die Ehe kinderlos war. (...) Fast alle, auch die einfachsten Bedürfnisse einer Haushaltung mußte man erst in dieser sich selbst bereiten. Die Wäsche ward im Hause gewaschen, Brod und Kuchen selbst gebacken, alle Vorräthe für den Winter, Früchte vom einfachsten Dörren an bis zum complicirtesten Gelée, Fleisch in den verschiedensten Zubereitungen, Butter und Eier - Alles ward durch eigene Hausarbeit für den Hausverbrauch bereitet und aufbewahrt, wobei das Letztere oft gerade so viel Mühe machte wie das Erstere. Ja, auch Seife ward im Hause selbst gesotten und Lichte wurden gegossen - Talglichte - lange Zeit hindurch der Hauptbeleuchtungsgegenstand (...)." (Otto)[23]

Daran, daß Schumann seiner Frau zu Weihnachten Seife und Stollen schenkt (Haushaltbücher S. 170), kann man ablesen, daß auch im Schumannschen Haushalt eine gekaufte Seife und ein gekaufter Stollen Luxusartikel waren.
Arbeitsintensive Funktionen sind offensichtlich so weit wie möglich nach außen verlagert. Das hängt sicher auch mit der Großstadtsituation zusammen, denn im Leipzig der vierziger Jahre gibt es bereits ein differenziertes Dienstleistungsangebot, während in den kleinen Städten und auf dem Lande die Hausfrauen gar keine andere Wahl haben, als alles selber zu machen.
Ein weiteres Moment kommt hinzu: Ein Künstlerhaushalt ist ein halböffentlicher Haushalt. Es gilt nicht nur, die eigenen Familienmitglieder zu versorgen, sondern in der eigenen Wohnung werden Konzerte vor geladenen Gästen gegeben, reisende Künstler kommen zu Besuch, und auch sonst sind die Nachmittage für den Empfang von Besuchen vorgesehen. (Das Haushaltbuch verzeichnet fast täglich Besuche - erstattete und erhaltene.)
Jede Woche teilt Schumann seiner Frau eine bestimmte Summe zu, deren Verwendung im Haushaltbuch nicht näher differenziert wird. Anfangs erhält sie ein Wochengeld von durchschnittlich 6 Talern. Im Laufe der Jahre erhöht sich trotz der ständig wachsenden Familie diese Summe nur bis auf 15 Taler.

Zusätzlich zum Wochengeld und den bereits genannten Dienstleistungen gehören zu den laufenden Ausgaben die Kosten für Holz und Kohlen - im Schumannschen Hause wurde also immerhin schon mit Kohlen geheizt -, für die Zeitung (mal hat Schumann das Leipziger Tageblatt und die Leipziger Zeitung abonniert, mal liest er sie in einer Lesestube), Ausgaben für eine öffentliche Badeanstalt. Hinzu kommen Kosten für Porto, Trinkgelder, Eau de Cologne, Schwefelholz, Schumanns tägliches Bier bei Poppe und seine Zigarren, Handschuhe und Halsbinden, Noten- und Schreibpapier, Federn für die Betten und die Kosten für den Notenschreiber.

Besondere Delikatessen sind Orangen, Aprikosen, Trauben, Melonen, Pfefferkuchen und Stollen, Cervelatwurst und Mixed Pickels - an Süßigkeiten: Eis, Konfekt, Torte. Wenn es etwas zu feiern gilt, wird Champagner und Punsch getrunken, ansonsten Wein oder als nichtalkoholische Getränke Sodawasser und Johannisberger.

An Steuern muß Schumann 1848 Mietzins-, Personal- und Einkommenssteuer bezahlen, versichert ist das Ehepaar gegen Feuer. An Mietkosten fallen in Leipzig 165 Taler für das halbe Jahr an, gerechnet wird immer von Michaelis[24] bis Ostern und umgekehrt - übrigens auch bei der Abrechnung mit Schuster, Schneider usw. Zu diesen regelmäßigen Ausgaben kommen in ebenso regelmäßigen Abständen Sonderausgaben.

Sonderausgaben

Dazu gehören als erstes die Kosten für die Gründung des Schumannschen Hausstandes. Wie aus der Vermögensübersicht im Haushaltbuch II (S. 154) hervorgeht, kostet die gesamte Einrichtung 1.797 Taler, wobei 100 Taler von Clara Schumann bestritten werden. Für Aufgebot und Trauung bezahlen sie 16 Taler, und die Prozeßkosten, die zwischen Klägern und Beklagten halbiert werden, belaufen sich auf 62 Taler.

Schumann hat zwar vor der Hochzeit mitgeteilt, daß seiner Meinung nach eine Frau nicht mehr verbrauchen dürfe als ein Mann[25], aber von vornherein registriert er Extrazuwendungen an sie - mal für eine Damengesellschaft oder Soiree, mal für den Einkauf von Geschenken, mehrfach auch für ihre Mutter, oft ohne nähere Bezeichnung des Verwendungszwecks[26]. Unter der Überschrift 'Klara Wieck hat im Ganzen von mir erhalten' hat Schumann gesondert die Extrazuwendungen an seine Braut, die vom Kapital genommen werden mußten, verzeichnet (Haushaltbücher S. 153/4). Daß Schumann selbstverständlich auch das von ihr selbst verdiente Geld verwaltet und zuteilt, geht aus einer Eintragung wie z.B. der vom Dezember 1841 hervor: "Klara hat von ihrem Concertgeld

115 Thaler erhalten zu ihren Privatausgaben." (Haushaltbücher S. 201). Ende 1841 zieht Schumann eine erste Zwischenbilanz:

"Kl.[ara] hat *extra* v. 12ten Sept.[ember] 1840 bis Dec.[ember] 1841 bekom̄en Th. 502" (Haushaltbücher S. 203).

Hinzu kommen Extrakosten, die durch Umzüge, durch die Geburt der einzelnen Kinder etc. verursacht werden.

Da Schumann selber keine regelrechte Buchführung betrieben und die jährlichen Einnahmen und Ausgaben nicht gegeneinander aufgerechnet hat, ist es - wie bereits erwähnt - nicht möglich, auf den Pfennig genau die Differenz zwischen Einnahmen und Ausgaben anzugeben.

- Im Jahre 1841 stehen Ausgaben von 1.443 (ohne Januar und April) Einnahmen von ca. 1.800 Talern gegenüber. Diese Einnahmen bestehen allerdings aus 1.300 Talern Ausbezahlung des Erbes und 125 Talern vom Bruder Carl. Schumann selbst verdient nur ca. 400 Taler. Seine Frau bringt im Jahre 1841 357 Taler in die gemeinsame Kasse ein, davon 157 Taler durch Konzerte, der Rest aus ihrem Vermögen. Da dieses Geld ebenfalls ausgegeben wird, beträgt die Differenz mehr als 600 Taler (zwei Monate fehlen!).
- Im Jahre 1842 liegen die Ausgaben bei 1.718 (drei Monate fehlen), die Einnahmen bei 836 Talern von Schumanns Seite, wobei 500 Taler aus dem Erbe stammen, 66 von Carl, also der Eigenverdienst sich nicht einmal auf 300 Taler beläuft. Demgegenüber stehen Einnahmen Clara Schumanns aus ihrer Konzertreise nach Hamburg und Dänemark in Höhe von 600 Talern. Dank dieser Summe ist das Budget im Jahre 1842 einigermaßen ausgeglichen.
- Für das Jahr 1843 hat Schumann alle monatlichen Ausgaben addiert, demzufolge liegt eine Gesamtsumme von 1.877 Talern vor, dem stehen Einnahmen in Höhe von 1.521 Talern gegenüber, davon kommen 700 Taler aus dem Erbe und 130 von Carl, sowie 464 Taler aus Kompositionshonoraren. Clara Schumann scheint in diesem Jahr, in dem sie mit der zweiten Tochter niederkommt, nichts verdient zu haben.
- Das Jahr 1844 fällt durch die Rußlandreise heraus.
- 1845 belaufen sich die Ausgaben auf 1.725 Taler, denen Einnahmen von 759 gegenüberstehen, also weniger als die Hälfte der Kosten ist abgedeckt.
Nur aufgrund des in Rußland verdienten Geldes kann das Jahr 1845, in dem Schumann keine Einkünfte hat, überwunden werden. In diesem Jahr wird eine weitere Tochter (Julie) geboren. Die Ausgaben haben sich also nicht durch die Vergrößerung der Familie und den Umzug nach Dresden gesteigert, sondern gesenkt, ein Zeichen für die erzwungenermaßen bescheidene Haushaltsführung.

- Für das Jahr 1846, für das auch komplette Angaben vorliegen, lassen sich Ausgaben in Höhe von 2.143 Talern errechnen und Einnahmen von 1.360, wobei auch hier wieder ca. 500 Taler aus dem Erbe genommen werden müssen. Zehn Monate nach der Geburt von Julie wird ein Sohn geboren, der im darauffolgenden Jahr stirbt. Für Clara Schumann sind keine Einnahmen aufgeführt.
- Im Jahre 1847 verdient sie durch die nicht erfolgreichen Konzertreisen nach Wien, Prag und Berlin zusammen nur ca. 400 Taler, Schumann an seinen Kompositionen 337 Taler, der Rest von Schumanns Einnahmen (679 Taler) stammt vom Bruder Carl. Die Ausgaben von April bis Dezember belaufen sich auf 1.164 Taler.
- Im Jahr 1848 sieht es noch schlechter aus. Die Einnahmen von 474 Talern tragen noch nicht einmal die Hälfte der mit 1.031 Talern verhältnismäßig niedrigen Ausgaben.
- Ab dem Jahre 1849 endlich übersteigen die Einnahmen zum erstenmal die Ausgaben (Ausgaben: 1.389, Einnahmen: 1.481). Inzwischen ist die Familie um weitere zwei Söhne gewachsen. Den Hauptanteil der Einnahmen stellen die Kompositionseinnahmen in Höhe von 1.275 Talern dar.
- Im Jahre 1850 zieht die Familie Schumann nach Düsseldorf. Mit der Geburt zwei weiterer Kinder (Eugenie und Felix) und den weit größeren gesellschaftlichen Verpflichtungen als in Dresden (wo sie sehr zurückgezogen gelebt haben), steigen die Ausgaben auf durchschnittlich 2.000 Taler, immer noch keine große Summe, wenn man bedenkt, daß Schumann als Junggeselle schon fast 800 Taler verbraucht hat.

Schumanns Einnahmen wachsen bis zu seinem Selbstmordversuch (Februar 1854) auf 2.778 Taler. Der drohende Wegfall seines Gehalts durch die Kündigung seiner Stelle von seiten des Musikvereins hätte Einnahmen und Ausgaben egalisiert. Den größten Anteil an seinen Einkünften bilden im Jahre 1853 seine Kompositionseinnahmen mit 1.925 Talern. Schumann muß also unbedingt arbeitsfähig bleiben.

So sieht die finanzielle Lage aus, als Schumann nach Endenich kommt. Zwar versucht Clara Schumann vor der Öffentlichkeit, den Eindruck zu vermeiden, daß sie unterstützungsbedürftig ist, und will anfangs die ihr angebotenen Spenden nicht akzeptieren [27], aber tatsächlich muß sie nach dem Tode Schumanns auch aus finanziellen Gründen ihre Erwerbstätigkeit wieder aufnehmen. Die Vorstellung Schumanns, das ererbte Kapital zu vermehren, um eines Tages ein unabhängiges und nur der kompositorischen Arbeit gewidmetes Leben führen zu können, hat sich nicht erfüllt. Bis zu seinem Selbstmordversuch weicht der Druck, erfolgreich sein zu müssen, nicht. Der Versuch, sich ein sicheres Einkommen und einen größeren Wirkungskreis über die Düsseldorfer Musikdirektorentätigkeit aufzubauen, scheitert. Aber auch Clara Wiecks Ziel, durch ihre Tätigkeit in den ersten Ehejahren ein Kapital anzusammeln, um Schumann eine unabhängige Arbeit zu ermöglichen, schlägt fehl. Einmal hindern sie permanente Schwangerschaften daran, große Konzertreisen zu unternehmen, zum anderen Schumann.

Kapitel 3: Ehe als Liebesgemeinschaft

Natürlich kann hier nicht die Frage gestellt werden, ob die Ehe zwischen Clara und Robert Schumann emotional erfüllt gewesen ist. Im Sinne des auf S. 228 skizzierten Gedankenganges war für die folgenden Überlegungen die Frage zentral, ob die Schumannsche Ehe ein Verhältnis unter Gleichen gewesen ist oder ein Unterordnungsverhältnis begründet hat.

Ein erstes Merkmal ist die Verteilung der Aufgaben innerhalb der Haushaltsorganisation.

a) Aufgaben Clara Schumanns

Kochen. Nähen. Grobe Hausarbeiten. Haushaltsorganisation. Tagesablauf. Kinder. Schwangerschaften. Kindererziehung.

Es ist nicht mehr genau zu rekonstruieren, welche Tätigkeiten Clara Schumann oblagen. Nur in den ersten Ehewochen ist der Haushalt ein Thema für das Ehetagebuch. So berichten die ersten Tagebucheintragungen von ihren Kochversuchen. Schumann spricht von ihnen bezeichnenderweise wie von einem Spiel:

"M o n t a g , am 14. Erstes Gericht, Spannung auf den Gesichtern der Theilnehmenden. Vortrefflich schmeckte es.
D i e n s t a g , am 15. Erster Braten mit Mama. Unsere kleine Wirtschaft ist gar zu traulich und muß auch so auf die Gäste wirken. – Meine Klara schickt sich ganz reizend an zur Wirtin. Von mir läßt sich das kaum behaupten, und ich komme mir oft ganz einfältig vor, aber nur aus zu großer Überlegung meines Glücks."
(Ehetagebücher, Eugenie Schumann 276/7)

In diesen wie in anderen Eintragungen erscheint die Ehe als Idyll, der Haushalt wie eine Arbeit, die Frauen mit 'Lachen und Scherzen'[28] verrichten können. Clara Schumann dagegen schreibt:

"20. Carls, Dr. Reuter, Wenzel waren zu Tisch bei uns. Mir schmeckte es nicht vor lauter Hausfrauenängsten als da sind: Daß es den Gästen nicht schmecken möchte, oder daß das Essen nicht zureiche und so verschiedenes noch dergleichen." (Ehetagebücher, Eugenie Schumann 277).

In dem Finanzplan, den Schumann Ende 1838 von Wien aus entworfen hatte, war nur eine einzige Bedienung vorgesehen[29], das heißt, daß Schumann zu diesem Zeitpunkt davon ausgegangen war, daß seine Frau die Haushaltsorganisation und einen Großteil der anfallenden Arbeiten selbst erledigt.

Grundsätzlich ist Clara Schumann auch bereit gewesen, die 'schweren Pflichten'[30] der Haushaltsführung und auch das Kochen zu übernehmen, wie es aus einem Brief an Schumann vom März 1839 hervorgeht:

"... Du hast gewiß manchmal Angst, daß ich nicht kochen kann? Darüber kannst Du ruhig sein, das lerne ich, (bin ich erst einmal bei Dir) bald. Eben sagt Emilie: um Dir die Clavierfinger zu verbrennen! – Was mir die Mädels vorschwatzen von Thee, Kaffeekochen und Gott weiß was, mit dem ich Dich Ärmsten unterhalten soll!" (Clara Wieck an Robert Schumann, 1.3.1839, Litzmann I, 297).

Aber die Tatsache, daß eine Köchin eingestellt wird, zeigt, daß ihr diese Arbeit bald zuviel wird. Wieck hatte die Unvereinbarkeit von Hausarbeit und künstlerischer Arbeit vertreten, und so gilt die größte Sorgfalt Clara Schumanns ihren Händen[31]. Eugenie Schumann schreibt dazu in ihren Erinnerungen:

"Von früh an war meine Mutter gewöhnt gewesen, ihre Hände zu pflegen und zu schonen. Sie durften nie Schweres heben, jeder Beschäftigung, die auch nur die geringste Steifheit befürchten ließ, wurde entsagt, so zum Beispiel dem Häkeln schöner weißer Bettdecken, was lange Zeit eine Lieblingsbeschäftigung meiner Mutter während der Kaffeestunden war. Hielt sie sich im Garten auf, so trug sie Handschuhe, von denen sie sich die Fingerspitzen abgeschnitten hatte. (...) Das Umsäumen der abgeschnittenen Finger war eine der wenigen Näharbeiten, die meine Mutter stets selbst ausführte; sie nahm zum Nähen die dicksten Nadeln und lange, lange Fäden." (Eugenie Schumann, Erinnerungen)[32]

Wenn Clara Schumann also in den ersten Ehejahren darüber klagt, vom Nähen steife Finger zu bekommen[33], so darf man sich unter Näharbeiten auf keinen Fall das Anfertigen von Kleidungsstücken oder Weißwäsche vorstellen.

Grobe Hausarbeiten wie Waschen und Putzen hat Clara Schumann auf keinen Fall selbst verrichtet. Die einzige Hausarbeit, die sie gern gemacht hat, ist wohl Gartenarbeit. Am 1.5.1841 findet sich im Ehetagebuch die Bemerkung:

"(...) selbst in meinem kleinen Gärtchen blühen die Kirschbäume und die jungen Gemüse keimen empor. Es ist herrlich! – Ich arbeite zuweilen darin, auch begieße ich dann und wann, und alles macht mir das größte Vergnügen." (Ehetagebücher, Eugenie Schumann 294)

Dennoch hat sie offenkundig, auch wenn sie sich die Hände nicht schmutzig macht, noch genügend Arbeit. Denn immer, wenn sie längere Zeit von Leipzig abwesend ist, wird eine Frau für die Organisation des Haushaltes eingestellt. Louise Otto schreibt über die Bedeutung dieser Arbeit:

"Die Hausfrauen von einst waren auf sich selbst gestellt - sie mußten all das selbst thun, angeben, bedenken, was ihnen jetzt fertig geliefert wird, zu schwerer und zierlicher Arbeit zugleich geschickt sein, selbst sich keiner scheuen und jede anordnen und übersehen können, damit das Hauswesen gedieh und was der Mann verdiente von der Frau und ihrer Arbeit richtig verwendet und zum Theil erhalten wurde. Wohl war es da ziemlich, Respekt zu haben vor solch einer guten Wirthin, wohl mochte der Mann sich freuen, wenn er nicht nur für sein Herz, wenn er auch für seine Wirthschaft die passende Wahl getroffen und er hatte vollständig recht zu verlangen, daß die Gattin auch dieser sich in erster Linie widmete. Da war die Frau in der That eines der nützlichsten Mitglieder in der Gesellschaft, in der Volkswirtschaft - es war allerdings fast immer ein empirisches Wissen, was sie sich angeeignet durch Erfahrung, Beobachtung, durch eignes Nachdenken - Pflicht, Liebe und Ehrgefühl leiteten sie dabei - die gute Hausfrau und Wirthin war mit Recht als solche hoch geschätzt, die schlechte verachtet und verspottet." (Otto) [34]

Hatte Schumann auch für seine Wirtschaft die passende Wahl getroffen?

Das rechte 'Maß und Ziel' zu finden, dafür bestand im Schumannschen Haushalt eine dringende Notwendigkeit, war es doch nicht wie heute möglich - vorausgesetzt natürlich, daß das monatliche Einkommen nicht unter dem Lebensminimum liegt, und davon konnte beim Ehepaar Schumann ja nicht die Rede sein -, durch 'Konsumverzicht' die Ausgaben möglichst gering zu halten. Aufgrund des bereits erwähnten halböffentlichen Charakters ihres Haushaltes mußte die Differenz zwischen ihren Einkünften und dem Lebensstil, wie er sich nach Außen dokumentierte, durch eine möglichst 'geld- und arbeitskraftsparende' Haushaltsorganisation ausgeglichen werden [35].

Clara Schumann, nicht zur Hausfrau erzogen, übernimmt in erster Linie diese Aufgabe. Das geht aus den Geldern, die Schumann ihr auszahlt, hervor: Neben dem Wochengeld, das offensichtlich für den täglichen Bedarf an Lebensmitteln etc. verwendet wird, zahlt er ihr sämtliche Gelder für die Entlohnung von Handwerkern und andere Dienstleistungen aus. Ihre Aufgabe muß es also gewesen sein, das zur Verfügung stehende Geld einzuteilen, die Dienstboten sinnvoll einzusetzen und zu überwachen. Da sie auf eine solche Aufgabe nicht vorbereitet ist, muß sie im Laufe der ersten Ehejahre erst in diese Arbeit hineinwachsen. So berichtet das Tagebuch von 'Ärger mit den Dienstboten' und der

Kritik, daß sie die Angestellten nicht genügend beaufsichtige.
Als Tochter eines in den Gesetzen der Zeit- und Kraftökonomie
denkenden Mannes konnte es nicht in Clara Schumanns Sinne sein,
viel Zeit in den Haushalt zu investieren; so deuten sich in den
Eintragungen beider Ehepartner sehr rasch Konflikte an. Knapp
ein Jahr nach der Eheschließung notiert Schumann ins Ehetagebuch:

"Arbeiten: - Klara studiert mit rechter Liebe viel Beethovensches,
auch Schu- und Ehemännisches, hat mir viel beigestanden im Ordnen meiner Sinfonie, die nun bald in den Druck soll - liest nebenbei Goethes Leben, schneidet auch Bohnen, wenn's sein muß -
die Musik geht ihr aber über alles, und das ist eine Freude für
mich. -" (Ehetagebücher, Eugenie Schumann 303)

Und Clara klagt über die Zerstückelung ihrer Arbeitszeit:

"So fleißig mein Robert die Kunst betreibt, so wenig tue ich
darin; der Himmel weiß! es gibt immer und immer Abhaltungen,
und, so klein unsere Wirtschaft auch ist, so sehe ich doch immer
dies und jenes zu tun, das mir Zeit raubt" (Ehetagebücher, 18.7.
-8.8.1883, Eugenie Schumann 295).

Über ihren genauen Tagesablauf sind wir leider nicht unterrichtet. Nur eine Beschreibung von Eugenie Schumann, die sich freilich auf die Zeit nach Schumanns Tod bezieht, gibt Anhaltspunkte;
sie schreibt über die Mutter:

"Trotz schlafloser Nächte stand sie immer früh auf, und zwischen
Frühstück und Mittagessen arbeitete sie fast ohne Unterbrechung.
Ihre ausgedehnte Korrespondenz nahm täglich mehrere Stunden
in Anspruch, und ungefähr zwei Stunden verbrachte sie am Klavier." (Eugenie Schumann, Erinnerungen) [36]

Und über den Ablauf des Nachmittages berichtet sie:

"Nachmittags wurde gelesen, genäht, um vier Uhr Kaffee getrunken, den wir Kinder alle zusammen im Eßzimmer einnahmen, Mama
war im Wohnzimmer und empfing die zahlreichen Besuche, die sich
täglich einstellten. Nach dem Kaffee wurde meist ein langer Spaziergang gemacht." [37]

In jedem Falle war auch während der Ehe der Tagesablauf streng
geregelt, das berichtet z.B. Wasielewski auch über die Düsseldorfer Zeit.

Wie im allgemeinen Teil beschrieben, soll die Arbeitskraft der
bürgerlichen Frau die Wiederherstellung der 'Ware Arbeitskraft'
der Männer und der Erziehung der Kinder dienen. Auf die Frage,
inwieweit Clara Schumann erkennbar dazu beigetragen hat, Schumann für die 'Anstrengungen, Kämpfe und Stürme des Lebens
draußen' (Otto) zu stärken [38], wird im Abschnitt über die Ehe als

Künstlergemeinschaft einzugehen sein. Aber welche Aufgaben waren für sie mit den Kindern verbunden?

Es wurde bereits erwähnt, daß jeweils nach der Geburt eines Kindes eine Amme ins Haus kommt. Clara Schumann stillt also ihre Kinder nicht selbst, trotz Jean Paul und trotz op. 42 (Frauenliebe und -leben), wo es im Lied Nr. 7 heißt:

"Nur die da säugt, nur die da liebt,
Das Kind, dem sie die Nahrung gibt;
Nur eine Mutter weiß allein,
Was lieben heißt und glücklich sein.",

und, obwohl sie gesetztlich dazu verpflichtet ist[39]. Diese gesetzliche Regelung hat zwei Aspekte: Zum einen stammen die Ammen aus den ärmsten Bevölkerungsschichten - oft müssen sie ihre eigenen Kinder sterben lassen, weil sie nur ein Kind stillen können - und durch das Stillen werden sehr viele Infektionskrankheiten übertragen. (Diese gesetzliche Regelung ist ein Beitrag zur Bekämpfung der Kindersterblichkeit.) Gleichzeitig aber bindet das Stillen die Mütter über einen erheblichen Zeitraum hindurch an den Rhythmus der Kinder; sie können weder erwerbstätig sein - deswegen setzt sich dieses Gesetz in den ärmeren Schichten nicht durch - noch z.B. künstlerisch tätig sein.

Stillen kostet Kraft, Kraft, die Clara Schumann zum Klavierspiel, für ihre Arbeit braucht.

Schon die Schwangerschaften erlebt sie unter diesem Aspekt offensichtlich als problematisch. Denn die 'schönsten Hoffnungen', wie Schumann sie im Tagebuchvorwort nennt, erfüllen sich sehr rasch. Bereits in der 11. Ehewoche schreibt er:

"(...) Wie freue ich mich darauf auf das erste Liedchen und Wiegenlied, Pst!" (Ehetagebücher, Eugenie Schumann 284).

Im Haushaltbuch heißt es unter dem Datum des 24.12.1840 "Bescheerung Hoffnungen!" (S. 170). Clara Schumann aber trägt ins Ehetagebuch ein:

"Ich bin immer matt, und traurig macht mich der Gedanke, daß es vielleicht lange dauert, ehe ich meine alte Kraft wiedergewinne. Um Roberts willen möchte ich das, denn für einen Mann ist es schrecklich, immer eine lamentierende Frau um sich zu haben. Mein Robert ist übrigens bei alledem so liebreich und freundlich zusprechend, daß er fast immer meine trüben Gedanken verscheucht." (Ehetagebücher, Eugenie Schumann 284)

Der erste Gedanke gilt also der Frage, wann sie wieder Klavier spielen und vor allem öffentlich auftreten, das heißt, Geld verdienen kann.

Im Verlaufe ihrer sechszehnjährigen Ehe bringt sie acht Kinder zur Welt[40], bis auf einen Sohn, der 1847 einjährig stirbt, erreichen sie alle das Erwachsenenalter. Hinzu kommt mindestens eine

Fehlgeburt (9.9.1852)[41]. Das bedeutet innerhalb von vierzehn
Jahren (denn die zwei letzten Jahre verbringt Schumann in
Endenich) neun Schwangerschaften. Im Alter von 34 Jahren (!)
schreibt sie resigniert, als zum wiederholten Male eine Konzert-
reise (nach England) durch eine erneute Schwangerschaft ins
Wasser fällt:

"Meine letzten guten Jahre gehen hin, meine Kräfte auch - gewiß
Grund genug, mich zu betrüben ... Ich bin so entmutigt, daß ich
es gar nicht sagen kann." (Litzmann II, 279, ohne Quellenangabe)

Schumann aber äußert sich in einem Brief:

"Auf mich hat die ganze Zeit anregend im höchsten Grad gewirkt.
Nie war ich tätiger, nie glücklicher in der Kunst. Manches hab'
ich zum Abschluß gebracht, mehr noch liegt von P l ä n e n für
die Z u k u n f t vor. Teilnahme von fern und nah gibt mir auch
das Bewußtsein, nicht ganz umsonst zu wirken - und so spinnen
und spinnen wir fort und zuletzt uns selber gar ein. Im Hause
sieht es sehr lebendig aus. Fünf Kinder springen herum, fangen
schon [an], auf Mozart und Beethoven zu lauschen. Die Frau ist
die alte, immer vorwärts strebende ..." (Robert Schumann an
Eduard Krüger, Dresden 29.11.1849, Boetticher II, 444)

Dieser Brief stammt zwar aus dem Jahre 1849, aber er zeigt doch,
daß für Robert Schumann Kinder etwas anderes als für Clara
Schumann bedeutet haben.
   Das ab April 1846 auftauchende Zeichen F deutet nach dem
Herausgeber der Haushaltbücher Gerd Nauhaus auf das Sexual-
leben des Ehepaars Schumann[42]. Es kann hier nicht von Interesse
sein, das Intimleben des Ehepaars Schumann zu kommentieren.
Wichtig und bezeichnend ist nur, daß Schumann, der anfangs nur
nach den verschiedenen Geburten Claras notiert - wie z.B. am
4.10.1841 - "Mit Kl.[ara] geschlafen zum erstenmal wieder" (Haushaltbücher S. 196), ab April 1846 mit dem oben wiedergegebenen
Zeichen den ehelichen Verkehr regelmäßig registriert. Die Regel-
mäßigkeit und der Ort dieser Eintragungen, nämlich in den Haushaltbüchern, kann im Zusammenhang mit Schumanns ständiger
Leistungskontrolle und der genauen Beobachtung und Verzeich-
nung seines Gesundheitszustandes und dessen seiner Frau gesehen werden.

Auf diesem Hintergrund stellt sich die 'Kinderfrage' anders als
im Ehetagebuch dar. Im Ehetagebuch kommentiert Schumann die
mangelnde Begeisterung seiner Frau über neue Schwangerschaften stets damit, daß Kinder ein Segen seien. In den Haushaltbüchern dagegen liest man folgende Eintragungen:

6.7.1844 "Kl[ara]'s Entdeckung u. Zerstörung der Pläne" (Haushaltbücher S. 367)
Durch erneute Schwangerschaft - Julie wurde am 11.3.1845 geboren- platzt z.B. eine nach Holland, Belgien und England geplante Konzertreise)

   3.4.1846 "neue Angst Klara's (Haushaltbücher S. 274)
   1.5.1846 "Clara's Brustschmerzen" (Haushaltbücher S. 277)
20.7.1846 "Gewißheit wegen Kl[ara]'s Schw[anger]schaft" (Haushaltbücher S. 284)
26.7.1846 "Veränderung in Kl[ara]'s Zustand u. ihre Freude" (Haushaltbücher S. 285).

Es muß offen bleiben, inwieweit die ständigen Schwangerschaften in Schumanns Interesse gelegen haben. Denn gerade Clara Schumanns Reaktionen und auch ihre Entscheidung nach Schumanns Tod, ihre Kinder über die verschiedensten Pensionen zu verteilen und wieder auf Konzertreisen zu gehen, weisen darauf hin, daß sie mitnichten daran gedacht hat - wie Schumann es sich als sein höchstes Ziel gesetzt hatte - über die Frau die Künstlerin nicht vergessen.

Welche Aufgaben sind für Clara Schumann mit den Kindern verbunden gewesen? Da immer ein Kindermädchen im Haus lebt, kann man davon ausgehen, daß sie die Kinder nicht versorgt hat. Marie Schumann, die älteste Tochter, schreibt in ihren bei Litzmann abgedruckten Erinnerungen zu diesem Thema:

"Unsere Mutter gab uns Clavierstunde und jeden Sonntag Morgen spielten wir dem Vater vor. Gespannt harrten wir auf den Moment, wo mein Vater hinterher an seinen großen Schreibtisch ging, das Geldfach hervorzog und aus einer kleinen Geldmulde jedem ein paar Pfennige schenkte. Das war uns das allerliebste an der Vorspielstunde, denn wir bekamen sonst nie Geld geschenkt. Mein Vater pflegte aber auch mit der Mutter über das von uns Gehörte zu sprechen. Er gab ihr aus wichtige Winke, wie sie uns musikalisch außer dem Spiel weiter bringen sollte. (...)
   Die Strafgewalt, wie die eigentliche Erziehung lag in den Händen der Mutter, doch gelegentlich griff auch die väterliche Autorität und zwar nicht bloß mit Worten ein und erzielte dadurch - gerade als Ausnahmefall - durchschlagende Wirkungen. Die täglichen kleinen Unarten, die der Mutter die meiste Not machten, die sich in seiner Gegenwart aber nicht hervorwagten, pflegte er dagegen, wenn sie in Klagen der Mutter an ihn herantragen, mit wohlwollender Skepsis zu behandeln: 'ich weiß nicht, was Du willst, die Kinder sind ja so artig!'" (Litzmann III, 4/5)

Clara Schumann ist demnach weitgehend allein für die emotionale und geistige Erziehung der Kinder verantwortlich gewesen. Die späteren Briefe an ihre Kinder zeigen deutlich, daß ihre Erwartungshaltung sehr autoritätsorientiert war. Sie erwartet von den Kindern, daß sie sich unterordnen[43], nicht zuletzt, weil sie sich für sie opfere. Ihr Hauptvorwurf gegen sie ist 'Halsstarrigkeit', sie verlangt von ihnen (wie einst der Vater von ihr) demutsvolle Unterwerfung unter die jeweiligen Gegebenheiten, unter denen sie leben. Das führt dazu, daß z.B. die Tochter Eugenie nicht wagt, der Mutter zu sagen, daß sie im Internat wie im Gefängnis lebt. Noch nicht einmal Weihnachten und in den Ferien können die Kinder teilweise nach Hause kommen, da das Geld für die Reisekosten fehlt. Auf einen Brief Eugenies hin, in der diese ihr erzählt, daß sie über einen Spielfehler wütend geworden sei, antwortet Clara Schumann:

"Ärgern kann einen nun das schon, weil es eine Zerstreutheit ist, aber wütend werden muß man deshalb nicht; das steht überhaupt keinem Menschen wohl an, geschweige denn einem weiblichen Wesen - nur Sanftmut ziert das Weib; Heftigkeit, wenn sie ausartet, erniedrigt, ist durchaus unwürdig. (...)

Für mich besteht nun überhaupt die wahre Frömmigkeit darin, daß man immer und immer an seinem inneren Menschen arbeite, ihn besser und besser zu machen suche, und soviel als möglich anderen zum Nutzen und Wohl zu leben, seine Umgebung immer liebreich zu behandeln - in der Erfüllung dieser Pflichten findet man doch die beste innere Befriedigung und natürlich dabei in der steten Fortbildung seines Geistes." (Eugenie Schumann, Erinnerungen)[44].

Im Sinne äußersten Effektivitätsdenkens verlangt sie von den Kindern, keine Minute ungenutzt verstreichen zu lassen:

"Sie selbst war unablässig fleißig und verlangte dasselbe von uns. In dem der Arbeit gewidmeten Teil des Tages ertrug sie es nicht, uns müßig zu sehen. 'Benutzt die Minuten', sagte sie, 'sie sind unwiederbringlich'." (Eugenie Schumann, Erinnerungen)[45]

Im Verhältnis Clara Schumanns zu ihren Kindern wird eine Regel wirksam:

"Dadurch daß die Frau sich dem Gesetz der patriarchalischen Familie beugt, wird sie selbst zu einem die Autorität in dieser Gesellschaft reproduzierenden Faktor." (Horkheimer)[46]

b) Aufgaben Robert Schumanns

K Kinder. Hausarbeit. Tagesablauf.

Worin besteht nun Schumanns Anteil an der Hausarbeit und an der Kindererziehung?

Berthold Litzmann leitet den 3. Teil seiner Clara-Schumann-Biographie mit der Wiedergabe von Erzählungen der Tochter Marie über den Vater ein:

"Denn Robert Schumann war nicht nur der zärtlichste und beglückendste Gatte, sondern auch der zärtlichste und liebevollste Vater (...) Wie sehr er mit und für die Kinder lebte, offenbart u.a. rührend ein von ihm im Jahre 1846 angelegtes 'Erinnerungsbüchlein für unsere Kinder', mit dem Motto: 'Heiterkeit, Thätigkeit, Gottvertrauen', in dem (leider nur bis 1849) von seiner Hand eine Fülle von Aufzeichnungen aus dem Zusammenleben mit den Kindern, drollige Äußerungen und Fragen, Charakteristiken der einzelnen Kinder auf verschiedenen Lebensstufen, kleine Erlebnisse im Hause, auf gemeinsamen Wanderungen, psychologisch-pädagogische Beobachtungen, Verschen, die die ältesten Mädchen auswendig gelernt, zusammengetragen sind. Wie er von Haus aus einen starken Familiensinn und Freude an häuslicher Behaglichkeit besaß, so war er in gesunden Tagen, auch bei drängender, schöpferischer Arbeit, stets darauf bedacht, den Kindern ihr Recht zu geben. Und wenn sie ihn tagsüber auch nur flüchtig und in etwas scheuer Entfernung sahen, so wußten sie, daß in der Dämmerstunde ihnen der Papa ganz allein gehörte, mit ihnen scherzte und spielte, sie auf den Knien reiten ließ, ihnen Lieder lehrte, in späteren Jahren ihnen wohl auch vorspielte oder vorlas. Auch die regelmäßigen Spaziergänge vor Tisch, auf denen ihn ausnahmsweise, wenn die Mutter krank war, die Älteste begleiten durfte, waren allemal Feierstunden für Vater und Kind." (Litzmann III, 3).

Eindeutig ist, daß Schumann an der Entwicklung der beiden ältesten Töchter emotional großen Anteil nimmt. Mit wachsender Kinderzahl schwindet dieses Interesse. Erzieherisch ist er insoweit tätig, als er z.B. das 'Erinnerungsbüchlein'[47] und für seine Töchter eine Bücherliste anlegt, in der übrigens unter den Dichtern Rückert an erster Stelle steht[48] (ein weiteres Indiz dafür, wie sehr Schumann mit Rückerts Gedankengut übereinstimmt), außerdem komponiert er das Liederalbum und das Klavieralbum für die Jugend (op. 79 und op. 68).

Ähnlich wie in der Frage der Beteiligung an anderen Fragen des Haushalts muß man wohl davon ausgehen, daß Schumann sich in allen Dingen die letzte Entscheidungsgewalt vorbehalten und auch ausgeübt hat. Er sieht sich sowohl in den Fragen der Finanzen als auch in der Kindererziehung als Hausvater. Alle Arbeiten aber, die mit Zeitaufwand verbunden sind und den Rahmen der emotionalen Anteilnahme überschreiten, sind Aufgaben der Frau, bzw., wenn es um die groben Arbeiten geht, der Dienstboten.

Wie sieht nun Schumanns Tagesablauf aus? Wasielewski berichtet von der Düsseldorfer Zeit:

"Das äußere Leben, welches Schumann während der letzten Lebensjahre führte, war sehr einförmig und höchst regelmäßig. Vormittags bis gegen 12 Uhr arbeitete er. Dann unternahm er gewöhnlich in Begleitung seiner Gattin, und des einen oder andern nähern Bekannten einen Spaziergang. Um 1 Uhr speiste er, und arbeitete dann nach kurzer Ruhe bis 5 oder 6 Uhr. Hierauf besuchte er meist einen öffentlichen Ort, oder eine geschlossene Gesellschaft, deren Mitglied er war, um Zeitungen zu lesen, und ein Glas Bier oder Wein zu trinken. Um 8 Uhr kehrte er gewöhnlich zum Nachtmahl nach Hause zurück."[48a]

Soweit dies an den Haushalt- und Ehetagebüchern ablesbar ist, gilt entsprechendes für die Leipziger und Dresdener Zeit.

Die wichtigste Arbeit für beide ist seine kompositorische Tätigkeit, alles andere muß darauf abgestellt werden. Robert Schumann gerät dadurch nicht in einen Konflikt zwischen der Rolle als Hausvater und seiner Arbeit, während Clara Schumann sehen muß, wie sie die Zeit, die ihr am Tage zur freien Verfügung steht, in der sie unbehelligt durch Haushaltsfragen und durch Kindersorgen arbeiten kann, richtig nutzt. In welchem Ausmaß von vornherein die Priorität bei Schumanns Bedürfnissen liegt, wird ganz deutlich an der Art und Weise, wie die Probleme, die aus der Wohnsituation erwachsen, gelöst werden.

c) Wohnsituation

Übungsmöglichkeiten. Folgen. Prioritätszuweisung.

Schon in der zweiten Ehewoche trägt Clara Schumann in das Ehetagebuch ein:

"Es ist schlimm, daß mich Robert in seinem Zimmer hört, wenn ich spiele, daher ich auch die Morgenstunden, die schönsten zu einem ersten Studium, nicht benutzen kann." (Ehetagebücher, 21.9.1840, Autograph).

Dieses Problem hatte Schumann bereits in einem Brief von Anfang 1838 vorausgesehen, allerdings mit anderen Vorzeichen, als es sich in dieser Tagebuchnotiz andeutet:

"Für manches Unrecht, was ich getan, manche Kränkung, die ich den Menschen zugefügt, möchte ich nun auch einmal ein Wesen glücklich machen ... (...) Oft wirst Du aber Deinen Zukünftigen wer weiß wo hin wünschen - wenn er nämlich komponiert - wenn er auf die schlechteste Weise gewisse Stellen hundertmal hintereinander spielt - da wird mirs bange, das Dir das manchmal lästig fallen wird. - Zwei Flügel müssen wir haben, - wir werden aber wohl eine Strecke voneinander wohnen müssen - nun da darf ich Dich wohl manchmal besuchen, wenn wir uns lange nicht gesehen." (Robert Schumann an Clara Wieck, Leipzig 17.3.1838, Boetticher II, 189)

Damals fürchtete er, sie beim Arbeiten zu stören, jetzt ist er es, der sich beim Komponieren gestört fühlt und von ihr erwartet, daß sie sich auf seinen Arbeitsrhythmus einstellt. Dazu ist sie auch grundsätzlich bereit, zumal Schumann im Ehetagebuch mit Verständnis auf die Klage seiner Frau reagiert:

"Klara ist wohl und lieb, die alte - Am Klavier finde ich sie nun täglich; aber sie hat recht, es ist das wenigste, was sie spielen darf, um nicht geradezu an Fertigkeiten zu verlieren. Wir müssen uns später anders einrichten, daß Klara spielen kann, so oft sie Lust hat." (Ehetagebücher, 6.-13.12.1840, Eugenie Schumann 284/5)

Aber Priorität haben eindeutig seine Interessen:

"In Leipzig angekommen, gab es manches zu tun. Wir sind umgezogen, da mich die Hitze im Zimmer nach dem Hof hinaus zur Arbeit beinahe ganz unfähig gemacht hat." (Ehetagebücher, 11.7.1841, Eugenie Schumann 302)

In der Frage der Übungsmöglichkeiten für Clara Schumann ändert sich nichts. Zwölf Jahre dauert es, bis die räumlichen Verhältnisse zum erstenmal ihr ein ungestörtes Arbeiten am Klavier, ihrem eigenen Rhythmus angemessen, erlauben:

"Roberts Zimmer ist sehr freundlich und still gelegen, so daß er wie in einem Kästchen sitzt ... die größte Annehmlichkeit ist noch die, daß ich mein Studierzimmer im zweiten Stock habe, wo Robert nichts hören kann. Zum ersten Male nach unsrer Verheiratung treffen wir es so glücklich!" (Tagebücher Clara Schumann, September 1852, Litzmann II, 272).

Für Clara Schumann erwächst aus der Wohnsituation ein existentielles Problem: Als Pianistin ist sie auf regelmäßige Übungsmöglichkeiten als Voraussetzung für technische Sicherheit angewiesen. Außerdem braucht sie die Zeit, um neue Stücke einzustudieren. Durch die mangelnden Übungsmöglichkeiten ist sie anfänglich so verunsichert, daß sie sich weigert, unter diesen Umständen überhaupt noch öffentlich aufzutreten (zu dieser Verunsicherung tragen darüber hinaus auch noch andere Faktoren bei, auf die noch einzugehen sein wird.)

Jetzt, da sie nach so langer Zeit wieder zu ihrem eigenen Rhythmus zurückfindet, wird ihr besonders deutlich, wie lebensnotwendig für sie ein regelmäßiges Studium ist:

"Heute fing ich auch endlich wieder an, zu studieren. Wenn ich so recht regelmäßig studieren kann, fühle ich mich eigentlich erst wieder so ganz in meinem Elemente; es ist, als ob eine ganz andre Stimmung über mich käme, viel leichter und freier, und alles erscheint mir heiterer und erfreulicher. Die Musik ist doch ein gutes Stück von meinem Leben, fehlt sie mir, so ist es, als wäre alle körperliche und geistige Elastizität von mir gewichen." (Tagebücher Clara Schumann, 9.1.1853, Litzmann II, 273)

Allein schon durch die Wohnsituation wird demnach vom ersten Ehetag an die 'zweckfreie Entfaltung der Talente beider' verhindert. Die finanzielle Lage verbietet es zwar, eine sehr große Wohnung zu mieten, erzwingt aber nicht automatisch eine Prioritätszuweisung an die Interessen des einen oder des anderen. Aber offenkundig ist weder Schumann bereit gewesen, Abstriche von seinen Interessen zu machen, noch hat sie es von ihm wirklich gefordert. Damit stellt sich die Frage nach dem Verhältnis der beiden zueinander, soweit es sich an den Eintragungen im Ehetagebuch und im Haushaltbuch ablesen läßt.

d) Konflikte

Unterlegenheit. Rußlandreise. Schumanns Widerstand. 'Zurichtung' Clara Schumanns.

Das erste, was bei der Lektüre der Ehetagebücher auffällt, ist, wie erwähnt, der veränderte Ton beider. Zentrales Motiv der ersten Ehewochen: Clara Schumann fühlt sich ihrem Mann auf ganzer Linie unterlegen, sei es in Fragen allgemeiner Bildung, sei es in musikalischen Fragen. Weder bedenkt sie den Altersunterschied von neun Jahren, noch ihre einseitige Erziehung auf den Beruf einer Pianistin hin. Auch bedauert sie ihre mangelnde Bildung nicht aus Sachinteresse, sondern aus der Angst heraus, ihrem Mann keine adäquate Gesprächspartnerin sein zu können. Da sie sich als den einzigen Menschen auf der Welt definiert, der Schumann 'ganz' verstehen kann, ihr Verständnis gleichsam zu ihrem Lebenszweck erhoben hat, bedroht sie ihre Unterlegenheit:

"Meine Unwissenheit in den Wissenschaften, meine Unbelesenheit fühle ich doch manchmal recht drückend! wann soll ich aber lesen? ich finde die Zeit nicht wie andere, und dann glaube ich, mir fehlt der eigentliche Trieb zu lesen, den ich mir durchaus nicht geben kann. Ich lese gerne, ja, aber ich kann ein Buch auch lange unberührt lassen, was z.B. Emilie oder Elise nicht imstande sind; sie fallen gleich über alles, das zu lesen, her, daher auch ihre Kenntnisse, ihr Bewandertsein in allem, was in der Welt vorgeht. Ich fühle mich manchmal recht unglücklich in mir selbst - wenn ich so in meinem leeren Kopf mich umsehe. Nun, so lange nur mein Robert sich mit mir begnügt, ist's gut, aber wär' das auch nicht, da wär's ganz aus mit mir. (...)
Ich schwatze recht dummes Zeug, nicht wahr, mein lieber Robert? Doch wenn ich, unserer Abrede gemäß, alles schreibe, was ich im Augenblick denke, so kann das dumme Zeug nicht fehlen, das wirst Du einsehen und dennoch mild in Deinem Urteil mit Deiner

Frau verfahren. - (...) Ich bin alle Tage glücklicher in Dir, und ist es, daß ich manchmal nicht so glücklich scheine, so sind es nur andere Skrupel, die ich mir mache - meistens Unzufriedenheit mit mir selbst. Ich möchte Dir würdig zur Seite stehen - darüber zürnst Du mir gewiß nicht! -" (Ehetagebücher, 4.10.1840, Eugenie Schumann 280)

Schumann reagiert auf diese Selbstvorwürfe, indem er mit ihr gemeinsam Bücher liest, mit ihr das Wohltemperierte Klavier, Beethovens Symphonien etc. studiert. Zum einen liegt ihm daran, Grundlagen dafür zu schaffen, daß sie seine eigene Musik besser verstehen kann, zum anderen, sie für den Verzicht auf die Weiterführung ihrer Karriere zu entschädigen.

Schon vor der Ehe hatte Schumann ihr versprochen, mit ihr gemeinsam eine Konzertreise nach Rußland zu unternehmen. Nur aufgrund dieses Versprechens hatte sie von ihren Reiseplänen Abstand genommen. Jetzt riskiert sie um diese Frage ernsthafte Auseinandersetzungen - ein Ausdruck dessen, daß sie wenigstens das Gefühl haben will, seiner Kunst dadurch zu nutzen, daß sie Geld verdient. Außerdem will sie an Wien und Paris anknüpfen, bevor sie in Vergessenheit gerät - ein Gedanke, den Schumann schon vor der Ehe als 'Hyperchondrie'[49] abwertete.

"... denn wenn ich auch wirklich durch meine Kunst befriedigte, so fehlt meiner Persönlichkeit alles, was dazu gehört, Glück in der Welt zu machen. Petersburg schlage ich mir nun f. d. nächsten Winter aus dem Sinn - Kampf kostet es mich. Soll ich nun den ganzen Winter still sitzen, Nichts verdienen, was ich doch so leicht könnte? Jeder fragt, ob ich nicht reise - ich komme ganz in Vergessenheit, und in einigen Jahren, wenn wir wirklich eine Reise machen wollen, wer weiß, was da Anderes in der Kunst die Leute beschäftigt. Ich möchte so gern diesen und vielleicht auch nächsten Winter noch reisen, und mich dann von d. Öffentlichkeit zurückziehen, meinem Haus leben und Stunden geben. Wir können dann sorgenfrei leben - überlege es Dir doch noch einmal recht ordentlich, mein lieber Mann." (Ehetagebücher, 7.11.1840, Autograph)

Zunächst stehen hier noch ihr eigenes Interesse und ihr Appell an das Interesse Schumanns argumentatorisch nebeneinander. Zwei Jahre später spricht sie nicht mehr von ihren eigenen Interessen, sondern weist nur noch die Alternative auf: entweder Schumann muß für Geld arbeiten, oder er muß sie arbeiten lassen:

"Es hat mich seit einigen Tagen ein unbeschreiblicher Trübsinn befallen - ich denke, Du liebst mich nicht mehr wie sonst, ich fühle es oft so klar, daß ich Dir nicht genügen kann, und bist Du zärtlich, so dünkt mir zuweilen, ich müßte dies Deinem guten Herzen zuschreiben, das mir nicht weh tun möchte. Zu diesem

Kummer kommen nun noch manche trübe Gedanken für die Zukunft, die mich oft tagelang nicht verlassen, die ich durchaus nicht verbannen kann, so daß Du manchmal Nachsicht mit mir haben mußt. Ach, Robert! wüßtest Du doch, wie es immer so liebevoll in meinem Innern aussieht, wie ich Dich auf Händen tragen, Dir das Leben immer nur rosenfarben zeigen möchte, wie ich Dich so unendlich liebe! all meine Sorge ist ja nur für Dich; der Gedanke, Du sollst für Geld arbeiten, ist mir der schrecklichste, denn der kann Dich einmal nicht glücklich machen, und doch sehe ich keinen andern Ausweg, wenn Du nicht mich auch arbeiten läßt, wenn Du mir alle Wege, etwas zu verdienen, abschneidest. Ich möchte ja eben gern verdienen, um Dir ein nur Deiner Kunst geweihtes Leben zu schaffen; es schmerzt mich aufs tiefste, wenn ich Dich um Geld bitten muß, und Du mir Dein Erworbenes gibst; es ist mir oft, als müßte dies alle Poesie von Deinem Leben rauben. Du bist so ein Künstler im echten Sinne des Wortes, Dein ganzes Dichten und Trachten hat so etwas Zartes, Poetisches, ich möchte sagen Heiliges, daß ich Dich gern mit aller Prosa, wie sie nun doch einmal im ehelichen Leben nicht ausbleibt, verschonen möchte; es verwundet mich, Dich so gar oft aus Deinen schönen Träumen reißen zu müssen." (Ehetagebücher, November 1842, Eugenie Schumann 335/6).

Sie versucht ihm hiermit klarzumachen, daß er seinem eigenen Interesse zuwiderhandele, wenn er ihre Bereitschaft, 'ihre Kunst in seinen Dienst' zu stellen, nicht nutze. Nach wie vor sieht sie es als ihre Aufgabe an, ihm durch ihre Erwerbstätigkeit optimale Produktionsbedingungen zu schaffen, nicht zuletzt, um das Gefühl zu haben, auf diese Weise etwas wert zu sein, zu seinen Symphonien beizutragen.

Schumann aber spricht von seinen Kompositionen, hofft auf Einnahmen durch die Gründung des Konservatoriums, erzählt von Besuchen Mendelssohns und Berlioz'. Zwischen alledem weist er seine Frau auf ihren Hauptberuf hin:

"Klara kennt aber selbst ihren Hauptberuf als Mutter, daß ich glaube, sie ist glücklich in den Verhältnissen, wie sie sich nun einmal nicht ändern lassen." (Ehetagebücher, 17.2.1843, Eugenie Schumann 339)

Wiederum ein halbes Jahr später verschärft sich der Konflikt weiter: Schumann trägt unter dem Datum des 11. Juni 1843 in das Haushaltbuch ein: "Ernste Auftritte mit Klara" (Haushaltbücher S. 253). Die entsprechende Ehetagebuch-Eintragung stammt von der Hand Clara Schumanns:

"Unser eheliches Zusammenleben war wie immer liebevoll und glücklich, bis auf einige kleine Stürme, die aber vorübergingen, deren Schuld ich übrigens trug. Ich kümmere mich um unsere Zukunft, möchte jetzt, wo wir jung sind, verdienen, ein kleines Kapital sammeln, während Robert anderer Ansicht ist und sich dazu nicht entschließen kann. Doch hat er mich beruhigt durch das Versprechen, daß wir im nächsten Winter gewiß etwas Großes unternehmen." (Ehetagebücher, Juni 1843, Eugenie Schumann 343)

Charakteristischerweise spielt sie hier die Situation herunter. Da die Auseinandersetzungen mit ihrem Mann zu keinem Entschluß führen, schaltet sie die 'höchsten Autoritäten' ein: Mendelssohn und Liszt[50]. Am 9.12.1843 schreibt sie an Mendelssohn:

"Mein Mann spricht jetzt ernstlich von unsrer Reise, worüber ich sehr glücklich bin, ich weiß aber auch, wem ich dies zu danken habe. Wenn ich an den Morgen denke, wo ich in Verzweiflung zu Ihnen kam, schäme ich mich und denke, ich muß Ihnen recht kindisch erschienen sein, doch werde ich nie vergessen, wie freundlich und geduldig Sie mich anhörten, und mit welcher Vertrauen erweckenden Theilnahme Sie allen meinen Wünschen entgegenkamen." (Litzmann II, 85)

Nach Mendelssohns Intervention schließlich findet die Rußlandreise vom 25.1.-31.5.1844 statt. Der Ertrag von 2.338 Talern (Haushaltbücher S. 418) ist so hoch, daß er eine wesentliche Grundlage für die nächste Zeit bildet. Warum hat Schumann Reiseplänen solchen Widerstand entgegengesetzt, obgleich auch er, wie es sich an seinen Haushaltbuch-Eintragungen ablesen läßt[51], in hohem Maße vom 'ehelichen Einvernehmen' abhängig gewesen ist?

Schumanns Priorität heißt Komponieren - aus Furcht, daß mit zunehmendem Alter die Inspiration nachlasse, aus Angst vor Arbeitsunfähigkeit durch Krankheit, aus einem Gefühl des Getriebenseins:

"Eine stille Woche, die unter Komponieren und viel Herzen und Küssen verging. Mein Weib ist die Liebe, Gefälligkeit und Anspruchslosigkeit selbst. (...) Was mich anbelangt, so kann ich gar nicht los von meinem [Flügel] - und Kläre verzeihe mir nur - möchte ich doch so gern, so lange ich jung bin und kräftig, schaffen und arbeiten, so lang es geht, auch wenn mich der Dämon nicht triebe. -" (Ehetagebücher, 22.-29.11.1840, Eugenie Schumann 282).

Den moralischen Anspruch darauf, daß seine Frau seine Interessen als vorrangig akzeptiert, leitet er dabei einmal daraus ab, daß ihn der Kampf um sie jahrelang aller Kraft zur Konzeption größerer Werke geraubt habe; vorrangig aber sind ästhetische Gründe: Komponieren ist eine wichtigere Tätigkeit als Klavierspielen. Mit dieser Argumentation kann er auf ihr Selbstverständnis als Künstlerin rechnen, auf ihren Anspruch, ihn 'ganz zu verstehen'. Dieses Verständnis kann sie nur durch 'Liebe, Gefälligkeit und Anspruchslosigkeit' unter Beweis stellen.

So schreibt er zum Abschluß des ersten Jahres ihres Zusammenlebens fast beschwörend:

"(...) wie denn Klara überhaupt eine Reisegesellschaft ist, wie sie eine Lebensgefährtin ist, willig, heiter, nachsichtig, immer lieb und liebend." (Ehetagebücher, 4.-11.7.1841, Eugenie Schumann 300)

Diese Formulierungen erinnern an Campes 'Väterlichen Rath für seine Tochter' aus dem Jahre 1789, der *'Geduld, Sanftmuth, Biegsamkeit* und *Selbstverleugnung'* als weibliche Tugenden rühmt:

"(...) durch sie beugt die klue Beherrscherin des männlichen Herzens allen Zänkereien vor, indem sie nie (...) dem Manne das Recht der Herrschaft streitig macht, sondern immer sanft, gutlaunig, freundlich und nachgebend bleibt, auch da, wo ihr wirklich viel zu viel geschieht; durch sie macht sie das Haus ihres Gatten zur Wohnung des Friedens, der Freude und der Glückseligkeit, so wie sie es durch hausmütterliche Aufmerksamkeit auf alles, und durch ihre rastlose Thätigkeit zum Muster der Ordnung, der Reinlichkeit und des Fleißes zu machen wußte." (Campe) [52]

Nun war Clara Schumann - allen Anstrengungen, sich Schumanns Bedürfnissen anzupassen, zum Trotz - von ihrer Erziehung her für diese Rolle nicht ungebrochen geeignet; groß geworden unter der Ägide eines Vaters, dessen Zuneigung an ihre Leistungsfähigkeit und -bereitschaft gebunden war, hineingewachsen in die Welt der Öffentlichkeit, des Kommerz, war sie wohl alles andere als eine Inkarnation der reinen Caritas. Die häufigen Entschuldigungen Schumanns deuten darauf hin, daß sie ihm - ob direkt oder indirekt - bewußt gemacht hat, welches Opfer sie ihm bringt: das 'Opfer ihrer Jugend', wie er es selbst nennt. Offensichtlich konfrontiert sie ihn durchaus auch mit dem Problem der Mehrfachbelastung und macht ihm die objektiven Hindernisse für ihre künstlerische Entfaltung bewußt, denn warum sollte er sonst sie (getreu Jean Paul) darauf hinweisen, worin die 'wahre Lebenserfüllung' für eine Frau liege? Schumann glaubt, daß es seine Bestimmung und Pflicht sei, 'die höheren Gaben, die in ihn gelegt, zu bilden'[53]; aber auch Clara Schumann schreibt:

"(...) ich lege mich ruhiger zu Bett, wenn ich diese Pflicht an mir selbst erfüllt habe." (Litzmann II, 16, ohne Quellenangabe)

Die Frage ist nur, ob es wirklich objektiv unmöglich war, beider 'Gaben' zu bilden. Clara Schumanns Vorstellung ist es gewesen, 'ihn auf Händen zu tragen', für ihn zu arbeiten. Offenkundig kann Schumann diese Rollenverteilung nicht akzeptieren; er versucht vielmehr, ihre künstlerischen Kräfte so zu lenken, daß sie innerhalb des Privatbereichs befriedigt werden können. Für seine Argumentation nutzt er den normativen Charakter der romantischen Musikästhetik:

"Sorge macht mir oft, daß ich Clara in ihren Studien oft hindere, da sie mich nicht im Componieren stören will. Denn ich weiß ja wohl, der der öffentlich auftretende Künstler, und wenn er der größte, gewisse mechanische Übungen nie ganz unterlassen, die Schnellkraft der Finger sozusagen immer in Übung halten muß. Und dazu fehlt es meiner lieben Künstlerin oft an Zeit. Was freilich die tiefere musikalische Bildung betrifft, so ist Clara gewiß nicht stehengeblieben, im Gegenteil vorgeschritten; sie lebt ja auch nur in guter Musik, und so ist ihr Spiel jetzt gewiß nur noch gesunder und zugleich geistiger und zarter als früher. Aber jene mechanische Sicherheit zur Unfehlbarkeit gleichsam zu erhöhen, dazu fehlt es ihr jetzt manchmal an Zeit, und daran bin ich Schuld und kann es doch nicht ändern. Clara sieht das auch ein, daß ich mein Talent zu pflegen habe, und daß ich jetzt in der schönsten Kraft bin und die Jugend noch nützen muß. Nun so geht es in Künstlerehen; es kann nicht alles beieinander sein; und die Hauptsache ist doch immer das übrige Glück, und recht glücklich sind wir gewiß, daß wir uns besitzen und verstehen, so gut verstehen und lieben von ganzem Herzen." (Ehetagebücher, Oktober 1842, Litzmann II, 16)

Das, was beide als 'Verständnis und Liebe' erleben, erwächst jedoch aus einem Unterordnungsverhältnis. Hat es überhaupt Lösungsansätze gegeben, die 'höheren Gaben' nebeneinander zu nutzen?

Kapitel 4: Ehe als Künstlergemeinschaft

a) Gemeinsame Studien

Lehrer-Schüler-Verhältnis. Ausgangsbedingungen.

Bereits in der zweiten Ehewoche beginnen Robert und Clara Schumann, gemeinsam den Fugenbau zu studieren. Daß Schumann die Lehrerrolle und damit nahtlos die Vaterrolle übernimmt, belegen Clara Schumanns Eintragungen, gleichzeitig auch, wie stark sie selbst autoritäre Kategorien internalisiert hat:

"Wir haben begonnen mit den Fugen von Bach; Robert bezeichnet die Stellen, wo das Thema immer wieder eintritt. - Es ist doch ein gar interessantes Studium, die Fugen, und schafft mir täglich mehr Genuß. Robert gab mir einen starken Verweis; ich hatte eine Stelle in Oktaven verdoppelt und dadurch unerlaubt eine fünfte Stimme dem vierstimmigen Satz beigefügt. Er hatte recht, das zu rügen, doch schmerzte es mich, daß ich selbst dies nicht gefühlt hatte." (Ehetagebücher, 20.9.1840, Eugenie Schumann 277)

Entsprechendes gilt für das gemeinsame Partiturlesen und Orgelspiel.

So bestätigt das gemeinsame Studium Clara Schumann in dem Gefühl, Schumann unterlegen zu sein, und zwar auch in Gebieten wie dem Orgelspiel, in denen Schumann ebenfalls keine Kenntnisse mitbringt. Für ihn sind diese gemeinsamen Studien Vorstudien zu neuen Kompositionen, Stationen auf dem Weg, sich einen Bereich nach dem anderen systematisch zu erarbeiten. Sie dagegen betreibt diese Studien, weil er sie mit ihr zusammen betreibt. Denn in Zeiten, wo er mit Kompositionsarbeiten beschäftigt ist und von ihm aus das gemeinsame Studium ruht, verfolgt sie es nicht auf eigene Faust weiter. Für sie bedeutet das Studium in erster Linie die Möglichkeit von Gemeinsamkeit im Gegensatz zu Schumanns Kompositionsarbeit, in die sie nicht einbezogen wird, sondern die sich hinter wochenlang verschlossenen Türen vollzieht. Gesprächspartner in Kompositionsfragen ist nämlich nicht sie, sondern Mendelssohn; seiner Frau spielt Schumann seine Kompositionen erst vor, wenn sie fertig sind. Das gemeinsame Studium ist damit der einzige Bereich künstlerischer Betätigung im weitesten Sinne, den sie wirklich teilen. Hierbei aber sind die Ausgangsbedingungen ungleich: Was für Schumann kreativer Ansporn ist, erlebt sie zwar als Erweiterung ihres musikalischen Horizonts, aber es verstärkt auch das Gefühl, musikalisch ganz ungebildet zu sein.

b) Clara Schumann als Interpretin Schumanns

Rollenverteilung. Hierarchisierung. Mendelssohn. Konzerte. Repertoire.

Zumindest, so möchte man meinen, muß die Rollenverteilung in Fragen des Klavierspiels umgekehrt oder jedenfalls anders gewesen sein.
Aber auch auf diesem ihrem Gebiet beginnt sie - kaum verheiratet - an Boden zu verlieren: Ihr Unterlegenheitsgefühl ihm gegenüber verunsichert sie so, daß sie ihre eigene Leistung nicht mehr einzuschätzen vermag und sich total von Schumann abhängig macht:

"Ich habe abends ganz ernstlich wieder angefangen, das Konzert in E-Moll von Chopin zu studieren, auch mache ich mich jetzt über meines Mannes Kompositionen mit Ernst. Ich habe eine gefährliche Nebenbuhlerin in der Rieffel, von der Robert, wie ich aus einer Äußerung schließen konnte, seine Kompositionen lieber hört als von mir. - Das ist mir denn nicht wenig in den Sinn gefahren. Er sagte, sie spiele die Sachen exakter; das mag auch sein, denn ich erfasse immer gleich das Ganze und übersehe darüber wohl manchen kleinen aber bedeutungsvollen Akzent, wie es deren in Roberts Kompositionen sehr viele gibt - fast jede Note hat ihre Bedeutung, das kann man wohl sagen. Ich übersehe über die Kompositionen die Ausführung, und das soll nicht mehr sein, ich will mich bemühen, seinem Ideale nachzukommen." (Ehetagebücher, 22.9.1840, Eugenie Schumann 277/8).

Aufschlußreich ist die Gegenüberstellung dieser Kritik Schumanns an ihrem Spiel mit einem Brief aus dem Jahre 1838:

["(...) ja, das war meine Clara mit ihrem schönen Herzen in ihrer ganzen großen Kunst.] Herrlich hast Du gespielt. Die Menschen verdienen Dich gar nicht. (...) Dann dachte ich, es ist wohl ein großes Glück, ein solches Mädchen sein nennen zu dürfen; aber stände mir der Himmel bei, daß wir die nicht brauchten, die Dich nur hören, die Dich nur hören, um Dich dann loben zu m ü s - s e n . - mit einem Wort, Du bist zu lieb, zu hoch für ein Leben, was Dein Vater für das Ziel, für das höchste Glück hält. Welche Mühen, welche Wege, wie viel Tage um ein paar Stunden! Und das wolltest Du noch lange ertragen, als Deinen Lebenszweck betrachten können. Nein, meine Clara soll ein glückliches Weib werden, ein zufriedenes, geliebtes Weib. - Deine Kunst halte ich groß und heilig - ich darf gar nicht denken an das Glück, das Du mir Alles damit machen wirst - aber brauchen wir's nicht nothwendig, so sollst Du keinen Finger rühren, wenn Du es nicht willst, vor Leuten, die nicht werth sind, daß man ihnen Tonleitern vorspielt - nicht wahr, mein Mädchen, Du mißverstehst mich nicht - Du hältst mich für einen Künstler, der Dich der Kunst erhalten zu können glaubt, ohne daß wir gerade große Concertreisen machen, ja einen recht innigen Musikmenschen wirst Du in mir finden, dem es einerlei, ob Du einmal ein wenig eilst oder anhältst, oder ein paar Grade feiner spielst - wenn's nur immer recht von Innen herausströmt - und das ist bei Dir ..." (Robert Schumann an Clara Wieck, 9.9.1838, Litzmann I, 229/30).

Daß der Vorwurf Schumanns sachlich wohl berechtigt gewesen ist, kann man aus der Editionspraxis Clara Schumanns entnehmen. Genau 'die kleinen aber bedeutungsvollen' Akzente hat sie auch dort oft übersehen.

Aber sie sieht nicht die Sache, sondern nur die Ablehnung, denn als autoritär strukturierter Mensch ist sie auf Lob und Tadel angewiesen[54]. Die Angst, daß Schumann ihr eine andere als seine Interpretin vorzieht, ist die Angst, ihrer Identität innerhalb dieser Ehe beraubt zu werden.

An Schumanns Antwort ist vor allem aufschlußreich, daß er das Verhältnis Gott - Schöpfung mit dem des Komponisten zu seinem Werk gleichsetzt:

"Einmal stritten wir uns wegen Auffassung meiner Kompositionen seitens Deiner. Du hast aber nicht recht, Klärchen. Der Komponist, und nur er allein weiß, wie seine Kompositionen darzustellen seien. Glaubtst Du's besser machen zu können, so wär's dasselbe, als wenn der Maler z.B. einen Baum besser machen wollte, als ihn Gott geschaffen. Er kann einen schöneren malen - dann ist es aber eben ein anderer Baum, als den er darstellen wollte. Kurz und gut, so ist es. Einzelnen interessanten Ausnahmen, sobald sie ganz bedeutende Individuen ausmachen, wird freilich niemand in den Weg treten wollen. Immer ist's aber besser, der Virtuos gibt das Kunstwerk, nicht sich." (Ehetagebücher, 27.9.-4.10.1840, Eugenie Schumann 278/9)

Die Ansicht, daß nur der Komponist wisse, wie was zu spielen sei, hat Schumann durchaus nicht grundsätzlich vertreten. Dafür gibt es die verschiedensten Belege[55], z.B. seine Äußerungen über Liszt:

"Heute früh hätte ich Dich zu Liszt gewünscht. Er ist doch gar zu außerordentlich. Er spielte von den Novelletten, aus der Phantasie, der Sonate, daß es mich ganz ergriff. Vieles anders als ich's mir gedacht, immer aber genial, und mit einer Zartheit und Kühnheit im Gefühl, wie er sie auch wohl nicht alle Tage hat."
(Robert Schumann an Clara Wieck, 20.3.1840, Litzmann I, 414).

Auch rechnete er Clara Wieck einst zu den 'bedeutenden Individuen', das geht aus den verschiedensten Äußerungen hervor, und er stellte sie als Pianistin über Liszt:

"Mit Liszt bin ich fast den ganzen Tag zusammen. (...) Wir sind schon recht grob gegeneinander und ich hab's oft Ursach, da er gar zu launenhaft und verzogen ist durch Wien. (...) wie er doch außerordentlich spielt und kühn und toll, und wieder zart und duftig - das hab ich nun Alles gehört. Aber, Clärchen, d i e s e Welt ist meine nicht mehr, ich meine s e i n e . Die Kunst, wie Du sie übst, wie ich auch oft am Klavier beim Componiren, diese schöne Gemüthlichkeit geb' ich doch nicht hin für all seine Pracht - und auch etwas Flitterhaftes ist dabei, zu viel." (Robert Schumann an Clara Wieck, 18.3.1840, Litzmann I, 413)

Mehreres wird demnach an der Reaktion Schumanns deutlich: Schumann will sich seine Frau zu seiner Interpretin, zu seinem Organ erziehen, und es wird auch offenkundig, daß er die Achtung, die er dem Klavierspiel Clara Wiecks gezollt hat, dem Spiel seiner Frau gegenüber so nicht mehr erbringt. Clara Wieck galt ihm als eine Persönlichkeit, als eine Kollegin - Clara Schumann als seine Frau.

Zwar äußert sich Schumann im Haushaltbuch mehrfach befriedigt über "Claras schönes Spiel"[56] und spricht auch in seinen letzten Briefen aus Endenich darüber[57], aber seiner Frau gegenüber scheint er mündlich in den späteren Jahren selten ein positives Wort geäußert zu haben. So schreibt z.B. Litzmann über ein Konzert in Düsseldorf am 9.11.1850, das insgesamt ein großer Publikumserfolg war:

"Das entgegen der ursprünglichen Absicht anstelle des Quintetts im letzten Augenblick ins Programm aufgenommene D-Moll-Trio verfehlte seine Wirkung auf das Publikum, nach Claras Meinung, weil es für das Publikum beim erstenmal hören zu schwer war, während Schumann die Schuld auf Claras schlechtes Spiel schob, 'was mich entsetzlich betrübte, denn ich hatte es mit all meiner Kraft und all meinem besten Willen gespielt, und dachte für mich, so gut ist es doch noch nicht gelungen, desto bitterer war es daher für mich, statt eines freundlichen Wortes die bittersten, entmutigendsten Vorwürfe zu hören.' Auch ihr Vortrag der F-moll-Sonate von Beethoven fand an jenem Abend keine Gnade vor seinen Augen, obgleich das Publikum sie begeistert aufnahm!" (Litzmann II, 254)

Diese Erlebnisse bringen Clara Schumann, die in wachsendem Maße von der Bestätigung ihres Mannes abhängig wird, zu der Äußerung:

"Ich weiß kaum mehr, wie ich noch spielen soll, während ich mich bemühe, den Sänger möglichst zart und nachgebend zu begleiten, spricht Robert, meine Begleitung ist ihm schrecklich! Müßte ich nicht mein Spiel benutzen, um auch etwas zu verdienen, ich spielte wahrhaftig keinen Ton mehr öffentlich, denn was hilft mir der Beifall der Leute, wenn ich ihn nicht befriedigen kann." (Litzmann II, 254/5).

Hier deutet sich etwas an, was nichts mehr mit der Frage, ob die Kritik an ihrem Spiel berechtigt gewesen ist oder nicht, zu tun hat: Schumann konkurriert mit seiner Frau in der Frage der öffentlichen Anerkennung. So findet sich im Haushaltbuch unter dem Datum des 24.1.1846 die Eintragung "Streit wegen Rietschels Bild" (Haushaltbücher S. 412). Diese Notiz bezieht sich laut Enkel Ferdinand Schumann auf folgendes:

"Hiller wollte, daß auf dem Doppelmedaillon von Rietschel Clara vorne zu sehen war. Schumann widersprach und lehnte ab. Der schaffende Künstler habe Vorrang vor dem reproduzierenden."[58]

So reagiert nur jemand, dem es nicht nur um ästhetische Fragen geht. Schumann hat ganz offensichtlich unter der Tatsache gelitten, daß seine Frau in der Öffentlichkeit bekannter und sehr viel anerkannter gewesen ist als er, was sich z.B. sogar darin zeigt, daß Breitkopf und Härtel Kompositionen von ihm zurückschicken, aber sich um die ihrigen bemühen[59]. Schumann will sie auf ihren Platz verweisen. Ob bewußt oder unbewußt dient der Widerstand gegen Konzertreisen, der ständige Hinweis darauf, daß Komponieren wichtiger sei als ihre Arbeit, die Kritik an ihrer Spielweise, verbunden mit den mangelnden Übungsmöglichkeiten, die zum Verlust ihrer technischen Sicherheit führen, dem Abbau ihres künstlerischen Selbstbewußtseins.

Die daraus resultierende Verunsicherung geht so weit, daß sie zum erstenmal in ihrem Leben Angst vor öffentlichen Auftritten entwickelt. Allein Mendelssohns Anerkennung und sein Lob bilden bis zu dessen Tod 1847 ein Gegengewicht. Für sie ist er noch immer die höhere Autorität, so sorgt er dafür, daß sie wieder im Gewandhaus auftritt und damit ihre Angst überwinden kann, er setzt sich dafür ein, daß Schumann sich endlich dazu durchringt, in die Rußlandreise einzuwilligen etc.[60]. Schumann reagiert mit Eifersucht[61] und mit einer Diffamierung Mendelssohns. In einer bisher unveröffentlichten Eintragung in das Ehetagebuch heißt es:

"Clara sagte mir, daß ich gegen Mendelssohn verändert schiene, gegen ihn als Künstler gewiß nicht - das weißtest Du - hab' ich doch seit vielen Jahren so viel zu seiner Erhebung beigetragen, wie kaum ein Anderer. Indeß - vergessen wir uns selbst nicht zu sehr dabei. Juden bleiben Juden; erst setzen sie sich zehnmal, dann kömmt der Christ. Die Steine, die wir zu ihrem Ruhmestempel mit aufgefahren, gebrauchen sie dann gelegentlich, um auf uns damit zu werfen. Also nicht zu viel, ist meine Meinung. Wir müssen auch für uns thun und arbeiten. Vor allem laß uns nur immer dem Schönen und Wahren in der Kunst nahekommen." (Ehetagebücher, 8.-15.11.1840, Autograph)

Gerade weil die Behauptung Schumanns, Mendelssohn habe seinen Ruhm nicht zuletzt ihm zu verdanken, höchst unangemessen ist, vor allem, wenn man bedenkt, daß Mendelssohn bereits ein gemachter Mann war, bevor Schumann sich entschieden hatte, Komponist zu werden, und lange bevor Schumann seine Zeitschrift gegründet hatte, - gerade in ihrem primitiven antisemitischen Charakter ist sie ein außerordentlich wichtiger Beleg für sein Konkurrenzdenken. Er selber prägt die Künstlergemeinschaft, die ein Gegenbild zum auf dem Konkurrenzprinzip beruhenden Bereich der Öffentlichkeit sein sollte, als Konkurrenz.

Nun nimmt Clara Schumann ja bereits am 31.3.1841 - also ein halbes Jahr nach der Eheschließung und ein halbes Jahr vor der Geburt der ersten Tochter - ihre öffentliche Tätigkeit wieder auf. Neben privaten Soireen in der eigenen Wohnung veranstaltet sie auch öffentliche Konzerte. Damit übernimmt sie zumindest die gewünschte Vermittlerrolle zwischen Schumann und dem Publikum. Schumann akzeptiert dies, dient diese Arbeit doch seinem Werke. So werden im Rahmen ihrer Konzerte seine gerade entstandenen Orchesterwerke zum erstenmal öffentlich aufgeführt. Am 31.3.1841 dirigiert Mendelssohn seine 1. Symphonie op. 38, die er somit in den Proben vorher selbst zum erstenmal hört. Da er über keinen Orchesterapparat verfügt, kommt dieser Aufführungsmöglichkeit eine besondere Bedeutung zu.

"Am 31. Konzert des Schumannschen Ehepaares. Glücklicher Abend, der uns unvergeßlich sein wird. Meine Clara spielte alles wie eine Meisterin und in erhöhter Stimmung, daß alle Welt entzückt war. Auch in meinem Künstlerleben ist der Tag einer der wichtigsten. Das sah auch meine Frau ein und freute sich über den Erfolg der Symphonie fast mehr als über sich selbst." (Ehetagebücher, 29.3.-4.4.1841, Eugenie Schumann 282/3).

Die Privatkonzerte dienen zunächst dazu, ihm selbst die neuesten Kammermusikwerke vorzuführen. So werden z.B. in einer ersten häuslichen Soiree (15.10.1840), zu der laut Ehetagebuch zwanzig Gäste eingeladen waren, von Clara Schumann, Mendelssohn und Moscheles Trios der beiden letzteren vorgespielt, und Elise List singt Lieder von Schumann und Mendelssohn. Im Haushaltbuch heißt es dazu: "Abends große Soiree u. Heiterkeit in Allem" (Haushaltbücher S. 164), und Moscheles schreibt an seine Frau über das Spiel Clara Schumanns: "(...) meisterlich schön und kräftig (...)"[62]. Später bringt sie befreundeten Künstlern in erster Linie Schumanns eigene Kammermusikwerke zu Gehör.

Martin Schöppe hat in einem Aufsatz darauf aufmerksam gemacht, wie schmal eigentlich die Auswahl der Schumannschen Klavierwerke gewesen ist, die Clara Schumann im Laufe ihrer langen pianistischen Laufbahn in ihr Repertoire aufgenommen hat: Vor der Heirat spielt sie öffentlich die Toccata op. 7, einige Capricen aus op. 3, drei Stücke aus den Symphonischen Etüden op. 13 und einige Novelletten aus op. 21[63]. Angesichts der Vielzahl der Klavierkompositionen bis 1840 ist dies ein verschwindend geringer Anteil. In einem Brief an Schumann begründet sie diese Zurückhaltung:

"Höre, der L i s z t ist doch ein guter Mensch, so wahrhaft freundschaftlich schreibt er Dir, der Brief hat mich wahrhaft erfreut, und wie schön, daß er Deine Kompositionen spielen will. Du wirst mir wohl oft im Stillen vorwerfen, daß ich sie so wenig öffentlich spiele, doch nicht wahr, das siehst Du ein, daß das Liszt besser kann, der schon lange hier ist und so sehr bekannt ist, als ich, die ich erst anfange? Ich täte es so sehr gern oft, doch die Angst, es möge nicht verstanden werden, schreckt mich immer zurück, ich sehe aber auch ein, daß das eine falsche Angst ist ... Ich freue mich über Liszt, daß er Dir immer zugeredet, ein Stück mit Begleitung zu schreiben - er hat sehr recht - ..."
(Clara Wieck an Robert Schumann, 2.7.1839, Boetticher II, 262/3).

Zu seinen Lebzeiten sind Schumanns Klavierkompositionen nahezu unbekannt gewesen. Der einzige Pianist höchstwahrscheinlich, der öffentlich ein Schumannsches Klavierwerk aufgeführt hat, war Franz Liszt. Am 30.3.1840 spielte er zehn Stücke aus dem Carnaval op. 9. Dem Schumann-Biographen Wasielewski gegenüber hat Liszt begründet, warum er sich so wenig für Schumanns Klavierwerke eingesetzt hat:

"(...) Seit meinem ersten Bekanntwerden mit seinen Kompositionen spielte ich in den Privatzirkeln Mailands, Wiens usw. mehrere davon, ohne aber zu vermögen, die Zuhörer dafür zu gewinnen. Sie lagen glücklicherweise der damalig absolut täuschenden flachen Geschmacksrichtung viel zu ferne, um daß man sie in den banalen Kreis des Beifalls hätte hineinzwingen können. Dem Publikum schmeckten sie nicht, und die meisten Klavierspieler verstanden sie nicht. Selbst in Leipzig, wo ich in meinem zweiten Konzert im Gewandhaus den K a r n e v a l vortrug, gelang es mir nicht, den mir gewöhnlich zukommenden Applaus zu erringen. (...) Das mehrmalige Mißlingen meiner Vorträge von Schumannschen Kompositionen, sowohl in kleineren Zirkeln als auch öffentlich, entmutigten mich, dieselben in meinen so rasch aufeinander folgenden Konzertprogrammen - die ich teils aus Zeitmangel, teils aus Nachlässigkeit und Überdruß meiner klavierspielerischen 'Glanzperiode' nur in äußerst seltenen Fällen selbst angab und bald diesem bald jenem zur beliebigen Wahl überließ - aufzunehmen und festzuhalten. (...)

Gleichviel also, in welchem Grade meine Zaghaftigkeit in betreff Schumanns Klavierkompositionen durch den alles beherrschenden Tagesgeschmack vielleicht zu entschuldigen wäre, habe ich, ohne es zu vermeinen, dadurch ein s c h l e c h t e s B e i s p i e l gegeben, welches ich kaum wieder gut zu machen imstande bin. Der Strom der Angewohnheit und die Sklaverei des Künstlers, der zur Erhaltung und Verbesserung seiner Existenz und seines Renommees auf den Zuspruch und den Applaus der Menschen angewiesen, ist so bändigend, daß es selbst den besser Gesinnten und Mutigsten, unter welche ich den Stolz habe, mich zu rechnen, äußerst schwierig wird, ihr besseres Ich vor allen den lüsternen, verworrenen und, trotz ihrer großen Zahl, unzurechnungsfähigen Wir zu wahren." [64]

Das bedeutet, daß Clara Schumann de facto die einzige Interpretin Schumannscher Klavierwerke gewesen ist. Während der Ehe bringt sie vor allem das Klavierkonzert op. 54, das Klavierquintett op. 44 und das Andante und Variationen op. 46 zur Uraufführung, wobei sie mit dem Klavierquintett (Uraufführung: 8.1. 1843) weitaus am häufigsten auftritt. Das läßt sich an Schumanns Handexemplaren nachweisen, die in Zwickau liegen, und auf deren Titelblätter er sorgfältig alle Aufführungsdaten eingetragen hat (die zu Lebzeiten am häufigsten aufgeführten Werke sind die B-Dur Symphonie und das 'Paradies und die Peri'). Ständig in ihrem Repertoire sind die Symphonischen Etüden op. 13, Carnaval op. 9, Kreisleriana op. 16, Waldszenen op. 82, Romanzen aus op. 28 und op. 32 und einige Novelletten aus op. 21.

"Am häufigsten finden sich in ihren Programmen 'Warum', 'des Abends', 'Traumenswirren' und 'Aufschwung' aus den Phantasiestücken op. 12 und immer wieder 'Schlummerlied' aus op. 124. Diese kleinen Stücke werden von ihr sehr sorgfältig ausgewählt und höchst wirkungsvoll eingesetzt. Sie dienen zur Vorbereitung des Publikums auf ein größeres Schumannsches Werk." (Schoppe)[65]

Während der Rußlandreise spielt sie - nur privat - op. 44 (Klavierquintett) und op. 46 (Andante und Variationen), während der Wienreise unter Schumanns Leitung das Klavierkonzert op. 54, op. 44, op. 46, Romanze aus op. 32 und Kanon aus op. 56. Über die mangelnde Resonanz auf diese Ausführungen schreibt Schoppe zusammenfassend:

"Wird der Kreis der aufgeführten Schumannschen Werke auch allmählich größer, so bleibt es doch vorläufig oft noch bei einer Aufführung, und die Berichte der Tagespresse lassen über den geringen Erfolg Schumanns auch keinen Zweifel. Das Klavierquintett setzt sich vielleicht am ehesten durch. (...) Aber von einer Interpretation des Quintetts durch einen anderen Pianisten findet sich vorerst noch keine Notiz." (Schoppe) [66]

Nach Schumanns Tod spielt Clara Schumann innerhalb von öffentlichen Konzerten:

- op. 9 Carnaval (1856)
- op. 16 Kreisleriana (1859)
- op. 26 Faschingsschwank (1860)
- op. 15 Kinderszenen (außer Nr. 6 und 10) (1869)
- op. 82 Waldszenen (1869)
- op. 6 Teile aus den Davidsbündlertänzen (1870)
- op. 17 C-Dur-Phantasie (1866)
- op. 18 Arabeske (1867)
- op. 11 fis-moll Sonate (1884)
- op. 13 Symphonische Etüden (1888)

In Fragen der Schumann-Interpretation wird sie im Laufe der Jahre zu einer unangefochtenen Autorität.

c) **Konzertreisen**

Dänemark. Amerika-Plan. Rußland. Wien. Niederlande.

Was Schumann immer wieder zu verhindern sucht, sind, wie es bereits in der Auseinandersetzung um die Rußlandreise deutlich wurde, Konzertreisen seiner Frau. So macht Clara Schumann während der Ehe lediglich vier größere Konzertreisen nach Dänemark (1842), nach Rußland (1844), nach Wien, Prag und Berlin (1846) und nach Holland (1853).

Aufgrund der schlechten Finanzlage und als Kompromiß für die nicht stattfindende Rußlandreise unternimmt das Ehepaar im Februar 1842 zunächst eine gemeinsame Konzertreise nach Bremen und Hamburg, die Clara Schumann dann allein nach Dänemark fortsetzt. Die Eintragungen Schumanns in das gemeinsame Tagebuch während ihrer Abwesenheit sind als Reflexionen des Interessengegensatzes zwischen den Ehepartnern aufschlußreich, ebenso seine Briefe.

Anfangs steht Schumann ihrem Unternehmen positiv gegenüber:

"Ich bin jetzt beruhigter und etwas mehr gewöhnt an unser gemeinsames Leben ... Daß sich das Opfer nun auch lohnen und Dir Freude bringen möge als Künstlerin. Du bist so jung noch und ich kann es Dir ja nicht verdenken, daß Du für den Fleiß Deiner Jugend noch nicht als Künstlerin vergessen sein willst, mit einem Worte, daß Du Dich freust, wenn Du die Menschen durch Dein schönes Talent noch erfreun kannst." (Robert Schumann an Clara Schumann, 24.3.1842, Boetticher II, 366)

Eine Lösung, die beider Interessen gerecht wird, scheint sich hier anzubahnen: Clara Schumann reist allein und Schumann kann ungestört zuhause arbeiten. Die Unvereinbarkeit beider Berufe ist offensichtlich, das Recht beider auf Berufsausübung und die finanzielle Notwendigkeit im Prinzip unbestritten:

"Die Trennung hat mir unsere sonderbare schwierige Situation wieder recht fühlbar gemacht. Soll ich denn mein Talent vernachlässigen, um Dir als Begleiter auf der Reise zu dienen? Und du, sollst Du deshalb Dein Talent ungenützt lassen, weil ich nun einmal an Zeitung und Klavier gefesselt bin? Wir haben den Ausweg getroffen. Du nahmst Dir eine Begleiterin, ich kehrte zum Kind zurück und zu meiner Arbeit. Aber was wird d i e   W e l t sagen? So quäle ich mich mit Gedanken. Ja, es ist durchaus nötig, daß wir Mittel finden, unsere beiden Talente nebeneinander zu nützen und zu bilden. A m e r i k a liegt mir im Sinn. Ein furchtbarer Entschluß. Aber ich glaube fest, es würde sich lohnen. (...) Es fesselt uns so wenig hier. Nur der Gedanke an Marie*, die wir zurücklassen müßten, war schrecklich. Aber es wäre ja auch für ihr Bestes, für die Sicherheit ihrer Zukunft. Wir könnten wohl auch in Deutschland reisen. Aber was kommt heraus? Was Klara erwirbt, verliere ich an Verdienst und Zeit. So wollen wir lieber zwei Jahre an einen großen Plan unseres Lebens setzen, der uns, wenn er glücklich ausschlägt, für das ganze Leben sichert. Und dann kann ich mich ja ganz meiner Kunst ergeben, wie es mein sehnlichster alleiniger Wunsch ist." (Ehetagebücher, 14.3.1842, Eugenie Schumann 318/9)

Bekanntlich war diese Dänemarkreise der einzige derartige Lösungsversuch. Warum? In der oben zitierten Tagebucheintragung klingt bereits die Sorge an: 'Was werden die Leute sagen'.

"Schon habe ich's bereut, Dich von mir gelassen zu haben, und die lieblosesten Urteile darüber hören zu müssen. Dein Vater ist jetzt hier und läuft in der ganzen Stadt herum. Heute früh sagte mir das Dr. Reuter - im ersten Augenblick kam ich ganz außer mir; jetzt habe ich mich wieder gesammelt und weiß, daß ich als ordentlicher Hausvater und Geschäftsmann gehandelt." (Robert Schumann an Clara Schumann, 13.3.1842, Boetticher II, 354/65)

Schumann wehrt sich also nicht in künstlerischem Selbstbewußtsein bzw. mit dem Hinweis darauf, daß dies allein eine Angelegenheit zwischen ihm und seiner Frau sei, sondern er beruhigt sich selber mit dem Maßstab, 'als ordentlicher Hausvater und Geschäftsmann' gehandelt zu haben - im bürgerlichen Wertesystem steht der ökonomische Aspekt offenkundig vor dem vorgeblich moralischen. Die Frage ist nun, worauf sich die 'lieblosen Urteile' beziehen.

"Reuter benimmt sich ganz sonderbar gegen mich, als ob ich ein Verbrechen begangen, Dich allein gelassen zu haben." (Robert Schumann an Clara Schumann, 16.3.1842, Boetticher II, 365)

* die 1841 geborene älteste Tochter Schumanns

Die 'lieblosen Urteile' zielen also nicht darauf, daß Clara Schumann als verheiratete Frau keine Konzertreisen mehr unternehmen dürfe, sondern, daß Schumann seine Frau allein reisen läßt. Und Wieck, was erzählt er?

"Schon gestern wollte ich Dir schreiben, war aber von einem fürchterlichen Ärger so unwohl, daß ich's nicht vermochte. In ganz Dresden hat er (Dein Vater) ausgesagt, wir *wären geschieden*." (Robert Schumann an Clara Schumann, 22.4.1842, Boetticher II, 368)

Aus Schumanns Empörung spricht die Angst, auch nach gewonnenem gerichtlichen Kampf nicht als adäquater Partner für die berühmte Pianistin anerkannt zu sein, die Angst, durch von der Norm abweichendes Verhalten ins Gerede zu kommen.

"Höre, Cranz in Hamburg ist ein miserabler Kerl und Schwätzer – er hat das dümmste Gewäsch an Hofmeister berichtet – dieser dann an David – und so machte es nun die Runde, 'z.B. ich hätte Dich *krank* in H. gelassen – wir hätten *Schulden* in H. gemacht. Du hättest dort gar nicht gefallen' und lauter solche Dinge. Ich war außer mir ... Kömmst Du nun nach Hamburg, so ... gehe zu seiner Frau und sag ihr in aller Ruhe, aber mit allem Stolz, dessen Du fähig bist, Deine und unsere Meinung. Cläre, ich bitte Dich, spiel mit aller erdenklichen Sorgfalt und Geistesstärke, damit so ein Geschwätz zu Schanden gemacht wird. Deine Künstlerehre ist mir so lieb wie Deine Frauenehre, und ich muß und kann mich in allen Dingen auf Dich verlassen." (Robert Schumann an Clara Schumann, 14.4.1842, Boetticher II, 368)

Es geht ihm aber offenbar nicht, wie er ihr schreibt, um ihre 'Frauenehre', sondern um seine Mannesehre. Schumann zieht die Konsequenz, 'Clara nie mehr von sich zu lassen'. Damit schreibt er die Unterordnung ihrer Interessen unter seine fest. Clara Wiecks Ziel, es 'einmal dahin zu bringen, daß Robert nur der Musik leben kann', ist damit für immer versperrt.

Das, was für beide Einengung ihrer Möglichkeiten bedeutet, wird als Liebesbeweis formuliert:

"Die Hälfte der Leidenszeit wird doch überhaupt nun vorbei sein, hoffe ich. So lange ich lebe, will ich an diese Trennung denken ... Man weiß gar nicht, warum man lebt ... Dir sage ich so gern, wie mir's im Herzen aussieht. Und sag ich's Dir nicht, so kannst Du's doch in meinen Augen lesen ... glaub mir's – es ist nichts mit dieser Freiheit – Und dann, hast Du mich je beschränkt?" (Robert Schumann an Clara Schumann, 5.4.1842, Boetticher II, 367).

Diese letzte Frage stellt die objektive Lage auf den Kopf, belegt aber gerade dadurch, wie sehr die herrschende Liebesideologie der Verschleierung von Herrschaftsverhältnissen dient.

In einem bereits zitierten Briefausschnitt war von einer weiteren Lösungsmöglichkeit die Rede: Amerika. Amerika, das bedeutet die Chance, in möglichst kurzer Zeit möglichst viel Geld zu verdienen, das Lebensziel Schumanns in greifbare Nähe zu rücken, endlich nur der Komposition leben zu können. Dennoch muß Schumann der Plan einer Amerikareise höchst unangenehm gewesen sein. Nach allem, was man über ihn weiß, war er nicht gerade experimentierfreudig, eher scheint jede Veränderung überschaubarer Verhältnisse Angst in ihm ausgelöst zu haben. Warum dieser Plan aufgegeben wurde, ist nicht mehr zu klären. Ein Grund könnte die erneute Schwangerschaft seiner Frau gewesen sein, denn am 25.4.1843 wird Elise Schumann geboren.

"Wegen Amerika hab' ich mich bis zum letzten April zu entschließen mir vorgenommen. Reuter redet sehr zu. Es kommt auf Dich an." (Robert Schumann an Clara Schumann, 16.3.1842, Boetticher II, 366)

Dokumentarisch erfaßbar ist zum letzten Mal am 1.4.1842 von Amerika die Rede:

"Gestern hab ich unsere ganze Lage einmal mir klar gemacht auf dem Papier - mit Zahlen ... Ängstigen brauchen wir uns nun gar nicht, es sind doch noch immer hübsche Mittel da. Aber eine Veränderung muß doch in diesem Jahr ergehen. An Emilie schreib noch nicht wegen Amerika. Ich will doch erst an einen Bekannten dort, der mir jetzt eingefallen ist, der auch sehr musikalisch ist, mich wenden und Erkundigungen einziehen und Antwort abwarten. Der Schritt ist zu ungeheuer." (Robert Schumann an Clara Schumann, 1.4.1842, Boetticher II, 367)

Obwohl die finanziellen Verhältnisse sich mit der wachsenden Kinderschar immer ungünstiger gestalten und Schumann unter dem Datum des 17.2.1843 in das gemeinsame Tagebuch die Bankrotterklärung jedes aufrechten Bürgers einträgt: 'Denn wir brauchen mehr als wir verdienen' (zitiert in Eugenie Schumann, S. 338), ist von diesem Amerikaplan nie mehr die Rede. Die schriftlichen Gedanken kreisen ständig um die Frage einer zusätzlichen Erwerbsquelle wie z.B. einer Lehrtätigkeit an dem 1843 neu gegründeten Leipziger Konservatorium und um die Frage, was mit seiner Zeitschrift geschehen solle. Die Stelle am Konservatorium übernimmt Schumann - Clara Schumann übrigens ebenfalls später - aber nicht für lange Zeit, denn 1844 siedelt die Familie nach Dresden über, die Finanzlage ist inzwischen durch die Rußlandreise saniert.

Diese Rußlandreise, die vom 25.1. bis zum 31.5.1844 stattfindet und das Ehepaar über Königsberg, Mitau, Riga, Dorpat, Petersburg nach Moskau führt, ist die letzte Virtuosenreise Clara Schumanns im engeren Sinne[67]. Denn in den beiden darauf folgenden Reisen nach Wien und Holland tritt sie - wie dann auch nach dem Tode Schumanns - mit klassisch-romantischen Programmen vorrangig als Frau und Interpretin ihres Mannes auf.

Die Rußlandreise war allen Dokumenten zufolge gleichermaßen ein finanzieller wie ein künstlerischer Erfolg - für Clara Schumann, für Robert Schumann dagegen bedeutete sie vorrangig eine Kette von Demütigungen; er erkrankt während der Reise psychisch - offenbar kann er es nicht ertragen, wenn seine Frau im Zentrum des Interesses steht und alles auf ihre Bedürfnisse hin zugeschnitten werden muß.

In Wien tritt Clara Schumann mit einem klassisch-romantischen Programm und vor allem mit Werken Schumanns auf. Der Erfolg: Zum erstenmal in ihrem Leben werden die Kosten des Konzerts nicht durch die Einnahmen gedeckt. Für sie ein Fiasko, für ihn kein Grund zur Unruhe - kann er doch im Gegensatz zu ihr auf die Ewigkeit und seinen Nachruhm hoffen.

"Beruhige Dich, liebe Clara; in zehn Jahren ist das alles anders!" (Litzmann II, 146).

Hanslick schreibt über diesen Wiener Aufenthalt des Ehepaars Schumann:

"Robert Schumann (...) erlebte bald darauf ein unläugbares Fiasko mit zwei seiner schönsten Compositionen: der B dur Sinfonie und dem Clavier-Concert A moll. Beide, von Schumann selbst dirigiert, wurden am 1. Jänner 1847 im Musikvereinssaal mit achtungsvollem Stillschweigen aufgenommen; die Achtung galt seiner - Frau. (...) Schumann war den Wienern fast ebenso unbekannt wie Berlioz. (...) Obgleich Schumann sich einer fast zehn Jahre langen, eclatanten Thätigkeit als Componist und Schriftsteller rühmen konnte, obwohl er früher selbst in Wien einige Zeit gelebt und daselbst mehrere Stücke verlegt hatte, war er doch für die Wiener ein unbekannter Mensch geblieben. Niemand hatte Notiz von ihm genommen, niemand ein Lied, ein Clavierstück, eine Sinfonie von ihm auf irgend ein Concertprogramm gebracht. Als Schumann mit seiner Gattin 1846 Wien besuchte, sprach man von ihm nur als von dem 'Mann der Clara Wieck', und seine wenigen Anhänger zitterten vor einer möglichen Wiederholung des Vorfalls bei einem auswärtigen Hofconcert, wo Serenissimus nach vielen Artigkeiten für Clara Schumann unsern Meister huldreichst fragte: 'Sind Sie *auch* musikalisch'." (Hanslick)[68]

Clara Schumann aber erlebt ausgerechnet an der Stätte ihrer ersten großen Triumphe, daß ihr Name nichts mehr gilt:

"... ich konnte mich des bittersten Gefühles nicht erwehren, daß ein Lied der Lind bewirkte, was ich mit all meiner Spielerei nicht hatte können erreichen ..." (Tagebücher Clara Schumann, 10.1. 1847, Litzmann II, 146).

Wenn sie sich hinter einer Jenny Lind verstecken muß, um überhaupt noch Geld zu verdienen, hat sie eine zentrale Funktion innerhalb der Ehe verloren, und damit auch den letzten Rest an Rechten.

Zwar wird Schumann auch noch 1853 in Holland vom fürstlichen Gastgeber gefragt: 'Sind Sie auch musikalisch?' (Litzmann II, 286), nachdem er in Düsseldorf gerade seine Dirigentenstelle verloren hat, aber auf dieser letzten Konzertreise werden Clara und Robert Schumann gefeiert, und diesmal ist er es, der bekränzt wird. Litzmann kommentiert diese Szene wie folgt:

"Dies Bild möchte man festhalten, es ist wie ein verklärendes Symbol dieser unvergleichlichen, höchsten und reinsten menschlichen und künstlerischen Gemeinschaft und zugleich des Sieges vornehmer selbstloser Kunstübung über kleines Menschentum. Was beide in stillen und ernsten Arbeitsjahren ersehnt, erstrebt und erkämpft, das Ideal, zu dem Clara, nicht ganz ohne innere Kämpfe als Robert Schumanns Frau herangereift war, – ihre ganze Persönlichkeit in den Dienst seines Schaffens zu stellen und durch das völlige Aufgehen in seinen schöpferischen Genius etwas Besseres und Größeres zu werden als je zuvor –, erschien hier reine Wirklichkeit geworden, in demselben Augenblick, wo der Name, den sie trug, der Name Robert Schumanns, für die ganze musikalische Welt den Tonwert des Meisters, des Vollenders, erhielt." (Litzmann II, 289)

Die Tatsache, daß Clara Schumann nach Schumanns Tod ihre Konzerttätigkeit wieder aufnimmt und die folgenden vierzig Lebensjahre als reisende Virtuosin (letzter Auftritt: März 1891) verbringt, zeigt hingegen, daß sie ein 'normales' Frauenleben vermeiden will. Als Pianistin ist sie gleichberechtigte Kollegin, als Interpretin Schumanns eine 'authentische' Interpretin. Die Aura des Tragischen, die Inszenierung zur 'Gralshüterin', die sich für das Werk ihres Mannes opfert, ermöglicht ihr trotz des immer umfassenderen Ausschlusses von Frauen von den Konzertpodien, ein zum erstenmal selbstbestimmtes und gleichzeitig gesellschaftlich akzeptiertes Leben als erwerbstätige Frau zu führen.

d) Andere Formen der Zusammenarbeit

Klavierauszüge etc. 'Hilfsdirigentin'. Komposition.

Die künstlerische Zusammenarbeit zwischen Clara und Robert Schumann erschöpft sich nicht darin, daß sie als seine Interpretin auftritt, sie fertigt Reinschriften an, arrangiert z.B. die C-Dur Symphonie zu vier Händen, macht zu 'Das Paradies und die Peri' einen Klavierauszug u.v.m.

Je mehr sich Schumann in sich selbst zurückzieht, desto stärker übernimmt sie die Vermittlung nach außen. So berichtet eine Zeitgenossin:

"Schumann war 1852 bereits sehr menschenscheu und ich glaube, daß er aus diesem Grunde und vor allem seiner hohen Bescheidenheit wegen vor Berührung mit hochstehenden Persönlichkeiten zurückwich ... Wir wurden immer sehr freundlich aufgenommen und verkehrten nur mit wenigen Intimen näher. Die Schwerhörigkeit, das menschenscheue Wesen, das mit der beginnenden Krankheit zusammenhängt und die durchaus nicht glänzenden pekuniären Verhältnisse verboten Schumanns, größere Gesellschaften zu pflegen ... Daß Schumann kein guter Dirigent war, das wissen Sie längst. Schumann war eben eine zu innerliche, poetische, träumerische Natur. Zuweilen ließ er seine Schäflein ruhig laufen, versunken in seine Gedanken ... dann erbarmte sich wohl seine Frau der verlassenen Herde, sie saß meistens in der ersten Reihe im Saale, die Partitur auf den Knien, und gab uns von da zuweilen ein Zeichen – bis ihr Mann aus seinen Träumen wieder ganz zur Wirklichkeit zurückkehrte." (Boetticher I, 165)

Und der Komponist Robert Radecke berichtet dem Schumann-Biographen Erler über die Düsseldorfer Zeit:

"Auch einer Uebung seines Chorvereins (welche er dirigirte, während Frau Clara am Flügel saß) wohnte ich bei. Interessant war mir die Wahrnehmung, daß eigentlich seine Gattin die Direction in Händen hielt. Nur selten sprach er mit seinem so milden, weichen Organ ein Wort dazwischen." (Erler II, 6)

Für die Nachwelt Gestalt gewinnen sollte die Künstlergemeinschaft in gemeinsamen Kompositionen:

"Aber hab' ich Dich, so sollst Du schon manchmal etwas Neues von mir hören; ich denke Du wirst mich viel anregen, und schon daß ich dann öfter von meinen Kompositionen höre, wird mich aufmuntern. – Wir geben dann auch manches unter unser *beider Namen* heraus. Die Nachwelt soll uns ganz wie ein Herz und eine Seele betrachten und nicht erfahren, was von Dir, was von mir ist. – Wie glücklich bin ich!" (Robert Schumann an Clara Wieck, 22.6.1839, Jugendbriefe 304).

Die Idee, Kompositionen unter beider Namen herauszugeben, und damit der Wunsch, daß die 'Nachwelt' Clara und Robert Schumann 'ganz wie ein Herz und eine Seele' betrachten möge, stammt also aus der 'vorehelichen Zeit'. Bezeichnenderweise ist die einzige Realisierung dieser Idee op. 37: 'Zwölf Gedichte aus Friedrich Rückerts Liebesfrühling für Gesang und Pianoforte von Robert und Clara Schumann', erschienen im November 1841 bei Breitkopf und Härtel. Dem Verleger Kistner, der den Druck übrigens ablehnt, bietet Schumann den Zyklus als Produkt künstlerischer Befruchtung durch seine Frau an:

"Seit einiger Zeit beschäftigt mich ein Gedanke, der sich vielleicht Ihre Theilnahme gewinnt. Meine Frau hat nämlich einige recht interessante Lieder componiert, die mich zur Composition einiger anderer aus Rückert's 'Liebesfrühling' angeregt haben, und so ist daraus ein recht artiges Ganzes geworden, das wir auch in *einem* Heft herausgeben möchten. Der Titel sollte dann ungefähr so lauten, wie auf dem Blättchen steht. Haben Sie Lust, das Heft (vielleicht 20-22 Platten) freundlich ausgestattet bis Anfang September an das Licht zu fördern, so würden wir uns darüber freuen (...) Meiner Frau wegen, die ich damit überraschen möchte, wünschte ich übrigens, daß die Sache unter uns bliebe (...)."[69]

Die gemeinsame Autorenschaft mit seiner Frau scheint im Gegensatz zu Schumanns Kunstanspruch zu stehen, aber an dieser Stelle kann nicht diskutiert werden, ob diese gemeinsame Autorenschaft sich auf die Kompositionen Schumanns ästhetisch ausgewirkt hat. Hier ist festzustellen, daß op. 37 als gemeinsam mit seiner Frau herausgegebenes Werk eine Sonderstellung im Schumannschen Schaffen einnimmt, ein Indiz dafür, daß mit dieser Liedersammlung die Ehe als Produktionsgemeinschaft nach außen demonstriert werden soll. Der Entstehungsprozeß ist im Ehetagebuch dokumentiert.

Die sich auf op. 37 beziehenden Eintragungen seien im folgenden im Zusammenhang zitiert:

"15. Woche 20.-27. Dezember   Robert:
Die Christwoche ist gerade an mich gekommen. Wie gerne möchte ich sie beschreiben und wie meine Herzens-Kläre mich so viel erfreut und beschenkt. Namentlich drei Lieder[*] freuten mich, worin sie als Mädchen noch schwärmt und außerdem als viel klarere Musikerin als früher. Wir haben die hübsche Idee, sie mit einigen von mir zu durchweben und sie dann drucken zu lassen. Das gibt dann ein recht liebewarmes Heft.
(...)
17. Woche 3.-10. Januar 1841   Robert:
Die Idee, mit Klara ein Liederheft herauszugeben, hat mich zur Arbeit begeistert. Vom Montag bis Montag, 11., sind so neun Lieder aus dem Liebesfrühling von Rückert[70] fertig geworden, in denen ich denke, wieder meinen besonderen Ton gefunden zu haben. Klara soll nun auch aus dem Liebesfrühling einige komponieren.
Oh, tu es Klärchen!
Endlich haben wir auch wieder etwas z u E n d e gelesen, 'Edelstein und Perle' von Rückert.
(...)

* Nach Litzmann (II, 21) handelt es sich um die Vertonungen "Am Strande" von Burns, "Ihr Bildnis" von Heine, "Volkslied", "Es fiel ein Reif in der Frühlingsnacht" ebenfalls von Heine.

18. Woche 10.-16. Januar   Klara:
(...) Ich habe mich schon einige Mal an die von Robert aufgezeichneten Gedichte von Rückert gemacht, doch will es gar nicht gehen - ich habe gar kein Talent zur Komposition -
(...)
24. Woche 2.-9. Mai   Klara:
(...) Seit drei Tagen habe ich wieder angefangen eine Stunde Tonleitern und Übungen zu spielen, damit ich nur wenigstens nicht alles verlerne, aber mit dem Komponieren ist doch auch gar nichts mehr - alle Poesie ist aus mir gewichen.
35. u. 36. Woche 10.-22. Mai 1841   Robert:
(...) Ob Klara komponiert, möchte ich wissen; sie muß aber zu ihrem nächsten Konzert, und ich ruhe nicht. - (...)
(...)
Juni 1841   Klara:
- Mein Klavierspiel kommt wieder ganz hintenan, was immer der Fall ist, wenn Robert komponiert. Nicht ein Stündchen im ganzen Tag findet sich für mich! wenn ich nur nicht gar zu sehr zurückkomme! Das Partiturlesen hat jetzt auch wieder aufgehört, doch ich hoffe, nicht auf lange! Mit dem Komponieren will's nun gar nicht gehen - ich möchte mich manchmal an meinen dummen Kopf schlagen! - (...)
Ich habe diese Woche viel am Komponieren gesessen und denn auch vier Gedichte von Rückert für meinen lieben Robert zustande gebracht. Möchten sie ihm nur einigermaßen genügen, dann ist mein Wunsch erfüllt.
39. u. 30. Woche 6.-21. Juni   Klara:
(...) Was ich meinem Robert schenken konnte, war wenig, doch er lächelte immer so freundlich, weil er wohl wußte, mit welchem Herzen es gegeben ist. Vier Lieder von Rückert freuten ihn sehr, und er behandelte sie denn auch so nachsichtsvoll, will sie sogar mit einigen Einigen herausgeben, was mir viel Freude macht. (...)
13.-27. September 1841   Klara:
(...) Mein Geburtstag war ein Tag voll des Vergnügens und der Freude von früh bis abend. Robert überraschte mich mit so vielem, seine Sinfonie in D-Moll beendet, der ersten gedruckten Stimme der B-Dur-Sinfonie und ganz besonders mit den gedruckten Liedern von Rückert, worin auch einige schwache Produkte von mir vorhanden. Von dieser Überraschung hatte ich keine Ahnung gehabt. (...)." (Eugenie Schumann 285-308)

An diesen Eintragungen werden die unterschiedlichen Produktionsbedingungen sehr deutlich. Clara Schumanns sind dadurch geprägt, daß sie ihren Arbeitsrhythmus gezwungenermaßen aufgeben muß - bedingt einmal durch ihre Pflichten als Hausfrau, die ihren Arbeitstag zerstückeln, dann durch Schumann, dessen Rhythmus sie sich anpassen muß. Hinzu kommt, daß sie, wenn sie überhaupt Zeit zu kontinuierlicher Arbeit findet, diese zum Klavierspiel nutzen muß, um zumindest die technische Sicherheit nicht ganz zu verlieren.

Ein weiteres wird deutlich: Die Realität der erträumten 'Produktionsgemeinschaft' sieht so aus, daß Schumann den Zyklus konzipiert, seiner Frau die Texte zuweist, die sie komponieren soll, ja sogar die Gedichtzeilen unterstreicht, die ihm als zentral für die Vertonung erscheinen. (Letzteres geht eindeutig aus einer in Zwickau liegenden Sammlung von Gedichten hervor, die den Titel trägt 'Zur Komposition von Robert und Klara abgeschriebene Gedichte', die Sammlung ist im Jahre 1839 angelegt worden[71].) Clara Schumann komponiert also die von Schumann ausgewählten Texte durchaus selbständig[72] - sie veröffentlicht sie auch später als op. 12 bei Härtel separat[73] -, aber nicht aus eigenem Bedürfnis, sondern um Schumanns Wunsch zu erfüllen. In den zitierten Tagebucheintragungen ist ihre Unsicherheit, ihre Angst, daß ihre Produkte vor seinen Augen keine Gnade finden, spürbar. Diese Angst hemmt sie zusätzlich in ihrer kompositorischen Arbeit.

e) Produktionsbedingungen Clara Schumanns

Vor der Ehe. Ehe. Kompositionen.

Es ist hinlänglich bekannt, daß Clara Schumann vor und während der Ehe mit Schumann einige Kompositionen veröffentlich hat. So führt Litzmann in seinem Kompositionsverzeichnis[74] elf opera auf, die unter dem Namen Clara Wieck erschienen, und zehn unter dem Namen Clara Schumann. Die erste Werkgruppe umfaßt ausschließlich Klavierkompositionen (darunter eine Klavierkonzert, op. 7) die zweite u.a. drei Liederhefte und das Klaviertrio op. 17. Diese Kompositionen sind zwar im Konzertsaal nicht lebendig[75], zu Lebzeiten Clara Schumanns kamen sie jedoch teilweise in von ihr selbst veranstalteten Konzerten zur Aufführung[76], einige ihrer Lieder wurden auch von Sängerinnen in deren Programme aufgenommen[77].

Vor der Ehe war sie von aller traditionellen weiblichen Arbeit für ihre pianistische Tätigkeit freigestellt. Darüber hinaus stand ihr Wohlergehen im Zentrum des väterlichen Interesses. Allerdings nicht geeignet war das Leben einer reisenden Virtuosin für eine kompositorische Arbeit.

"Das Reisen ist mir sehr langweilig jetzt, ich sehne mich doch sehr nach Ruhe; wie gern möcht' ich componiren, doch hier kann ich durchaus nicht. Früh muß ich üben und spät bis Abends haben wir Besuche; dann ist mein Geist völlig erschöpft, was Du auch aus meinen Briefen sehen mußt; (...) Ich tröste mich immer damit, daß ich ja ein Frauenzimmer bin, und die sind nicht zum componieren geboren." (Clara Wieck an Robert Schumann, 4.3.1838, Litzmann I, 188/89)

Die objektiven und ideologischen Bedingungen verhinderten eine kreative Entfaltung, obwohl der Vater darauf drängte, daß sie komponiere, und obwohl sie keinen unmittelbaren gesellschaftlichen Widerstand zu überwinden hatte. Je mehr sie sich mit Schumanns Arbeiten beschäftigte, desto unzulänglicher kamen ihr ihre eigenen Bemühungen vor und mußten ihr so vorkommen, da der romantische Werkbegriff - wie bereits dargelegt wurde - untrennbar mit der gesellschaftlichen Polarisierung zwischen Männlichkeit und Weiblichkeit verknüpft ist und sie sich an eben diesem Werkbegriff selber maß.

"Du fragst mich, ob ich nicht componire: ich hab ein ganz kleines Stückchen geschrieben, weiß aber nicht, wie ich es nennen soll. Ich hab eine sonderbare Furcht Dir etwas von meiner Composition zu zeigen, ich schäme mich immer" (Clara Wieck an Robert Schumann, 23.4.1839, Litzmann I, 352).
"Den Marsch aus Deiner Fantasie habe ich bereits gelernt und schwärme darin! Könnte ich ihn doch von einem großen Orchester hören! Es wird mir immer ganz warm und wieder kalt dabei. Sag mir nur, was für einen Geist Du hast; bin ich erst einmal bei Dir, dann denke ich nicht mehr an das Componiren - ich wäre ein Thor!" (Clara Wieck an Robert Schumann, 27.5.1839, Litzmann I, 351).

Wie verändern sich diese Bedingungen durch die Eheschließung? Das entscheidende Moment wurde bereits an der Entstehungsgeschichte von op. 37 deutlich: die Zerstückelung ihres Arbeitstages. Zwar hat sie ein eigenes Zimmer (das geht aus dem Haushaltbuch hervor), aber sie muß sich Schumanns Arbeitsrhythmus unterordnen. Außerdem wird er in zunehmendem Maße zu einer überstarken Autorität. Verbal ermutigte er sie auch früher immer wieder zur Kompositionsarbeit:

"An Deiner Romanze hab' ich nun abermals von Neuem gehört, daß wir Mann und Frau werden müssen. Du vervollständigst mich als Componisten wie ich Dich - Jeder Deiner Gedanken kömmt aus meiner Seele, wie ich ja meine ganze Musik Dir zu verdanken habe. - An der Romanze ist nichts zu ändern; sie muß so bleiben wie sie ist." (Robert Schumann an Clara Wieck, 3.7.1839, Litzmann I, 355)

Nach der Eheschließung versucht er sie gar verstärkt zur Kompositionsarbeit anzuregen. Ein zentrales Motiv dabei ist sicherlich gewesen, daß er ihre künstlerischen Ambitionen auf ein Feld lenken will, in dem sie im Privatbereich arbeiten kann und keine Konkurrenz für ihn ist, da sie selbst ihre eigenen Fähigkeiten als minderwertig betrachtet. Im übrigen gilt auch für Schumann, was Germaine Greer in ihrer Untersuchung über den Lebensweg von bildenden Künstlerinnen schreibt:

"Wenn Männer anfangen, Frauen zu verfolgen und auszuschließen, gestehen sie damit ihre eigene Unsicherheit ein. Wenn sie Frauen gönnerhaft behandeln und ihnen schmeicheln, verteidigen sie damit die Unerschütterlichkeit ihrer eigenen Überlegenheit. (...) Galantes Lob war kein Stimulans zu weiteren Anstrengungen, sondern ein Sirenengesang, um sie von weiteren Arbeiten abzubringen." (Greer)[78]

Dennoch hat sie während der Ehe einiges wenige komponiert. Die Notizen in ihren Tagebüchern sprechen von der Lust am Akt des Komponierens; so notiert sie 1853 während der Arbeit an ihrem Liederheft op. 23 in ihr Tagebuch:

"Es macht mir großes Vergnügen das Komponieren. Mein letztes Lied habe ich 1846 gemacht, also vor 7 Jahren." (Tagebücher Clara Schumann, 10.6.1843, Litzmann II, 274)

"Ich habe heute das sechste Lied von Rollett komponiert und somit ein Heft Lieder beisammen, die mir Freude machen und schöne Stunden verschafft haben ... Es geht doch nichts über das S e l b s t p r o d u z i e r e n , und wäre es nur, daß man es täte, um diese Stunde des Selbstvergessens, wo man nur noch in Tönen atmet." (Tagebücher Clara Schumann, 22.6.1853, Litzmann II, 274).

Über ihr Trio op. 17 schreibt sie nach der Probe:

"Es geht doch nichts über das Vergnügen, etwas selbst komponiert zu haben und dann zu hören. Es sind einige hübsche Stellen in dem Trio, und wie ich glaube, ist es auch in der Form ziemlich gelungen, natürlich bleibt es immer Frauenzimmerarbeit, bei denen es immer an der Kraft und hie und da an der Erfindung fehlt." (Tagebücher Clara Schumann, 2.10.1846, Litzmann II, 139/40)

Ein paar Wochen später, am 18. November, wertet sie selbst das Erarbeitete ab:

"Ich spielte heute abend Roberts Klavierquartett und mein Trio, das mir, je öfter ich es spiele, je unschuldiger vorkommt." (Tagebücher Clara Schumann, 18.11.1846, Litzmann II, 140)

"Mein Trio erhielt ich heute auch fertig gedruckt; das wollte mir aber nicht sonderlich auf des Robert (D-moll) munden, es klang gar weibisch sentimental." (Tagebücher Clara Schumann, September 1847, Litzmann II, 140)

Clara Schumann fehlten also nicht nur Geld, Zeit, Ruhe, Alleinsein und das zeitweise Aufgeben von Verantwortung für andere, sondern - und das ist angesichts ihrer Erziehung und ihrer Lebenssituation nicht verwunderlich - ein echtes Bewußtsein ihrer selbst, d.h. auch ihrer Bedingungen. Insofern ist nicht nur Hohenemsers Aufsatz über die Komponistin Clara Schumann[79] inadäquat, da er sie an einem romantischen Werkbegriff mißt, sondern ebenso Eva Weissweilers Resumée:

"Natürlich ist es verständlich, daß ihr das Stück im Vergleich mit Roberts Kompositionen fade und naiv erschien. Die Gefahr, an der Seite eines solchen Künstlers den Mut zu verlieren, soll hier keineswegs geleugnet werden. Damit ist aber immer noch nicht erklärt, warum sie sich selbst als Gegnerin der Emanzipation oder, genauer gesagt, als Anhängerin der These 'Frauen können nicht komponieren' ausgegeben hat. Der Grund wird schlicht und einfach Naivität gewesen sein. Clara war, das zeigen ihre Briefe immer wieder, keine gebildete und kritische Denkerin. Robert hat beispielsweise die gesellschaftlichen Hintergründe des Problems "Frau und Kompostion" viel deutlicher erkannt als sie, von Johanna Kinkel ganz zu schweigen. Ein weiterer Grund ist wie bereits angedeutet, in ihrer geradezu virtuosen Anpassungsfähigkeit zu suchen. Ein klares Ja zur Emanzipation, und sei es auch nur zur tonschöpferischen, hätte dem sentimentalen Image geschadet, das man in ganz Europa von ihr hatte. (...)
Das Trio op. 17 zählte übrigens zu den wenigen eigenen Kompositionen, die Clara später (1877) wieder in ihr Repertoire aufgenommen hat. Schon diese Tatsache läßt an der Ehrlichkeit ihrer Selbstkritik zweifeln." (Weissweiler)[80]

Außerdem - es muß noch einmal betont werden - weder als Clara Wieck noch als Clara Schumann begriff sie sich als Komponistin. Ihr Leben gründete sich auf das Klavierspiel. Komponieren bedeutete die Erwartungen des Publikums, die Forderungen des Vaters, die Wünsche des Mannes erfüllen. Bezeichnenderweise hat sie nach dem Tode Schumanns nichts mehr komponiert.

f) Produktionsbedingungen Schumanns

Thesen der Biographik. Psychische Arbeitsbedingungen. Spiegelfunktion Clara Schumanns. Ästhetische Anpassung? Einfluß Clara Schumanns?

Schumanns Arbeitsbedingungen während der Ehe sind in ihren äußerlichen Veränderungen in jeder Biographie nachzulesen, so die Aufgabe seiner Zeitschrift 1844, seine Chorarbeit in Dresden, schließlich seine Position als Düsseldorfer Musikdirektor ab 1850 und die Ereignisse, die zu seiner Entlassung führen.
Über die psychischen Arbeitsbedingungen, vor allem über die

Frage, inwieweit sich die Ehe für seine kompositorische Entwicklung förderlich ausgewirkt hat, gehen die Meinungen auseinander.

Die Bedeutung der Verbindung mit Clara Wieck für den Schumannschen Lebensweg ist niemals in Zweifel gezogen worden. Allein der jahrelange Kampf um die Heiratseinwilligung war schon Beweis genug dafür, wie lebenswichtig Schumann diese Ehe erachtete. Aber ob diese Bedeutung sich über Schumanns psychische Situation hinaus auch in einem direkten Einfluß auf sein Handeln und schließlich auf seine kompositorische Arbeit geltend gemacht hat, darüber streiten sich die Biographen.

Die Autoren, die den Einfluß Clara Schumanns sowohl für die emotionale als auch für die kompositorische Entwicklung Schumanns positiv einschätzen, beschreiben diese als Ergebnis einer 'großen Liebe';
Creuzburg im Jahre 1955:

"Während die Ehe bei anderen Künstlern oft eine mehr oder weniger untergeordnete Rolle spielt (wenn nicht sogar manchmal eine das Künstlertum ungünstig beeinflussende), ist die Bindung an die geliebte Frau für Robert Schumann von entscheidender Bedeutung (...) [hier folgt das Liszt-Zitat]
Hatten schon die Liebe zu dem jungen Mädchen und ihre Erwiderung sein Schaffen beflügelt, so verdanken wir dem schwer erkämpften Eheglück eine große Reihe herrlichster Werke." [81]

Young geht im Jahre 1968 noch weiter:

"Es kann keinen Zweifel darüber geben, daß die Ereignisse des Herbstes 1837 [Schumanns offizielle Werbung um die Hand Clara Wiecks und die Zurückweisung durch Wieck] einen äußerst tiefen Eindruck auf Schumann ausübten. Hier bietet sich ein in der Musikgeschichte einmaliges Beispiel für die schöpferisch unmittelbar inspirierende auslösende Wirkung einer großen, einzigartigen Liebe; denn ohne Claras Treue, ohne ihren Rat wäre Schumanns Genius niemals so vollkommen aufgeblüht." [82]

Die Rolle der Frau als Muse und darüber hinaus als Ratgeberin nimmt dem Mann nichts von seiner Schöpferwürde. Aber auch die Autoren, die ebenfalls von einem direkten Einfluß ausgehen, diesen aber negativ bewerten, argumentieren auf der Grundlage eines ganz bestimmten Frauenbildes: die Frau, die ihren ganzen Ehrgeiz in die Karriere des Mannes steckt und ihn zur Anpassung an die herrschenden Verhältnisse bringt, damit er Erfolg hat. Die herrschenden Verhältnisse bestimmte in Leipzig um 1840 Mendelssohns Wirken, sein Erfolg als Dirigent und Komponist. So wird Clara Schumann die Schuld dafür zugeschoben, daß Schumann sich ab 1840 der Komposition in den repräsentativen Gattungen wie Symphonie, Oratorium, Oper zuwendet und sich stilistisch an Mendelssohn orientiert. Am pointiertesten hat Walter

Dahms 1917 diese Position vertreten. Er bezeichnet Clara Schumann als die

"in fortschrittlichen Kunstfragen rückständige, später allerdings geradezu bösartig verbohrte Clara"[83]

und schreibt:

"Schumann selber war durch Mendelssohns Vorbild bemüht, sich den reinen Schönheits- und Klarheitsmaßstäben anzupassen und die poetische Phantastik zu überwinden. Unterstützt wurde dieser, in mancher Beziehung verhängnisvolle Drang durch Claras Einfluß, die nicht ruhte, ihm Mendelssohn als Ideal hinzustellen."[84]

Eine solche Äußerung setzt voraus, daß Schumann sich 1840 ästhetisch umorientiert hat und daß dieser Wandel durch äußere Einflüsse hervorgerufen worden ist. Im übrigen impliziert Dahms Darstellung, daß die Werke eines Komponisten 'eigentlich' eine kontinuierliche Reihe bilden müssen. Schließlich spricht das Epitheton 'rückständig' Clara Schumann eine Schumanns Niveau entsprechende künstlerische Kompetenz ab. Aufgrund dieser mangelnden Kompetenz achtet sie nicht die künstlerische Individualität ihres Mannes, sondern orientiert sich an anerkannten Größen wie Mendelssohn.

Verallgemeinernd kann man sagen, daß die Schumann-Forscher, die Schumanns kompositorische Entwicklung ab 1840 bzw. 1844 als 'Klassizismus' abwerten und in dem frühen Schumann den 'wahren' sehen, einen Zusammenhang behaupten zwischen Schumanns Werken nach 1840, den veränderten Lebensbedingungen durch die Eheschließung und der Person Clara Schumanns. Einige Autoren sehen in deren eigener Orientierung an Mendelssohn ein beeinflussendes Moment[85], andere in dem Druck, den sie auf ihren Mann ausübt, in repräsentativen Gattungen zu komponieren[86], wieder andere darin, daß Schumann unter ästhetischen Anpassungsdruck gerät, weil er sich durch die Erfolge seiner Frau als Pianistin zurückgesetzt fühlt[87]. Auch in diesem Interpretationszusammenhang wird Clara Schumann die Schuld zugewiesen, da sie nicht bereit gewesen sei, ganz auf Konzertreisen zu verzichten[88]. In der Tradition dieses Deutungsmuster stehen auch alle Veröffentlichungen, die Schumanns wachsende Unproduktivität, seine Krankheit und seinen Selbstmordversuch als Ausdruck der Resignation innerhalb einer unglücklichen Ehekonstellation darstellen. Fischer-Dieskau und Eva Weissweiler gehen im Jahre 1981 davon aus und argumentieren mit Schumanns Liedtextwahl[89], ebenso im Jahre 1891 Richard Batka (wenn auch nicht so direkt ausgesprochen wie von Fischer-Dieskau) und der bereits zitierte Walter Dahms, dann auch Petzoldt und Young, um nur einige zu nennen[90].

Parallel zur Behandlung der Einflußfrage reichen die charakterlichen Einschätzungen Clara Schumanns von:

"eine echt germanische Vollnatur, in der sich tiefes Kunstgefühl, Reinheit und Adel der Gesinnung und reiche Herzensbildung durchdrangen (...)" (Wolff) [91],

über:

"bedeutende(r), beispielhafte(r) Mensch, als liebenswerte Frau und Mutter" (Höcker) [92],

bis zu:

"selbstbewußte, verwöhnte, höchst egozentrische Frau" (Hopf) [93].

Entsprechende charakterliche Bewertungen von Schumanns Verhalten in seiner Ehe finden sich in der Sekundärliteratur nicht. (Als kanonisierter Komponist ist er offensichtlich einem solchen Zugriff entzogen.)

Ob positiv oder negativ, entscheidend ist, daß stets Urteile abgegeben werden. Nicht anders Eva Weissweiler, wenn sie meint, die Grundlage zu einer Neubewertung des Verhältnisses zwischen Clara und Robert Schumann zu legen, indem sie schreibt:

"Claras Biographen haben ihre Liebesbeziehung zu Robert als ungetrübte Idylle geschildert, die nur durch das autoritäre Gebaren Friedrich Wiecks gestört worden sei. Diese Darstellung ist leider falsch. Wie ein Blick in Litzmanns Quellensammlung zeigt, hat das junge Mädchen von Anfang an geschwankt. Einmal weil es den Vater nicht verletzen wollte, zum anderen, weil es vor der Ehe mit einem so sensibel veranlagten Mann zurückschreckte. Clara wollte, wie sie es ihm mit erstaunlicher Härte vortrug, ein 'anständiges', 'sorgenfreies' Leben führen, schob den Zeitpunkt der Heirat immer wieder hinaus, um Robert Zeit zur Ansammlung eines Startkapitals zu geben. Daß der Komponist auf solche materialistischen Äußerungen mit Entfremdung, Depressionen und Selbstmordabsichten reagierte, ist der nüchtern und praktisch denkenden Clara zeitlebens unverständlich geblieben. Doch selbst in diesen Zeiten oft brutaler Auseinandersetzungen war sie objektiv genug, seine Überlegenheit als Komponist anzuerkennen." (Weissweiler) [94]

Auch diese Einschätzung ist nur eine neue Variante in einer Kette von Schuldzuweisungen. Der letzte Satz des Zitats zeigt außerdem, daß sie wie die traditionelle Biographienschreibung ausschließlich vom Werk her argumentiert.

Schuldzuweisungen aber sind keine Basis für eine historische Analyse von künstlerischen Produktions- und Arbeitsbedingungen, verstellen den Blick auf Fragen, wie z.B. nach den künstlerischen Entwicklungs- und Existenzmöglichkeiten von Männern und Frauen in einer bestimmten historischen Situation.

Das stärkste Interesse gilt nach wie vor individual-psychologischen Fragestellungen vor allem im Zusammenhang mit Schumanns Krankengeschichte. Den letzten Beitrag innerhalb dieser 'Tradition' hat zum 125. Todestag Schumanns Dieter Schnebel mit dem Anspruch einer Neudeutung des Zusammenhangs zwischen 'Kunst und Leben bei Schumann' veröffentlicht. Schnebel geht von einem psychoanalytischen Ansatz aus. Ihm zufolge war Schumann ein 'endogen-depressiver' Mensch, für den die kompositorische Arbeit der einzige Weg war, die drohende Dissoziation seiner Persönlichkeit zu bewältigen. Schumanns psychische Erkrankung führt er sowohl auf erbliche wie auf familiäre Ursachen zurück. Im Gegensatz zum größten Teil der späteren Kompositionen sieht Schnebel im Klavierwerk einen gelungenen Versuch, 'das Auseinanderstrebende zu bannen'[95]. Mit der Eheschließung beginnt sich nach Schnebel eine kompositorische Wende abzuzeichnen: Schumann habe bis 1840 experimentell komponiert ohne Rücksicht auf Erfolg oder Nichterfolg, sich ab 1840 aber den 'gängigen Gattungen' des Konzertlebens zugewandt. Als Gründe führt Schnebel an: den 'äußeren Druck ökonomischer Verhältnisse', inneren Erfolgszwang aufgrund der Konkurrenz seiner Frau und schließlich, daß ab 1840 Mendelssohn zur 'Vaterfigur' Schumanns geworden sei[96]:

"Es ist, als ob Schumanns Vermögen, sein Inneres in Musik umzusetzen, allmählich an Kraft verlöre. (...) So konnte wohl auch die Krisenbewältigung qua Musik nur noch partiell gelingen. Zweifellos schwächte der dominierende Einfluß Mendelssohns sein Ich. Und ebenso scheiterte die sicher auch vorhandene Intention (neidvolle?) nach dem Vorbild Claras durch Erfolge an Stärke zu gewinnen. Das Mißlingen schlug auch die Musik: sie wurde schwächer, schwankte zumindest in der Qualität. So sind bereits die Streichquartette nicht durchweg auf gleichem Niveau, und in den kommenden Jahren zeigt sich ein allmählicher Schwund des schöpferischen Vermögens." (Schnebel)[97]

Neben Gründen, die aus der psychischen Entwicklung Schumanns resultieren, nennt er also auch Motive, die aus Schumanns veränderter Lebenssituation entspringen:

"Die Schumannsche Ehe verlief zunächst naturgemäß glücklich: die schwankend durchgehaltene Liebe konnte nun gelebt werden; die bisher rein künstlerisch und unsicher existierenden Personen erreichten solide bürgerliche Geborgenheit; die gemeinsamen Wünsche der letztlich einsamen und sich im Grund kühl fühlenden Menschen erfüllten sich: sie fanden in ihrem Zusammensein Häuslichkeit - und Wärme; überdies verband sie der miteinander errungene Sieg über den Vater. Bald kamen die ersten Kinder, und es entstand gleichsam ein Nest.
Für Schumann bedeutete die neue Situation sowohl den lange er-

sehnten Zustand äußerer und innerer Sicherheit, aber auch zugleich neue Verantwortung – für die Familie zu sorgen bedeutete aus Gründen des Lebensunterhalts als Komponist erfolgreich zu werden. Er, der bisher rein aus künstlerischer Notwendigkeit heraus – und hauptsächlich fürs Klavier komponiert hatte, wandte sich jetzt auch anderen Gattungen zu, eben um sich als Komponist umfassend unter Beweis zu stellen.
Für Clara mochte die Ehe eine ursprünglich erwünschte Erfüllung fraulichen Wesens bringen: nämlich Familie und Kinder haben. Als Frau, die gebar, wurde sie in ursprünglich weiblicher Weise kreativ. Nach solcher Selbstverwirklichung aber strebte sie zurück nach beruflicher Verwirklichung – sicher auch aus pekuniären Gründen, da Schumanns Verdienste aus Kompositionen und der Zeitschrift zum Lebensunterhalt nicht ausreichten." (Schnebel) [98]

Schnebel sieht demnach einen Zusammenhang zwischen Familiengründung und Erfolgsdruck, zwischen der Eheschließung und Schumanns kompositorischem Weg.

Wie bereits gezeigt werden konnte, wollte Schumann von vornherein nicht bei 'Kammermusik für Eingeweihte' stehenbleiben, und weder die Orientierung an Mendelssohn noch der Erfolgsdruck datieren von der Eheschließung her. Der Druck, soweit er von außen gekommen ist – entstand aufgrund der Ablehnung durch Wieck, also 1837 (bzw. bereits 1835). Um es pointiert zu formulieren: Schumann komponierte keine Symphonien, weil er verheiratet war, sondern er heiratete, um Symphonien komponieren zu können.

Bereits seine in der Berlioz-Kritik formulierten musikästhetischen Überzeugungen zeigten ihn auf dem Weg zur Symphonie, damit zur Beethoven-Nachfolge. Um dazu die Kraft zu haben, mußte er sich Produktionsbedingungen schaffen, die ihm die Konzeption und Ausarbeitung umfassenderer Werke erlaubten: finanzielle Sicherheit und emotionale Geborgenheit.

Mit der Eheschließung ist die Grundlage teilweise geschaffen. Die 1. Symphonie ist Ausdruck dieses Gefühls. Mit romantischen Positionen, wie sie eingangs skizziert wurden, hat dieses allein dem Werk gewidmete Leben nichts zu tun, nichts mit dem Traum von einer nicht leistungsorientierten, nicht produktorientierten Kreativität, nichts mit der Ablehnung einer Polarisierung der Geschlechter, der Trennung zwischen Öffentlichkeit und Privatheit – generell von Polarisierungen. Aber – und dies sei noch einmal besonders betont – das Jahr 1840 ist nur Meilenstein in der kompositorischen Entwicklung Schumanns und kein Sprung.

Daß die finanzielle Situation einen steigenden Druck auf Schumann ausgeübt hat, ist eindeutig, und das gehört genauso mit zu seinen Arbeitsbedingungen wie z.B. die Tatsache, daß er bis 1850 über keinen Orchesterapparat verfügt, keine praktischen

Theatererfahrungen hat, seine Werke wenig aufgeführt werden, daß er nach wie vor nur mit Schwierigkeiten Verleger findet[99]. Die Frage ist nur, wie sich dieser Druck im einzelnen niederschlägt.

"Das Gefühl der wirtschaftlichen und sozialen Verantwortung für Frau und Kind, das in der bürgerlichen Welt notwendig zu einem Wesenszug des Mannes wird, gehört zu den wichtigsten zusammenhaltenden Funktionen der Familie in dieser Gesellschaft. Wenn das Sicheinfügen in die bestehenden Autoritätsverhältnisse für den Gatten und Vater aus Liebe zu den Seinen ratsam wird, so bringt ihn schon der bloße Gedanke an Widerstand vor den qualvollsten Gewissenskonflikt." (Horkheimer)[99a]

Dies gilt für jeden Mann, solange er die Rolle dessen übernimmt, der die wirtschaftliche und soziale Verantwortung für Frau und Kind trägt - also müßte es auch für Schumann gelten, da er das Angebot seiner Frau, diese Rolle zu übernehmen, nicht wahrgenommen hat.

Schumann will erfolgreich sein. In erster Linie bedeutet das, daß er eine seinem kompositorischen Rang entsprechende Stellung im deutschen Musikleben beansprucht. Anders ist seine Verletztheit darüber, daß er weder in der Frage der Mendelssohn-Nachfolge in Leipzig 1844 noch der Wagner-Nachfolge in Dresden 1849 berücksichtigt wird, nicht zu verstehen.

Wie wichtig Schumann öffentliche Anerkennung war trotz seiner äußerlichen Gelassenheit gegenüber mangelnder Publikumsresonanz, wird an mehrerem deutlich: Schumann hebt sorgfältig jede Reaktion auf die Aufführung seiner Werke bzw. auf den Druck seiner Werke auf und legt eine Sammlung von Kritiken 'Zeitungsstimmen' an. Sie umfaßt 120 Kritiken und Rezensionen[100]. Darüber hinaus sammelt er in dem kürzlich von Boetticher nicht vollständig herausgegebenen Familienalbum Briefe, Bilder und Erinnerungsstücke von berühmten Persönlichkeiten, von denen er sich anerkannt fühlt[101]. In dieser Kassette befand sich auch das Dankgedicht Friedrich Rückerts anläßlich der ihm vom Ehepaar Schumann zugesandten 'Liebefrühling'-Komposition. (Schumann sorgte auch für einen Abdruck dieses Gedichtes in den Signalen[102] und im Berliner Tageblatt. Auch im Ehetagebuch findet sich eine Abschrift[103].) Ebenfalls in dieser Kassette gesammelt sind die von Schumann sorgfältig aufbewahrten Reaktionen des sächsischen und des preußischen Königs auf seine Dedikation bzw. Übersendung der Frühlingssinfonie und seines Oratoriums 'Das Paradies und die Peri'[104]. Die 'Peri' sendet er ebenfalls an den englischen Prinzgemahl und bemüht sich um eine Dedikation für den schwedischen König. Mit der Zusendung des Oratoriums an den preußischen König 1845 und an den belgischen König verbindet sich die - vergebliche - Hoffnung, daß der Hof sich für eine Berliner Aufführung einsetzt. Entsprechendes gilt für die

Übersendung der 'Genoveva'. In diesem Zusammenhang muß desgleichen der im Ehetagebuch kommentierte Besuch bei Metternich gesehen werden[105], seine Bewunderung des Mannes, dessen Politik und Geisteshaltung er mit der NZfM bekämpfen wollte.

Auch einige Kompositionen verdanken ihre Entstehung dem Bestreben Schumanns, Stücke zu komponieren, die leichter verkäuflich sind[106]. Das gilt u.a. für das Rheinweinlied, für seine Revolutionsmärsche, für das Klavier- und das Liederalbum für die Jugend. Darüber hinaus komponiert er z.B. zahlreiche Chorwerke für den praktischen Gebrauch[107]. Hier aber, was die Faktur der Kompositionen betrifft, von ästhetischer Anpassung zu sprechen, ist insofern unangemessen, als der Gattungsanspruch von vornherein ein anderer ist als bei einer Symphonie. Der Versuch, u.a. im Bereich der weltlichen Chormusik innovativ zu wirken, so z.B. durch seine Chorballaden[108] oder durch seine weltlichen Oratorien, dokumentiert zunächst nur sein Bemühen, 'sich umfassend unter Beweis zu stellen' - wie Schnebel es nennt. Aber daß er sich beweisen will, hängt nicht ursächlich mit der Eheschließung zusammen. Denn seine Kritiken zeigen sehr deutlich, daß ihm Mannigfaltigkeit als eines der wichtigsten Maßstäbe für kompositorische Meisterschaft gilt; so schreibt er 1842 in einer Rezension über Spohrs Trio op. 119:

"Und das unterscheidet eben die Meister der deutschen Schule von Italienern und Franzosen, das hat sie groß gemacht und durchgebildet, daß sie sich in allen Formen und Gattungen versuchten, während die Meister jener andern Nationen sich meistens nur in e i n e r Gattung hervortaten." (Gesammelte Schriften II, 91)

1839 begründet er indirekt seine eigene Entwicklung:

"(...) wir kommen hier auf den Zuruf zurück, den wir oben an Henselt ergehen ließen: sich von den Etüden überhaupt weg und zu höheren Gattungen zu wenden, zur Sonate, zum Konzerte, oder eigene größere zu schaffen. Wer sich immer in denselben Formen und Verhältnissen bewegt, wird zuletzt Manierist oder Philister; es ist dem Künstler nichts schädlicher als langes Ausruhen in bequemer Form; in älteren Jahren nimmt die Schaffenskraft ohnehin ab, und dann ist's zu spät, und manches treffliche Talent gewahrt dann erst, daß es seine Aufgabe nur zur Hälfte gelöst.

Ein anderer Weg aber vorwärts zu kommen, sich zu neuer Schöpfung zu bereichern, ist der, andere große Individualitäten zu studieren. (...) Man kann nicht alles aus der eigenen Tiefe heraufbeschwören. Wie lange bildete die Zeit an der Fuge herum! Soll der Künstler erst alles an sich selbst durchmachen und versuchen, und kommt er nicht schneller zum Ziel, wenn er das vorhandene Beste studiert, nachbildet, bis er sich Form und Geist unterthan gemacht?

Aber auch die Meister der Gegenwart muß er kennen, vom ersten bis zum letzten, also auch z.B. Strauß, als in seiner Weise einen höchsten Ausdruck seiner Zeit. Wer dies versäumt, wird über seine Stellung zur Gegenwart, über den Umfang seines Talents ewig im unklaren bleiben, bis er zuletzt nicht mehr nachkommen kann, der Welt nur Veraltetes, bereits Abgethanes bietend." (Rezension zu Henselts op. 5, Gesammelte Schriften I, 389/90)

So kann man ab 1839 lediglich von einer Zweiteilung seiner kompositorischen Arbeit sprechen: Werke in Gattungen höchsten Anspruchs (dazu gehören neben der Symphonie und der Kammermusik das Oratorium und die Oper) stehen neben Kompositionen, deren Faktur durch den praktischen Gebrauch bestimmt ist, und die ästhetisch an einem Geselligkeitsideal, wie es das Musikleben der Restaurationszeit geprägt hat, orientiert sind. (Unter Schumanns Liedvertonungen finden sich schon innerhalb der ersten von Schumann herausgegebenen Sammlung op. 24 'Myrthen' beide Orientierungen nebeneinander[109].

Im Zusammenhang mit Schumanns kompositorischem Weg ist eine längere Tagebucheintragung Clara Wiecks aus dem Jahre 1839 wichtig: am 29.8.1839 schreibt sie:

"[Es schmerzt mich oft sehr daß Roberts Compositionen nicht anerkannt werden, wie sie es verdienen.] Ich würde [sic! und nicht wie bei Litzmann 'werde'] sie ja gerne spielen, doch das Publikum versteht sie nicht. Wie bangt mir, wenn Robert später einmal Zeuge sein muß, wie seine Compositionen wenig gegen andere, fade, ansprechen. [Das denke ich mir schrecklich für ihn*] Er ist ein viel zu tiefer Geist für die Welt und muß deswegen verkannt sein!? Ich glaube, das Beste ist, er componirt für Orchester, seine Phantasie kann sich auf dem Clavier nicht genug ausbreiten [das Clavier bietet nicht genug Spielraum] Seine Compositionen sind alle orchestermäßig, und ich glaube daher dem Publicum so unverständlich, indem sich die Melodien und Figuren so durchkreuzen, daß viel dazugehört, um die Schönheiten herauszufinden. Ich selbst finde bei jedem Mal Mehrspielen seiner Sachen (so z.B. geht es mir mit den Novelletten jetzt so) immer neue Schönheiten. Die Novelletten sind ein gar schönes Werk. Geist, Gemüth, Humor, größte Zartheit. Alles vereint sich darin, der feinsten Züge sind unendliche drin. Man muß ihn kennen wie ich, und man wird sein ganzes Ich in seinen Compositionen allen finden. [Lebten doch Beethoven und Mozart noch, so müßte er der Dritte in ihrem Bunde sein.] Die Zeit wird noch kommen, wo die Welt [den Dritten] erkennen wird, aber spät wird sie kommen. [In seinen Com-

---

* Von Litzmann nicht als Auslassung gekennzeichnet.

positionen entfaltet er einen Reichthum der Phantasie daß man nur immer staunen kann.] Mein höchster Wunsch ist, daß er für Orchester componirt - das ist sein Feld! - Möchte es mir doch gelingen, ihn dazu zu bringen." (Tagebücher Clara Wieck, 29.8.1839, Litzmann I, 372/3 und Autograph)
- das ist sein Feld! - Möchte es mir doch gelingen, ihn dazu zu bringen" (Tagebücher Clara Wieck, 29.8.1839, Litzmann I, 372/3 und Autograph)

Auch Schumann gegenüber bringt sie von Zeit zu Zeit ihre Befürchtungen zum Ausdruck, sie versucht ihn sogar zu überreden, 'verständlicher' zu schreiben[110] (womit sie übrigens nicht allein steht, denn auch Moscheles kritisiert die g-moll Sonate in eben diesem Sinne und Schumann macht sich später selbst diese Kritik zu eigen). Ihr Ziel war es bekanntlich, Schumann durch ihre Erwerbstätigkeit marktunabhängige Komposition zu ermöglichen; wie bereits dargestellt, hindert Schumann sie daran. Damit ist nicht nur er abhängig von einem Erfolg als Komponist, sondern sie ist es gleichermaßen.

"In doppelter Weise stärkt die familiale Rolle der Frau die Autorität des Bestehenden. Als abhängig von der Stellung und vom Verdienst des Mannes ist sie darauf angewiesen, daß der Hausvater sich den Verhältnissen fügt, unter keinen Umständen sich gegen die herrschende Gewalt auflehnt, sondern alles aufbietet, um in der Gegenwart vorwärts zu kommen. Ein tiefes ökonomisches, ja physiologisches Interesse verbindet die Frau mit dem Ehrgeiz des Mannes. Vor allem ist es ihr jedoch um die eigene ökonomische Sicherheit und die ihrer Kinder zu tun." (Horkheimer)[110a]

Das, was Horkheimer als strukturelles Moment für die patriarchalische Familie beschreibt, hieße übertragen auf das Ehepaar Schumann, daß Clara Schumann notwendig ein Interesse daran gehabt haben muß, daß Schumann sich ästhetisch anpaßt. Denn sich den Verhältnissen aus ökonomischen Gründen zu fügen, kann für künstlerische Arbeit nichts anderes bedeuten, als Konzessionen an die herrschenden ästhetischen Maßstäbe zu machen.

Sie kann demzufolge kein Gegengewicht zu dem Leistungsdruck, unter den sich Schumann selbst setzt, bilden, verstärkt ihn vielmehr noch durch ihre eigene, auf permanente Leistung gerichtete Haltung. Zudem muß ihr die Tatsache, daß Schumann nach der Eheschließung in repräsentativen Gattungen komponiert, als Erfüllung ihres 'größten Wunsches' erschienen sein.

Wie die Ehebuch-Eintragungen und vor allem die Liste der in den ersten Ehejahren entstandenen Kompositionen zeigen, erlebt Schumann die ersten Ehejahre als Jahre befreiter Produktivität. Er selbst führt dies in erster Linie auf die Sicherheit und Ruhe, die er durch die Ehe gefunden habe, zurück:

"(...) Mein Lebenslauf in den vorigen Jahren, in denen Du nichts von mir hörtest, war ein sehr bewegter. Du kannst ihn zum größten Teil in meinen Kompositionen abgespiegelt erblicken. Wie wünschte ich doch, Du kenntest meine neuen Kompositionen, namentlich die für Gesang; (...) I c h   s e l b s t   b i n   i n   m e i n e n   K o m p o s i t i o n e n   h e i t e r e r ,   w e i c h e r ,   m e l o d i s c h e r   g e w o r d e n . (...) Lieber Stamaty, ich habe ein treffliches Weib. Dies Glück geht über alles. Könntest Du uns doch einmal in unserer freundlichen Künstlerwohnung belauschen. Nimm Dir auch bald ein braves Weib!" (Robert Schumann an den Pianisten Camille Stamaty, 28.9.1840, Boetticher II, 347/8).

Die Ehetagebücher, aber auch die kurzen Bemerkungen in den Haushaltbüchern zeigen, in welch hohem Maße Schumann von der Anwesenheit seiner Frau und ihrem Befinden abhängig ist. Besonders bewußt wird ihm das wohl während ihrer Dänemarkreise. Er kann nicht komponieren, er trinkt (das Haushaltbuch verzeichnet 'Bier und Champagner'), die 'Lust nach Liederlichkeit' - wie er es nennt - packt ihn. (Hier spielen nicht nur die Abwesenheit seiner Frau, sondern auch Wiecks Diffamierungsversuche eine Rolle.) 'Lust nach Liederlichkeit', nicht arbeiten können, das ist ein Zeichen für mangelnde Selbstdisziplin - für Schumann, dessen ganzes Selbstgefühl von seiner Leistungsfähigkeit bestimmt ist, ein lebensbedrohliches. Denn vor allem an den kurzen Bemerkungen im Haushaltbuch wird deutlich: Schumann benutzt Arbeit in zunehmendem Maße als Überlebensmittel[111]. Wie bedroht er sich psychisch fühlt, kann man z.B. daran ablesen, daß er in längeren Depressionsphasen seinen Nachlaß zu ordnen beginnt[112].

Mitte Februar 1841 nach Abschluß seiner 1. Symphonie trägt Schumann überglücklich in das Ehetagebuch ein (bezeichnend ist die Parallele zwischen Entbindung und dem Abschluß der Komposition: die Geburt ein Akt weiblicher, die Produktion von Kunst ein Akt männlicher Kreativität):

"Die Sinfonie hat mir viele glückliche Stunden bereitet; sie ist ziemlich fertig; ganz wird es so ein Werk erst, wenn man es gehört. Dankbar bin ich oft dem guten Geist, der mir ein so großes Werk so leicht in so kurzer Zeit geraten läßt. Die Skizze der ganzen Sinfonie war doch in vier Tagen fertig, und das will viel sagen. Nun aber, nach vielen schlaflosen Nächten, kommt auch die Erschlaffung nach; mir geht es, wie es einer jungen Frau gehen mag, die eben entbunden worden ist - so leicht, glücklich und doch krank und wehe. Das weiß auch meine Klara und schmiegt sich nun doppelt zärtlich an mich, was ich ihr schon auch später vergelten will. Überhaupt könnte ich gar nicht fertig werden, wollte ich von aller Liebe erzählen, die mir Klara in dieser Zeit erwiesen und mit so willigem Herzen. Unter Millionen hätte ich suchen können, die mir, wie sie, so viel Nachsicht, so viel Aufmerksamkeit schenkt. Nun, lasse Dich küssen, mein gutes Weib, die ich immer mehr liebe und achte. (...)." (Ehetagebücher, 14.-21.2.1841, Eugenie Schumann 289)

Schumann rühmt also Nachsicht und Aufmerksamkeit als charakteristische Merkmale eines Verhaltens, das ihn in das Zentrum des Interesses stellt. Weibliche Anspruchslosigkeit und Selbstverleugnung ermöglichen die Realisierung eines marktfreien Raumes, da die Frau nicht mit dem Manne konkurriert. Seine Bedürfnisse werden als vorrangig anerkannt, der Tagesablauf, die Verhaltensweisen, alles auf den Erhalt seiner Arbeitsfähigkeit abgestellt. Durch den Verzicht auf Selbstverwirklichung werden ihre Kräfte frei einsetzbar im Interesse des Mannes. Gerade angesichts der Tatsache, daß Schumann außerordentlich unter dem Gefühl, nicht genügend anerkannt zu sein, gelitten hat, muß sich die scheinbar freiwillige Unterordnung seiner Frau auf ihn beflügelnd ausgewirkt haben: Denn im Gegensatz zu fast allen anderen Frauen ihrer Generation ist sie ökonomisch unabhängig bzw. könnte es sein. Diese Selbstzurücknahme erscheint somit auch nach außen als ein Akt persönlicher Freiheit, allein auf künstlerischem Einverständnis beruhend. Das verleiht ihr besonderen Wert. So erwächst sein Überlegenheitsgefühl daraus, daß sie täglich seinen Anspruch bestätigt, daß seine 'Aufgabe' als Komponist wichtiger sei als die Pflege ihres 'Talents'. Bezeichnenderweise lobt Schumann seine Frau ganz im Sinne des christlichen Liebesbegriffs: Diejenige Liebe ist die höchste und reinste, die ganz uneigennützig ist. Und wenn er ihr schriftlich bescheinigt, daß er unter Millionen nach einer Frau wie ihr hätte suchen können, so bezieht sich dieses Zeugnis ihrer Einzigartigkeit nicht auf ihre Individualität, nicht auf ihre Qualitäten als künstlerische Partnerin, sondern auf ihre Fähigkeit und Bereitschaft, sich unsichtbar zu machen und dennoch immer zur Verfügung zu stehen. Als Lohn verspricht er ihr, sie in seiner nächsten Symphonie mit "Flöten, Hoboen und Harfen" abzumalen, die Frau wird aus Dank als Muse und als 'ästhetisches Objekt' verewigt[113].

"Zum Schaffen, und daß es einem gelingt, gehört Glücklichsein und tiefe Einsamkeit." (Robert Schumann an Clara Wieck, 17.3.1838, Litzmann II, 194/5)

In seiner Klaviermusik verarbeitet Schumann in hohem Maße Konfliktsituationen, indem er sie als Konfliktsituationen thematisiert. Allerdings ist er - anders als z.B. Beethoven[114] - zur künstlerischen Gestaltung nur fähig, wenn dieser Zustand nicht mehr virulent ist.

Er braucht Einsamkeit, aber selbstgewählte Einsamkeit, die er je nach dem eigenen Bedürfnis herstellen und aufheben kann, Einsamkeit auf der Basis eines Geborgenheitsgefühls sowohl bei einem

anderen Menschen, als auch innerhalb der Gesellschaft. So kann er nur komponieren, wenn er sich Clara Wiecks, das bedeutet ihrer Unterwerfung, sicher weiß. Mit der Eheschließung ist dieser Prozeß nicht abgeschlossen. Immer dann, wenn seine Frau durch Anerkennung von außen an Stärke gewinnt, vermittelt sie ihm ein Unterlegenheitsgefühl; die Folge: er kann nicht komponieren. (Das wird ganz deutlich während der Dänemark- und der Rußlandsreise.)
Bereits vor der Ehe hatte er ihr geschrieben:

"... Aber nun wird Dich gewiß keine Furcht mehr anwandeln um unsere Zukunft - nicht wahr - verspricht Du mir das, Dir keine unnützen Sorgen mehr zu machen, und mir zu vertrauen und mir folgsam zu sein, da nun einmal die Männer über den Frauen stehen. -" (Robert Schumann an Clara Wieck, 18.5.1839, Litzmann I, 331).

Die finanziellen Schwierigkeiten, die Tatsache, daß sie durch ihr Spiel sehr viel mehr verdienen kann als er mit seinen Kompositionen, ihre gesellschaftlich höhere Position bedeuten eine ständige Gefährdung seines Anspruchs.

So ist diese Zusammenarbeit, die Generationen als Vorbild einer auf gleichberechtigte Ergänzung von Fähigkeiten angelegte Künstler- und Liebesgemeinschaft erschienen ist, das Ergebnis eines Unterwerfungs- und Anpassungsprozesses - einer Anpassung an Geschlechtsrollen, einer Unterwerfung unter Leistungszwang und Hierarchisierung. Statt der gleichberechtigten Entfaltung aller Fähigkeiten können beide in dieser Gemeinschaft nur bestimmte Fähigkeiten entwickeln. Dadurch, daß sich dieser Prozeß in der sich allgemein durchsetzenden Arbeitsteilung zwischen Komposition und Interpretation widerspiegelt, schien er als historisch notwendig legitimiert.

Demnach erscheinen die eingangs zitierten Worte Liszts in einem neuen Licht:

"Keine glücklichere, keine harmonischere Vereinigung war in der Kunstwelt denkbar, als die des erfindenden Mannes mit der ausführenden Gattin, des die Idee repräsentierenden Komponisten mit der ihre Verwirklichung vertretenden Virtuosin. -" (Liszt)[115].

Das Glück, die Harmonie, von der Liszt spricht, ist nicht der Imagination der Biographen und Belletristen entsprungen, sondern dem Selbstverständnis von Clara und Robert Schumann. Beide standen unter dem Druck, diese Ehe als glückliche und harmonische Ergänzung von Fähigkeiten nicht nur nach außen, sondern auch einander gegenüber darzustellen, denn es gab keinen Weg zurück.

Anmerkungen

Vorwort

1 Liszt, Franz, Gesammelte Schriften, hrsg. von L. Ramann, Leipzig 1882, Bd. 4, S. 196
2 Wasielewski, Joseph von, Robert Schumann, Eine Biographie, 4. Auflage 1906, S. 295
3 Kleefeld, Wilhelm, Clara Schumann, Bielefeld 1910, S. 1
4 a.a.O.
5 Litzmann, Berthold, Clara Schumann, Ein Künstlerleben, Leipzig 1920, Bd. II, 6. Auflage 1920, S. 135/136 (im folgenden zitiert als Litzmann II)
6 In diesem Zusammenhang wurde besonders stark die Situation Schumanns als Beethoven-Nachgeborener thematisiert, vgl. z.B. Korte, Werner, Robert Schumann, Potsdam 1937 und Batka, Richard, Schumann, Leipzig 1891
7 Vgl. Wörner, Karl H., Robert Schumann, Zürich 1949, besonders S. 191-195; Eismann, Georg, Robert Schumann. Eine Biographie in Wort und Bild, Leipzig 1956; Abert, Hermann, Robert Schumann, 4. neu bearbeitete Auflage, Berlin 1920, Kapitel I ‚Schumanns geschichtliche Stellung'; Laux, Karl, Robert Schumann, Leipzig 1972
8 So z.B. u.v.a. Fischer-Dieskau, Robert Schumann. Wort und Musik. Das Vokalwerk, Stuttgart 1981, S. 125 Sp. 2; Sutermeister, Peter, Robert Schumann, Zürich 1949, S. 204; Wörner, a.a.O., S. 312; Korte a.a.O., S. 145
9 Vgl. Boetticher, Wolfgang, Robert Schumann, Einführung in Persönlichkeit und Werk, Berlin 1941, Anhang (im folgenden zitiert als Boetticher I)
10 Goldschmidt, Harry, Um die unsterbliche Geliebte. Eine Bestandsaufnahme, München 1980, S. 18
11 Sengle, Friedrich, Biedermeierzeit. Deutsche Literatur im Spannungsfeld zwischen Restauration und Revolution 1815-1848, Bd. II, Die Formenwelt, Stuttgart 1972, S. 215
12 In seinem Krisenjahr 1846 faßt Schumann den Plan einer Lebensbeschreibung, vgl. z.B. Eintragung vom 16.3.1846 in: Tagebücher III, Haushaltbücher, hrsg. von Gerd Nauhaus, Leipzig 1982, S. 416 (im folgenden zitiert als Haushaltbücher)
13 Schumann, Robert, Tagebücher, Bd. I, 1827-1838, hrsg. von Georg Eismann, Leipzig 1971 (im folgenden zitiert als Tagebücher)
14 Vgl. Anm. 12
15 Der größte Teil der Ehetagebücher ist neben Litzmann von Eugenie Schumann abgedruckt worden, vgl. Schumann, Eugenie, Robert Schumann, Ein Lebensbild meines Vaters, Leipzig 1931. Das Autograph befindet sich im Schumann-Haus Zwickau und soll vollständig im Rahmen der Leipziger Tagebuchausgaben herausgegeben werden. Entsprechendes gilt für die Tagebücher Clara Wiecks.

16 Vgl. dazu Nauhaus, Gerd, Möglichkeiien und Probleme der Publikation von Schumann-Dokumenten, in: Sächsische Heimatblätter, Heft 2, 1980, S. 67-69
17 Briefe und Gedichte aus dem Album Robert und Clara Schumanns, hrsg. von Wolfgang Boetticher, Leipzig 1979
18 Litzmann, Berthold, Clara Schumann. Ein Künstlerleben, Bd. I, 1. Auflage 1902; Bd. II, 1. Auflage 1905; Bd. III, 1. Auflage 1908
19 Boetticher I; ders., Robert Schumann in seinen Schriften und Briefen, Berlin 1942 (im folgenden zitiert als Boetticher II)
20 Clara und Robert Schumann, Briefwechsel, Kritische Gesamtausgabe, Bd. I 1832-1838, Frankfurt/Main 1984
21 Vgl. Boetticher, Wolfgang, Robert Schumann an seine königliche Majestät, in: Die Musik XXXIII, Jg. 1940/41, S. 59
22 Erler, Hermann, Robert Schumann's Leben. Aus seinen Briefen geschildert, 2 Bde., 2. Auflage, Berlin 1887; Jansen, F. Gustav, Robert Schumann's Briefe Neue Folge, 1. Auflage 1886, 2. vermehrte und verbesserte Auflage Leipzig 1904; ders., Die Davidsbündler. Aus Robert Schumanns Sturm- und Drangperiode. Ein Beitrag zur Biographie Robert Schumanns, Leipzig 1883; Robert Schumann Jugendbriefe, hrsg. von Clara Schumann, Leipzig 1885, 2. Auflage 1886
23 Briefe und Notizen Robert und Clara Schumanns, hrsg. und erläutert von Siegfried Kross, Bonn 1978 (= Bonner Beiträge zur Bibliotheks- und Bücherkunde, Bd. 27)

Teil 1: Bedingungen

1 Zitiert nach: Eismann, Georg, Robert Schumann. Ein Quellenwerk über sein Leben und Schaffen, Bd. 1, Briefe - Aufzeichnungen - Dokumente. Mit zahlreichen Erstveröffentlichungen, Leipzig 1956, S. 72 (im folgenden zitiert als Eismann)
2 Vgl. die originalgetreue Wiedergabe des Briefes an die Mutter vom 30.7.1830, in dem Schumann seine Mutter von seinem Wunsch unterrichtet, das Jurastudium aufzugeben, in: Robert Schumann, Musikmanuskripte, Briefe, Schumanniana, Katalog Nr. 188, Musikantiquariat Hans Schneider, Tutzing 1974, S. 130/2
3 Schumann hörte Paganini am 11.4.1830. Vgl. Tagebücher S. 282
4 Kompositionen vor op. 1 laut Schumanns Projektenbuch:
"1828 [Leipzig] Acht 4händige Polonaisen - 10-12 Lieder [Texte von Just. Kerner namentlich] - Variationen zu 4 Händen über e. Thema vom Prinz Louis - Quartett für das Pianoforte, Violine, Bratsche u. Violoncell in e-moll.
1829 [Heidelberg] Sinfonieanfänge - Kürzere Stücke für Klavier [Darunter einige in den Papillons später gedruckte]. Etüden für Klavier.
1830 [Heidelberg] Anfang eines Klavierkonzertes in F-dur - Variationen üb. d. Namen Abegg [mein 1. gedrucktes Opus - nur die Hälfte der Variationen ist gedruckt] - Toccata in C-Dur in 1. Gestalt.
[Leipzig] Fortsetzung des Klavierkonzertes. Etüden für Klavier." (Eismann, S. 81)
5 Von dieser Äußerung seiner Tochter berichtet Wieck seiner Frau in einem Brief aus Dresden, wohin er mit seiner Tochter gefahren war, um vor dem Debüt zu sehen, wie die Tochter sich vor Publikum bewährt. In Dresden trat sie nur in Privatzirkeln auf. Vgl. Litzmann, Bd. I, 7. Auflage 1920, S. 20 (im folgenden zitiert als Litzmann I)

6 Das Debüt fand am 8.11.1830 statt, vgl. dazu Litzmann I, S. 25. Im Oktober 1828 war sie bereits schon einmal öffentlich im Gewandhaus aufgetreten, allerdings nur für ein Stück und nicht alleine, vgl. Litzmann I, S. 14
7 a.a.O., S. 25, Anmerkung; die Variationen blieben unveröffentlicht.
8 a.a.O., S. 26
9 Vgl. Dahlhaus, Carl, Zur Problematik der musikalischen Gattungen im 19. Jahrhundert, in: Gattungen der Musik in Einzeldarstellungen, Gedenkschrift Leo Schrade, 1. Folge, Bern/München 1973, S. 844
10 Hauser, Arnold, Sozialgeschichte der Kunst und Literatur, München 1953. Ungekürzte Sonderausgabe in einem Band, München 1973, S. 752
11 Vgl. Eismann, Georg, Robert Schumann. Eine Biographie in Wort und Bild, Leipzig 1956, S. 28 (im folgenden zitiert als Eismann, Biographie)
12 August Schumann, Staats-, Post- und Zeitungslexikon von Sachsen, Zwickau 1814ff. zit. nach Eismann, S. 36/37
13 List, Friedrich, Schriften, Reden, Briefe. 10 Bde., hrsg. von Erwin von Beckerath, Berlin 1927-36; hier Bd. III, S. 160, zitiert nach: Deutsche Sozialgeschichte, Dokumente und Skizzen, Band I: 1815-1870, hrsg. von Werner Pöls, 2. unveränderte Auflage München 1976, S. 366 (im folgenden zitiert als Dt. Sozialgeschichte)
14 So schreibt Schumann am 2.6.1839 an Clara Wieck: "Die Eisenbahn kömmt uns recht zu Diensten. Wir wrden da manchmal nebeneinander zusteigen?" (Boetticher II, S. 252)
15 Vgl. hierzu und zum folgenden besonders: Obermann, Karl, Deutschland von 1815 bis 1849, 4. überarbeitete Auflage, Berlin 1976. Viertes Kapitel, Die zweite Welle der fortschrittlichen bürgerlichen Bewegung in den dreißiger Jahren, S. 69-111 (im folgenden zitiert als Obermann)
16 Vgl. Weber, Rolf, Die Revolution in Sachsen 1848/49. Entwicklung und Analyse ihrer Triebkräfte, Berlin 1970, Kapitel I, Sachsen im Vormärz, S. 1-8 (im folgenden zitiert als Weber, Revolution)
17 Vgl. zu den genauen Wahlrechtsbestimmungen Obermann, S. 74/75
18 Vgl. Schmidt, Gerhard, Die Staatsreform in Sachsen in der ersten Hälfte des 19. Jahrhunderts, Weimar 1966, S. 138-43 (im folgenden zitiert als Schmidt, Staatsreform)
19 Corvin, Otto von, Ein Leben voller Abenteuer, 2 Bde., hrsg. von Hermann Wendel, Frankfurt am Main 1942, hier: Bd. I, S. 336/37, zitiert nach: Dt. Sozialgeschichte, S. 168/69
20 a.a.O., S. 170/71
21 Vgl. Obenaus, Sybille, Buchmarkt, Verlagswesen und Zeitschriften, in: Deutsche Literatur. Eine Sozialgeschichte, hrsg. von Horst Glaser, Bd. 6, Vormärz: Biedermeier, Junges Deutschland, Demokraten 1815-1848, hrsg. von Bernd Witte, Hamburg 1980, S. 44-62
"Eine auch nur annähernd genaue Skizzierung der Situation der freien Schriftsteller im Vormärz erweist sich wegen nur vereinzelt vorliegender sozialstatistischer Daten über Anzahl, Besoldung, Art und Dauer der Berufsausübung als schwierig. Ganz allgemein wird man sagen können, daß die Zahl der Schriftsteller mit der Möglichkeit zunimmt, als Redakteur, Journalist und Dramaturg sich eine schriftstellerische Existenz zu gründen (...)
Alle bisher bekannten Fakten sprechen jedoch dafür, daß die meisten Autoren allein vom Ertrag ihrer Feder und ohne Amt, reiche Heirat oder eigenes Vermögen allenfalls in ihrer Jugend leben konnten; das belegen die Biographien selbst der erfolgreichsten zeitgenössischen Schriftsteller sowie der harte Existenzkampf Gutzkows." (S. 55)
22 Vgl. zum folgenden besonders: Weber, Revolution

23 Vgl. Kuczynski, Jürgen, Die Geschichte der Lage der Arbeiter unter dem Kapitalismus, Teil 1, Bd. 1, Darstellung der Lage der Arbeiter im Deutschland von 1789 bis 1849, Berlin 1961, S. 78 (im folgenden zitiert als Kuczynski)
24 a.a.O., S. 89-99
25 a.a.O., S. 98; zur Lage in der sächsischen Landwirtschaft vgl. zusätzlich: Gross, Reiner, Die bürgerliche Agrarreform in Sachsen in der 1.Hälfte des 19. Jahrhunderts. Untersuchungen zum Problem des Übergangs vom Feudalismus zum Kapitalismus in der Landwirtschaft, Weimar 1968
26 Vgl. Gerhard, Ute, Verhältnisse und Verhinderungen. Frauenarbeit, Familie und Rechte der Frauen im 19. Jahrhundert, Frankfurt am Main 1978, S. 44-49 (im folgenden zitiert als Gerhard)
27 a.a.O., S. 47
28 Kuczynski, Jürgen, Die Geschichte der Lage der Arbeiter unter dem Kapitalismus, Bd. 18, Studien zur Geschichte der Lage der Arbeiterin in Deutschland von 1700 bis zur Gegenwart, Berlin 1963, S. 46
29 a.a.O., S. 68
30 a.a.O., S. 70; "Frauen verrichteten den überwiegenden Teil der Vorarbeiten. Sie lasen und klopften die Wolle, standen an den Streck-, an der Kannen- oder an der Spulmaschine und bedienten Krempel und Weife." (S. 68)
31 a.a.O., S. 73-75
32 a.a.O., S. 76
33 Vgl. Schmidt, Staatsreform, S. 11
34 Vgl. hierzu besonders: Obermann
35 "In Sachsen hatte sich die Presse unter Lindenaus Einfluß eine Zeit lang einer großen Freiheit, wenigstens was die Besprechung innerer sächsischer Angelegenheiten betraf, zu erfreuen. Später ward Lindenau selbst etwas ängstlicher in diesem Punkte. Nach seinem Rücktritt 1843 begann auch in Sachsen ein strengeres Preßregiment." (Biedermann, Mein Leben und ein Stück Zeitgeschichte, Bd. I, S. 114ff., zitiert nach: Dt. Sozialgeschichte, S. 172)
36 Vgl. Weber, Revolution, S. 9/10
37 Vgl. zu den Revolutionsereignissen im einzelnen besonders: Weber, Revolution und Zeise, Roland, Die antifeudale Bewegung der Volksmassen auf dem Lande in der Revolution von 1848/49 in Sachsen. Phil. Diss. Potsdam 1966
38 Vgl. "Dem Reich der Freiheit werb' ich Bürgerinnen." Die Frauen-Zeitung von Louise Otto, hrsg. und kommentiert von Ute Gerhard, Elisabeth Hannover-Drück und Romina Schmitter, Frankfurt 1979, S. 14 (im folgenden zitiert als Otto, Frauenzeitung)
39 Vgl. Schmidt, Staatsreform, S. 159; die Angabe, daß die Aufhebung der Geschlechtsvormundschaft im Jahre 1831 erfolgt sei, ist im Vorwort zur Neuausgabe der Frauen-Zeitung (S. 15) dahingehend zu korrigieren.
40 Otto, Frauenzeitung (Vorwort) S. 16
41 Vgl. Briefe Schumanns an Louise Otto vom 24.7.1852 und einen weiteren ohne Datum, abgedruckt bei Jansen, Gustav, Robert Schumann's Briefe, Neue Folge, Leipzig 1886, No. 227 und 228, S. 302/03 "Ich habe schon viel von Ihnen gelesen und gehört - bereits damals, als mein Bruder in Schneeberg Sie kennen lernte." a.a.O.
42 Laube, Heinrich, Reise durch das Biedermeier, hrsg. und mit einem Nachwort versehen von Franz Heinrich Körber, Hamburg 1956, S. 38/39

43 E.Th.A. Hoffmann, Kreisleriana Nr. 3, Werke Bd. 1, hrsg. von H. Kraft und M. Wacker, Frankfurt am Main 1967, S. 31
44 Dahlhaus, Carl, Die Idee der absoluten Musik, Kassel 1978; besonders S. 66 (im folgenden zitiert als Dahlhaus, Idee)
45 Vgl. hierzu und zu dem folgenden Schwab, Heinrich W., Konzert, Öffentliche Musikdarbietung vom 17. bis 19. Jahrhundert, Leipzig 1971 (= Musikgeschichte in Bildern, Bd. IV, Musik der Neuzeit, Lieferung 2); hier S. 11
46 a.a.O.
47 a.a.O., S. 6
48 a.a.O., S. 8
49 Vgl. Hanslick, Eduard, Geschichte des Concertwesens in Wien, Wien 1869, S. 325
50 Preußner, Eberhard, Die bürgerliche Musikkultur. Ein Beitrag zur deutschen Musikgeschichte des 18. Jahrhunderts, Hamburg o.J. (1935), S. 183 (im folgenden zitiert als Preußner)
51 a.a.O., S. 185/86
52 a.a.O., S. 187/88
53 Heister, Hanns-Werner, Beiträge zur Theorie des Konzerts. Untersuchungen zu Publikum, Rezeptionsweise und Ästhetik des Konzertwesens. Phil. Diss. Berlin 1977 (masch.); hier S. 130
54 a.a.O., S. 132/3
55 Vgl. a.a.O., S. 136-140
56 Dahlhaus, Carl, Zur Problematik der Musikalischen Gattungen im 19. Jahrhundert, in: Gattungen der Musik in Einzeldarstellungen, Bern/ München 1973, S. 421
57 Vgl. Hubmann, Heinrich, Urheber- und Verlagsrecht, 4. neubearbeitete Auflage, München 1978, S. 17.
Die Angaben Preußners (S. 193), der von 1856 spricht, sind dahingehend zu korrigieren.
58 Preußner, S. 193
59 Zitiert in: Eismann, S. 28; vor Gericht gab Schumann die Höhe des väterlichen Erbes nur mit 9500 Talern an. Vgl. dazu S. 184 der vorliegenden Arbeit.
60 Vgl. Eismann, a.a.O.
61 Vgl. Weber, Revolution, S. 7
62 Vgl. Engelsing, Rolf, Zur Sozialgeschichte deutscher Mittel- und Unterschichten, Göttingen 1973, S. 70 (im folgenden zitiert als Engelsing)
63 a.a.O., S. 18
64 Zitiert nach: Schumann, Alfred (Hrsg.), Der junge Schumann, Dichtungen und Briefe, Leipzig 1910, S. 244 (im folgenden zitiert als Alfred Schumann)
65 z.B. Brief vom 3.6.1830 an Carl Schumann, zitiert nach: Eismann, S. 59/60
66 Wenn in der Biographie die Frage der finanziellen Situation überhaupt angesprochen wird, so ist immer ganz allgemein die Rede z.B. von "gutbürgerlichen, gesicherten Vermögensverhältnissen" (Wolff, 1906, S. 7) oder: "Er war nicht gerade wohlhabend, besaß aber doch Mittel genug, um als einzelner Mann mit mäßigen Ansprüchen existieren zu können." (Spitta, 1882, S. 15) oder: "(...) dem in beneidenswerter Unabhängigkeit, wenn auch keineswegs wohlhabend, in Leipzig still dahinlebenden jungen Musiker" (Petzoldt, 1941, S. 10)
67 Vgl. die Wiedergabe der Schumannschen Angaben S. 164 der vorliegenden Arbeit

68 Vgl. Großmann-Vendrey, Susanne, Felix Mendelssohn-Bartholdy, Regensburg 1969, S. 54
69 a.a.O., S. 71
70 Zitiert nach: Robert Schumann's Briefe, Neue Folge, hrsg. von F. Gustav Jansen, Leipzig 1886 (im folgenden zitiert als Briefe N.F.)
71 Berlioz, Memoiren, Wilhelmshaven 1979, Teil 2, S. 294
72 Zitiert nach: Robert Schumanns Jugendbriefe, hrsg. von Clara Schumann, Leipzig 1885; hier: 2. Auflage, Leipzig 1886, S. 283/4 (im folgenden zitiert als Jugendbriefe)
Es gibt verschiedene Äußerungen von Schumann, aus denen deutlich hervorgeht, daß er sich über den Zusammenhang zwischen familiären Bedingungen und künstlerischen Entwicklungsmöglichkeiten stets bewußt war.
So verteidigte er den Pianisten Micheux, der während eines Konzertes in Wien vom Publikum ausgelacht wurde, mit der Begründung:
"(...); aber er hat von Jugend auf mit der bittersten Armut kämpfen müssen, hat den Arm zweimal gebrochen, kurz, ist nie aus dem Elend herausgekommen." (Robert Schumann, Gesammelte Schriften über Musik und Musiker, hrsg. und ergänzt von Martin Kreisig, 5. Auflage, Bd. I/II, Leipzig 1914; hier: II, S. 358) (im folgenden zitiert als Gesammelte Schriften)
Und an den jungen Komponisten Ludwig Meinardus, der ihm 1846 einige Kompositionen zur Begutachtung zugesandt hatte, schreibt er:
"(...) war ich doch in einer ähnlichen Lage wie Sie, hatte ich es doch auch mit einer sorglichen Mutter zu tun und kleinstädtische Vorurteile zu bekämpfen. Dem großen Drange aber kamen ziemlich günstige äußere Verhältnisse zu Hilfe, es kam wie es kommen mußte - ich war Musiker - meine Mutter war glücklich, mich glücklich zu wissen.
Aber ohne jene äußeren günstigen Verhältnisse - wer weiß, was also aus mir geworden, und ob ich nicht dem Schicksal erlegen, dem mittellose Talente so oft zum Raube werden. Wie wehe es mir tut, Sie gerade auf die Stelle ihres Briefes aufmerksam machen zu müssen, wo Sie mir von ihren Verhältnissen so offen und vertrauensvoll schreiben, kann ich Ihnen nicht sagen. Sie hielten, mir dies mitzuteilen, selbst für wichtig genug, und das ist es auch. - Die lange Strecke bis zur Zeit, wo sich Ihnen eine sorglose Stellung *vielleicht* bietet, hätten Sie Mut, sie zurück(zu)legen? - die tausend Entbehrungen, oft Demütigungen zu ertragen, ohne Aufopferung Ihrer Jugend, Ihrer Schöpferkraft? (...) So meine ich denn, lieben Sie die Kunst, wie Sie es immer getan, üben sich fort und fort und schaffen aus Ihrem Innern, wie viel Sie vermögen, halten Sie fest an großen Mustern und Meistern, vor allem an Bach, Mozart, Beethoven - und schenken Sie auch der Gegenwart immer freundlichste Beachtung. - Aber nur nach der strengsten Selbstprüfung ergreifen Sie den anderen Lebensplan, zu dem Sie Ihr Herz zieht - und finden Sie sich nicht stark genug, seinen Mühen und Gefahren Trotz zu bieten, so suchen Sie nach dem sicheren Boden, den Sie sich ja immerhin ausschmücken können mit den Gebilden Ihrer Phantasie und denen der geliebtesten Künstler." (Robert Schumann an Ludwid Meinardus, 3.9.1846, Boetticher II, S. 145)
73 Vgl. auch "Selbstbiographische Aufzeichnungen", Eismann, S. 17/18
74 Vgl. den Brief von Schumanns Studienfreund Töpken an den Biographen Wasielewski, Eismann, S. 54/55

75 Vgl. z.B. den Brief Schumanns an seinen Bruder Julius vom 11.2.1830, Eismann, S. 53/4
76 Vgl. Dahlhaus, Idee, S. 66
77 a.a.O.
78 Vgl. z.B. "Das Leben des Dichters" (1827), abgedruckt bei Boetticher II, S. 4-9, dazu: Otto, Frauke, Robert Schumann als Jean Paul-Leser, Frankfurt 1984
79 Als Schumann am 11.4.1830 Paganini in Frankfurt hörte, trug er als erste Reaktion in sein Tagebuch ein: "Abends Paganini, - Zweifel am Ideal der Kunst u.s. [ein] Mangel an der grossen, edeln priesterischen Kunstruhe." (Tagebücher, S. 282)
80 Vgl. "Musikalischer Lebenslauf" in Eismann, S. 77
81 Vgl. zuletzt von Rummenhöller, Peter, Der Dichter spricht, Robert Schumann als Musikschriftsteller, Köln 1980, S. 44
82 Schnebel, Dieter, Rückungen - Ver-rückungen, psychoanalytische und musikanalytische Betrachtungen zu Schumanns Leben und Werk, in: Musik-Konzepte, Sonderband Robert Schumann I, München 1981, S. 4-89; hier: S. 24; (im folgenden zitiert als Schnebel(; vgl. dazu auch Köhler, Hans Joachim, Nachworte zur Urtextausgabe (Peters) von op. 1 und op. 21
83 Vgl. Anmerkung 392 (S. 468) von Eismann zu Schumanns Tagebüchern
84 Vgl. Tagebücher I, S. 419 und Brief an die Mutter vom 4.1.1834 in: Alfred Schumann, S. 243
85 Vgl. Heister, S. 131/2: "(...) nur der Komponist [kann sich] - wofern überhaupt einer - zur vollen Höhe der Autonomie im bürgerlichen Sinn emporheben. Denn nur seine Tätigkeit resp. Arbeit ist rein geistig, frei und ungetrübt von materiellen Erdenresten (...) Denn die Tätigkeit der ausübenden Musiker ist auch eine 'brotlose Kunst', aber ohne den Nimbus des Genialen etc., und bei aller verselbständigter Virtuosität doch gebunden an fremde Vorlagen; schließlich stigmatisiert mit dem Makel 'manueller Arbeit'; sie vermitteln, aber produzieren nicht eigentlich Ideen.
Außerdem produziert nur die kompositorische Arbeit ein von der Person trennbares, selbständiges - auch ökonomisch zirkulationsfähiges Produkt; nur der Komponist als 'Hirnbesitzer' (so Beethoven), kann zugleich als Warenbesitzer auftreten."
86 "Diese Sachen sind alle nur wenig bekannt geworden, aus natürlichen Gründen: 1. aus inneren der Schwierigkeit in Form und Gehalt, 2. weil ich kein Virtuos bin, der sie öffentlich vortragen könnte, 3. weil ich Redacteur meiner Zeitschrift, in der ich sie nicht erwähnen konnte, 4. weil Fink Redacteur der andern, der sie nicht erwähnen wollte." (Robert Schumann an Carl Koßmaly, 5.5.1843, Briefe N.F. 190)
87 Vgl. Schoppe, Martin, Schumann im Spiegel der Tagesliteratur, Ein Beitrag zur Erforschung der Schumann-Rezeption zwischen 1839 und 1956, Phil. Diss. Halle 1968 (masch.) Kapitel 1, S. 21-51. Einzelne positive Stellungnahmen sind abgedruckt bei Eismann, S. 82-84
88 Bekker, Paul, Das Deutsche Musikleben, Berlin 1916, S. 144
89 Vgl. Brief Schumanns an seine Mutter vom 15.11.1830, Alfred Schumann, S. 210-212.
Die Kurzsichtigkeit war auch der Grund für die Befreiung Schumanns vom Kommunalgardendienst. Schumann war nicht Bürger der Stadt Leipzig, sondern besaß lediglich eine Fremdenkarte. Erst kurz vor der Heirat wurde er als 'Schutzverwandter' aufgenommen und in dieser Eigenschaft zu der 1830 gegen die Revolution aufgestellte Kommunalgarde einberufen.

Vgl. Rothe, Hans Joachim, Neue Dokumente zur Schumann-Forschung im Stadtarchiv Leipzig, Arbeitsberichte zur Geschichte der Stadt Leipzig, Nr. 13, 1967, S. 7-17. Vgl. auch Brief Schumann vom 18.2.1842 an den Vorstand der Philharmonischen Konzerte in Hamburg, Theodor Avé Lallement: "Ich bin so kurzsichtig, daß ich keine Noten, keinen Musiker sehen kann.", Briefe N.F., 2. Auflage, S. 214

90 Vgl. Sowa, Georg, Anfänge institutioneller Musikerziehung in Deutschland (1800-1843). Pläne, Realisierung und zeitgenössische Kritik, Mit Darstellung der Bedingungen und Beurteilung der Auswirkungen, Regensburg 1973 (Studien zur Musikgeschichte des 19. Jahrhunderts, Bd. 33)

91 Kreuzer, Helmut, Die Boheme. Analyse und Dokumentation der intellektuellen Subkultur vom 19. Jahrhundert bis zur Gegenwart, Stuttgart 1971, S. 48 (im folgenden zitiert als Kreuzer)

92 Flechsig, Emil, Erinnerungen, in: NZfM, H. 7/8, 1956, S. 392-396, hier: S. 395/6

93 Vgl. Sengle, Friedrich, Biedermeierzeit. Deutsche Literatur im Spannungsfeld zwischen Restauration und Revolution 1815-1848, Bd. I, Allgemeine Voraussetzungen, Darstellungsmittel, Stuttgart 1971, S. 222-228 (im folgenden zitiert als Sengle, Biedermeier)

94 Vgl. Briefe Schumanns an Frau Devrient, abgedruckt in Briefe N.F., S. 58/60

95 Kreuzer, S. 48

96 Vgl. Brief Schumanns an Clara Wieck vom 13.4.1838:
"Mein Vater, ein Mann, den Du verehren würdest, wenn du ihn nur gesehen hättest, erkannte mich frühzeitig, und hatte mich zum Musiker bestimmt; doch die Mutter ließ es nicht zu; später hat sie sich aber oft sehr schön über meinen Lebensübergang und zwar *für* ihn ausgesprochen" (Jugendbriefe, S. 284)
Vgl. ebenso Schumanns Lebensskizze bei Eismann, S. 15

97 Young, Percy, Robert Schumann, Leipzig 1968, S. 9/34

98 Schnebel, S. 5

99 Vgl. Anm. 2

100 Elias, Norbert, Über den Prozeß der Zivilisation, Soziogenetische und psychogenetische Untersuchungen. 1. Band: Wandlungen des Verhaltens in den weltlichen Oberschichten des Abendlandes, Frankfurt am Main 1979, hier: S. 255

101 Vgl. Kreuzer, S. 256

102 Vgl. Rieger, Eva, Frau, Musik und Männerherrschaft. Zum Ausschluß der Frau aus der deutschen Musikpädagogik, Musikwissenschaft und Musikausübung, Frankfurt/Berlin/Wien 1981; besonders Kap. 2.3.: Androzentrische Sprache in der Musikgeschichtsschreibung, S. 124-129

103 Schumann, Einleitendes, Gesammelte Schriften 1, S. 1

104 Vgl. dazu Schnebel, besonders S. 73

105 Balet, Leo und Gerhard, E., Die Verbürgerlichung der deutschen Kunst, Literatur und Musik, Dresden 1979, S. 165

106 Günderode, Karoline von, Der Schatten eines Traumes. Gedichte, Prosa, Briefe, Zeugnisse von Zeitgenossen, hrsg. und mit einem Essay von Christa Wolf, Darmstadt/Neuwied 1981, S. 7/9

107 Vgl. Dischner, Gisela, Bettina. Eine weibliche Sozialbiographie aus dem 19. Jahrhundert, Berlin 1978, S. 25-33

108 Vgl. Athenaeum. Eine Zeitschrift von August Wilhelm Schlegel und Friedrich Schlegel, ausgewählt und bearbeitet von Curt Grützmacher, Reinbek 1969, S. 250-255

109 "Für's Erste sinne ich schon lange darauf, dem Davidsbund ein wirkliches Leben zu geben, d.h. Gleichgesinnte, seien es auch nicht Musiker von Fach, auch durch Schrift und Zeichen in ein enges Bündnis zu bringen." (Schumann an Zuccalmaglio, 18.5.1837, Briefe N.F., S. 176/77)
110 Vgl. Jansen, F. Gustav, Die Davidsbündler, Leipzig 1883, S. 38 (im folgenden zitiert als Jansen, Davidsbündler)
111 Vgl. zum folgenden vor allem Kreuzer
112 Zu den Personen der 'Davidsbündler' vgl. Jansen, Davidsbündler, besonders zu Ludwig Schunke, S. 123-138, zu Julius Knorr, Anm. 15, S. 217/18
113 Aufführung am 27.10.1831, vgl. Dörffel, Alfred, Die Gewandhauskonzerte zu Leipzig 1781-1881, Leipzig 1884, S. 189
114 Vgl. dazu Kross, Siegfried, Aus der Frühgeschichte von Robert Schumanns Neuer Zeitschrift für Musik, in: Die Musikforschung, 34. Jg. 1981, Heft 4, S. 423-445, besonders S. 436. Auf den Seiten 429/30 ist auch der vollständige Verlagskontrakt abgedruckt.
115 Vgl. a.a.O., und Brief Knorrs an Schumann vom 15.12.1834, abgedruckt in: Briefe und Gedichte aus dem Album Robert und Clara Schumanns, hrsg. von Wolfgang Boetticher, Leipzig 1979, S. 97/98
116 Gesammelte Schriften I, S. 1
117 Vgl. Schumanns Nachruf in der NZfM, 'Erinnerung an eine Freundin', Gesammelte Schriften I, S. 446-452
118 Vgl. Kross, a.a.O.
119 Autograph Schumann-Haus Zwickau
In der Kalkulation steckt ein Rechenfehler Schumanns: die Einnahmen betragen nur 745 Taler nach Schumanns Aufstellung, also beliefe sich der Verlust am Jahrgang 35 auf 282 Taler
120 Vgl. Kross, a.a.O.
121 Vgl. Schumanns Angaben vor Gericht, S. 164 der vorliegenden Arbeit und seine Behauptung, die NZfM bringe einen Nettoertrag von 150 Talern
122 Vgl. Schmitt-Thomas, Reinhard, Die Entwicklung der deutschen Konzertkritik im Spiegel der Leipziger AMZ (1798-1848), Frankfurt am Main 1969, S. 99
123 Vgl. Sengle, Biedermeier II, S. 58
124 So erschienen z.B. im Jahre 1841 ca. 40,9% der deutschen Zeitschriften in einer Auflage zwischen 500 und 1000 Exemplaren, 20% in einer Auflage zwischen 1000 und 2500, 5% zwischen 2500 und 5000 und 4% in einer Auflage über 5000 Exemplare. Vgl. Obenaus, Zeitschriften, S. 57
125 Vgl. Anmerkung 86
126 Subjektivismus ist im romantischen Sinne kein Gegensatz zur Geselligkeit, sondern ihr Ausdruck. Vgl. Dischner, Gisela, Bettina von Arnim, Berlin 1978, S. 27
127 Vgl. E.Th.A. Hoffmann, Don Juan, in: Musikalische Novellen und Schriften, S. 56-80
128 Statt mit dem Namen Julius druckte Fink, der Redakteur der AMZ, die Rezension mit der Unterschrift K. Schumann ab. Vgl. Gesammelte Schriften II, Anm. 1, S. 365
129 Vgl. dazu Schering, Arnold, Aus der Geschichte der musikalischen Kritik in Deutschland, in: Jahrbuch der Musikbibliothek Peters für 1928, S. 17/18
130 Vgl. Eintragung vom 17.7.1831, Tagebücher, S. 351
131 Vgl. den Abdruck dieser Kritik und den von Schumann für seine Ausgabe der Gesammelten Schriften gestrichenen Anfang der zweiten Ber-

liozkritik in der Ausgabe von Kreisig, Bd. II, S. 212-216; vgl. auch Jansen, Davidsbündler, S. 88/89

132 Dahlhaus, Idee, S. 75

133 Hand, Ästhetik II, S. 409; zitiert nach Dahlhaus, Zur Problematik der musikalischen Gattungen, a.a.O., S. 853

134 Sponheuer hat Schumann sehr unhistorisch den Vorwurf gemacht, diesen Begriff nicht 'ordentlich' dargelegt zu haben:
"Die hier in so extremer Weise praktizierte 'Denkform' der ästhetischen Dichotomie wird von Schumann selbst allerdings an keiner Stelle einem Begründungsversuch unterzogen, so wenig wie er sich dazu veranlaßt fühlte, seinen eigenen Begriff des Poetischen (außer Hinweisen auf die Autoritäten Jean Paul, Bach oder Beethoven) im Ernst zu reflektieren." (Sponheuer, Bernd, Zur ästhetischen Dichotomie als Denkform in der 1. Hälfte des 19. Jahrhunderts. Eine historische Skizze am Beispiel Schumanns, Brendels und Hanslicks, in: Archiv für Musikwissenschaft, Jg. XXXVII, H. 1/1980, S. 1-31, hier: S. 8/9)

135 Alle Stellenangaben beziehen sich auf die Ausgabe der Gesammelten Schriften von Kreisig.

136 Dahlhaus, Idee, S. 73

137 So heißt es in einer Kritik über Chopins op. 43, Tarantelle:
"Ein Stück in Chopins tollster Manier; man sieht den wirbelnden, vom Wahnsinn besessenen Tänzer vor sich, es wird einem dabei selbst wirblig zumute. Schöne Musik darf das freilich niemand nennen; aber dem Meister verzeihen wir wohl auch einmal seine wilden Phantasien, er darf auch einmal die Nachtseiten seines Inneren sehen lassen." (Gesammelte Schriften II, S. 151)

138 Vgl. zu Schillers Theorie: Das Räuberbuch, Frankfurt am Main 1974, S. 92

139 "Eine große Erscheinung ist diese Woche an mir vorübergegangen; Du wirst den Namen in der Zeitschrift gelesen haben: Hirschbach. Er hat viel Faustisches, Schwarzkünstlerisches. Vorgestern machten wir Quartette von ihm; im Satz mangelhaft, in der Erfindung, in der Streben das Ungeheuerste, was mir bis jetzt vorgekommen. In der Richtung einige Ähnlichkeit mit mir - Seelenzustände. Doch ist er viel leidenschaftlicher, tragischer als ich. Die Formen ganz *neu*, ebenso die Behandlung des Quartetts. Einzelnes hat mich im Tiefsten gepackt. Die kleinen Fehler überhört man bei solcher überstürzender Phantasie. (...) Die Quartette sind Scenen aus Faust. Jetzt hast Du ein Bild. Dabei oft tiefste Romantik bei aller Einfachheit und rührender Wahrheit." (Schumann an Clara Wieck, 13.7.1838, Jugendbriefe, S. 288/89)

140 Der Carnaval sollte ursprünglich den Titel tragen: 'Fasching. Schwänke auf vier Noten für Pianoforte von Florestan'. 'Davidsbündlerkompositionen' expressis verbis sind:
op. 11, fis-moll Sonate (1833/35)
op. 6, Davidsbündlertänze (1837)
op. 14, concert sans orchestre (1836)
op. 13, Etudes Symphoniques, ursprünglicher Titel: "Etüden im Orchestercharakter von Florestan und Eusebius" (1834/35)
op. 22, g-moll Sonate (1833/35)
Vgl. dazu: Jansen, Davidsbündler, S. 44/45

141 Dahlhaus, Zur Problematik der musikalischen Gattungen, a.a.O., S. 199

142 Köhler, Nachwort zur Urtextausgabe der Novelletten op. 21 (Edition Peters), S. 72

143 Dahlhaus, Zur Problematik der musikalischen Gattungen, a.a.O., S. 844
144 Das geht aus Schumanns ab 1837 geführten Haushaltbüchern hervor, in denen jeder Besuch verzeichnet ist; vgl. dazu auch das Vorwort von Gerd Nauhaus, S. 14
145 Vgl. dazu Jansen, Davidsbündler, S. 41/2
146 Vgl. Tagebücher, S. 490
147 Vgl. Haushaltbücher, Eintragung vom 18.11.1837 "An C. [haritas] zum Geschenk" (S. 32) und am 27.12.1837: "An Charitas zu Weihnacht" (S. 34) - jeweils 2 Taler
148 Köhler, Nachwort zu op. 9 Carnaval, S. 39, 1. Spalte
149 Fischer-Dieskau, a.a.O., S. 33, Spalte 2
150 Rehberg, Paula und Walter, Robert Schumann, Sein Leben und Werk, 2. Auflage Zürich-Stuttgart 1969, S. 163 (1. Auflage 1954)
151 Sutermeister, a.a.O., S. 122
152 Wörner, a.a.O., S. 150
153 Boetticher II, S. 100
154 Dahms, Walter, Schumann, 7.-10. Auflage, Berlin 1916, S. 77-79 (1. Auflage 1914)
155 Wolff, Ernst, Robert Schumann, Berlin 1906, S. 26/7
156 Abert, a.a.O., S. 38/39
157 Batka, Richard, Schumann, 2. Auflage Leipzig 1891, S. 32
158 Wasielewski, a.a.O., S. 138-145
159 Vgl. Teil II der vorliegenden Arbeit und z.B. folgenden Ausschnitt aus den Erinnerungen aus dem Leben eines Landgeistlichen von Carl Büchsel, 10. Auflage Berlin 1924:
"Gewöhnlich sieht das Mädchen Gottes Willen in der Bewerbung des Mannes und unterdrückt jede andere Neigung, die es etwa hat. Es ist, als dürfte sie durchaus nicht eher an's Heiraten denken, bevor nicht der Mann sich gefunden hat, der um sie wirbt. Eine Härte liegt darin, wenn von ihr verlangt wird, daß sie sich sofort entschließen und ja oder nein sagen soll, zumal wenn der Bewerber ihr wenig bekannt war, oder ihr Interesse noch nicht auf sich gezogen hatte. Wenn es gewiß ein Zeichen von schnödem Leichtsinn, Charakterlosigkeit, gänzlicher Unzuverlässigkeit und der bösesten Untreue ist, wenn der Mann nach der Verlobung sich zurückzieht und das Mädchen sitzen läßt, so sollte man nicht ganz so streng darüber urteilen, wenn ein Mädchen, das zum schnellen Entschluß gedrängt wurde, später schwankend wird, (...)
Die verlassene Braut ist sehr unglücklich und wird bei oft völliger Unschuld hart verdächtigt. Der junge Mann sucht seinen frevelhaften Leichtsinn, in dem er mit der Lebensruhe eines anderen Herzens gespielt hat zu entschuldigen - ihre Tränen aber verklagen ihn vor Gott." (zitiert nach: Deutsche Sozialgeschichte, S. 76/7)
160 Litzmann führt diese Briefstelle an, um "die innere Wahrhaftigkeit" der oben zitierten Briefstelle "überzeugend" nachzuweisen, mir scheint sie eher auf die Zweckargumentation Schumanns zu verweisen.
161 Briefwechsel Clara und Robert Schumann, Autograph Bd. 1, Nr. 40, Staatsbibliothek Preußischer Kulturbesitz Berlin. Der hier wiedergegebene Ausschnitt schließt direkt an die bei Litzmann, I, S. 36, abgedruckte Passage an: "(...) ich zweifelte, ob es gut und echt sein könne ..."

Teil 2: Ehe und Liebe um 1840

1 Kant, Immanuel, Anthropologie in pragmatischer Hinsicht, Akademieausgabe, Bd. VII. Vgl. Duden, Barbara, Das schöne Eigentum. Zur Herausbildung des bürgerlichen Frauenbildes an der Wende des 18. zum 19. Jahrhundert, in: Kursbuch 47, 1977, S. 129
2 Habermas, Jürgen, Strukturwandel der Öffentlichkeit, 9. Auflage Neuwied 1978, S. 64
3 Kluckhohn, Paul, Die Auffassung der Liebe in der Literatur des 18. Jahrhunderts und in der deutschen Romantik, 3. Auflage Tübingen 1966, S. 156/57
4 Vgl. dazu Hausen, Karin, Die Polarisierung der "Geschlechtscharaktere" - Eine Spiegelung der Dissoziation von Erwerbs- und Familienleben, in: Sozialgeschichte der Familie in der Neuzeit Europas, Neue Forschungen, hrsg. von Werner Conze, Stuttgart 1976, S. 363-393
5 a.a.O., S. 369
6 a.a.O., S. 368
7 Vgl. dazu Duden, Barbara, Das schöne Eigentum, a.a.O., S. 125-140
8 Vgl. dazu Gerhard, besonders Kapitel III, 3: Antifeministische Familienideologie, S. 143-153
9 Fichte, J.G., Grundlage des Naturrechts nach Prinzipien der Wissenschaftslehre (1796), Grundriß des Familienrechts, §§ 1-3, zitiert nach Gerhard, S. 146
10 Fichte, a.a.O., zitiert nach Nitsche, Rainer, Liebesverhältnisse. Untersuchungen zur literarischen Präsentation von Sexualität, Frau, Familie und Gesellschaft im 19. Jahrhundert, Phil. Diss. Berlin 1975, S. 52
11 Vgl. hierzu Prokop, Ulrike, Weiblicher Lebenszusammenhang. Von der Beschränktheit der Strategien und der Unangemessenheit der Wünsche, 2. Auflage Frankfurt am Main 1976, Kap. III, 3, S. 156-166, hier: S. 163
12 a.a.O., S. 162
13 Hegel, Ästhetik, zitiert nach Szondi, Peter, Hegels Lehre von der Dichtung, in: Poetik und Geschichtsphilosophie I, hrsg. von Senta Metz und Hans-Hagen Hildebrandt, 2. Auflage Frankfurt am Main 1976, S. 267-511, hier: S. 451
14 Vgl. Prokop, Weiblicher Lebenszusammenhang, a.a.O., S. 166/7
15 Vgl. Dischner, Gisela, Friedrich Schlegels Lucinde und Materialien zu einer Theorie des Müßiggangs, Hildesheim 1980
16 Allerdings tat er dies nicht unter seinem Namen, sondern veröffentlichte die "Vertrauten Briefe"" 1800 anonym
17 Vgl. dazu Dischner, Friedrich Schlegels Lucinde, a.a.O., S. 147/8
18 Vgl. hierzu Prokop, Weiblicher Lebenszusammenhang, a.a.O., III,2: "Die Formulierung der sich bildenden Subjektivität in der Romantik", S. 146-54; vgl. auch Beese, Henriette, "Lucinde" oder Die neue Liebesreligion, in: alternative 143/44, 25. Jg. 1982, S. 89-100
19 Vgl. Prokop, Weiblicher Lebenszusammenhang, a.a.O., S. 150
20 Vgl. hierzu Nitsche, Liebesverhältnisse, a.a.O., S. 74ff.; vgl. weiter: Friedrich Schlegel. Lucinde, Charakteristik der kleine Wilhelmine, Stuttgart 1964, S. 16-19
21 "In dieser frühromantischen Liebesidee sind mit den Geschlechts- auch die erstarrten Identitätsgrenzen aufgelöst, damit auch die Eigentums- und Besitzvorstellungen (der Gedanke der erweiterten fast religösen Liebesgemeinschaft findet sich auch bei Novalis), Liebe drängt ins Unendliche." (Dischner, Friedrich Schlegels Lucinde, a.a.O., S. 23)

22 Zitiert nach Kluckhohn, Die Auffassung der Liebe, a.a.O., S. 70
23 Vgl. a.a.O., S. 68
24 Damit soll nicht behauptet werden, daß Jean Paul zu den Romantikern gehört
25 Vgl. hierzu: Schlaffer, Hannelore, Frauen als Einlösung der frühromantischen Kunsttheorie, in: Jahrbuch der deutschen Schillergesellschaft 1977, S. 274-296, hier: S. 278
26 Vgl. Dischner, Friedrich Schlegels Lucinde, a.a.O., S. 11
27 Vgl. a.a.O., S. 147-167
28 Ruge über die "Lucinde"" in den Hallischen Jahrbüchern:
"Die Romantik ist aber die verkehrte Welt, sie setzt die Natur über den Geist, den Kopf nach unten und die Beine nach oben, das Unvernünftige, ja das Vernunftlose, wie die Pflanze, und das Organische zur Regel des Vernünftigen, die Natur und das Paradies zum Ziel des Geistes und der Cultur." (zitiert nach Dischner, Friedrich Schlegels Lucinde, a.a.O., S. 158)
29 Vgl. Wülfing, Wulf, Junges Deutschland, München 1978, S. 163:
"Es kann überhaupt keinen Zweifel darüber geben, daß die Jungdeutschen, wenn sie Frauen beurteilen, nur einen einzigen Maßstab kennen: den des Mannes."
30 Vgl. Heine, Heinrich, Die romantische Schule, 2. Buch, 1. Kapitel, Die Gebrüder Schlegel, in: Sämtliche Werke in zwölf Bänden, Leipzig o.J., S. 158
31 Vgl. dazu Windfuhr, Manfred, Heinrich Heine, Revolution und Reflexion, 2. überarbeitete und ergänzte Auflage, Stuttgart 1976, S. 26
32 Vgl. Tunner, Erika, Liebeslyrik, in: Deutsche Literatur. Eine Sozialgeschichte, Bd. 6 Vormärz, hrsg. von Horst Albert Glaser, S. 219-226
33 Vgl. dazu Schneider, Anneliese, Robert Schumann und Heinrich Heine. Eine historisch-ästhetische Untersuchung anhand der Vertonungen mit Berücksichtigung einiger Probleme der Liedanalyse. Phil. Diss. Berlin 1970
34 Vgl. Sengle, Biedermeier II, S. 520
35 "Es freut mich sehr, daß Robert gerade diesen Mann kennengelernt, den er immer so sehr als Dichter geliebt." Dieses Treffen fand am 27.1.1844 in Berlin statt. Eugenie Schumann, S. 344
Es gibt einige weitere Hinweise auf die hohe Wertschätzung, die Schumann Rückert gegenüber erbrachte, so die Tatsache, daß das Dankgedicht, das Rückert an das Ehepaar Schumann für die Zusendung von op. 37 schrieb, nicht nur Aufnahme in der Familienkassette fand und von Schumann in den Signalen (Januar 1843) abgedruckt wurde, sondern von Clara Schumann ihm sogar nach Endenich gesendet wurde. Auch die wenigen Aussagen Schumanns selber über Rückert belegen, daß er nicht aus Materialnot Rückertsche Texte vertonte: So spricht Schumann in einer Rezension über Lieder von Robert Franz (1843) von Rückert, Eichendorff, Heine und Uhland als Vertreter einer "neuen Dichterschule", deren "neuer Dichtergeist" notwendige Grundlage einer "kunstvolleren und tiefsinnigeren" Art des Liedes sei. Dem "Stümpergedicht" setzt er explizit ein "Rückertsches" entgegen und bestimmt die Aufgabe der Vertonung darin, "den Gedanken des Gedichts bis auf das Wort", das "Gedicht in seiner leibhaftigen Tiefe" wiederzugeben. (Gesammelte Schriften II, S. 147)
Und anläßlich der Vertonung einiger Gedichte aus dem Liebefrühling durch den Komponisten Carl Zöllner schreibt er:
"(...) Rückert, der Deutsche durch und durch - nur von 'Östlichen Rosen' zuweilen überstrahlt -, war auch gerade der Dichter, der dem

Komponisten besonders zusagen mußte. Im 'Liebesfrühling' steht Blüthe an Blüthe, die deutschen Komponisten sind erst seit kurzem dahinter gekommen" (Gesammelte Schriften II, S. 84)

36 Vgl. Entstehungsgeschichte des Liebesfrühlings: Wiedemann, H., Rückerts Liebesfrühling, Diss. Jena 1921
37 Vgl. Dischner, Friedrich Schlegels Lucinde, a.a.O., S. 24
38 Bezeichnenderweise haben eine große Zahl der Liebesgedichte der Zeit Gebetscharakter
39 Vgl. Mayer, Hans, Außenseiter, Frankfurt 1975, Kapitel: Judith und Dalila, S. 31-167
40 Vgl. dazu Tunner, Liebeslyrik, a.a.O., besonders S. 220/21
41 Vgl. Dischner, Friedrich Schlegels Lucinde, a.a.O., S. 19
42 Vgl. hierzu und zum folgenden: Möhrmann, Renate, Die andere Frau. Emanzipationsansätze deutscher Schriftstellerinnen im Vorfeld der Achtundvierziger Revolution, Stuttgart 1977
43 Vgl. Sengles Arbeit über die Literatur der Restaurationszeit, die den Anspruch auf umfassende Darstellung erhebt und im Zusammenhang mit den Vormärzschriftstellerinnen von "literarischer Heimarbeit" und Vielschreiberei spricht und die "Senkung der literarischen Maßstäbe" beklagt. (Sengle, Biedermeier II, S. 815)
44 So wird keine der Vormärzschriftstellerinnen in der innerhalb der Reihe Literatur im historischen Prozeß (!) 1974 erschienenen Veröffentlichung 'Demokratisch-revolutionäre Literatur in Deutschland: Vormärz' von Klaus Scherpe und Gert Mattenklott auch nur erwähnt. Im übrigen vgl. den Aufsatz von Renate Möhrmann, Feministische Ansätze in der Germanistik seit 1945, in: Frauen-Sprache-Literatur, hrsg. von Magdalene Heuser (= Informationen zur Sprach- und Literaturdidaktik, 38), Paderborn, S. 91-115
45 Laut Eintragung im Haushaltbuch vom 4.4.1842. "Faustine von Gräfin Hahn" kannte Schumann zumindest diesen Roman (S. 210)
46 "Hat sich ein Mädchen die nöthigen Kenntnisse und Fertigkeiten angeeignet, sich durch Verwerthung derselben in ehrlicher Arbeit in und außer dem Hause den eigenen Lebensunterhalt selbst zu verdienen und in der Hingabe an eine nützliche und würdige Berufsthätigkeit ein frohes und erhebendes Bewußtsein zu finden, so wird kein anderer Grund mehr zur Schließung einer Ehe bestimmend sein, als wahre, innige Liebe. Und sie wird auch dann viel eher eingegangen werden, auf viel weniger finanzielle Hindernisse, viel geringeren Widerspruch seitens sorgevoller Eltern stoßen, wenn nicht nur der Gatte, sondern auch die Gattin in der Lage ist, durch eigenen Erwerb zur Begründung und Sicherung des Hausstandes beizutragen." (Otto, Louise, Frauenleben im deutschen Reich, Erinnerungen an die Vergangenheit mit Hinweis auf Gegenwart und Zukunft, Leipzig 1876, S. 215)
47 Zitiert nach: Frauenemanzipation im deutschen Vormärz. Texte und Dokumente, hrsg. von Renate Möhrmann, Stuttgart 1978, S. 150/51
48 Otto, Frauenleben, a.a.O., S. 217/18
49 Die Lehre von der häuslichen Wirtschaftsführung hat eine alte Tradition. Vgl. Tornieporth, Gerda, Studien zur Frauenbildung. Ein Beitrag zur historischen Analyse lebensweltorientierter Bildungskonzeption, Weinheim/Basel 1979, S. 11-37
50 Die Hausväterliteratur enthält neben Darstellungen über landwirtschaftliche und gewerbliche Techniken einen Pflichtenkanon für Herrschaft und Gesinde, den Normenkodex für die Geschlechterrolle, spiegelt also die hierarchische Struktur des ganzen Hauses. Lehrgebiete sind folgende:

- religiöse Aufgaben
- häusliche Sozialbeziehungen
- soziale Aufgaben von Hausvater und -mutter
- hauswirtschaftliche Techniken
- landwirtschaftliche Techniken
- gewerbliche Techniken
- juristische Kenntnisse
- Kenntnisse für die Gründung eines Haushalts

Unter letztere Rubrik fällt auch die Wahl eines adäquaten Ehepartners, vgl. Tornieporth, Studien zur Frauenbildung, a.a.O., S. 14/15

51 Rumpff, J.D.F., Der Haus-, Brot- und Lehrherr in seinen ehelichen, väterlichen und übrigen hausherrlichen Pflichten gegen Gesinde, Gesellen und Lehrlinge nach allgemeinen und insbesondere nach Preußischen Gesetzen, Berlin 1823
52 Vgl. Tornieporth, Studien zur Frauenbildung, a.a.O., S. 19
53 Ziziert nach: Gerhard, S. 76
54 Hartitzsch, Adolph Carl Heinrich, Handbuch des in Deutschland geltenden Eherechts mit besonderer Angabe des Sächsischen und Preußschen Rechts, Leipzig 1828, hier: Vorwort, S. XXXII
55 Engels, Friedrich, Der Ursprung der Familie, des Privateigentums und des Staates, Berlin 1971 (geschrieben 1884)
56 Paul, Jean, Levana, in: Werke, Bd. 5, hrsg. von Norbert Miller, 3. Auflage München 1973, S. 515-874
57 Nach Campe hat die Frau eine zweifache Bestimmung, einmal als 'Mensch' und als 'Frau', als Mensch ist sie
"'bestimmt zu allem, was der allgemeine Beruf der Menschheit mit sich führt' - und das ist
'Beglückung seiner Selbst und Anderer durch eine zweckmäßige Ausbildung und Anwendung aller seiner Kräfte und Fähigkeiten!'" - soweit die theoretische Gleichheit zwischen Mann und Frau, aber lernen darf sie nur
"'in bezug auf deinen bestimmten Beruf als Weib und nur an Gegenständen und nur durch Wirkarten, welche innerhalb der Grenzen dieses deines weiblichen Berufes liegen.'"
(Gerhard, S. 130)
58 Dörner, Heinrich, Industrialisierung und Familienrecht, Berlin 1974, S. 40
59 Im folgenden stütze ich mich vor allem auf Ute Gerhard und Mitterauer, Michael, Der Mythos von der vorindustriellen Großfamilie, in: Mitterauer, Vom Patriarchat zur Partnerschaft, München 1977, S. 38-65, und ebenda Sieder, Reinhard, Ehe, Fortpflanzung und Sexualität, S. 144-168
60 Vgl. Gerhard, S. 81
61 Mitterauer, Der Mythos, a.a.O., S. 61
62 Vgl. Gerhard, S. 100
63 Laut Gerhard ist erst nach 1850 der Anteil der von der Landwirtschaft lebenden Bevölkerung unter 50% gesunken, vgl. S. 80
64 Vgl. Gerhard, S. 97
65 Vgl. Sieder, Ehe, a.a.O., S. 61; ebenso Gerhard, S. 113-119
66 Vgl. Sieder, Ehe, a.a.O., S. 150
67 "Der Bauer mußte, wollte er eine Ehe eingehen, vorher die Heiratsbewilligung seines Grundherrn einholen. Zudem hatte er für die Erteilung des Ehekonsens eine Gebühr zu entrichten, die oft außerordentlich hoch war (...)

Voraussetzung für die Erteilung des Ehekonsens war eine entsprechende materielle Grundlage. Knechte und Mägde hatten sie in der Regel nicht. Ihnen wurde deshalb die Eheschließung vielfach verboten. Dies hatte seine Ursache hauptsächlich in der Befürchtung, daß die Besitzlosen überhandnehmen und damit der Gemeinde, die unterhaltspflichtig war, zu Last fallen könnten.
Die Politik, das Heiraten der Dienstboten und später auch der Tagwerker zu beschränken, geht bis auf das 16. Jahrhundert zurück. (...) Die Grundtendenz dieser Maßnahmen ist klar. Nur die besitzenden Leute (Bauern, Wirte etc.) sollten heiraten, alle Besitzlosen aber sollten sich unter Verzicht auf Heirat und Familie als Dienstboten verdingen. Im Laufe des 18. Jahrhunderts wurden die Heiratsverbote immer schärfer gefaßt und die Strafen erhöht. Die Beamten wurden angewiesen, daß sie jene Personen, die keinen entsprechenden Unterhalt nachweisen konnten und trotzdem heirateten, 'alsogleich nach geschehener Kopulation auf einen Karren schmieden und außer Landes führen lassen sollen.'
Erst in der 2. Hälfte des 18. Jahrhunderts tauchen Bedenken gegen diese Eheverhinderungspolitik auf. Man erkannte, daß man den beklagten Dienstbotenmangel nicht beheben könne, 'wenn man gerade diejenigen Schichten an der Eheschließung hindert, aus denen sich der Nachwuchs für den Stand der Dienstboten und Taglöhner zu erheblichem Teil rekrutiert.'"
(Sieder, Ehe, a.a.O., S. 148/149)
68 Vgl. Gerhard, S. 100
69 Vgl. Mitterauer, Der Mythos, a.a.O., S. 53
70 a.a.O., S. 55
71 Zum Vergleich eine andere Zahlenangabe: Mitterauer setzt für das 16.-18. Jahrhundert eine durchschnittliche Kinderzahl von 4,75 an (heute 3,04). (a.a.O., S. 42); vgl. auch Gerhard, S. 105/06
72 "Ehe und Familie waren in verschiedener Form immer Grundlage eines mehr oder weniger autarken Wirtschaftsbetriebes. Dies gilt sowohl für die Bauern- und Handwerkerfamilie, als auch für die wirtschaftsbesitzende Adelsfamilie. In all diesen gesellschatlichen Bereichen der vorindustriellen Zeit standen bei Partnerwahl und in der Ehe nicht emotional-affektive Beziehungen (etwa Liebesbeziehungen im heutigen Sinn) im Vordergrund, sondern hauptsächlich aus den wirtschaftlichen Erfordernissen resultierende Zielsetzungen, wie die materielle Versorgung der Angehörigen oder die Weiterführung des Geschlechts. Sexuelle und emotionale Harmonie war in der Regel zumindest nicht das ausschlaggebende Motiv für Partnerwahl und Heirat. Dementsprechend ist auch der Grad der Gefühlsbetontheit und der Intimität für die Ehen der vorindustriellen Zeit im allgemeinen niedriger anzunehmen als für unsere modernen Verhältnisse"
(Sieder, Ehe, a.a.O., S. 147/48)
73 Vgl. z.B. Lebensbeschreibungen von Arbeitern wie die "Lebensgeschichte eines modernen Fabrikarbeiters" von Moritz Th.W. Bromme aus dem Jahre 1905 oder die in dem von Wolfgang Emmerich herausgegebenen Band 'Proletarische Lebensläufe', Reinbek 1974, um zu sehen, wie emotionslos die Frage Heirat und Kinder betrachtet wurde.
74 Gerhard, S. 81

Teil 3: Clara Wieck: Künstlertum und Weiblichkeit

1 Vgl. dazu Litzmann I, S. 110-115
2 Heister, Beiträge, a.a.O., S. 195
3 A.a.O.; zum Recitalprinzip vgl. Preußner, Die bürgerliche Musikkultur, a.a.O., S. 53/4 und Heister, Beiträge, a.a.O., S. 215ff.
4 Vgl. Heister, Beiträge, a.a.O., S. 118
5 Vgl. a.a.O.
6 Hanslick, Geschichte des Concertwesens, a.a.O., S. 331
7 a.a.O., S. 332
8 a.a.O., S. 331
9 Vgl. Schwab, Konzert, a.a.O., S. 82
10 Aus Moscheles Leben nach Briefen und Tagebüchern, hrsg. von seiner Frau, 1. Band, Leipzig 1872, S. 233
11 Franz Liszts Briefe, hrsg. von La Mara, Leipzig 1893-1904, Bd. 1, S. 6, zitiert nach: Weilguny/Handrick, Franz Liszt, Weimar 1958, S. 13
12 Zitiert nach Weilguny/Handrick, Franz Liszt, a.a.O., S. 18
13 Vgl. Rellstab, zitiert nach Helm, Everett, Liszt, Reinbek 1972, S. 62/63
14 Zitiert nach Schwab, Konzert, a.a.O., S. 82
15 Heine, Heinrich, Zeitungsberichte über Musik und Malerei, hrsg. von Michael Mann, Frankfurt 1964, S. 103
16 Heister, Beiträge, a.a.O., S. 401
17 Bereits nach Abschluß des folgenden Teils erschien: Rieger, Eva, Frau, Musik und Männerherrschaft. Zum Ausschluß der Frau aus der deutschen Musikpädagogik, Musikwissenschaft und Musikausübung, Frankfurt am Main/Berlin/Wien 1981. Die Veröffentlichung konnte deswegen nur noch im Anmerkungsteil berücksichtigt werden
18 Vgl. Krille, Annemarie, Beiträge zur Geschichte der Musikerziehung und Musikübung der deutschen Frau (von 1750 bis 1820) Phil. Diss. Berlin 1938, besonders S. 128/129
19 A.a.O., S. 130
20 Biedermann, Karl, Frauen-Brevier, Kulturgeschichtliche Vorlesungen, Leipzig 1856
21 Vgl. Obenaus, Buchmarkt, a.a.O., S. 55
22 Biedermann, Frauen-Brevir, a.a.O., S. 97
23 Vgl. Sowa, Anfänge institutioneller Musikerziehung, a.a.O., S. 25; Sowa kommt in seiner Arbeit nicht über die Konstatierung der Bildungsungleichheit zwischen Frauen und Männern hinaus, statt nach den Gründen zu fragen.
Entsprechendes gilt für die Arbeit von Keldany-Mohr, Irmgard, 'Unterhaltungsmusik' als soziokulturelles Phänomen des 19. Jahrhunderts. Untersuchung über den Einfluß der musikalischen Öffentlichkeit auf die Herausbildung eines neuen Musikverständnisses, Regensburg 1977 (Studien zur Musikgeschichte des 19. Jahrhunderts, Bd. 47), besonders Kapitel: Musikalische Spezialschulen, S. 46-49
24 Vgl. Weber-Kellermann, Ingeborg, Die deutsche Familie, Frankfurt am Main 1974, S. 110
25 Vgl. Gerhard, besonders S. 66; vgl. ferner Tornieporth, Studien zur Frauenbildung, a.a.O.
26 Otto, Louise, Frauenleben, a.a.O., S. 218/19
27 a.a.O., S. 221/22
28 Biedermann, Frauenbrevier, a.a.O., S. 98/99
29 Vgl. Sowa, Anfänge institutioneller Musikerziehung, a.a.O., S. 34

30 Vgl. Guthmann, Winke über den musikalischen Unterricht der Frauenzimmer. In: Allgemeine Musikalische Zeitung 1805/06, zitiert nach Sowa, Anfänge institutioneller Musikerziehung, a.a.O., S. 41
31 Otto, Frauenleben, a.a.O., S. 224
32 Sowa, Anfänge institutioneller Musikerziehung, a.a.O., S. 151: "Kein anderer Name eines Musikpädagogen wurde in Journalen und Zeitungen zwischen 1820 und 1840 so oft genannt wie der von Johann Bernhard Logier. Seine Musikinstitute, die er 'Akademien' nannte, gaben Zündstoff für heftige Diskussionen, weil in ihnen in einer Methode unterrichtet wurde ('Logier-System' geannt), die damaligen Gepflogenheiten widersprach, sich trotzdem vorzüglich bewährte. Die Akademien verbreiteten sich in Windeseile. In England wurden innerhalb kurzer Zeit fünfzehn gezählt, in Irland vier, in Schottland zwei, in Deutschland mehr als dreißig. Weitere entstanden in Frankreich, in Spanien und sogar in Amerika und Indien. Viele tausend Schüler wurden in diesem Sinne unterrichtet. Es gab aber unter ihnen niemanden, der sich später einen Namen gemacht hätte. Um 1850 war Logier so gut wie vergessen."
33 Vgl. die ganze Beschreibung dieses Apparats, a.a.O., S. 152/52
34 a.a.O., S. 152, Anmerkung 2
35 Zitiert bei a.a.O., S. 154
36 Loewe, Karl, Selbstbiographie, Berlin 1870, S. 95
37 AMZ 1819, S. 525; zitiert bei Sowa, Anfänge institutioneller Musikerziehung, a.a.O., S. 159
38 "Das Logiersche System (das zwei Schüler ein und dasselbe Stück einüben läßt) macht hier einiges Aufsehen, und gern lasse ich es mir auf Kalkbrenner's Wunsch, der es sehr lobt, von dem verdienstvollen Erfinder und seiner geschickten Gattin praktisch exponieren. Ob ich es anwenden möchte? Ich glaube nicht. Der Geist soll mehr üben als die Finger; das ist die Hauptsache" (Aus Moscheles Leben, a.a.O., S. 55)
Und Schumann schreibt in seiner Rezension über die 'Studien für das Pianoforte von J.N. Hummel':
"Methode, Schulmanier bringen wohl rascher vorwärts, aber einseitig, kleinlich. Ach! wie versündigt ihr Euch, Lehrer! Mit eurem Logierwesen zieht ihr die Knospen gewaltsam aus der Scheide! Wie Falkeniere rupft ihr Euren Schülern die Federn aus, damit sie nicht zu hoch fliegen - Wegweiser solltet ihr sein, die ihr die Straße wohl anzeigen, aber nicht überall selbst mitlaufen sollt!" (Gesammelte Schriften I, S. 11)
39 Vgl. Sowa, Anfänge institutioneller Musikerziehung, a.a.O., S. 161
40 a.a.O., S. 25
41 Vgl. Weissweiler, Eva, Komponistinnen aus 500 Jahren, Frankfurt am Main 1981, S. 183
42 Petersen, Karin, "Essen vom Baum der Erkenntnis" - Weibliche Kreativität?, in: Die Überwindung der Sprachlosigkeit, Texte aus der neuen Frauenbewegung, hrsg. von Gabriele Dietze, Darmstadt-Neuwied 1979, S. 70-81, hier: S. 78/79
43 Vgl. Bovenschen, Silvia, Über die Frage: Gibt es eine weibliche Ästhetik?, in: Die Überwindung der Sprachlosigkeit, a.a.O., S. 82-115
44 Woolf, Virginia, Ein Zimmer für sich allein, Frankfurt am Main 1981 (Originalausgabe 1928), S. 74/75
45 Vgl. Bovenschen, Silvia, Die imaginierte Weiblichkeit. Exemplarische Untersuchungen zu kulturgeschichtlichen und literarischen Präsentationsformen des Weiblichen, Frankfurt am Main 1979
46 Vgl. Weissweiler, Komponistinnen, a.a.O., S. 184-204

47 Vgl. Hanslick, Geschichte des Concertlebens, a.a.O., S. 85
47a a.a.O., S. 348
48 Wieck, Marie, Aus dem Kreise Wieck-Schumann, 2. vermehrte und verbesserte Auflage, Dresden 1914, S. 3
49 a.a.O., S. 4; Nach der Scheidung von Wieck heiratete Marianne Tromlitz den Klavierpädagogen Bargiel und zog mit ihm nach Berlin. Während dessen langer Krankheit und nach seinem frühen Tod mußte sie ihre aus diese Ehe stammenden Kinder mühsam mit der Erteilung von Klavierunterricht ernähren. Während der Ehe mit Wieck war sie im Gewandhaus aufgetreten (vgl. Dörffel, Gewandhauskonzerte, a.a.O., S. 91) und zwar in den Jahren 1821/22 und 1823, also auch noch nach der Geburt der Tochter Clara. Sie war also eine durchaus professionelle Künstlerin
50 Eine erste Tochter starb bereits im Säuglingsalter und ein dritter Sohn, Victor, blieb nach der Scheidung bei der Mutter und starb ebenfalls sehr früh (vgl. Litzmann I, S. 3).
51 Wieck, Friedrich, Musikalische Bauernsprüche und Aphorismen ernsten und heiteren Inhalts. 2. sehr vermehrte Auflage, Leipzig 1875, S. 7
52 Wieck, Friedrich, Clavier und Gesang, Didaktisches und Polemisches, Leipzig 1853
53 a.a.O., S. 5
54 a.a.O., S. 7
55 Sowa, Anfänge institutioneller Musikerziehung, a.a.O., S. 35
56 Vgl. dazu vor allem: Ariès, Geschichte der Kindheit, München 1975; Elias, Über den Prozeß der Zivilisation, 2 Bde. Frankfurt am Main 1976 (Basel 1939)
Vgl. auch Sowas Hinweis auf den nicht nur sprachgeschichtlichen Zusammenhang zwischen 'hören', 'horchen' und 'gehorchen', der im musikpädagogischen Schrifttum der Zeit durchaus offen angesprochen wurde. (Sowa, Anfänge institutioneller Musikerziehung, a.a.O., S. 37)
57 "Du bestehst darauf, die Clara jetzt zu haben, nun es sei, in Gottes Namen; ich habe alles versucht, Dich zu erweichen, Du sollst sie haben; jedoch meiner Mutterrechte begebe ich mich nicht, und ich verlange deswegen von Dir, daß Du mir meine Kinder nicht vorenthältst, wenn ich sie sehen und sprechen will." (Marianne Tromlitz an Friedrich Wieck, 20.8.1824, zit. bei Litzmann I, S. 3)
58 Zitiert nach: Kohut, Adolph, Friedrich Wieck. Ein Lebens- und Künstlerbild, Dresden und Leipzig 1888, S. 44
59 Vgl. die Aufstellung der Studienwerke Clara Wiecks bei Litzmann III, S. 6/5 und die genaue Beschreibung des Unterrichts bei Litzmann I, S. 3-9
60 Vgl. Litzmann I, S. 5
61 Wieck, Clavier und Gesang, a.a.O., S. 44
62 Vgl. Litzmann I, S. 23
63 Zitiert nach Wieck, Friedrich, Briefe aus den Jahren 1830-1838, eingeleitet und herausgegeben von Käthe Walch-Schumann, Köln 1968 (im folgenden zitiert als Briefe)
64 Vgl. Schwab, Konzert, a.a.O., S. 114
65 a.a.O., Zitat aus: AMZ 45 (1843), Sp. 251
66 "(...) nur bitte ich dich, von der Clara keinen Brief zu verlangen, denn sie ist zu sehr mit Musik beschäftigt, da sie jeden Tag immer wieder andere Stücke spielt, was eben die Leute in das allergrößte Staunen versetzt."
(Wieck an seine Frau, Dresden, 12.3.1830, zitiert in Briefe, S. 24)
67 Vgl. z.B. Wieck an seine Frau, Dresden 26.3.1830, Briefe, S. 29

68 Vgl. Schmitt-Thomas, Leipziger AMZ, a.a.O., S. 568
69 Vgl. die Selbstdarstellung Wiecks in Clara Wiecks Tagebuch:
"Mein Vater läßt mich nicht *musikalisch zu Tode* üben, sondern bildet mit Vorsicht mich für ein *seelenvolles Spiel* aus."
(Eintrag im Mai 1827, zitiert in Litzmann I, S. 9/10)
70 "Erst mit den Zeiten Liszts, Thalbergs und Chopins fing das Pedal an, beim Clavierspiel ein wichtiger Factor zu sein. (...) In der Virtuosen-Periode war Moscheles der erste, der einen ausgedehnteren und künstlerischen Gebrauch vom Pedal machte. (...)."
Niecks, Friedrich, Frederic Chopin as a man and musician, London 1888, Leipzig 1890, Bd. II, S. 108; zitiert nach Molsen, Uli, Die Geschichte des Klavierspiels in historischen Zitaten von den Anfängen des Hammerklaviers bis Brahms, Balingen 1982, S. 214
71 Vgl. Perl, Ernst Helmut, Rhythmische Phrasierung in der Musik des 18. Jahrhunderts. Die Bedeutung von Spieltechnik und Instrument für die Ausführung unter Berücksichtigung der Applikatur der Tasteninstrumente und der im 19. Jahrhundert erfolgten Wandlungen. Diss. (masch.) Bremen 1983
72 Vgl. Robert Schumann an Clara Wieck, 6.2.1838, Litzmann I, S. 178
73 Schwab, Konzert, a.a.O., S. 114
74 Litzmann I, S. 201; aus Gazette musicale, abgedruckt in NZfM 1838, Nr. 32
75 Hanslick, Geschichte des Concertwesens, a.a.O., S. 332
76 Rieger, Frau, Musik und Männerherrschaft, a.a.O., S. 128
77 Aus Moscheles Leben, a.a.O., S. 298
78 "Ich bin ängstlich, daß doch die Ehre und Auszeichnung auf Clara einen Eindruck machen könnte. Keine vornehme Dame ist in den Zirkeln, welche nicht mit ihr spräche. - Merke ich etwas nachteiliges, so reise ich gleich ab, damit sie wieder in die bürgerliche Ordnung komme. Denn ich bin zu stolz auf ihre Anspruchslosigkeit und verkaufe dieselbe um keine Ehren der Welt."
(Wieck an seine Frau, Dresden, 12.3.1830, zitiert in Briefe, S. 24)
79 Aus Moscheles Leben, a.a.O., S. 91
80 Vgl. Weissweiler, Komponistinnen, a.a.O., S. 257
81 Und zwar spielte er 1832 in Berlin die C-Dur-Sonate op. 53 und am 1.12. di cis-moll-Sonate op. 27,2.
In Leipzig war es Friedrich Schneider, der sich in den Zwanziger Jahren für Beethovens Klavierkonzerte einsetzte, vgl. Schmitt-Thomas, Leipziger AMZ, a.a.O., S. 567
82 Vgl. Äußerungen von Clara Wieck wie z.B.:
"Ich habe gestern einen hohen Genuß gehabt. Mendelssohn spielte sein Trio und das G-Moll-Quartett von Mozart. Er spielte meisterhaft, und so feurig, daß ich mich wirklich in einigen Momenten der Tränen nicht enthalten konnte. Er ist mir doch der liebste Spieler unter allen ... Den Genuß abrechnet, halte ich es für mich sehr lehrreich, ihn zu hören; und glaube, daß der gestrige Abend gewiß für mich von Nutzen war."
(Clara Wieck an Robert Schumann, Mai 1840, Litzmann I, S. 423)
Und über Thalberg schreibt sie in ihrem Tagebuch:
"Sein Spiel ist schön, Alles vollendet und auch ausdrucksvoll, jedoch die höhere Poesie geht ihm ab; er läßt Vieles fallen, um dann auf der letzten Seite eines Stückes um so größeren Effekt zu machen, was ihm auch gelingt. Sein Anschlag ist der schönste, nie mißlingt ihm Etwas. (...) Als Spieler steht er groß da, doch über Allen steht - Mendelssohn."
(Eintragung vom Dezember 1838, Litzmann I, S. 262)

83 Schmidt, Friedrich, Das Musikleben der bürgerlichen Gesellschaft Leipzigs im Vormärz, Langensalza 1912, S. 114/115
84 Wasielewski, Aus siebzig Jahren. Lebenserinnerungen, Leipzig 1897; zitiert nach Großmann-Vendrey, Felix Mendelssohn-Bartholdy, a.a.O., S. 156
85 Abschrift aus dem Morgenblatt über das 5. Concert der Clara Wieck; Wien o. Datum (1838); zitiert nach Wieck, Briefe, S. 87
86 Woolf, Ein Zimmer für sich allein, a.a.O., S. 62
87 Zitiert bei Weilguny/Handrick, Franz Liszt, a.a.O., S. 9
88 Gemeint ist die Sängerin Pauline Garcia. Pauline Garcia war eine vielseitig begabte Frau, sie stammte aus einer Künstlerfamilie par excellence (der Vater: Manuel Garcia, Begründer einer ganzen Sängerschule, die Schwester: Marie Malibran), war Schülerin Liszts gewesen, war mit George Sand befreundet und stand der revolutionär-republikanischen Opposition nahe. In der Freundschaft zwischen ihr und Clara Wieck stießen zwei Kulturen aufeinander:
"Ich fand in ihr, (...) ein liebenswürdiges, anspruchsloses Mädchen und eine echte Künstlerseele. Sie scheint eine Ausnahme von allen Sängerinnen zu machen - sie interessiert sich lebhaft für Musik. Ihre Leidenschaft ist groß, überhaupt scheint sie ihrer Schwester, der verstorbenen Malibran-de Beriot, zu gleichen. Pauline Garcia ist sicher die musicalischste jetzt lebende Sängerin. Sie singt höchst dramatisch, alles auswendig, begleitet sich selbst, ohne auf das Klavier zu sehen und alles spielt sie auf der Stelle nach. Es waren die liebenswürdigsten Künstler, die wir seit langer Zeit bei uns sahen."
(Tagebücher Clara Wieck, August 1838, Litzmann I, S. 210)
89 Vgl. Kühner, Hans, Genien des Gesangs aus dem Zeitalter der Klassik und Romantik, Basel 1951

Teil 4: 1837-1840

1 Vgl. Abdruck bei Wustmann, Gustav, "Aus Claras Brautzeit", in: Wustmann, Aus Leipzigs Vergangenheit. Gesammelte Aufsätze Neue Folge, Leipzig 1898, S. 400-428, hier: S. 408
2 Vgl. Robert Schumann an Clara Wieck, 4.5.1839; Litzmann I, S. 327; Schumann ging in seiner Berechnung von 4000 Talern aus. Der Unterschied ist vermutlich darauf zurückzuführen, daß es Wieck gelang, nachzuweisen, daß das Vermögen seiner Tochter sich lediglich auf 2000 Taler belaufen habe bis zum Zeitpunkt ihrer Trennung. Das geht auch aus Wiecks Brief vom 3.5.1839 hervor, vgl. Anm. 4
3 Vgl. Erler, Robert Schumann's Leben, a.a.O., S. 74
4 Autograph Briefwechsel Clara und Robert Schumann, Bd. I, Nr. 33
5 a.a.O., Bd. II, Nr. 50
6 Schumann erbte 10.323 Taler (Eismann, S. 28); vor Gericht gibt er nur noch 9500 Taler an, vgl. S. 162
7 Hartitzsch, Handbuch, a.a.O., § 241, S. 252:
"Nach dem römischen ist der Vater und bei dessen Tode, oder wenn dieser selbst noch unter der väterlichen Gewalt steht, der Großvater, verbunden, seiner ehelichen, so wie der unter seiner Gewalt noch stehenden Adoptivtochter, ein Heyrathsgut zu bestellen. Dem Vater liegt sogar die Verpflichtung ob, für die Verheyrathung seiner Tochter zu sorgen (...)
§ 242 Der Grund der angegebenen Verbindlichkeiten liegt in den Eheförderungsgesetzen der Römer in der lex Julia et Papi Poppaea. Sie

tritt daher selbst bei emancipirten, und solchen Töchtern ein, welche sich ohne Einwilligung des Vaters verheyrathen und dieser zur Verweigerung derselben keine rechtmäßige Ursache hat.
§ 243 Die Größe des gesetzlichen Heyrathsguts richtet sich nach dem Vermögen des Verpflichteten und dem Stande der zu dotierenden Personen, und unterliegt, wenn die Interessenten nicht einig werden können, dem richterlichen Ermessen (...)
§ 245 Die erwähnte Verbindlichkeit fällt weg:
1. wenn dem Rechte, ein Heyrathsgut zu fordern, auf eine rechtsbeständige Art entsagt worden ist
2. wenn die Tochter eigenes Vermögen besitzt."

8 Die Abschrift trägt den Titel "Abschrift der Eheprozeßakten aus dem Sächsischen Landeshauptarchiv (früher Sächsisches Hauptstaatsarchiv) Dresden" und trägt die Signatur 5725 - A 3 c. Danach stellt sich der Ablauf in der Reihenfolge der Abschriften folgendermaßen dar:

15. 6.1839 - Vollmacht Claras für Advokat Einert (französisches Original)
15. 7.1839 - Klage von Schumann und Clara Wieck
25. 7.1839 - Bescheidung an die Kläger, erst einen Vereinigungsversuch beim zuständigen Pfarrer zu unternehmen
3. 9.1839 - Sühnezeugnis
31. 8.1839 - Ladung zum Verhörstermin (Termin des Verhöres vom 2.10.1839)
25. 9.1839 - Appellation des Beklagten, in der Wieck einen Sühnetermin vor dem Pfarrer verlangt
2.10.1839 - Wieck erscheint zum Verhör am 2.10.1839 nicht.
- Brief des Appellationsgerichts an Wieck bzw. an seinen Vertreter, Advokat von Brandt, in dem der Einspruch Wiecks abgelehnt wird
- Gesuch der Kläger um Termin, Eingabe von Einert
5.10.1839 - Bericht des Appellationsgerichts an das königliche Oberappellationsgericht über Wiecks Appellation gegen Fortgang des Verhörstermins. Darin argumentiert das Gericht, daß es nicht zwingend sei, einen Sühnetermin vor dem Pfarrer auf Wiecks Wunsch anzuberaumen, da ein Pastoralzeugnis vorliege und Wieck zu erkennen gegeben habe, daß er weder erscheinen werde noch bereit sei, seine Einwilligung zu geben.
24.10.1839 - Verordnung des Königlichen Appellationsgerichts, in dem Wiecks Eingabe zurückgewiesen wird
- Entscheidungsgründe
5.11.1839 - Bescheidung der Parteien und Citation zum Verhör
14.12.1839 - Vorstellung des Beklagten
18.12.1839 - Verhörsprotokoll
19.12.1839 - Vollmacht Wiecks für Advokat Wilhelm Brandt, von Brandt an das Appellationsgericht gesendet (Vollmacht vom 30.8.1839)
21.12.1839 - Schumann an das Appellationsgericht nebst zwei Zeugnissen des Stadtraths und der Sicherheitsbehörde anläßlich der Wien-Reise
- Erkenntnis des Gerichts, alle Einwände Wiecks abgelehnt bis auf den Vorwurf der Trunksucht, binnen einer sächsischen Frist soll Wieck den Nachweis der Trunksucht erbringen
13. 1.1840 - Appellation des Beklagten

16. 1.1840	–	Übersendung der Appellation Wiecks an Schumann und Clara Wieck
23. 1.1840	–	Widerlegungsschritte der Kläger, also Protest gegen Wiecks Einspruch
26. 1.1840	–	Deduktionsschrift Wiecks
29. 1.1840	–	Übersendung der Deduktionsschrift an die Kläger
13. 2.1840	–	Refutationsschrift Schumanns durch Einert
15. 2.1840	–	Appellationsgericht an das Oberappellationsgericht, Übersendung der Deduktionsschrift und Refutationsschrift zur Entscheidung und Nachschrift vom 4.3.1840 (Übersendung der Refutation)
		– Abschrift Gesellschaft zur Förderung der Tonkunst in den Niederlanden vom 31.8.1837
		– Euterpe (Leipziger Musikverein) ernennt Schumann zu seinem Ehrenmitglied, Leipzig, den 24.12.1837
3. 4.1840	–	Schumann reicht ein:
		a) Brief Hauptmann von Frickens vom 29.2.
		b) Diplome (s.o.) Schumann als korrespondierendes Mitglied und Ehrenmitglied
		c) Doktordiplom
		d) 2 Urteile Liszts
18. 3.1840	–	Appellationsgericht an Kläger und Beklagten: Terminanberaumung für den 28.3.1840
12. 3.1840	–	Übersendung des Urteils des Oberappellationsgerichts an das Appellationsgericht
		– Text des Urteils. Bestätigung des Urteils der 1. Instanz
		– Entscheidungsgründe
10. 5.1840	–	Bitte Wiecks um Verlängerung der Frist, um Nachweis der Trunksucht Schumanns erbringen zu können
		– Bewilligung einer weiteren sächsischen Frist
6. 7.1840	–	Wieck an Appellationsgericht, er verzichtet auf den Beweis
18. 7.1840	–	Anberaumung der Urteilsverkündigung für den 1.8.1840
1. 8.1840	–	Urteil

9 Die Rechtsentwicklung in Sachsen unterscheidet sich in einigen wesentlichen Punkten von der im übrigen Reichsgebiet. Während sich im Reichsgebiet in der Renaissance das römische Recht durchgesetzt hatte, verfügte Sachsen durch den *"Sachsenspiegel"* über ein einheitlich geschriebenes Landesrecht, zu dessen Ergänzung nur Teile des römischen und des kanonischen als allgemeines Recht für die Rechtsprechung hinzugezogen wurden. Erst in den sechziger Jahren des letzten Jahrhunderts entstand ein bürgerliches Gesetzbuch, das dann 1865 zur Anwendung kam, während z.B. in Preußen im Jahre 1794 das Allgemeine Preußische Landrecht erlassen wurde, das allerdings vor allem in der Frage des Eherechts stark durch das römische Recht geprägt blieb. Übereinstimmend geregelt waren die 'Freiheit der Person', die freie Verfügung über das Privateigentum, die freie Berufswahl und Ausbildungsmöglichkeit und die Freizügigkeit in der Wohnungswahl. Damit stand im Grundsatz jedem der Rechtsweg gegen Verletzung der Menschen- und Bürgerrechte offen. (vgl. Schmidt, Gerhard, Die Staatsreform in Sachsen, a.a.O., S. 143)

10 Haubold, D. Christian Gottlieb, Lehrbuch des königlich-sächsischen Privatrechts, Leipzig 1820, § 57, S. 64

11 Wie selten eine derartige Klage gegen den eigenen Vater erhoben wurde, wird daran deutlich, daß das Leipziger Appellationsgericht, als

die Klage gegen Wieck eingereicht wurde, anfangs sehr unsicher in der Festlegung der notwendigen Prozeßschritte reagierte. Vgl. auch Wustmann, Aus Clara Schumanns Brautzeit, a.a.O., S. 411/12

12 Vgl. Hartitzsch, Handbuch, a.a.O., § 129, S. 139/40
13 a.a.O.
14 Dörner, Heinrich, Industrialisierung und Familienrecht, Berlin 1974, S. 39
15 Die künstlerische Tätigkeit Clara Wiecks stellte eine Ausnahme dar, da sie eben nicht ein 'lohnlos in der familiären Produktionsgemeinschaft mitarbeitendes Kind war', sondern durch eine Tätigkeit außerhalb des Hauses eigenes Vermögen erworben hatte.
"I. Was Kinder als Soldaten oder durch freye Künste und Wissenschaften haben und erwerben (peculium castrense et quasi incastrense) ist so ganz ihr freyes Eigenthum, daß ihnen hierüber sogar der Charakter der Hausväter selbst beigelegt ist.
II. Erwerbungen, die den Kindern vom Vater selbst, oder durch dessen Veranlassung zufließen (peculium profectitium) sind ganz der Disposition des Vaters unterworfen.
III. Über das Vermögen aber, das die Kinder anders woher, als von dem Vater, oder durch denselben, erlangt haben (peculium advebtitium regulare) stehet dem Vater die Verwaltung und ein gesetzliches Benutzungsrecht zu. (...) Nach teutschem Recht hat auch die Mutter an des Vaters Stelle diese Nutznießungsrechte."
Schott, August Wilhelm, Einleitung in das Eherecht zu akademischem und gemeinnützlichem Gebrauch. Nürnberg 1802, § 190, Erwerbungsrechte der Eltern
16 Vgl. bei Gerhard, S. 164: "Man nehme eine Künstlerin wie die berühmte Malerin X. Sie verdient zehnmal mehr als ihr fauler Mann. Durch ihren Fleiß wird in der Ehe ein Kapital angesammelt. Sie hofft sich damit in ihrem Alter, wenn sie nicht mehr arbeiten kann, zu ernähren. (...) Nun stirbt der Mann unvermuthet ohne Testament und ohne Kinder. Lachende Erben bemächtigen sich des gesammelten Kapitals ... und stürzen sie in Bedürftigkeit und Armut. (...) Nicht einmal dasjenige, was man durch seine Talente und Geschicklichkeit, durch seiner Hände Arbeit erworben hat, was das unstreitigste Eigenthum des Menschen ist, kann man behalten, (...). Was von der Malerin gesagt worden, gilt von einer jeden Künstlerin, von einer Sängerin, Tänzerin, Komödiantin, Stickerin, ja selbst von Näherinnen und Wäscherinnen." (Entwurf Grolmanns, des Hauptredaktors zum Allgemeinen Preußischen Landrecht)
17 Hartitzsch, Handbuch, a.a.O., § 189 "Von dem Rechte des Erwerbs aus den Arbeiten der Frau", S. 210
18 Ebenda, § 126 "Eheeinwilligung nach dem deutschen und heutigen Recht":
"1. Nach deutschen Sitten ist sowohl der Vater als auch die Mutter um ihre Einwilligung zu befragen. Dieses hat theils seinen Grund in der in Deutschland üblichen mütterlichen Gewalt, theils aber auch in der gleichen Ehrfurcht der Kinder gegen Vater und Mutter.
2. Sind die Aeltern verschiedener Meinung, so hat die Stimme des Vaters den Vorzug.
3. Nach dem Tode des Vaters ist die bloße Einwilligung der Mutter hinreichend. (...)
6. Die ausdrückliche Einwilligung der Aeltern ist heutzutage nicht erforderlich und es genügt schon der bloße stillschweigende, aber völlig gewisse Consens derselben.

7. Gegen den rechtmäßig verweigerten Willen der Aeltern geschlossene Eheverlöbnisse sind null und nichtig.
19 "Wohl gibt es keinen schönern Namen als Mutter! Er hat mich stets beglückt, und wie sollte er es vollends nicht bei einer Veranlassung, wie die jetzige? - Manches habe ich wohl von Clara über Ihre beiderseitige Zuneigung erfahren, aber lange nicht g e n u g ! - Auch bin ich gar nicht abgeneigt, jedoch erfordert es noch mehrere Erklärungen und Auseinandersetzungen, die ich zu unserer allseitigen Beruhigung für nöthig halte (...) Es erwartet Sie also baldigst eine sehr besorgte Mutter. Marianne Bargiel"
(Litzmann I, S. 358/59)
20 Schumann hatte mehrere Vorstöße unternommen, um die Ehrenpromotion der Universität Jena zu erlangen. Er versprach sich davon sowohl eine bessere Stellung vor Gericht als auch gegenüber seiner Braut: "Sie wissen vielleicht, daß Klara meine Verlobte ist, vielleicht auch, welche ... Mittel ihr Vater angewandt, die Verbindung zu hindern. ... Wie dem sei, verzögern kann er die Verbindung noch eine Weile, hindern aber nicht. Klara's bedeutende Stellung als Künstlerin hat mich nun oft über meine geringe nachdenklich gemacht, und weiß ich auch, wie sie schlicht ist, wie sie in mir nur den Musiker und Menschen sieht, so glaub' ich doch auch, würde sie es erfreuen, wenn ich etwas für eine höhere Stellung im staatsbürgerlichen Sinne thäte. Erlauben Sie mir nun die Frage: ist es schwer, in Jena Doktor zu werden? (...)"
(Robert Schumann an Keferstein, Leipzig 31.1.1840, Erler I, S. 223)
Für diesen Doktortitel mußte Schumann Wertpapiere verkaufen. Das Haushaltbuch verzeichnet eine Ausgabe von 68 Talern und 13 Groschen (Haushaltbücher, S. 150)
21 Schott, Einleitung in das Eherecht, a.a.O., S. 265
22 a.a.O., S. 267
23 Schumann, Tagebücher III, Haushaltbücher
24 1838 wurde ausgewählt, weil Schumann 1839 nach Wien ging, man also von überdurchschnittlichen Ausgaben ausgehen muß
25 Vgl. Brief Robert Schumanns an Clara Wieck vom 3.1.1838, zitiert in Boetticher II, S. 158/9
26 Eine Gesamtedition ist in Vorbereitung beim Verlag Stroemfeld/Roter Stern, Frankfurt, durch Eva Weissweiler. Der 1. Band ist 1984 erschienen.
27 Diese Aufstellung ist zwar nicht mehr erhalten, aber sie ist einem unveröffentlichten Brief Wiecks an seine Tochter zu entnehmen, in dem Wieck Schumanns Angaben zitiert und Schumann am Rande "Richtig" vermerkt hat. Demzufolge gab Schumann seine Einkünfte wie folgt an: "jährliche Einkommen:
Zinsen von 4000 Th. zu 5% =   200 Th.
Zinsen von 5000 Th. zu 4% =   200 Th.
Für Redaction der Zeit.   =   620 Th.
an Musicalien für 800 Th.
Ladenpreis netto   = 200 Th.
Nebenarbeiten durch
Compositionen mindestens =   100 Th.
                                  ‾‾‾‾‾‾‾
                                  1320 Th."

Friedrich Wieck an Clara Wieck, 7.5.1839, Autograph Briefwechsel Clara und Robert Schumann, Bd. II, Nr. 50
28 Mit der Erwähnung Mendelssohns spielt Schumann auf die Argumentation Wiecks an, daß die beiden in einer Stadt, in der Mendelssohn und

David (Konzertmeister des Gewandhausorchestes) große Häuser führten, nicht in beschränkten Verhältnissen leben könnten. (Man darf nicht vergessen, daß in den Häusern Konzerte veranstaltet wurden, durchreisende Virtuosen wohnen konnten etc.)

29 Vgl. Brief Schumanns, Leipzig 1837, Litzmann I, S. 130
30 Auslassung wiedergegeben S. 197/8 der vorliegenden Arbeit
31 Autograph, Bd. I, Nr. 33
32 Vgl. dazu Robert Schumann an Clara Wieck, 13.4.1838, Boetticher II, S. 192
33 Vgl. Litzmann I, S. 141, Fußnote
34 Der Textabschnitt, der hier folgt und bei Litzmann nicht als Auslassung angegeben ist, ist in der vorliegenden Arbeit S. 172 abgedruckt.
35 Auslassung bei Litzmann I, S. 147 nicht angegeben
36 Vgl. z.B. Brief Clara Wiecks an Robert Schumann vom 8.3.1838, Litzmann I, S. 189
37 Autograph, Bd. I, Nr. 34a
38 Wie Schumann damals glaubte, ca. 4000 Taler. Vgl. seine Aufstellung vom 4.5.1839, zitiert in Litzmann I, S. 327
39 Autograph, Bd. I, Nr. 35
40 Dahlhaus, Idee, S. 74; Dahlhaus hat darauf hingewiesen, daß die Gefühlsästhetik sozialgeschichtlich eine bürgerliche Ästhetik gewesen ist, "die von den ideengeschichtlichen Differenzen zwischen Aufklärung, Empfindsamkeit, Sturm und Drang, Popularromantik und Biedermeier nahezu unberührt blieb. (...) Demgegenüber ist die romantische Theorie der Instrumentalmusik eine Metaphysik, die im Gegensatz zur Gefühlsästhetik, jedenfalls zu deren populären Varianten, entwickelt wurde."
41 Vgl. Boetticher II, S. 124
42 Am 17.8.1831 findet sich in Schumanns Tagebuch folgende Eintragung:
"Zilia spielte gestern das Es Dur Conz.[ert] von Moscheles, aber einzig schön. Manchmal könnte es wohl inniger seyn. Ob Meister Raro wirklich Liebe zur Kunst qua [?] solche hat, glaub ich nicht, auch in seiner Begeisterung über Zilia steckt etwas Jüdisches, das im Geiste schon die Thaler zählt, die die Concerte einmal bringen, woran ich nicht zweifle, daß es reichlich geschieht. (...) Jedenfalls würde man den Meister [Raro] auslachen, wenn er Zilia nicht hätte, das ist die Theorie."
(Tagebücher, S. 362)
43 entfällt
44 So spielte sie am 14.1.1838 in einer 'musicalischen Unterhaltung' den Carnaval und wollte sogar ursprünglich aus den 'Symphonischen Etüden' öffentlich spielen. Dieser Plan zerschlug sich dann aus technischen Gründen, vgl. auch Brief vom 18.1.1838.
45 Schumann relativierte übrigens diese Aussage, auf die sich Clara Wieck hier bezieht, in einem Brief vom 19.3.1838 wieder:
"Wenn ich Dir einmal sagte, ich liebte Dich nur, weil Du so gut, so war es nur halb wahr - denn es hängt Alles und stimmt Alles zusammen bei Dir, daß ich mich Dich ohne Deine Kunst gar nicht denken kann - und da lieb ich eines mit dem andern."
(Litzmann I, S. 196)
46 Robert Schumann an Clara Wieck, 6.2.1838, Litzmann I, S. 177/78
47 Vgl. Teil I, Kapitel 3c der vorliegenden Arbeit; im übrigen zitiert bei Litzmann I, S. 83/4, Brief vom 11.2.1838

48 Vgl. dazu Schenk, Erich, Halbjahr der Erwartung - Der Aufenthalt Robert Schumanns in Wien 1838/9, in: Robert Schumann. Aus Anlaß seines 100. Todestages, hrsg. im Auftrage des Deutschen Schumann-Komitees von Joachim Moser und Eberhard Rebling, Leipzig 1956, S. 12-24
49 Vgl. auch Schumanns Brief an seinen alten Lehrer Dorn kurz nach seiner Rückkunft nach Leipzig:
"Ich bin im Grunde sehr glücklich in meinem Wirkungskreis, aber könnte ich erst die Zeitung ganz wegwerfen! ganz der Musik leben als Künstler, nicht mit so vielem Kleinlichem zu schaffen haben, was eine Redaction je mit sich bringen muß, dann wäre ich erst ganz heimisch in mir und auf der Welt. Vielleicht bringt dies die Zukunft noch."
(zitiert nach Wasielewski, S. 348)
50 Schumann hatte am 4.2.1839 an sie geschrieben:
"... was bin ich besseres als Chopin, Moscheles, Mendelssohn? ... Kurz, ich will ein ordentlicher Claviermeister werden und componiren obendrein."
(Litzmann I, S. 279)
51 Vgl. zu Pauline Garcia: Brand-Seltei, Erna, Belcanto, Wilhelmshaven 1972, S. 42-159
52 Vgl. Heine, Heinrich, Rossini und Meyerbeer, in: Zeitungsberichte über Musik und Malerei, S. 80-94
53 Vgl. Litzmanns Darstellung (I, S. 356/47). Seine Argumentation läuft implizit auf die Aussage hinaus: Wäre Clara mit dem Vater oder Schumann gereist, wäre der Aufenthalt ein Erfolg geworden und gleichzeitig, weil sie eine echte deutsche Frau war, mußte sie im 'verrufenen' Paris scheitern.
54 Die Auslassungen im Abdruck dieses Briefes durch Litzmann konnten nicht nachkontrolliert werden, da das Autograph dieses Briefes offensichtlich verloren gegangen ist.
55 Briefwechsel Clara und Robert Schumanns, Autograph, Bd. II, Nr. 49
56 a.a.O., Bd. II, Nr. 48
57 a.a.O., Bd. II, Nr. 52
58 Das Autograph liegt im Robert-Schumann-Haus Zwickau
59 "Wir sind noch im Zweifel, wo wir unseren ersten Aufenthalt wählen werden, in Sachsen ist es nicht gerathen zu bleiben, da wir immer in unangenehme Berührung kommen würden, so hat nun Robert eine Idee mit Berlin, die nur das Unangenehme bietet, daß ich viel mit meiner Mutter in Berührung komme, und es sehr schmerzlich für mich ist, sie in drückenden Sorgen zu sehen."
(Tagebücher Clara Wieck, 24.8.1839, Autograph)
60 Vgl. S. 84/85 der vorliegenden Arbeit
61 Auslassung vgl. Anm. 59
62 Vgl. Petersen, 'Essen vom Baum der Erkenntnis', a.a.O., S. 75
63 Horkheimer, Max, Die Erziehungsleistung der bürgerlichen Familie, in: Familie und Gesellschaftsstruktur. Materialien zu den sozioökonomischen Bedingungen von Familienformen, hrsg. von Heidi Rosenbaum, Frankfurt am Main 1978, S. 425-434

Teil 5: Ehe

1 Vgl. dazu Nauhaus, Vorwort zu den Haushaltbüchern, a.a.O., S. 12/13
2 Schumann, Eugenie, Robert Schumann, ein Lebensbild meines Vaters, Leipzig 1831 (im folgenden zitiert als Eugenie Schumann); Das Autograph der Ehetagebücher liegt im Robert-Schumann-Haus Zwickau.

3 Vgl. Eintragung vom 4.10.1840, zitiert bei Eugenie Schumann, S. 280
4 Horkheimer, a.a.O., S. 431
5 Schumann, Ferdinand, Erinnerungen an Clara Schumann: "Der Großvater hätte nie ein Jahr gehabt, in dem er so viel durch seine Compositionen verdiente, seine Familie anständig zu erhalten." (28.4.1895 in NZfM, 84. Jg., Nr. 12, S. 93)
6 Vgl. dazu Nauhaus, Vorwort zu den Haushaltbüchern, a.a.O., S. 10/11
7 Alle Angaben wurden nachträglich nach der inzwischen erschienenen Buchausgabe der Haushaltbücher korrigiert.
8 Boetticher hat im Anhang zu seiner Dissertation die Kompositionseinnahmen Schumanns unkommentiert abgedruckt; vgl. Boetticher I, S. 619. Eine zur Übertragung von Nauhaus abweichende Angabe findet sich für op. 60: Boetticher gibt 75 Taler an, Nauhaus 71. Vgl. zu den Zahlenangaben Schumanns Aufstellung "Einnahme von Compositionen, literarischen Arbeiten und sonstigen Accidentien", Haushaltbücher, S. 670-683
Laufendes Zahlungsmittel war Preußisch Courant. Ein Taler hatte 24 Groschen. 1841 wurde eine Währungsreform durchgeführt; der Taler war nun 30 Neugroschen wert. Allerdings setzten sich Neugroschen erst 1847 durch. Am 10.5.1847 trägt Schumann in das Haushaltbuch ein:
"300 Ngr = 10 Thr.
100 Ngr = 3 Thr. 10 Ngr"
(Haushaltbücher, S. 426)
9 Vgl. Herbeck, Ludwig von, Komponistenhonorare einst und jetzt, in: Deutsche Revue 1887, Septemberheft, S. 340-46, hier: S. 343/44
10 Vgl. Haushaltbücher, S. 417-419
11 Die Reise nach Bremen und Hamburg brachte ihr 970 Taler ein. Vgl. Clara Wieck an Robert Schumann, 14.3.1840, Litzmann I, S. 413
12 Aus dem Ehetagebuch geht hervor, daß sie zwar Klavierunterricht gab, aber nicht gegen Honorar. Unter dem Datum des 23.6.1841 heißt es über eine Frau Thun aus England:
"Sie war ungeschickt genug mich selbst um den Preis meiner Stunden zu befragen, nachdem ich schon bei ihrem 1sten Besuch geäußert hatte, daß ich hier in Leipzig keine Stunden fürs Geld gäbe; noch unfeiner benahm sie sich, indem sie mir zwei Tage darauf für 9 Stunden 9 Thaler schickte, die aber sogleich zurückerfolgten."
(Autograph)
13 Vgl. Litzmann II, S. 174
14 Vgl. S. 164 der vorliegenden Arbeit
15 Wie bereits erwähnt, mußte Schumann seiner Braut Geld geben für die Mutter und für sie selbst, da Wieck ihr die Auszahlung ihres Vermögens verweigerte. Auch für den Wien-Aufenthalt und das Doktorrat verkaufte er Wertpapiere
16 Die Endsumme über 2332 Taler ist zwar korrekt, nicht aber die Aufstellung selber. Denn nach Schumanns eigener Umrechnung vom 1.11.1839 entsprechen die für die "Österreichische Staatsschuldverschreibung" notierten 1300 Österreichische Gulden 866 Sächsischen Talern und die 1000 Rheinischen Gulden für die Schuldverschreibung des Würtembergischen Creditvereins 666 Sächsischen Talern. Boetticher (I, S. 620) führt zusätzlich 300 Taler für "Zwickauer Steinkohlenaktien" auf. Diese Angabe findet sich nirgendwo bestätigt, im Gegenteil gibt Schumann den Wert seiner Steinkohlenaktien nur mit 40 Talern an für das Jahr 1840. Schließlich führt Boetticher 900 preußische Taler für die Preußische Staatsschuldausschreibung auf. Das ergäbe zusam-

men 2732 Taler. Schumann selbst gibt für das Jahr 1840 aber nur 2332 Taler minus 100 Taler für Weihnachtsgeschenke (Haushaltbücher, S. 151) an. Der Unterschied begründet sich darin, daß von den ursprünglichen 9 Preußischen Staatsschuldscheinen 2 verkauft waren (einer am 12.9.1839 "verkauft zur Reise nach Berlin", der andere "verkauft zum Geschenk für Klara [Wieck] am 2 December 1839") und eins der Österreichischen Papiere laut Anmerkung Schumanns "verkauft zu Doctorat in Jena um 68 Th. 13 Gr. am 19ten Februar 40" (Haushaltbücher, S. 150). Des weiteren findet sich bei weiteren vier Papieren die Anmerkung "die bekreuzten in Klara' [Wieck]s Händen" (ebenda)

17 Vgl. Nauhaus, Vorwort zu den Haushaltbüchern, a.a.O., S. 11. Zu den Einnahmen gehören auch noch kleinere Honorare, z.B. für Schumanns Unterrichtstätigkeit. In Leipzig erteilte er Amalie Rieffel Klavierunterricht, offensichtlich aber ohne Honorar, jedenfalls finden sich im Haushaltbuch keine Angaben dazu; in Dresden erteilte er gegen Honorar Kompositionsunterricht an Carl Ritter.
Im Jahre 1847 gab er 6 Stunden à 2 Taler = 12 Taler und
im Jahre 1848 46 Stunden à 2 Taler = 92 Taler;
für den Konservatoriumsunterricht erhielt er (und die Angaben bei Boetticher I, S. 619, sind dahingehend zu korrigieren):
1843 80 Taler (Haushaltbücher, S. 272)
1844 128 Taler (a.a.O., S. 273)

18 Vgl. Aus Moscheles Leben, a.a.O.
19 Vgl. Worbs, Hans Christoph, Albert Lorzting in Selbstzeugnissen und Bilddokumenten dargestellt, Reinbek 1979, S. 114
20 a.a.O., S. 106
21 Becker, Heinz, Giacomo Meyerbeer in Selbstzeugnissen und Bilddokumenten dargestellt, Reinbek 1980, S. 71
22 Vgl. Loewe, Carl, Selbstbiographie. Für die Öffentlichkeit bearbeitet von C.H. Bitter, Berlin 1870
23 Otto, Louise, Frauenleben im deutschen Reich. Erinnerungen aus der Vergangenheit mit Hinweis auf Gegenwart und Zukunft, Leipzig 1876, S. 1/2
24 Michaelis liegt zwischen dem 16. und 17. Sonntag nach Trinitatis, also um den 29. September.
25 "... Es macht mich oft so traurig, daß ich mir nur erst langsam etwas erwerben kann; doch will ich es schon in zwei Jahren so weit bringen, daß ich da zum wenigsten auch einmal so viel habe jährlich, als ich selbst brauche (Gewöhnlich 6-700 Thaler). Es ist nämlich meine Meinung, daß die Frau nicht mehr brauchen darf als ihr Mann - unter allen Umständen. Meinst Du nicht? Wie ich mir unser Leben ausmale, wie oft! Da denke ich, wirst Du zur Türe hereintreten und fragen: 'Wolltest Du etwas, lieber R.'
(Robert Schumann an Clara Wieck, Leipzig 3.1.1838, Boetticher II, S. 158/9
26 So z.B. 22 Taler für die Soiree (14.10.1840) (Haushaltbücher, S. 164); 7 Taler extra: 21.11.1840 (Haushaltbücher, S. 167); für die Mutter vor der Hochzeit hatte Schumann schon 250 Taler gegeben, jetzt belaufen sich die Zahlungen auf 10 Taler z.B. am 11.12.1840 (Haushaltbücher, S. 169)
27 "Besuch von Hiller ... er meinte, ich solle nach Köln ziehen, dort könne ich mehr verdienen als hier ... ich lehnte natürlich entschieden ab, ich sagte Hiller, daß ich die mir teuer gewordenen Räume nicht verließe ohne gewichtigen Grund, als einige Stunden mehr ... daß ich

es ferner meines guten Mannes unwürdig fände, einen Schritt zu tun, der ihn als Familienvater in ein falsches Licht der Welt gegenüber stellen würde, denn man müßte ja glauben, er habe mich aller Habe entblößt zurückgelassen, was ja d u r c h a u s nicht der Fall ist."
(Tagebucheintragung vom 15.3.1854, Litzmann II, S. 307)
Mehrere wohlhabende Leipziger Familien stifteten Clara ein Kapital, das sie Zukunft sicherstellte, vgl. Boetticher II, S. 494

28 Vgl. Brief Schumanns an Clara Wieck, 11.3.1839, Litzmann I, S. 299
29 Vgl. Brief Schumanns an Clara Wieck, 28.12.1838, Boetticher II, S. 220-223
30 So trägt sie am Trauungstag in ihr Tagebuch ein:
"Eine Periode meines Lebens ist nun beschlossen; erfuhr ich gleich viel Trübes in meinen jungen Jahren schon, so doch auch manches Freudige, das ich nie vergessen will. Jetzt geht ein neues Leben an, ein schönes Leben, das Leben in dem, den man über alles und sich selbst liebt, aber schwere Pflichten ruhen auch auf mir, und der Himmel verleihe mir Kraft, sie getreulich wie ein gutes Weib zu erfüllen - er hat mir immer beigestanden, und wird es auch ferner thun. Ich hatte immer einen großen Glauben in Gott und werde ihn ewig in mir erhalten."
Litzmann I, S. 431)
31 Vgl. S. 150 der vorliegenden Arbeit
32 Schumann, Eugenie, Erinnerungen, Stuttgart 1925, S. 104/5
33 Im Autograph findet sich die Eintragung vom Dezember 1840:
"Das Nähen und Schreiben hat mir steife Finger gemacht, doch das läßt sich schon wieder gut machen."
34 Otto, Frauenleben, a.a.O., S. 15
35 Vgl. dazu Gerhard, a.a.O., S. 64-72
36 Schumann, Eugenie, Erinnerungen, a.a.O., S. 109
37 Schumann, Eugenie, Erinnerungen, a.a.O., S. 29-32
38 "Wenn wir die Frauen auch erwerbsfähig und selbständig machen, jede Bildungsstätte der Kunst und Wissenschaft ihnen eröffnen wollen, so hindert uns das alles nicht, das Haus als die Stätte zu erklären, die durch das Walten der Frauen so bereitet und geordnet sein soll, daß sie ihnen und durch sie auch den Männern die Stätte sei, in der sie nicht nur am liebsten ausruhn von allen Anstrengungen, Kämpfen und Stürmen des Lebens draußen, sondern in der sie sich dazu vorbereiten und in der Gemüthlichkeit der Häuslichkeit sich die Kraft, die Weihe dazu holen."
(Otto, Frauenleben, a.a.O., S. 202/3)
39 Vgl. Schott, Einleitung in das Eherecht, a.a.O., § 183, S. 252:
"(...) Frau ist verpflichtet zur sorgfältigen Erhaltung der Leibesfrucht und zum selber stillen."
40 In L e i p z i g geboren:
Marie: 1.9.1841 - 14.11.1929 Interlaken; unverheiratet, Klavierlehrerin und Stütze der Mutter
Elise: 25.4.1843 - 1.7.1928 Haarlem; verheiratet mit Kaufmann Louis Sommerhoff, Frankfurt am Main - 4 Kinder

in D r e s d e n geboren:
Julie: 11.3.1845 - 10.11.1872 Paris, schwindsüchtig; verheiratet mit dem italienischen Privatgelehrten, Graf Vittorio Radicati di Marmorito - 2 Kinder
Emil: 8.2.1846 - 22.6.1847

Ludwig: 20.1.1848 - 9.1.1899 Colditz; Handlungsgehilfe, unverheiratet; war etwa drei Jahrzehnte in der Colditzer Heilanstalt für Geisteskranke untergebracht
Ferdinand: 16.7.1849 - 6.6.1891 Gera; Bankbeamter, verheiratet mit der Rittergutsbesitzertochter Antonie Deutsch - 6 Kinder
Eugenie: 1.12.1851 - 25.9.1938 Bern; unverheiratet, lebte als Klavierlehrerin in Interlaken
Felix: 11.6.1854 - 16.2.1879 Frankfurt am Main; stud.jur., unverheiratet, schwindsüchtig
(Eismann, S. 201/2)
41 Vgl. Litzmann II, S. 271; Schumann an Verhulst, 5.11.1852, Briefe N.F., 2. Auflage, S. 361
42 Vgl. Nauhaus, Vorwort zu den Haushaltbüchern, a.a.O.
43 So schreibt sie an die Tochter Eugenie:
"(...) hat Dir Herr Breymann unrecht getan, so bleibt er immer Dein Lehrer, und gegen einen Lehrer darf man sich nie empören, (...)."
(Clara Schumann an Eugenie Schumann, London, 25.1.1867, Eugenie Schumann, Erinnerungen, a.a.O., S. 45)
44 Schumann, Eugenie, Erinnerungen, a.a.O., S. 46/7, Brief vom 25.4.1867
45 Schumann, Eugenie, Erinnerungen, a.a.O., S. 109
46 Horkheimer, Erziehungsleistung, a.a.O., S. 433
47 Abgedruckt in: Eugenie Schumann, Erinnerungen, a.a.O., S. 204-214
48 Vgl. Litzmann II, 3 1. Fußnote
48a Wasielewski, S. 295/96
49 Vgl. Brief Schumanns an Clara Wieck, 9.2.1840, Litzmann I, S. 399
50 Clara Schumann an Liszt, 7.1.1844:
"Es graut ihm vor dieser Reise, vielleicht verständen Sie es, ihm die Sache von einer etwas freundlicheren Seite vorzustellen."
(Briefe N.F., 2. Auflage, S. 516, Anm. 299)
51 Vgl. dazu Nauhaus, Vorwort zu den Haushaltbüchern, a.a.O., S. 12
52 Campe, J.H., "Väterlicher Rath für meine Tochter", Teilabdruck bei Gerhard, S. 378/9
53 "Ist doch jeder Mensch auf das Heiligste verpflichtet, die höheren Gaben, die in ihn gelegt sind, zu bilden."
(Robert Schumann an Keferstein, 17.2.1840, Erler I, S. 231/32)
54 Vgl. auch Ehetagebücher, 24.10.1841 - 14.11.1841:
"... sein Lob wird mir so selten zuteil"
(Eugenie Schumann, S. 311)
55 Unter der Überschrift "Komponistenvirtuosen" schreibt Schumann als Aphorismus der Davidsbündler:
"Es ist im allgemeinen nicht anzunehmen (und die Erfahrung spricht dagegen), daß der Komponist seine Werke auch am schönsten und i n t e r e s s a n t e s t e n darstellen müsse, namentlich die neuesten zuletzt geschaffenen, die er noch nicht objektiv beherrscht. Der Mensch, dem die eigene physische Gestalt entgegensteht, erhält leichter im andern Herzen die idealische. E u s e b. Richtig. Denn wollte der Komponist, dem nach Vollendung des Werkes Ruhe vonnöten ist, seine Kräfte gleichzeitig auf äußere Darstellung fixieren, so würde, wie einem angestrengten, auf einem Punkt haftenden Augenpaar, sein Blick nur matter werden, wenn nicht sich verwirren und erblinden. Es giebt Beispiele, die in solcher erzwungenen Operation Komponistenvirtuosen ihre Werke völlig entstellt haben."
(Gesammelte Schriften I, S. 125/6)

56 Vgl. Nauhaus, Vorwort zu den Haushaltbüchern, a.a.O., S. 13
57 "Hast Du noch alle an Dich von mir geschriebenen Briefe und die Liebeszeilen, die ich Dir von Wien nach Paris schickte? (...)
O wie gern möchte ich Dein wundervolles Spiel einmal hören! ..."
(Robert Schumann an Clara Schumann, Endenich 14.9.1854, Boetticher II, S. 493)
58 Vgl. dazu Nauhaus, Haushaltbücher, Anmerkungen, Nr. 573, S. 755/56
59 Noch im Jahr 1843 'ging' ein Liederheft Clara Schumanns besser als seine 'Dichterliebe', die Schumann Härtel zum Verlag anbot; Schumanns Schreiben vom 6.8.1843:
"Zugleich erlaube ich mir anzufragen, ob sie geneigt wären, ein Liederwerk von mir zu drucken. Seit zwei Jahren habe ich daran gearbeitet und gefeilt und möchte damit meine Bahn als Liederkomponist auf eine Zeitlang beschließen. Es ist ein Zyklus von 20 Liedern, die ein Ganzes, aber auch einzeln für sich ein Abgeschlossenes bilden." (S. 102)
Zu diesem Schreiben heißt es in der Gedenkschrift des Verlagshauses Breitkopf und Härtel von Oskar von Hase:
"Dr. Härtel antwortete umgehend, daß es ihnen eine besondere Ehre und Freude sein wird, die Lieder seiner Frau Gemahlin zu verlegen" (S. 102/3)
Hases Aufsatz aus dem Jahre 1919 (4. Auflage!) endet mit dem Satz:
"Mehr noch wurde von aller Welt, zumal aber von seinen und ihren Verlegern die bewundert, deren Wirken und Geist durch alle seine Briefe weht, seine echte deutsche Muse Clara Schumann selbst."
(Hase, Oskar von, Breitkopf und Härtel. Gedenkschrift und Arbeitsbericht, 2. Bd. 1828 - 1918, 4. Auflage Leipzig 1919, S. 96-118)
60 Vgl. dazu Litzmann II, S. 86/87
61 Vgl. Schumanns Eintragung:
"(...) ein schönes Wort von Mendelssohn machte sie stundenlang glänzen"
(5. Woche 4.-18.10.1840, Eugenie Schumann, S. 281)
oder Clara Schumanns Eintragung vom 10.11.1842:
"10. besuchte uns Meldelssohn, und da mußte ich denn viel spielen. Mendelssohn war sehr liebenswürdig und versetzte mich durch sein Wohlgefallen an meinem Spiel in ein musikalisches Feuer, welches mir teuer zu stehen kam. (...)"
(Eugenie Schumann, S. 336)
62 Aus Moscheles Leben, a.a.O., II, S. 66
63 Schoppe, Martin, Schumann-Interpretation Clara Schumanns. (Tageskritik und Konzertbericht), in: 3. Schumann-Tage des Bezirkes Karl-Marx-Stadt 1978, 3. wissenschaftliche Arbeitstagung zu Fragen der Schumann-Forschung, S. 17-24
64 Vgl. Abdruck des Liszt-Briefes bei Wasielewski, S. 526
65 Schoppe, Schumann-Interpretation, a.a.O., S. 17
66 a.a.O., S. 19
67 Vgl. Shitominski, Daniel, Schumann in Rußland, in: Sammelbände der Robert Schumann-Gesellschaft 1, Leipzig 1961, S. 19-46
68 Hanslick, Geschichte des Concertwesens, a.a.O., S. 371
69 Brief vom 22.4.1841, Briefe N.F., 2. Auflage, S. 430
70 Nach dem in der Deutschen Staatsbibliothek liegenden Liederbuch (Ms.mus.autogr. R. Schumann 16,3) unter den Nummern 134-144 handelt es sich um op. 37,1; 37,6; 37,8; 37,9; 37,10; 37,5; 37,3. Im Autograph fehlen die beiden Duette op. 37,7 und 37,12.

Im Haushaltbuch finden sich die Eintragungen:
4.1.1841	"3 Lieder v. Rückert" (Haushaltbücher, S. 171)
5.1.	"Canon von Rückert" (a.a.O.)
6.1.	"Flügel" (a.a.O.)
7.1.	"2 v. Rückert" (a.a.O.)
10.1.	"1 v. Rückert" (a.a.O.)
11.1.	"1 Cacon v. R.[ückert]" (a.a.O.)
16.1.	"1 kleines v. Rückert" (Haushaltbücher, S. 172)
10.6.	"die Rückert'schen Lieder notirt" (Haushaltbücher, S. 184)
20.7.	"Schreiben an den Rückert'schen Liedern" (Haushaltbücher, S. 188)
19.8.	"Rückertiana beendigt" (Haushaltbücher, S. 191)

71 In der Handschrift Schumanns finden sich unter den Nummern 31-35 mit der Überschrift "Aus Rückerts Liebesfrühling" die Texte "Die gute Nacht, die ich Dir sage" mit dem Zusatz "componiert für Sopran, Alt, Tenor u. Bass", "Er ist gekommen ..." mit Unterstreichung der Zeilen "Nun ist gekommen/Des Frühlings Segen/Ich seh es heiter/Denn er bleibt mein auf allen Wegen" und der Anmerkung "von Klara componiert", "(Altitaliänisches) Warum willst du andere fragen" mit der Unterstreichung der Zeilen in der 2. Strophe: "sieh die Augen an" und in der 3. Strophe: "Sieh mein Aug' ich liebe dich" und der Anmerkung: "von Klara componiert", "(Sizilianisches) Liebst du um Schönheit" mit der Unterstreichung der ganzen letzten Strophe und der Anmerkung: "von Klara componiert" und "(Auf das Bild des Geliebten) O Freund, mein Schirm, mein Schutz" mit Unterstreichung der drei letzten Zeilen und der Anmerkung "komponiert"

72 Die Handschriftenlage spricht eindeutig gegen die Annahme von Sams, daß diese drei Lieder ebenfalls von Schumann komponiert worden seien. Vgl. Sams, Eric, The Songs of Robert Schumann, London 1969, S. 179: "Nos. 2, 4 and 11 (also omitted) are acknowledged to be by Clara Schumann; but they have an occasional master touch which is not hers." Aus der ebenfalls im Schumann-Haus Zwickau liegenden Handschrift der Kompositionen Clara Schumanns mit der Überschrift "Vier Gedichte von Rückert meinem geliebten Manne zum 8ten Juni" und dem Untertitel "1841 componiert von seiner Clara" geht hervor, daß sie außer den drei vermerkten Kompositionen auch den Text "Die gute Nacht, die ich dir sage" vertont hat. Den Text dieses Gedichts hatte sie mit drei anderen Rückert-Gedichten unter den Nummern 4-9 in die Gedichtsammlung abgeschrieben. Dieses Lied fand aber in op. 37 keine Aufnahme; warum nicht, ist dokumentarisch nicht belegbar. Dagegen sollte offensichtlich das Gedicht "O Freund, mein Schirm, mein Schutz", das Schumann später selbst für das 1849 entstandene Minnespiel op. 101 als Nr. 6 vertonte, von Clara Schumann ebenfalls für den Liebesfrühling komponiert werden. Aber auch in diesem Falle läßt sich die Frage, warum dies nicht geschah, nicht aus dem biographischen Material beantworten

73 Auch in dieser Ausgabe blieb das Lied "Die gute Nacht, die ich Dir sage" unberücksichtigt.

74 Vgl. Litzmann III, S. 613/14

75 Das Trio, das Klavierkonzert und einige Lieder liegen inzwischen als Reflex der Industrie auf die Neue Frauenbewegung in Platteneinspielungen vor.

76 So z.B. Lieder von Clara Schumann in einem von ihr veranstalteten Extrakonzert zugunsten des Orchesterpensionsfonds am 31.3.1841 (vgl. Dörffel, Die Gewandhauskonzerte, a.a.O., S. 214, Nr. 444;)

und in der am 8.1.1843 vom Ehepaar Schumann veranstalteten Musikalischen Morgenunterhaltung (vgl. Haushaltbücher, Anm. 349), das Scherzo op. 14 in einem von Clara veranstalteten Extrakonzert im Gewandhaus am 31.3.1841 (vgl. Dörffel, Die Gewandhauskonzerte, a.a.O., S. 217, Nr. 503) und das Trio op. 17 in der Wiener Abschiedsmatinee vom 15.1.1847 (vgl. Haushaltbücher, Anm. 446)
77 So z.B. in dem am 9.2.1843 von Sophie Schloß veranstalteten Extrakonzert (vgl. Dörffel, Die Gewandhauskonzerte, a.a.O., S. 217, Nr. 503)
78 Greer, Germaine, Das unterdrückte Talent. Die Rolle der Frau in der bildenden Kunst, Berlin/Frankfurt am Main/Wien 1979, S. 68
79 Hohenemser, Richard, Clara Wieck-Schumann als Komponistin, in: Die Musik, Jg. 1905/06, H. 20, S. 113-126.
Entsprechendes gilt für den in den Anhang verbannten Abschnitt über die kompositorische Tätigkeit Clara Schumanns in der Biographie von Paula und Walter Rehberg, a.a.O., S. 662-671, und für die Darstellung von Stephenson, Kurt, Clara Schumann 1819/1969, Bonn-Bad Godesberg 1969, besonders: S. 69-72
80 Weissweiler, Komponistinnen, a.a.O., S. 272
81 Creuzburg, Eberhard, Robert Schumann, Leipzig 1955, S. 19
82 Young, Percy, Robert Schumann, Leipzig 1968, S. 87
83 Dahms, Walter, Schumann, a.a.O., S. 139
84 a.a.O., S. 138
85 Vgl. vor allem Petzoldt, Richard, Robert Schumann, Leben und Werk, Leipzig 1941, sowie Dahms, Schumann, a.a.O.
86 Vgl. Laux, Robert Schumann, a.a.O., sowie Young, Robert Schumann, a.a.O.
87 Zuletzt wurde diese Ansicht von Schnebel vertreten, vgl. Schnebel, Rückungen Ver-Rückungen, a.a.O.; vgl. aber auch Batka, Richard, Schumann, Leipzig 1891
88 Vgl. vor allem Wörner, Karl, Robert Schumann, a.a.O.; Petzoldt, Robert Schumann, a.a.O.; Fischer-Dieskau, Robert Schumann, a.a.O.
89 Fischer-Dieskau, Robert Schumann, a.a.O., vgl. besonders S. 106, Sp. 1 und S. 127, Sp. 2; entsprechend argumentiert Eva Weissweiler in ihrem Clara Schumann-Kapitel, in: Komponistinnen, a.a.O. S. 265/6
90 Diese These wurde in der letzten Zeit wieder verstärkt vertreten, offensichtlich im Bemühen um eine 'realistische' Biographik. Vgl. Ulmann, Hellmuth von, Die veruntreute Handschrift. Robert Schumanns Violinkonzert und seine Tragödie - Geschichte einer Recherche, Heilbronn 1981. Solche rein spekulativen Veröffentlichungen brauchten nicht weiter ernst genommen zu werden, wenn sie keinen Widerhall in Veröffentlichungen fänden, die mit einem wissenschaftlichen Anspruch auftreten, so z.B. Hopf, Helmuth, Fehlinterpretation eines Spätstils am Beispiel Robert Schumanns, in: Alf/Kruse (Hrsg.), Robert Schumann, Universalgeist der Romantik, Beiträge zu seiner Persönlichkeit und seinem Werk, Düsseldorf 1981, S. 240
91 Vgl. Wolff, Ernst, Robert Schumann, Berlin 1906, S. 47
92 Höcker, Karla, Clara Schumann. Die große Pianistin ihrer Zeit. Die Lebensgefährtin Robert Schumanns. Die Freundin von Johannes Brahms, München April 1978
93 Hopf, Fehlinterpretationen, a.a.O., S. 239
94 Weissweiler, Komponistinnen, S. 258
95 Schnebel, Rückungen Ver-Rückungen, a.a.O., S. 50
96 a.a.O., S. 65
97 a.a.O., S. 70/71

98 a.a.O., S. 61
99 Vgl. dazu Hase, Breitkopf und Härtel, a.a.O., und Boetticher, Wolfgang, Robert Schumann und seine Verleger, in: Musik und Verlag, Festschrift für Karl Vötterle zum 65. Geburtstag, Kassel 1968, S. 168-174
99a Horkheimer, a.a.O., S. 432
100 Vgl. Schoppe, Martin, Schumann im Spiegel der Tagesliteratur, Ein Beitrag zur Erforschung der Schumann-Rezeption zwischen 1830 und 1956, Phil. Diss. (masch.) Halle 1968
101 Vgl. Briefe und Gedichte aus dem Album Robert Schumanns, hrsg. von Wolfgang Boetticher, Leipzig 1979, Einleitung, S. 13
102 1. Jg. 1843, Nr. 2 vom 10.1.1843, S. 15. Diesen Abdruck nahm Schumann in seine Sammlung von Rezensionen 'Zeitungsstimmen' auf, vgl. dazu Nauhaus, Haushaltbücher, Anm. 219
103 Clara Schumann entnahm das Manuskript des Gedichtes der Familienkassette und sandte es Schumann nach Endenich, vgl. Brief Schumanns an Brahms vom 15.12.1854, Briefe N.F., S. 403
104 Boetticher, Robert Schumann an seine königliche Majestät, a.a.O. Boettichers Annahme, Schumann habe keine Reaktion des Prinzgemahls auf seine Zusendung des Klavierauszuges von "Das Paradies und die Peri" ist laut Nauhaus, Haushaltbücher, Anm. 529, falsch
105 Vgl. Schumanns Notizen über diesen Besuch im Ehetagebuch, zitiert bei Eugenie Schumann, S. 329-331
106 So schreibt er am 15.12.1847 an Whistling:
"Sie erhalten hier drei Gesänge für Männerchor: Der Eidgenossen Nachtwache, Freiheitslied und Schlachtgesang. Namentlich des ersteren halber, das auf die jetzigen Zeitzustände wie gemacht erscheint, eines ganz herrlichen Gedichts übrigens - wäre es gut, wenn der Stich g l e i c h vorgenommen würde. Wenn ich Ihnen bei früheren Kompositionsarbeiten nur sagen konnte 'ich hab mich bemüht, es so gut wie möglich zu machen', so glaub ich Ihnen in diesem Opus mit Gewißheit auch guten Verdienst prophezeien zu können. Wie gesagt, lesen Sie den Text! Der müßte, dächte ich, einschlagen. Aber schnell müßte es unternommen werden. Jeder Tag ist hier Verlust! Das Honorar habe ich auf 10 Louisd'or festgesetzt. Sie könnten mir auch die Hälfte mehr geben, ich weiß Sie verdienen es daran."
(Boetticher I, S. 182)
Oder 1849 an Härtel:
"Könnte ich Ihnen nur einmal etwas leisten, was Ihnen rechten Gewinn brächte! Oft denke ich darüber nach, - habe auch eine Idee, die Ihnen vielleicht gefällt; doch ist sie noch nicht ganz reif. Später werde ich darauf zurückkommen, wenn Sie erlauben."
(Schumann an Härtel, 15.2.1849, zitiert bei Hase, Breitkopf und Härtel, a.a.O., S. 107/8)
107 Vgl. Popp, Susanne, Untersuchungen zu Robert Schumanns Chorkompositionen, Phil. Diss. Bonn 1971
108 Vgl. dazu Jarczyk, Michael, Die Chorballade im 19. Jahrhundert, Studien zu ihrer Form, Entstehung und Verbreitung, München/Salzburg 1978
109 Vgl. Dahlhaus, Carl, Romantik und Biedermeier. Zur musikgeschichtlichen Charakteristik der Restaurationszeit, in: AfMw, 31. Jg. 1974, H. 1, S. 22-41
110 "Auf die zweite Sonate freue ich mich unendlich, sie erinnert mich an viele glückliche und auch schmerzhafte Stunden. Ich liebe sie, so

wie ich Dich; Dein ganzes Wesen drückt sich so klar darin aus, auch ist sie nicht allzu unverständlich. Doch eins. Willst Du den letzten Satz ganz so lassen, wie er ehemals war? Aendere ihn doch lieber etwas und erleichtere ihn, denn er ist doch gar zu schwer. Ich verstehe ihn schon und spiele ihn auch zur Noth, doch die Leute, das Publikum, selbst die Kenner, für die man doch eigentlich schreibt, verstehen das nicht. Nicht wahr, Du nimmst mir das nicht übel? ... Du bist ja so fleißig, daß Einem die Sinne schwindeln. Quartetten willst Du schreiben? Eine Frage, aber lache mich nicht aus: kennst Du denn die Instrumente genau? Ich freue mich sehr darauf, nur bitte, r e c h t   k l a r, Es schmerzt mich doch gar zu sehr, wenn die Leute Dich verkennen"
(Clara Wieck an Robert Schumann, 3.3.1838, Litzmann I, S. 186)
Schumann reagiert souverän:
"Aber Clara, was ist denn aus Dir geworden? Du schreibst, ich solle Quartette machen aber "bitte recht klar" - das klingt ja wie von einem Dresdener Fräulein. Weißt Du, was ich zu mir sagte, als ich das las: 'ja klar daß ihr Hören und Sehen vergehen soll'."
(Robert Schumann an Clara Wieck, 17.3.1838, Jugendbriefe, S. 276)
110a Horkheimer, a.a.O., S. 432
111 Vgl. dazu Nauhaus, Vorwort zu den Haushaltbüchern, a.a.O., S. 21
112 So im Jahre 1846, dann im Juni 1852 sichtet er seine literarischen Arbeiten und will sie herausgeben (vgl. dazu Kreisig, Vorwort zu den Gesammelten Schriften, a.a.O., S. XVIII; vgl. des weiteren Nauhaus, Haushaltbücher, Anm. 851, S. 806)
In diesen Zusammenhang gehört Schumanns Wunsch, sein Werkverzeichnis gedruckt zu sehen (vgl. Briefe N.F. Nr. 588, S. 484f.). Aber auch dieses lehnte Breitkopf und Härtel ab. Zu Schumanns Lebzeiten kam es zu keiner Veröffentlichung dieses Werkverzeichnisses mehr. Vgl. Nauhaus, Haushaltbücher, Anm. 906, S. 816
113 Vgl. Litzmann II, S. 30
114 Vgl. Goldschmidt, Harry, Referat zum Thema 'Kunstwerk und Biographie', in: Bericht über den Internationalen Beethoven-Kongreß 20. bis 23. März 1977 in Berlin, hrsg. von Harry Goldschmidt, Karl-Heinz Köhler und Konrad Niemann, Leipzig 1978, S. 437-465
115 Liszt, Franz, Gesammelte Schriften, hrsg. von L. Ramann, Leipzig 1882, 4. Bd., S. 196

Verzeichnis der erwähnten Literatur

Abert, Hermann: Robert Schumann (1903) 4. neubearbeitete Auflage Berlin 1920
Alf, Julius/Kruse, Joseph A. (Hrsg.): Robert Schumann. Universalgeist der Romantik. Beiträge zu seiner Persönlichkeit und seinem Werk. Bearbeitung und Redaktion: Klaus Witteler, Düsseldorf 1981 (= Veröffentlichungen des Heinrich-Heine-Instituts Düsseldorf)
Ariès, Philippe: Geschichte der Kindheit. München 1978. Aus dem Französischen von Caroline Neubaur und Karin Kersten (Französische Originalausgabe 1960)
Athenaeum. Eine Zeitschrift von August Wilhelm Schlegel und Friedrich Schlegel, ausgewählt und bearbeitet von Curt Grützmacher. Reinbek 1969
Balet, Leo/Gerhard, E.: Die Verbürgerlichung der deutschen Kunst, Literatur und Musik im 18. Jahrhundert. (1936). Mit einem Nachwort von Eberhard Rebling. Dresden 1979
Batka, Richard: Schumann. 2. Auflage Leipzig 1891
Becker, Heinz: Giacomo Meyerbeer. In Selbstzeugnissen und Bilddokumenten dargestellt. Reinbek 1980
Beese, Henriette: "Lucinde" oder Die neue Liebesreligion. In: alternative, 25. Jg. 1982, Heft 143/144, S. 89-100
Bekker, Paul: Das deutsche Musikleben. Berlin 1916
Berlioz, Hector: Memoiren mit der Beschreibung seiner Reisen in Italien, Deutschland, Rußland und England 1809-1865. Wilhelmshaven 1979 (= Taschenbücher zur Musikwissenschaft, hrsg. von Richard Schaal, Nr. 55)
Biedermann, Karl: Frauen-Brevier. Kulturgeschichtliche Vorlesungen. Leipzig 1856
ders.: Mein Leben und ein Stück Zeitgeschichte. 2 Bde. Breslau 1886
Blume, Friedrich: Die Musik von 1830-1914. In: Bericht über den internationalen musikwissenschaftlichen Kongreß Kassel 1962, S. 40-50
Boetticher, Wolfgang: Robert Schumann. Einführung in Persönlichkeit und Werk. Beiträge zur Erkenntniskritik der Musikgeschichte und Studien am Ausdrucksproblem des 19. Jahrhunderts. Festschrift zur 130. Wiederkehr des Geburtstages von Robert Schumann, Berlin 1941 (= Veröffentlichung der deutschen Robert-Schumann-Gesellschaft)
ders.: Robert Schumann in seinen Schriften und Briefen. Berlin 1942
ders.: Robert Schumann an Seine Königliche Majestät. In: Die Musik, Jg. XXXIII, 1940/41, S. 58-67
ders.: Robert Schumann und seine Verleger. Anregungen zu weiterer Forschung. In: Musik und Verlag. Festschrift für Karl Vötterle zum 65. Geburtstag, Kassel 1968, S. 168-174
Bovenschen, Silvia: Die imaginierte Weiblichkeit. Exemplarische Untersuchungen zu kulturgeschichtlichen und literarischen Präsentationsformen des Weiblichen. Frankfurt am Main 1979

dies.: Über die Frage: Gibt es eine weibliche Ästhetik? In: Die Überwindung der Sprachlosigkeit. Texte aus der neuen Frauenbewegung, hrsg. von Gabriele Dietze. Darmstadt/Neuwied 1979, S. 82-115
Brand-Seltei, Erna: Belcanto. Eine Kulturgeschichte der Gesangskunst. Wilhelmshaven/Amsterdam/Locarno 1972
Bromme, Moritz Th.W.: Lebensgeschichte eines modernen Fabrikarbeiters. Nachdruck der Ausgabe von 1905. Mit einem Nachwort hrsg. von Bernd Neumann. Frankfurt am Main 1971
Conze, Werner (Hrsg.): Sozialgeschichte der Familie in der Neuzeit Europas. Neue Forschungen. Stuttgart 1976 (= Industrielle Welt. Schriftenreihe des Arbeitskreises für moderne Sozialgeschichte, Bd. 21)
Corvin, Otto von: Ein Leben voller Abenteuer. 2 Bde. Hrsg. von Hermann Wendel. Frankfurt am Main 1924
Creuzberg, Eberhard: Robert Schumann. Leipzig 1955
Dahlhaus, Carl: Die Idee der absoluten Musik. Kassel 1978
ders.: Musica poetica und musikalische Poesie. In: AfMw 23. Jg. 1966, S. 110-124
ders.: Romantik und Biedermeier. Zur musikgeschichtlichen Charakteristik der Restaurationszeit. In: AfMw 31. Jg. 1974, H. 1, S. 22-41
ders.: Romantische Musikästhetik und Wiener Klassik. In: AfMw 29. Jg. 1972, S. 167-181
ders.: Studien zu romantischen Symphonien. In: Jahrbuch des staatlichen Instituts für Musikforschung Preußischer Kulturbesitz Berlin 1972. S. 104-119
ders.: Zur Problematik der musikalischen Gattungen im 19. Jahrhundert. In: Gattungen der Musik in Einzeldarstellungen. Gedenkschrift Leo Schrade. 1. Folge, Bern/München 1973
Dahms, Walter: Schumann (1914). 7.-10. Auflage Berlin 1916
Dietze, Gabriele (Hrsg.): Die Überwindung der Sprachlosigkeit. Texte aus der neuen Frauenbewegung. Darmstadt/Neuwied 1979
Dischner, Gisela (Hrsg.): Bettina von Arnim. Eine weibliche Sozialbiographie aus dem neunzehnten Jahrhundert, kommentiert und zusammengestellt aus Briefromanen und Dokumenten. Berlin 1978
dies.: Friedrich Schlegels Lucinde und Materialien zu einer Theorie des Müßiggangs. Hildesheim 1980
Dörffel, Alfred: Die Gewandhauskonzerte zu Leipzig 1781-1881. Im Auftrag der Konzert-Direktion verfaßt. Reprint der Ausgabe Leipzig 1884. Leipzig 1980
Dörner, Heinrich: Industrialisierung und Familienrecht. Die Auswirkungen des sozialen Wandels dargestellt an den Familienmodellen des ALR, BGB und des französischen Code Civile. Berlin 1974 (= Schriftenreihe zur Rechtssoziologie und Rechtstatsachenforschung, Bd. 30)
Duden, Barbara: Das schöne Eigentum. Zur Herausbildung des bürgerlichen Frauenbildes an der Wende des 18. zum 19. Jahrhundert. In: Kursbuch 47, März 1977, S. 124-140
Eismann, Georg: Robert Schumann. Eine Biographie in Wort und Bild. Leipzig 1956
ders.: Robert Schumann. Ein Quellenwerk über sein Leben und Schaffen. Bd. 1. Briefe, Aufzeichnungen, Dokumente mit zahlreichen Erstveröffentlichungen. Leipzig 1956
Elias, Norbert: Über den Prozeß der Zivilisation. Soziogenetische und psychogenetische Untersuchungen. 2 Bde. (1936). 6. Auflage Frankfurt am Main 1979
Emmerich, Wolfgang (Hrsg.): Proletarische Lebensläufe. Autobiographische Lebensläufe zur Entstehung der Zweiten Kultur in Deutschland. Bd. 1. Anfänge bis 1914. Reinbek 1976 (1974)

Engels, Friedrich: Der Ursprung der Familie, des Privateigentums und
des Staates. (1884). 10. Auflage Berlin 1971
Engelsing, Rolf: Zur Sozialgeschichte deutscher Mittel- und Unterschichten. Göttingen 1973 (= Kritische Studien zur Geschichtswissenschaft,
Bd. 4)
Erler, Hermann: Robert Schumann's Leben. Aus seinen Briefen geschildert. 2 Bde. 2. Auflage Berlin 1887
Fischer-Dieskau, Dietrich: Robert Schumann. Wort und Musik. Das Vokalwerk. Stuttgart 1981
Flechsig, Emil: Erinnerungen an Robert Schumann. In: NZfM 1956,
Heft 7/8, S. 392-396
Gerhard, Ute: Verhältnisse und Verhinderungen. Frauenarbeit, Familie
und Rechte der Frauen im 19. Jahrhundert. Mit Dokumenten. Frankfurt am Main 1978
Goldschmidt, Harry (Hrsg.): Bericht über den Internationalen Beethoven-Kongreß 20.-23. März 1977 in Berlin. Hrsg. von Harry Goldschmidt,
Karl-Heinz Köhler und Konrad Niemann. Leipzig 1978
ders.: Um die unsterbliche Geliebte. Eine Bestandsaufnahme. Leipzig
1977 (= Beethoven-Studien 2)
Greer, Germaine: Das unterdrückte Talent. Die Rolle der Frauen in der
bildenden Kunst. Berlin/Frankfurt am Main/Wien 1979 (Englische Originalausgabe 1979)
Gross, Reiner: Die bürgerliche Agrarreform in Sachsen in der 1. Hälfte
des 19. Jahrhunderts. Untersuchungen zum Problem des Übergangs
vom Feudalismus zum Kapitalismus in der Landwirtschaft. Weimar 1968
(= Schriftenreihe des Staatsarchivs Dresden, Bd. 8)
Grossmann-Vendrey, Susanne: Felix Mendelssohn-Bartholdy und die Musik
der Vergangenheit. Regensburg 1969 (= Studien zur Musikgeschichte
des 19. Jahrhunderts, Bd. 17)
dies.: Mendelssohn und die Vergangenheit. In: Die Ausbreitung des Historismus über die Musik. Hrsg. von Walter Wiora. Regensburg 1969,
S. 73-84 (= Studien zur Musikgeschichte des 19. Jahrhunderts, Bd. 14)
Günderrode, Karoline von: Der Schatten eines Traumes. Gedichte, Prosa,
Briefe, Zeugnisse von Zeitgenossen. Hrsg. und mit einem Essay von
Christa Wolf. Darmstadt/Neuwied 1981
Gurlitt, Willibald: Robert Schumann in seinen Skizzen gegenüber Beethoven. In: Gurlitt, Musikgeschichte der Gegenwart. Eine Aufsatzfolge.
Hrsg. und eingeleitet von Hans Heinrich Eggebrecht. Teil 1. Von musikalischen Epochen. Wiesbaden 1966, S. 198-201
ders.: Robert Schumann und die Romantik in der Musik. In: Gurlitt, Musikgeschichte der Gegenwart, a.a.O., S. 182-197
Habermas, Jürgen: Strukturwandel der Öffentlichkeit. Untersuchungen zu
einer Kategorie der bürgerlichen Gesellschaft. (1962). 9. Auflage Darmstadt/Neuwied 1978
Hanslick, Eduard: Geschichte des Concertwesens in Wien. Wien 1869/70
Hartitzsch, Adolph Carl Heinrich: Handbuch des in Deutschland geltenden
Eherechts mit besonderer Angabe des Sächsischen und Preußischen
Rechts. Leipzig 1828
Hase, Oskar von: Breitkopf und Härtel. Gedenkschrift und Arbeitsbericht. 2. Bd. 1828-1918. 4. Auflage Leipzig 1919
Haubold, D. Christian Gottlieb: Lehrbuch des königlich-sächsischen Privatrechts. Leipzig 1820
Hausen, Karin: Die Polarisierung der "Geschlechtscharaktere" - Eine Spiegelung der Dissoziation von Erwerbs- und Familienleben. In: Sozialgeschichte der Familie in der Neuzeit Europas. Neue Forschungen. Hrsg.
von Werner Conze. Stuttgart 1976, S. 363-393

Hauser, Arnold: Sozialgeschichte der Kunst und Literatur. (1953). München 1973
Heine, Heinrich: Sämtliche Werke in zwölf Bänden. Leipzig (Gustav Fock) o.J.
ders.: Zeitungsberichte über Musik und Malerei. Hrsg. von Michael Mann. Frankfurt am Main 1974
Heister, Hanns-Werner: Beiträge zur Theorie des Konzerts. Untersuchungen zu Publikum, Rezeptionsweise und Ästhetik des Konzertwesens. Phil. Diss. (masch.) Berlin 1977
Helm, Everett: Franz Liszt in Selbstzeugnissen und Bilddokumenten. Reinbek 1972
Herbeck, Ludwig von: Komponistenhonorare einst und jetzt. In: Deutsche Revue 1887, Septemberheft, S. 340-46
Hinz, Berthold: Zur Dialektik des bürgerlichen Autonomiebegriffs. In: Autonomie der Kunst. Zur Genese und Kritik einer bürgerlichen Kategorie. Mit Beiträgen von Michael Müller, Horst Bredekamp, Berthold Hinz, Franz-Joachim Verspohl, Jürgen Fredel, Ursula Apitzsch. Frankfurt am Main 1972
Höcker, Karla: Clara Schumann. Die große Pianistin ihrer Zeit. Die Lebensgefährtin Robert Schumanns. Die Freundin von Johannes Brahms. (1938). München 1978
Hoffmann, E.Th.A.: Musikalische Novellen und Schriften nebst Briefen und Tagebuchaufzeichnungen. Ausgewählt, eingeleitet und mit Anmerkungen versehen von Richard Münnich. Weimar 1962
ders.: Werke. 1. Bd. Fantasiestücke in Callots Manier. Text: Aufbau-Verlag. Berlin 1958. Neu durchgesehen und revidiert von Herbert Kraft und Manfred Wacker. Frankfurt am Main 1967
Hohenemser, Richard: Clara Wieck-Schumann als Komponistin. In: Die Musik, Jg. 1905/06, Heft 20, S. 113-126
Hopf, Helmuth: Fehlinterpretation eines Spätstils am Beispiel Robert Schumanns. In: Robert Schumann. Universalgeist der Romantik. Beiträge zu seiner Persönlichkeit und seinem Werk. Hrsg. von Alf/Kruse, Düsseldorf 1981, S. 236-267
Horkheimer, Max: Die Erziehungsleistung der bürgerlichen Familie. In: Familie und Gesellschaftsstruktur. Materialien zu den sozioökonomischen Bedingungen von Familienformen. Hrsg. von Heidi Rosenbaum. Frankfurt am Main 1978, S. 425-434
Hubmann, Heinrich: Urheber- und Verlagsrecht. 4. neubearbeitete Auflage München 1978
Jansen, F. Gustav: Die Davidsbündler. Aus Robert Schumanns Sturm- und Drangperiode. Ein Beitrag zur Biographie Robert Schumanns nebst ungedruckten Briefen, Aufsätzen und Portraitskizzen aus seinem Freundeskreise. Leipzig 1883
Jarczyk, Michael: Die Chorballade im 19. Jahrhundert. Studien zu ihrer Form, Entstehung und Verbreitung. München/Salzburg 1978 (= Berliner musikwissenschaftliche Arbeiten, hrsg. von Carl Dahlhaus und Rudolph Stephan, Bd. 16)
Keldany-Mohr, Irmgard: Unterhaltungsmusik als soziokulturelles Phänomen des 19. Jahrhunderts. Untersuchung über den Einfluß der musikalischen Öffentlichkeit auf die Herausbildung eines neuen Musiktyps. Regensburg 1977 (= Studien zur Musikgeschichte des 19. Jahrhunderts, Bd. 47)
Kleefeld, Wilhelm: Clara Schumann. Bielefeld 1910
Kluckhohn, Paul: Die Auffassungen der Liebe in der Literatur des 18. Jahrhunderts und in der deutschen Romantik. 3. Auflage Tübingen 1966

Köhler, Hans-Joachim: Quellenstudien und ihre Ergebnisse im Hinblick auf die inhaltliche Interpretation der Klavierwerke Robert Schumanns, dargestellt an Hand der Papillons op. 2. In: 3. Schumann-Tage des Bezirkes Karl-Marx-Stadt, 1978. 3. wissenschaftliche Arbeitstagung zu Fragen der Schumann-Forschung, S. 25-33

Kohut, Adolph: Friedrich Wieck. Ein Lebens- und Künstlerbild. Mit zahlreichen ungedruckten Briefen. Dresden und Leipzig 1888

Korte, Werner: Robert Schumann. Potsdam 1937

Kreisig, Martin: Geschichtlicher Überblick über die schriftstellerische Tätigkeit Robert Schumanns. Vorwort zur 5. Auflage der Gesammelten Schriften. Leipzig 1914

Kreuzer, Helmut: Die Boheme. Analyse und Dokumentation der intellektuellen Subkultur vom 19. Jahrhundert bis zur Gegenwart. Stuttgart 1971

Krille, Annemarie: Beiträge zur Geschichte der Musikerziehung und Musikausübung der deutschen Frau (von 1750 bis 1820). Phil. Diss. Berlin 1938

Kross, Siegfried: Aus der Frühgeschichte von Robert Schumanns Neuer Zeitschrift für Musik. In: Die Musikforschung, 34. Jg. 1981, Heft 4, S. 423-445

Kuczynski, Jürgen: Die Bewegung der deutschen Wirtschaft von 1800 bis 1946. 16 Vorlesungen. Berlin/Leipzig o.J.

ders.: Die Geschichte der Lage der Arbeiter unter dem Kapitalismus. Teil 1. Die Geschichte der Lage der Arbeiter in Deutschland von 1789 bis zur Gegenwart. Bd. 1. Darstellung der Lage der Arbeiter in Deutschland von 1789 bis 1849. Berlin 1961

ders.: Studien zur Geschichte der Lage der Arbeiterin in Deutschland von 1700 bis zur Gegenwart. Berlin 1963 (= Die Geschichte der Lage der Arbeiter unter dem Kapitalismus, Bd. 18)

Kühner, Hans: Genien des Gesanges aus dem Zeitalter der Klassik und Romantik. Basel 1951

Laube, Heinrich: Reise durch das Biedermeier. Hrsg. und mit einem Nachwort von Franz Heinrich Körber. Hamburg 1965

Laux, Karl: Robert Schumann. Leipzig 1972

List, Friedrich: Schriften, Reden, Briefe. 10 Bde. Hrsg. von Erwin von Beckerath u.a. Berlin 1927-1936

Liszt, Franz: Gesammelte Schriften. Hrsg. von Lina Ramann. Leipzig 1882

Litzmann, Berthold: Clara Schumann. Ein Künstlerleben nach Tagebüchern und Briefen. Bd. I: Mädchenjahre 1819-1840. (1902). 7. Auflage Leipzig 1920; Bd. II: Ehejahre 1840-1856. (1905). 6. Auflage 1920; Bd. III: Clara Schumann und ihre Freunde 1856-1896. (1908). 3. Auflage 1910

Loewe, Johann Carl Gottlieb: Selbstbiographie. Bearbeitet von C.H. Bitter. Berlin 1870

Mayer, Hans: Außenseiter. Frankfurt am Main 1975

Mitterauer, Michael: Der Mythos von der vorindustriellen Großfamilie. In: Mitterauer, Michael, Vom Patriarchat zur Partnerschaft. Zum Strukturwandel der Familie. München 1977, S. 38-65

Möhrmann, Renate: Die andere Frau. Emanzipationsansätze deutscher Schriftstellerinnen im Vorfeld der Achtundvierziger Revolution. Stuttgart 1977

dies.: Feministische Ansätze in der Germanistik seit 1945. In: "Frauen-Sprache-Literatur". Hrsg. von Magdalene Heuser. Paderborn 1982. S. 91-145 (= Informationen zur Sprach- und Literaturdidaktik 38)

dies.: Frauenemanzipation im deutschen Vormärz. Texte und Dokumente. Hrsg. von R. Möhrmann. Stuttgart 1978

Molsen, Uli: Die Geschichte des Klavierspiels in historischen Zitaten von den Anfängen des Hammerklaviers bis Brahms. Balingen 1982
Moscheles - Aus Moscheles Leben. Nach Briefen und Tagebüchern. Hrsg. von seiner Frau. 1. Bd. 1872, 2. Bd. 1873
Nauhaus, Gerd: Möglichkeiten und Probleme der Publikation von Schumann-Dokumenten. In: Sächsische Heimatblätter. Heft 2, 1980, S. 67-69
Nitsche, Rainer: Liebesverhältnisse. Untersuchungen zur literarischen Präsentation von Sexualität, Frau, Familie und Gesellschaft in Deutschland im 19. Jahrhundert. Phil. Diss. Berlin 1975
Obenaus, Sibylle: Buchmarkt, Verlagswesen und Zeitschriften. In: Deutsche Literatur. Eine Sozialgeschichte. Bd. 6 1815-1848. Hrsg. von Bernd Witte. Hamburg 1980, S. 44-62
Obermann, Karl: Deutschland von 1815 bis 1849 (von der Gründung des Deutschen Bundes bis zur bürgerlich-demokratischen Revolution). 4. überarbeitete Auflage Berlin 1976
Otto, Frauke: Robert Schumann als Jean-Paul-Leser. Frankfurt am Main 1984
Otto, Louise: "Dem Reich der Freiheit werb' ich Bürgerinnen". Die Frauen-Zeitung von Louise Otto. Hrsg. und kommentiert von Ute Gerhard, Elisabeth Hannover-Drück und Romina Schmitter. Frankfurt am Main 1980
dies.: Frauenleben im deutschen Reich. Erinnerungen aus der Vergangenheit mit Hinweis auf Gegenwart und Zukunft. Leipzig 1876
Paul, Jean: Levana. Werke Bd. 5, hrsg. von Norbert Miller. 3. Auflage München 1973, S. 515-874
Perl, Ernst Helmut: Rhythmische Phrasierung in der Musik des 18. Jahrhunderts. Die Bedeutung von Spieltechnik und Instrument für die Ausführung unter Berücksichtigung der Applikatur der Tasteninstrumente und der im 19. Jahrhundert erfolgten Wandlungen. Phil. Diss. (masch.) Bremen 1983
Petersen, Karin: "Essen vom Baum der Erkenntnis" - Weibliche Kreativität? In: Die Überwindung der Sprachlosigkeit. Texte aus der neuen Frauenbewegung. Hrsg. von Gabriele Dietze. Darmstadt/Neuwied 1979, S. 70-81
Petzoldt, Richard: Robert Schumann. Leben und Werk. (1941). 2. Auflage Wiesbaden 1947
Pöls, Werner (Hrsg.): Deutsche Sozialgeschichte. Dokumente und Skizzen, Band I: 1815-1870. 2. unveränderte Auflage München 1976
Popp, Susanne: Untersuchungen zu Robert Schumanns Chorkompositionen. Phil. Diss. Bonn 1971
Preussner, Eberhard: Die bürgerliche Musikkultur. Ein Beitrag zur deutschen Musikgeschichte des 18. Jahrhunderts. Hamburg o.J. (1935)
Prokop, Ulrike: Weiblicher Lebenszusammenhang. Von der Beschränktheit der Strategien und der Unangemessenheit der Wünsche. 2. Auflage Frankfurt am Main 1977
Räuberbuch - Das Räuberbuch. Die Rolle der Literaturwissenschaft in der Ideologie des deutschen Bürgertums am Beispiel von Schillers "Die Räuber" (ohne Autor). Frankfurt am Main 1974
Rehberg, Paula und Walter: Robert Schumann. Sein Leben und sein Werk. (1954). 2. Auflage Zürich/Stuttgart 1969
Rieger, Eva: Frau, Musik und Männerherrschaft. Zum Ausschluß der Frau aus der deutschen Musikpädagogik, Musikwissenschaft und Musikausübung. Frankfurt am Main/Berlin/Wien 1981

Rosenbaum, Heide (Hrsg.): Familie und Gesellschaftsstruktur. Materialien zu den sozioökonomischen Bedingungen von Familienformen. Frankfurt am Main 1978

Rothe, Hans-Joachim: Neue Dokumente zur Schumann-Forschung im Stadtarchiv Leipzig. In: Arbeitsberichte zur Geschichte der Stadt Leipzig. Hrsg. vom Stadtarchiv Leipzig, Nr. 13, 1967, S. 1-17

Rummenhöller, Peter: Der Dichter spricht. Robert Schumann als Musikschriftsteller. Köln 1980

Rumpf, J.D.F.: Der Haus-, Brot- und Lehrherr in seinen ehelichen, väterlichen und übrigen hausherrlichen Verhältnissen gegen Gesinde, Gesellen und Lehrlinge nach allgemeinen und insbesondere nach Preußischen Gesetzen. Berlin 1823

Sams, Eric: The songs of Robert Schumann. London 1969

Schering, Arnold: Aus der Geschichte der musikalischen Kritik in Deutschland. In: Jahrbuch der Musikbibliothek Peters für 1928. Hrsg. von Rudolf Schwartz, 35. Jg., Leipzig 1929, S. 9-24

Schenk, Erich: Halbjahr der Erwartung. Der Aufenthalt Robert Schumanns in Wien 1838/39. In: Robert Schumann. Aus Anlaß seines 100. Todestages hrsg. im Auftrage des Deutschen Schumann-Komitees von Hans Joachim Moser und Eberhard Rebling. Leipzig 1956, S. 12-24

Schlaffer, Hannelore: Frauen als Einlösung der frühromantischen Kunsttheorie. In: Jahrbuch der deutschen Schillergesellschaft, Bd. XXI. Stuttgart 1977, S. 274-296

Schlegel, Friedrich: Lucinde. Ein Roman. (1799). Hrsg. und mit einem Nachwort versehen von Karl Konrad Polheim. Stuttgart 1964

Schmidt, Friedrich: Das Musikleben der bürgerlichen Gesellschaft Leipzigs im Vormärz (1815-1848). Diss. Leipzig 1912 (= Musikalisches Magazin Heft 47, Langensalza 1912)

Schmidt, Gerhard: Die Staatsreform in Sachsen in der ersten Hälfte des 19. Jahrhunderts. Eine Parallele zu den Steinschen Reformen in Preußen. Weimar 1966 (= Schriftenreihe des Staatsarchivs Dresden, Bd. 7)

Schmitt-Thomas, Reinhard: Die Entwicklung der deutschen Konzertkritik im Spiegel der Leipziger AMZ (1798-1848). Frankfurt am Main 1969

Schnebel, Dieter: Rückungen. Ver-Rückungen. Psychoanalytische und musikanalytische Betrachtungen zu Schumanns Leben und Werk. In: Musik-Konzepte. Sonderband Robert Schumann I. München 1981, S. 4-89

Schneider, Anneliese: Robert Schumann und Heinrich Heine. Eine historisch-ästhetische Untersuchung anhand der Vertonungen mit Berücksichtigung einiger Probleme der Liedanalyse. Diss. Berlin 1970

Schoppe, Martin: Schumann-Interpretation Clara Schumanns (Tageskritik und Konzertkritik). In: 3. Schumann-Tage des Bezirks Karl-Marx-Stadt. 1978. 3. wissenschaftliche Arbeitstagung zu Fragen der Schumann-Forschung, S. 17-24

ders.: Schumann im Spiegel der Tagesliteratur. Ein Beitrag zur Erforschung der Schumann-Rezeption zwischen 1830 und 1856. Phil. Diss. (masch.) Halle 1968

Schott, August Wilhelm: Einleitung in das Eherecht zu akademischem und gemeinnützlichem Gebrauch. Nürnberg 1802

Schumann, Eugenie: Erinnerungen. Stuttgart 1925

dies.: Robert Schumann. Ein Lebensbild meines Vaters. Leipzig 1931

Schumann, Ferdinand: Erinnerungen an Clara Schumann. Tagebuchblätter ihres Enkels Ferdinand Schumann. In: NZfM 84. Jg., 1917, Nr. 9-13, S. 69-105

Schumann, Robert - Robert Schumann. Aus Anlaß seines 100. Todestages hrsg. im Auftrage des deutschen Schumann-Komitees von Hans Joachim Moser und Eberhard Rebling. Leipzig 1956
- Briefe und Gedichte aus dem Album Robert und Clara Schumanns. Hrsg. von Wolfgang Boetticher. Leipzig 1979
- Briefe und Notizen Robert und Clara Schumanns. Hrsg. von Siegfried Kross. Bonn 1978 (= Bonner Beiträge zur Bibliotheks- und Bücherkunde, Bd. 27, Veröffentlichungen aus den Beständen der Universitätsbibliothek Bonn 5)
- Der junge Schumann. Dichtungen und Briefe. Hrsg. von Alfred Schumann. Leipzig 1910
- Robert Schumanns Briefe. Neue Folge. Hrsg. von F. Gustav Jansen. Leipzig 1886, 2. vermehrte und verbesserte Auflage Leipzig 1904
- Robert Schumann's Briefe. Neue Folge. Hrsg. von F. Gustav Jansen. 2. Auflage, Leipzig 1886
- Manuskripte. Briefe. Schumanniana. Katalog Nr. 188, Musikantiquariat Hans Schneider. Tutzing (1974)
- Sammelbände der Robert-Schumann-Gesellschaft, Sitz Zwickau, Bd. 1. Leipzig 1961; Bd. 2. Leipzig 1966
- Gesammelte Schriften über Musik und Musiker. Hrsg. und ergänzt von Martin Kreisig. 5. Auflage mit den durchgesehenen Nachträgen und Erläuterungen zur 4. Auflage und weiteren. 2 Bde. Leipzig 1914
- Tagebücher, Bd. I, 1827-1838. Hrsg. von Georg Eismann, Leipzig 1971
- Tagebücher, Bd. III, Haushaltbücher Teil 1, 1837-1847; Teil 2, 1847-1856. Hrsg. von Gerd Nauhaus. Leipzig 1982

Schwab, Heinrich W.: Konzert. Öffentliche Musikdarbietung vom 17. bis 19. Jahrhundert. Leipzig 1971 (= Musikgeschichte in Bildern, hrsg. von Heinrich Besseler und Werner Bachmann, Bd. IV, Musik der Neuzeit, Lieferung 2)

Sengle, Friedrich: Biedermeierzeit. Deutsche Literatur im Spannungsfeld zwischen Restauration und Revolution 1815-1848. Bd. I: Allgemeine Voraussetzungen, Richtungen, Darstellungsmittel. Stuttgart 1971; Bd. II: Formenwelt. Stuttgart 1972

Shitominski, Daniel: Schumann in Rußland. In: Sammelbände der Robert-Schumann-Gesellschaft, Sitz Zwickau. Bd. 1, Leipzig 1961, S. 19-46

Sieder, Reinhard: Ehe, Fortpflanzung und Sexualität. In: Mitterauer, Michael, Vom Patriarchat zur Partnerschaft. Zum Strukturwandel der Familie. München 1977, S. 144-168

Sowa, Georg: Anfänge institutioneller Musikerziehung in Deutschland (1800-1843). Pläne, Realisierung und zeitgenössische Kritik. Mit Darstellung der Bedingungen und Beurteilung der Auswirkungen. Regensburg 1973 (= Studien zur Musikgeschichte des 19. Jahrhunderts, Bd. 33)

Spitta, Philipp: Ein Lebensbild Robert Schumann. Leipzig 1882 (= Sammlung musikalischer Vorträge IV, Nr. 37/38

Sponheuer, Bernd: Zur ästhetischen Dichotomie als Denkform in der 1. Hälfte des 19. Jahrhunderts. Eine historische Skizze am Beispiel Schumanns, Brendels und Hanslicks. In: AfMw Jg. XXXVII, Heft 1, 1980, S. 1-31

Stephenson, Kurt: Clara Schumann 1819/1969. Bonn-Bad Godesberg 1969

Sutermeister, Peter: Robert Schumann. Sein Leben nach Briefen, Tagebüchern und Erinnerungen des Meisters und seiner Gattin. Zürich 1949

Szondi, Peter: Poetik und Geschichtsphilosophie I. Antike und Moderne in der Ästhetik der Goethezeit. Hegels Lehre von der Dichtung. Hrsg.

von Senta Metz und Hans-Hagen Hildebrandt. 2. Auflage Frankfurt am Main 1976

Tornieporth, Gerda: Studien zur Frauenbildung. Ein Beitrag zur historischen Analyse lebensweltorientierter Bildungskonzeptionen. Neuausgabe Weinheim/Basel 1979

Tunner, Erika: Liebeslyrik. In: Deutsche Literatur. Eine Sozialgeschichte. Bd. 6. 1816-1848. Hrsg. von Bernd Witte. Reinbek 1980, S. 219-226

Ulmann, Hellmuth von: Die veruntreute Handschrift. Robert Schumanns Violinkonzert und seine Tragödie. Geschichte einer Recherche. Heilbronn 1981

Wasielewski, Josef W.v.: Robert Schumann. Eine Biographie. (1858). 3. Auflage Dresden 1880, 4. Auflage 1906

Weber, Rolf: Die Revolution in Sachsen 1848/49. Entwicklung und Analyse ihrer Triebkräfte. Berlin 1970 (= Deutsche Akademie der Wissenschaften zu Berlin, Schriften des Zentralinstituts für Geschichte, Reihe II, Bd. 11)

Weber-Kellermann, Ingeborg: Die deutsche Familie. Versuch einer Sozialgeschichte. 4. Auflage, Frankfurt am Main 1978

Weilguny, Hedwig/Handrick, Willy: Franz Liszt. Biographie in Bildern. Weimar 1958

Weissweiler, Eva: Komponistinnen aus 500 Jahren. Eine Kultur- und Wirkungsgeschichte in Biographien und Werkbeispielen. Frankfurt am Main 1981

Wieck, Friedrich: Briefe aus den Jahren 1830-1838. Eingeleitet und hrsg. von Käthe Walch-Schumann. Köln 1968 (= Beiträge zur rheinischen Musikgeschichte LXXIV)

ders.: Clavier und Gesang. Didaktisches und Polemisches. Leipzig 1853

ders.: Musikalische Bauernsprüche und Aphorismen ernsten und heiteren Inhalts. 2. vermehrte Auflage Leipzig 1875

Wieck, Marie: Aus dem Kreise Wieck-Schumann. 2. vermehrte und verbesserte Auflage Dresden 1914

Wiedemann, Hans: Rückerts Liebesfrühling. In: Euphorion 25, 1924, S. 406-441

Windfuhr, Manfred: Heinrich Heine. Revolution und Reflexion. 2. überarbeitete und ergänzte Auflage, Stuttgart 1976

Witte, Bernd (Hrsg.): Vormärz: Biedermeier, Junges Deutschland, Demokraten 1815-1848. Hamburg 1980 (= Deutsche Literatur. Eine Sozialgeschichte, hrsg. von Horst Albert Glaser, Bd. 6)

Wörner, Karl H.: Robert Schumann. Zürich 1949

Wolff, Ernst: Robert Schumann. Berlin 1906 (= Die Musik. Sammlung illustrierter Einzeldarstellungen, hrsg. von Richard Strauss, Bd. 19)

Woolf, Virginia: Ein Zimmer für sich allein. Mit einigen Fotos und Erinnerungen an Virginia Woolf von Louise Mayer. Frankfurt am Main 1981 (Englische Orginalausgabe 1928)

Worbs, Hans Christoph: Albert Lortzing in Selbstzeugnissen und Bilddokumenten dargestellt. Reinbek 1979

Wülfing, Wulf: Junges Deutschland. Texte - Kontexte, Abbildungen, Kommentar. München/Wien 1978 (= Reihe Hanser Literatur-Kommentare unter redaktioneller Mitarbeit von Hans-Joachim Simm, hrsg. von Wolfgang Frühwald, Bd. 10)

Wustmann, Gustav: Aus Clara Schumanns Brautzeit. In: Aus Leipzigs Vergangenheit (Gesammelte Aufsätze Neue Folge). Leipzig 1898, S. 400-428

Young, Percy M.: Tragic muse, the life and works of Robert Schumann. London 1961 (deutsche Übersetzung: Young, Percy M.: Robert Schumann. Übersetzt von Gerda Becker. Leipzig 1968)

Zeise, Roland: Die antifeudale Bewegung der Volksmassen auf dem Lande in der Revolution von 1848/49 in Sachsen. Phil. Diss. Potsdam 1966

THEMA: FRAUEN

Alice Salomon
Charakter ist Schicksal
Aus dem Engl. 336 S. DM 29,80 (85036)

Alice Salomon (1872-1948), führend in der deutschen und internationalen Frauenbewegung (1900-1933), Wegbereiterin der sozialen Berufsarbeit in Deutschland, hat ihre Lebenserinnerungen als Jüdin im New Yorker Exil verfaßt - im engen Zusammenhang mit der politischen und kulturellen Entwicklung ihrer Zeit. Sie ermuntern ältere und jüngere Frauen, über ihre ganz persönliche Einstellung zum Älterwerden nachzudenken, und sie öffnen den Blick für die heutige Realität, aber auch für neue Sichtweisen.

Anke Wolf-Graaf
Die verborgene Geschichte der Frauenarbeit
160 S., 164 Abb., DM 39,80 (85035)

Eine Bildchronik, die beweist: Frauen haben früher selbstbestimmter gelebt als heute. Sie waren gleichberechtigte Geschäftspartnerinnen der Männer. Erst in der Luther-Zeit ändert sich das: Die Frau wird auf ihre "eigentliche" Bestimmung als Hausfrau und Mutter zurückgedrängt.
Anke Wolf-Graaf korrigiert in ihrem Buch die männliche Geschichtsschreibung, in der die Rolle der Frau falsch oder verzerrt dargestellt wird. Und sie liefert den Nachweis für die schrittweise "Machtergreifung" des Mannes bis zur heutigen Situation.

Angela Joschko/Hanne Huntemann (Hrsg.)
Die ungekannte Freiheit meines Lebens
232 S., illustriert, DM 26,-- (85038)

40 Autoren und Autorinnen erzählen von Lebenssituationen jüngerer und älterer Frauen, von der Trauer über befristete Zukunft, von der ungekannten Freiheit, die das Alter bringt, von der heimlichen Revolte der Frauen, die nicht wollen, wie sie sollen.

Irene Hübner
"... wie eine zweite Haut"
Ausländerinnen in Deutschland. 211 S., 18 Abb., DM 24,80 (85050)

13 ausländische Frauen berichten über ihr Leben in der Bundesrepublik, über ihre Arbeit, ihre Familienprobleme, den Kulturschock, die Sprachbarrieren, ihre Zukunftsperspektiven. Es sind eigenständige und ausdrucksfähige, starke Frauenpersönlichkeiten, die gelernt haben, sich durchzusetzen. Ein Buch mit Beispielcharakter: Berichte von Ausländerinnen, die ihr Leben in unserem Land gemeistert haben.

Beltz Verlag, Postfach 1120, 6940 Weinheim